文成天縱

塔清阿抄《蒙古源流》

蒙古學研究文獻集成編委會◎編

广西师范大学出版社
GUANGXI NORMAL UNIVERSITY PRESS

远方出版社

YUANFANG

圖書在版編目（CIP）數據

塔清阿抄《蒙古源流》：蒙古文 / 蒙古學研究文獻集成編委會編.
呼和浩特：遠方出版社，2016.6
（美國哈佛大學哈佛燕京圖書館藏蒙古文文獻叢編/蘇那嘎主編）
ISBN 978-7-5555-0716-1

Ⅰ．①塔… Ⅱ．①蒙… Ⅲ．①蒙古族－民族歷史－中國－古代－蒙古語（中國少數民族語言） Ⅳ．①K281.2

中國版本圖書館 CIP 數據核字(2016)第 132282 號

蒙古學研究文獻集成
美國哈佛大學哈佛燕京圖書館藏蒙古文文獻叢編
塔清阿抄《蒙古源流》

出 版 人 張藝兵 蘇那嘎
編　　者 蒙古學研究文獻集成編委會
責任編輯 董美鮮 肖愛景 劉隆進 徐良妍 雅茹貴
責任校對 孟繁龍 于麗慧
責任技編 黄珊虎
書籍設計 徐俊霞
出版發行 内蒙古出版集團 遠方出版社（0471-2236471 總編室 0471-2236460 發行部）
（呼和浩特市烏蘭察布東路 666 號 郵編 010010）
廣西師範大學出版社
（桂林市中華路 22 號 郵編 541001）
經　　銷 新華書店
廣西師範大學出版社（經銷熱綫 0773-2282566）
印　　刷 桂林金山文化發展有限責任公司
開　　本 787mm×1092mm 1/16
字　　數 340 千
印　　張 21.25
版　　次 2016 年 6 月第 1 版
印　　次 2016 年 6 月第 1 次印刷
標準書號 ISBN 978-7-5555-0716-1
定　　價 500.00 元

前　言

蒙古民族的發展深刻影響了歐亞大陸的歷史,也創造了燦爛的文化,留下了豐富的古籍文獻。

蒙古學早已成爲一個世界性的學科。近三十年來,國内的蒙古學研究發展迅速,從事這項工作的學者隊伍不斷壯大,蒙古學的各個分支領域枝繁葉茂,學科視野也不斷拓展,迫切需要相關文獻資料的深入發掘和整理,以支撑蒙古學的進一步發展。由於種種原因,近代以來,大量蒙古文古籍文獻流落域外,散存在歐美一些國家的圖書館、博物館中,國内學者在利用這些文獻時會遇到諸多不便。

近幾年,廣西師範大學出版社集團有限公司與美國哈佛大學哈佛燕京圖書館在文獻整理出版方面進行了富有成效的合作,先後出版了《美國哈佛大學哈佛燕京圖書館藏中文善本彙刊》《美國哈佛大學哈佛燕京圖書館藏明清婦女著述彙刊》等。在合作過程中,我們還發現和整理了一批哈佛燕京圖書館藏蒙古文文獻。此前廣西師範大學出版社集團有限公司已經陸續整理出版過一些蒙古文地方檔案文獻,但在編輯出版過程中遇到了一些語言方面的障礙,集團於是决定尋求與内蒙古地區的出版機構長期合作,共同推出一套《蒙古學研究文獻集成》,系統發掘整理包括蒙古文、漢文、藏文、滿文、西文、日文等文種的各類蒙古學檔案、文獻。

内蒙古自治區的遠方出版社,建社時名爲“蒙古學出版社”,最初的出版分工亦爲蒙古學研究著作和相關文獻的出版。最近幾年,遠方出版社進一步明確了出版方向,將蒙古學文獻的整理出版作爲其重要的内容之一。這樣,雙方爲了一個共同的目標走在了一起。這套《美國哈佛大學哈佛燕京圖書館藏蒙古文文獻叢編》就成爲雙方共同編輯出版的第一個合作項目。

美國哈佛大學哈佛燕京圖書館成立於 1928 年,是西方國家收藏東亞文獻最多的大學圖書館,藏書達 90 萬册,其中中文書籍有 56 萬册,居全美第二。其圖書收藏範圍主要以中文和日文爲主,但在實際征集過程中,它還收入了不少藏、蒙、滿等語言的文獻資料。這些語種的文獻資料無論數量還是内容價值都不容忽視。館内所藏蒙古文文獻資料包括:佛經、儒家經典、政書、辭典、啓蒙讀物及蒙古歷史等。這批文獻作爲《蒙古學研究文獻集成》之一種,既有其不可替代的文獻價值,又有民族文獻從海外回流反哺民族文化的特殊意義。

經反復討論、考量,蒙古學研究文獻集成編委會從中挑選國内不常見者二十一種,彙編爲《美國哈佛大學哈佛燕京圖書館藏蒙古文文獻叢編》。所收書目及具體情況如下:

《新譯蒙漢千字文》,一册,石印,蒙、漢合璧,用滿文標註漢字音,光緒丁未年(1907)北京振北石印館印行。

《滿蒙合璧三字經註解》,二卷四册,道光十二年(1832)刻本。宋王應麟初撰,清王相註解,陶格滿譯,富俊蒙譯。清康熙五年(1666),王相對《三字經》加註,滿洲教習陶格將其譯成滿文,雍正二年(1724)刊行《滿漢合璧三字經註解》。道光年間富俊等人在陶格本上增譯蒙古文,道光十二年刊行滿、蒙、漢三體合璧本《滿蒙合璧三字經註解》,由北京三槐堂和五雲堂刊行。

《初學指南》,二卷二册,蒙、漢合璧,富俊編,乾隆甲寅年(1794)紹衣堂刻本。該本無序跋,《北京地區滿文圖書總目》著録北京故宫博物院藏品,稱富俊所編。《初學指南》是學習蒙古口語的教材。全書以兩個人對話的形式記録蒙古語日常對話。爲了如實反映蒙古口語的發音,作者拋開蒙古文,全用滿文字母拼寫蒙古口語,此書應是研究清代蒙古語音的寶貴資料。

《蒙文晰義》,三卷三册,内含《蒙文晰義》二卷二册,《蒙文法程》一卷一册。景煇初編,賽尚阿增補,道光二十八年(1848)刊行。《蒙文晰義》是一部套書,其中《蒙文晰義》是滿、漢、蒙三體合璧音序詞典,《蒙文法程》爲滿、蒙合璧詞典。《蒙文晰義》是繼《三合便覽》《蒙古托忒彙集》之後清代第三部蒙古文音序詞典。

《蒙文彙書》,十六卷三十六册,賽尚阿纂輯,咸豐元年(1851)抄本。卷首有賽尚阿序。這是賽尚阿纂輯的一部蒙、漢、滿三體合璧音序詞典,也是繼富俊《蒙古托忒彙集》之後的第二部首列蒙古文詞頭的詞典。

《蒙文總彙》，十二册，蒙、漢、滿三體合璧，固什喇嘛李鉉編，民國二年(1913)北京正蒙印書局石印。固什喇嘛李鉉以賽尚阿《蒙文彙書》爲基礎編出一部詞典，光緒十七年(1891)刊行，書名《蒙文總彙》。1913 年北京正蒙印書局用石板重印，書名易爲《蒙漢滿三合》。

塔清阿抄《蒙古源流》，一册，塔清阿抄本。隨著《蒙古源流》在世界範圍内的廣泛流傳，後來有了衆多抄本和印本。此版本是 1934 年塔清阿在北京喀喇沁王府抄自施密特本。它雖然是一部晚期派生本，但由於是《蒙古源流》流傳鏈條中的一個特定環節，能够反映當時蒙古人的歷史認知、史學活動，也反映《蒙古源流》在傳抄過程中的文本流變，因此具有一定的歷史意義和學術價值。

《聖諭廣訓》，四卷四册，蒙、漢合璧附註，薩穆丕勒諾爾布作註，1935—1937 年間察哈爾蒙古圖書編譯館印。此编以清代滿、蒙、漢三體合璧本爲底本，去掉了滿文，加入蒙古文註解，并對譯文字詞稍加修改，訂成四册鉛版印行。

《吏治輯要》，一册，滿、蒙、漢三體合璧，高鶚原著，通瑞滿譯，孟保蒙譯，咸豐七年(1857)刻本。此前，通瑞將高鶚所撰《吏治輯要》譯成滿文，道光二年(1822)刊行，爲滿、漢合璧本。孟保又在通瑞本的基礎上譯補蒙古文，咸豐七年刊行。

蒙漢滿藏四體合璧《御製增訂清文鑒》，共十一册，其中《文鑒總綱》三册，《御製增訂清文鑒》八册。《文鑒總綱》三册中，目録一册，滿、蒙合璧；《文鑒總綱》二册八卷，卷名以八卦名排序，自乾至兑；《御製增訂清文鑒》正文八册，以八卦名排序，自乾至兑，每册四卷，總共三十二卷。四體合璧《文鑒》以《御製增訂清文鑒》爲藍本，加入蒙、漢、藏文而成，其類目、總綱來自後者，甚至《文鑒總綱》在版面上的題目就是《御製增訂清文鑒總綱》。該書成書於乾隆三十六年(1771)以後，具體年份及其編者待考。

滿蒙漢三體合璧《四書》，二十册，噶勒藏蒙譯，光緒十八年(1892)刻本。即《大學》《中庸》《論語》及《孟子》，其中卷首附有乾隆二十年(1755)御製序和刊印者序。

《三合便覽》，十三卷十三册，刻本，明福輯，富俊增補。《三合便覽》是清代首部滿、蒙、漢三體合璧音序詞典。該書第一卷裏講述的語音、語法及正字法以及用滿文字母標註的蒙古語言，均爲很好的語言史料。《便覽正訛》是對《三合便覽》的訂正，《便覽補遺》是《三合便覽》的增補。《三合便覽》對後世蒙古文詞典的編纂産生了深遠影響，後人編纂的《蒙文晰義》《蒙文彙書》等都以《三合便覽》爲藍本。

滿漢蒙藏四體合璧《大藏全咒》，八十八册，涵芬樓(商務印書館)影印，内容包括

《御製滿漢蒙古西番合璧大藏全咒》目録八卷四册,《御製滿漢蒙古西番合璧大藏全咒》八十卷八十册,《同文韻統》六卷三册、《御製滿漢蒙古西番合璧阿禮嘎禮》《讀咒法》合爲一册。《御製滿漢蒙古西番合璧大藏全咒》是乾隆時期敕修、敕譯、敕刻佛教典籍中的重要一部,其中《御製滿漢蒙古西番合璧阿禮嘎禮》淵源最早。

上述二十一種文獻中,除《御製滿漢蒙古西番合璧大藏全咒》和《蒙文晰義》曾再版外,其餘十九種基本上都是成書刊印以來首次再版,極具學術意義和文化意義。尤其《四書》譯本、《蒙古源流》塔清阿本及各種詞典,對該領域或該議題的深入研討大有裨益。

總之,這套深藏於海外的蒙古文文獻最終以影印出版的形式回歸祖國,將爲蒙古學研究提供一批新的文獻資料,也拓展了蒙古學及相關學科的研究領域。

需要説明的是,《美國哈佛大學哈佛燕京圖書館藏蒙古文文獻叢編》因種種原因,其中有個别頁面存在模糊、字迹漫漶等現象,我們在出版過程中盡量做了處理。無法處理者,一仍其舊。

《美國哈佛大學哈佛燕京圖書館藏蒙古文文獻叢編》總目録

清代蒙古文啓蒙讀物薈萃

蒙古文辭典類編

塔清阿抄《蒙古源流》

清代政書合璧

蒙漢滿藏四體合璧《御製增訂清文鑒》

滿蒙漢三體合璧《四書》

三合便覽

滿漢蒙藏四體合璧《大藏全咒》

目　録

塔清阿抄《蒙古源流》

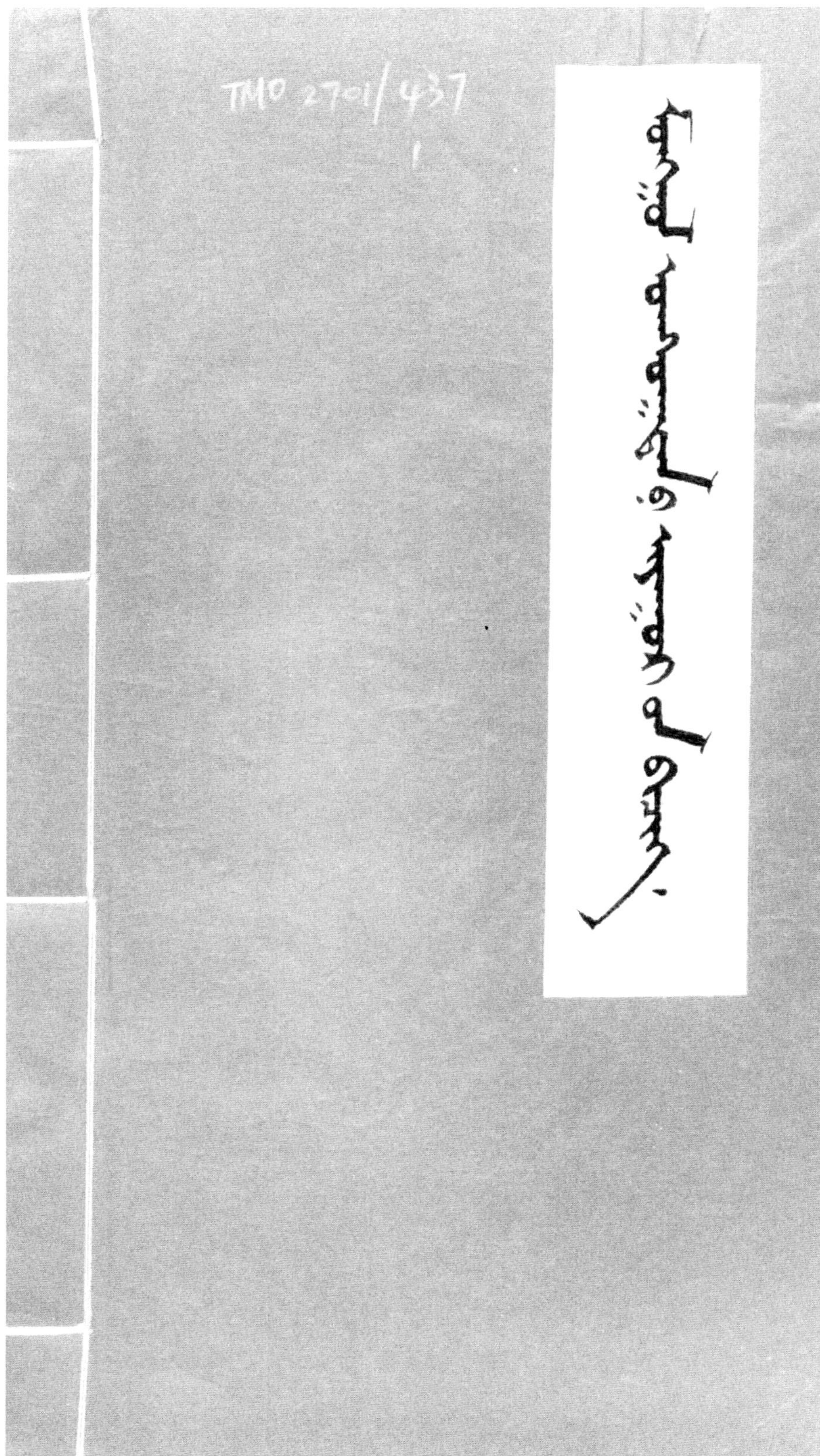
TMO 2701/437
1

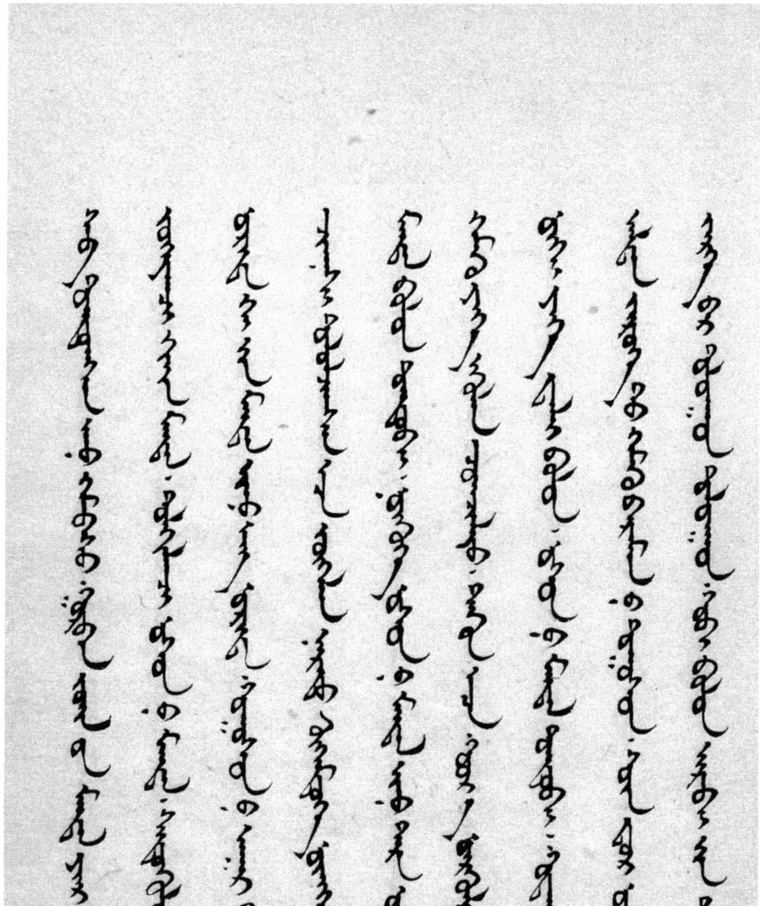

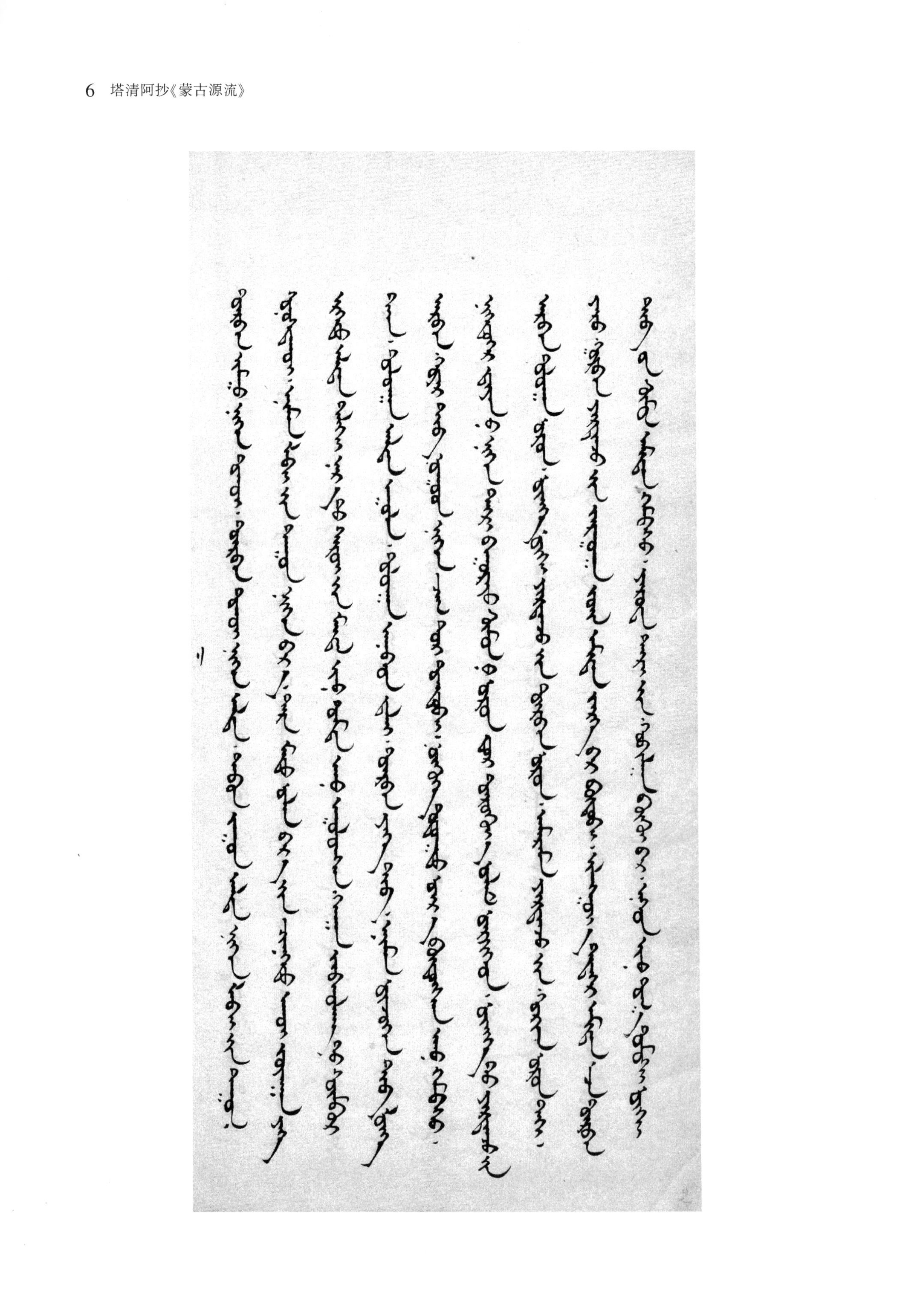

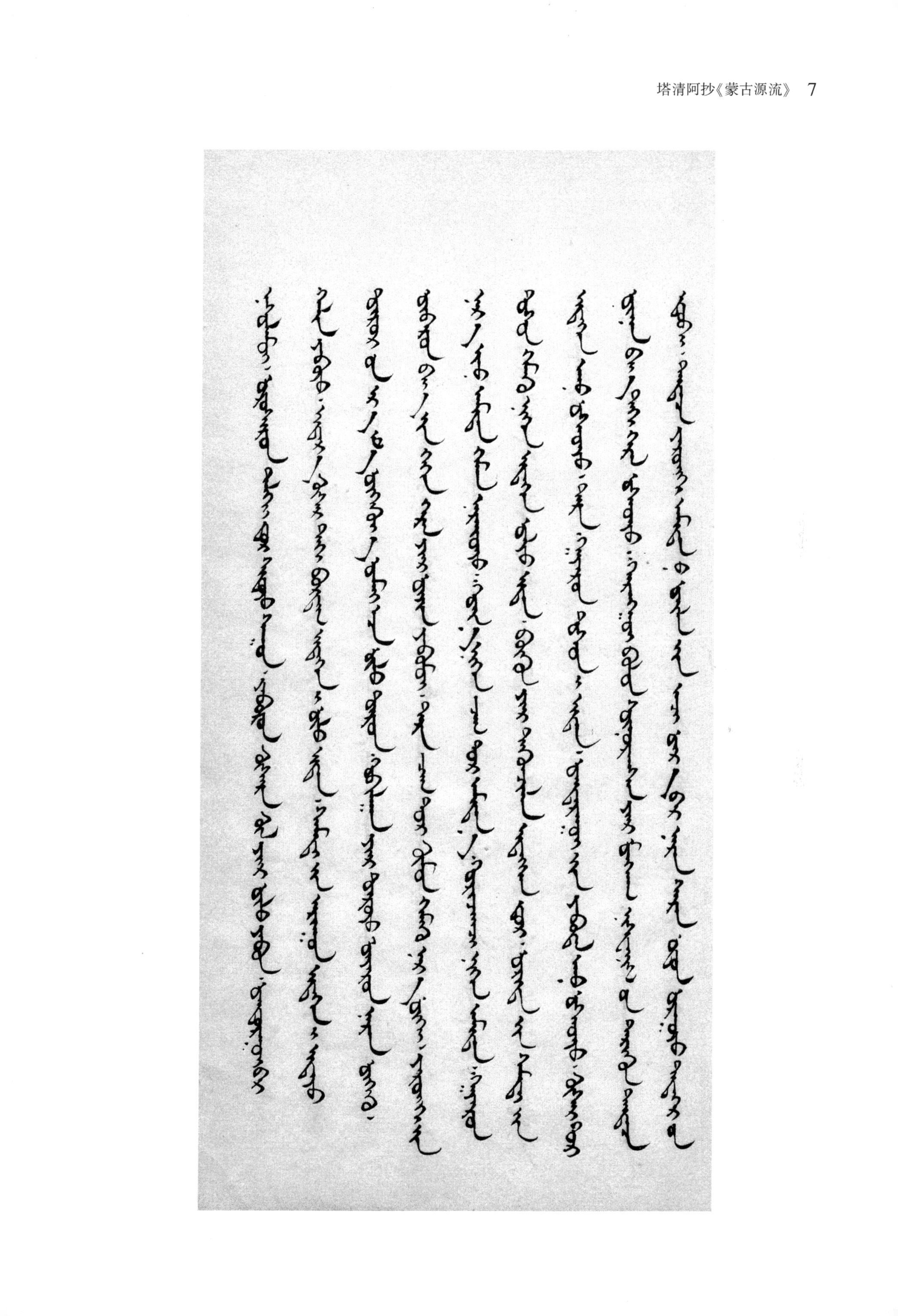

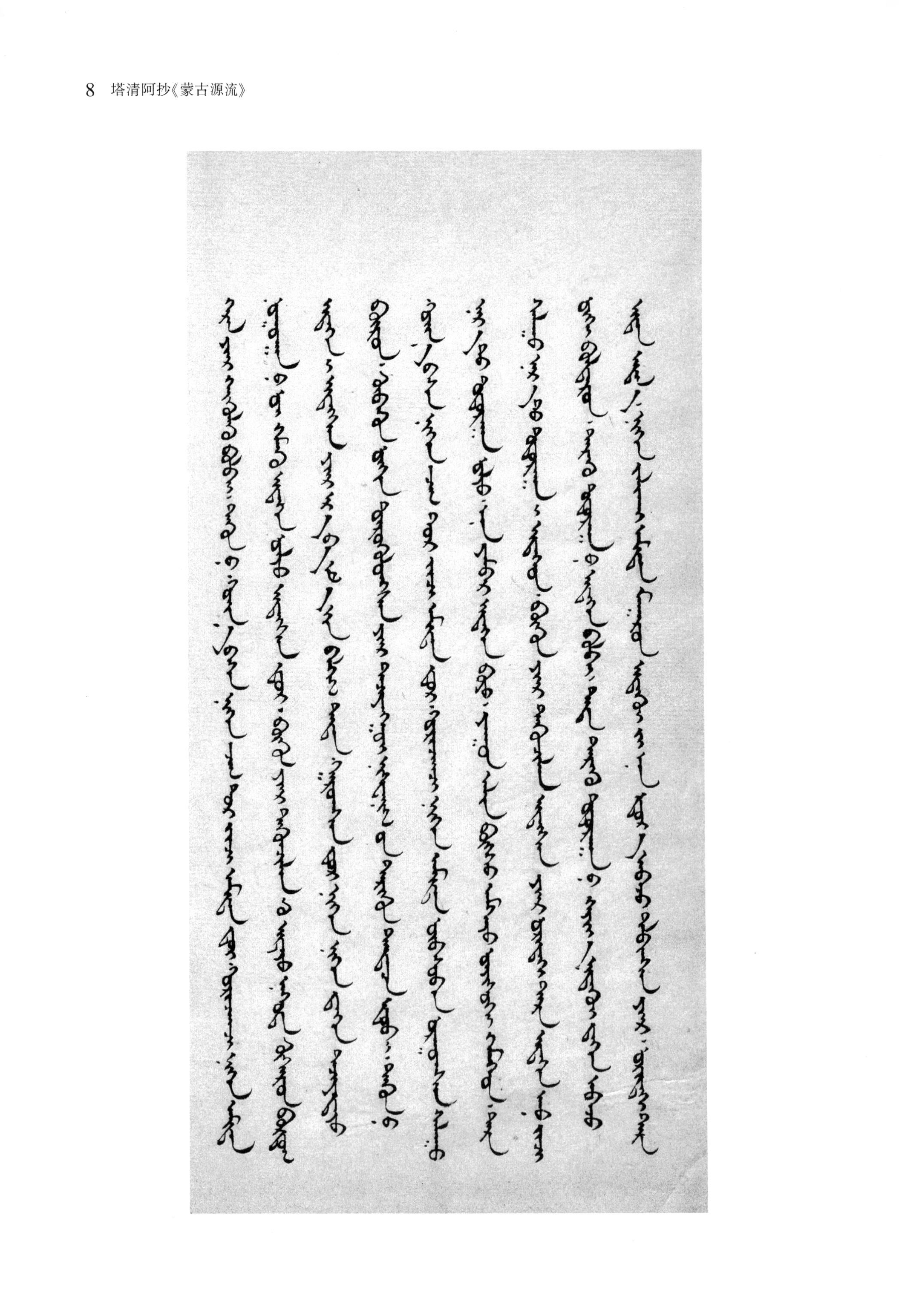

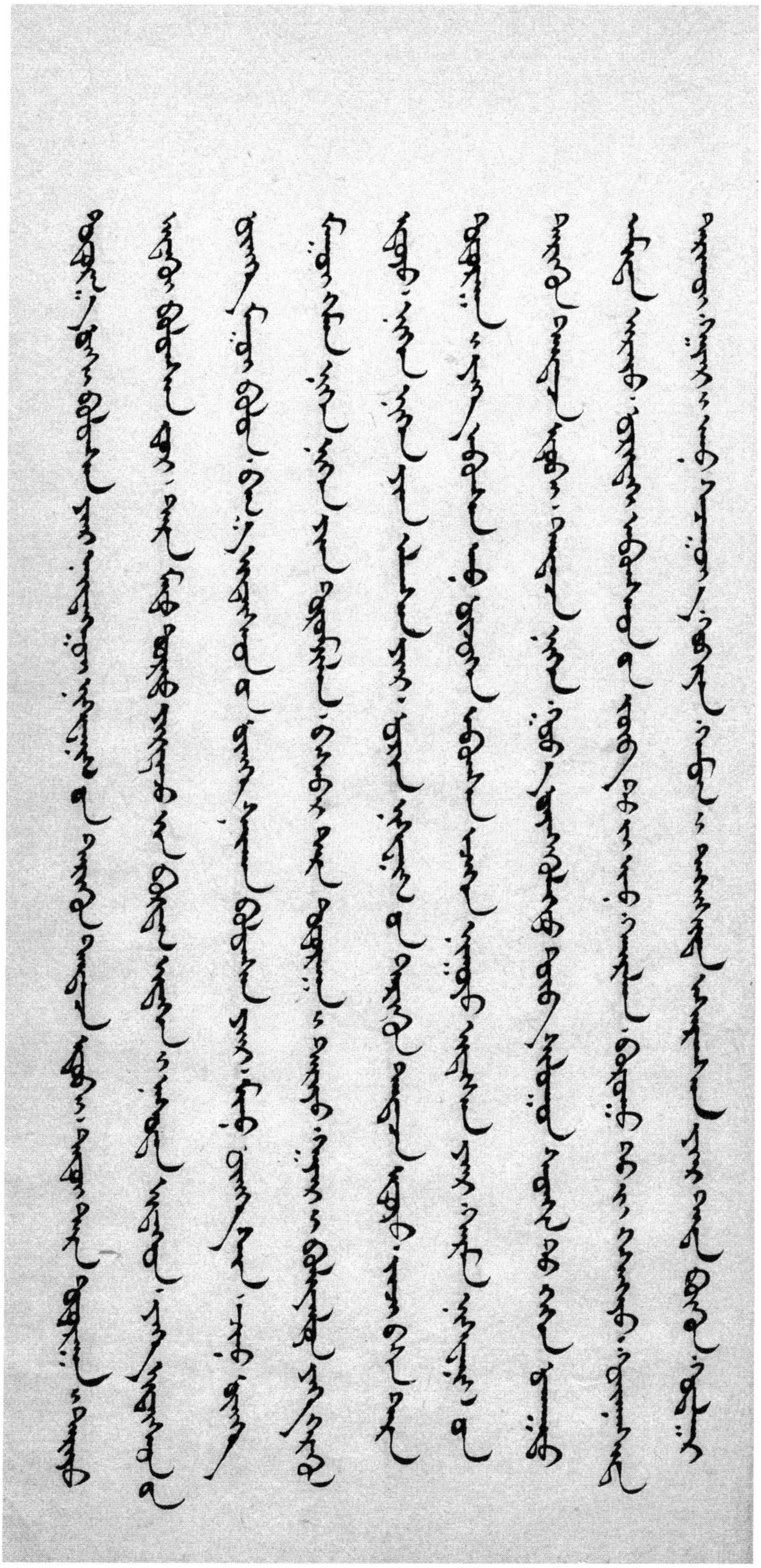

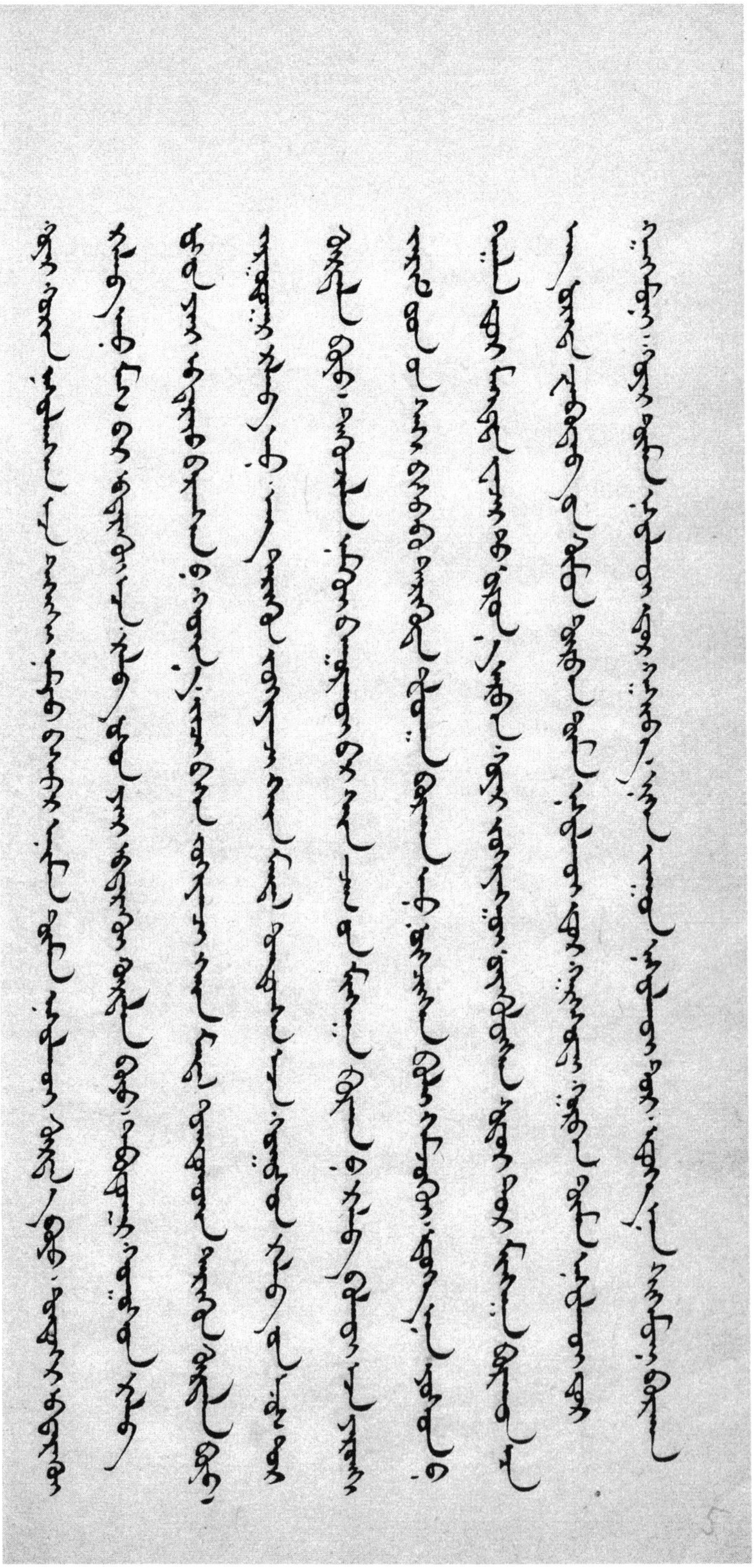

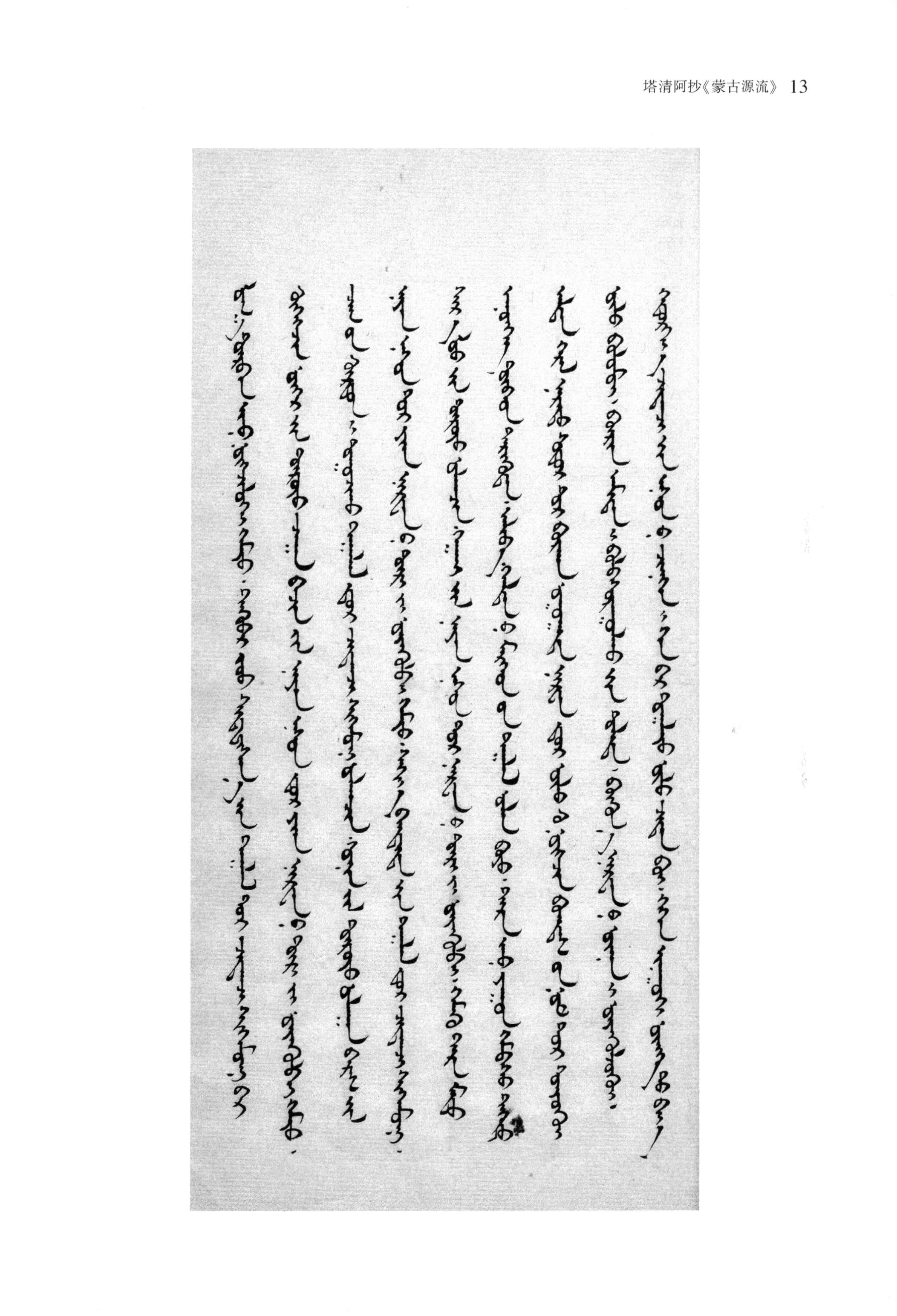

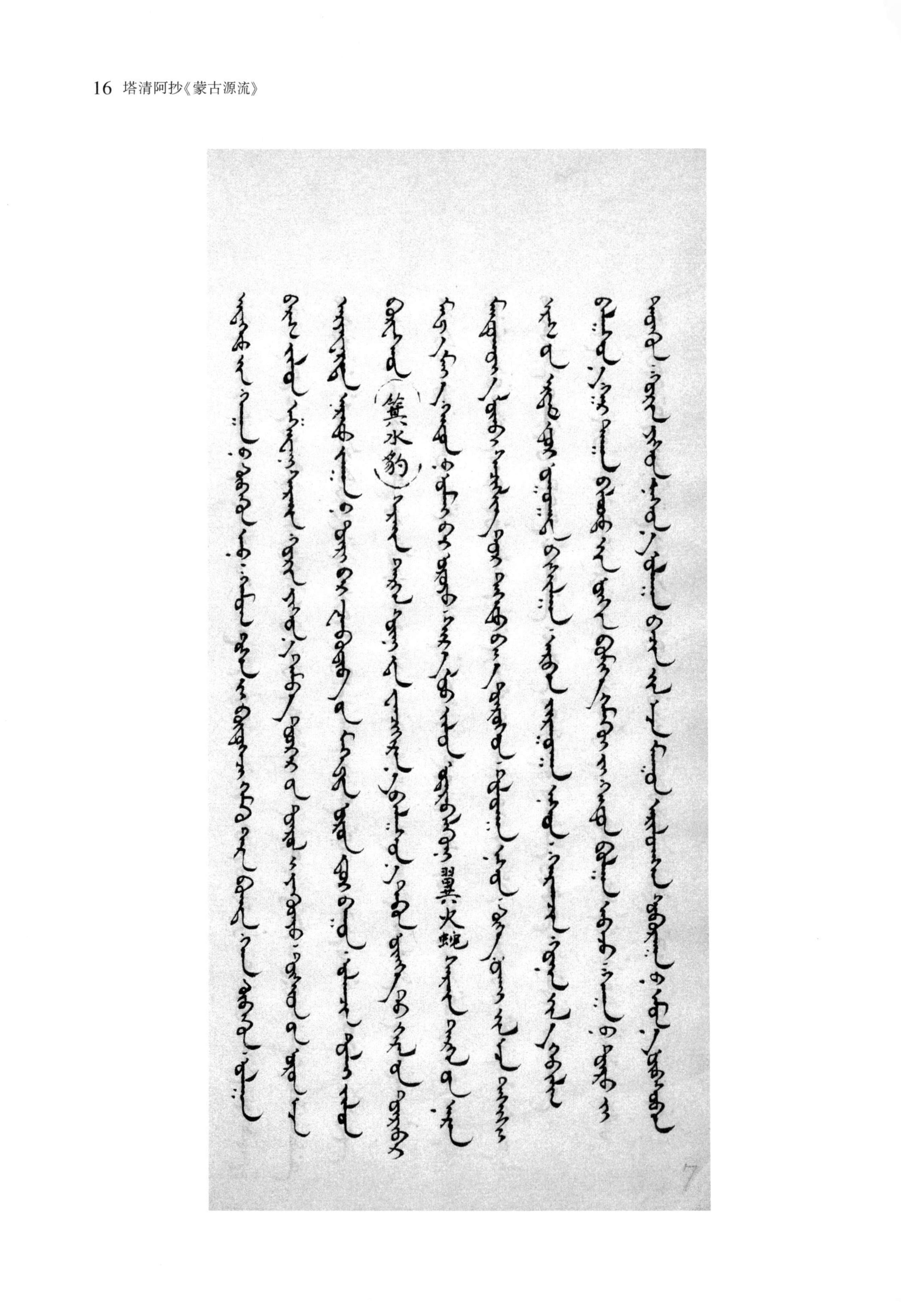

箕水豹

翼火蛇

7

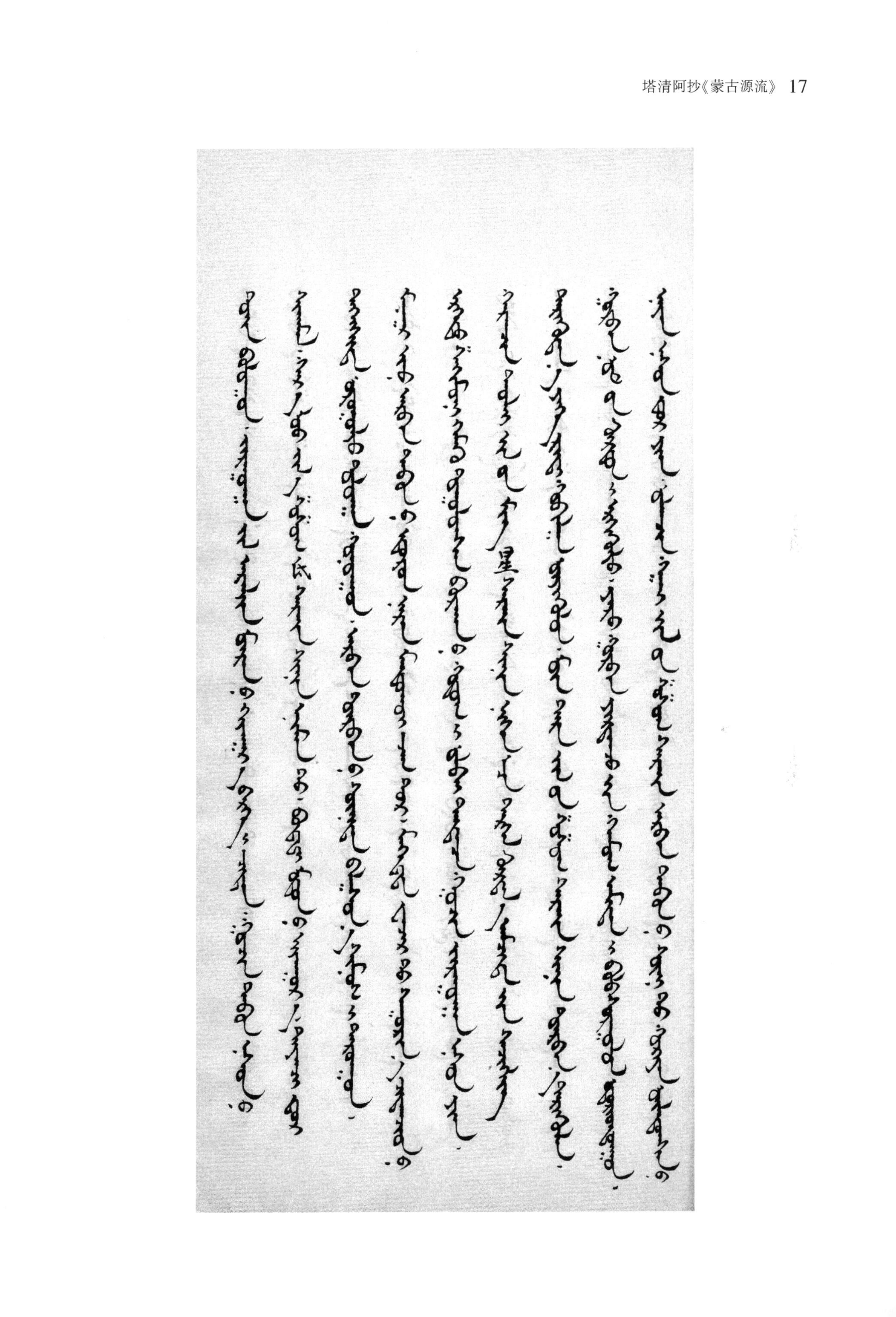

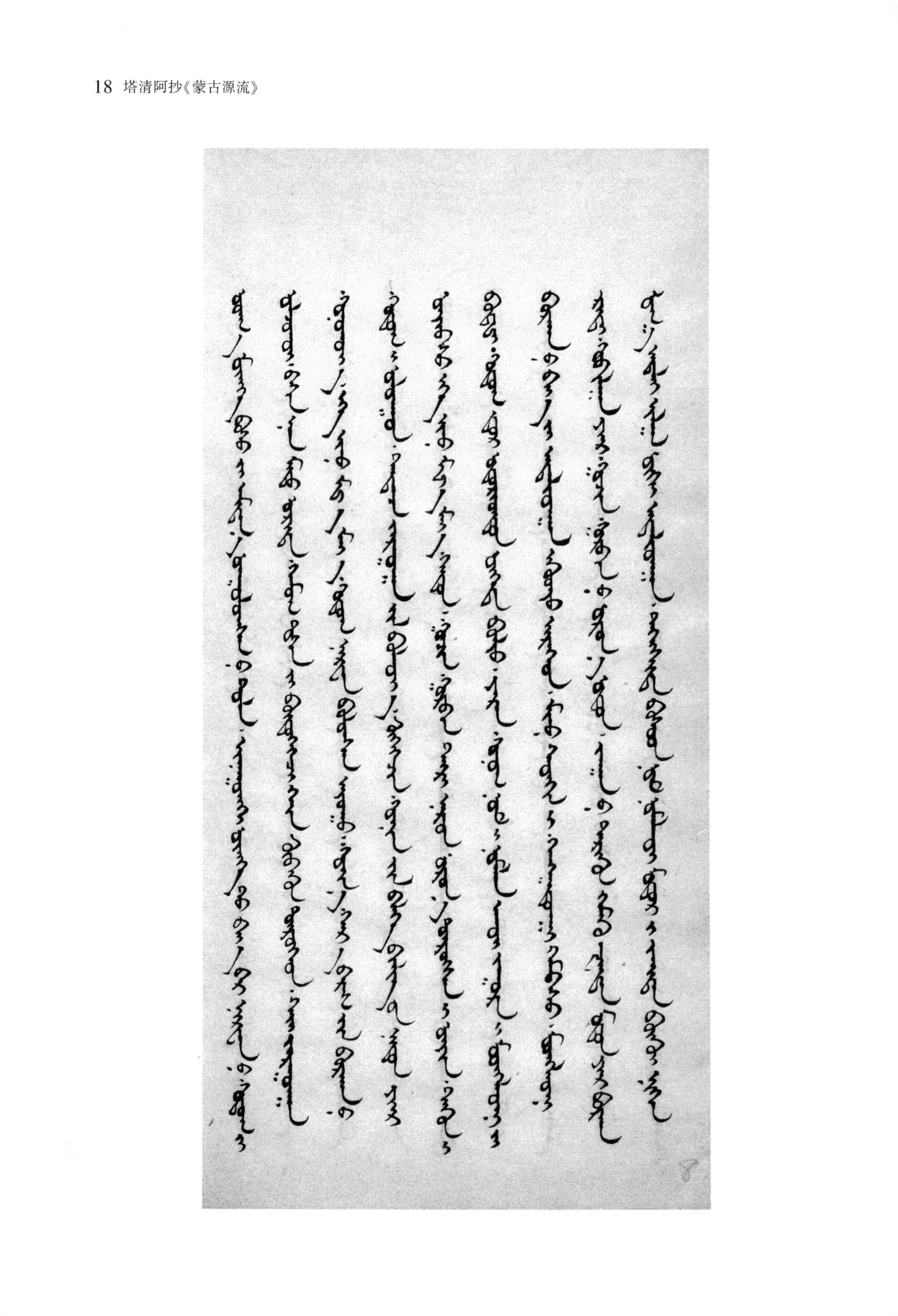

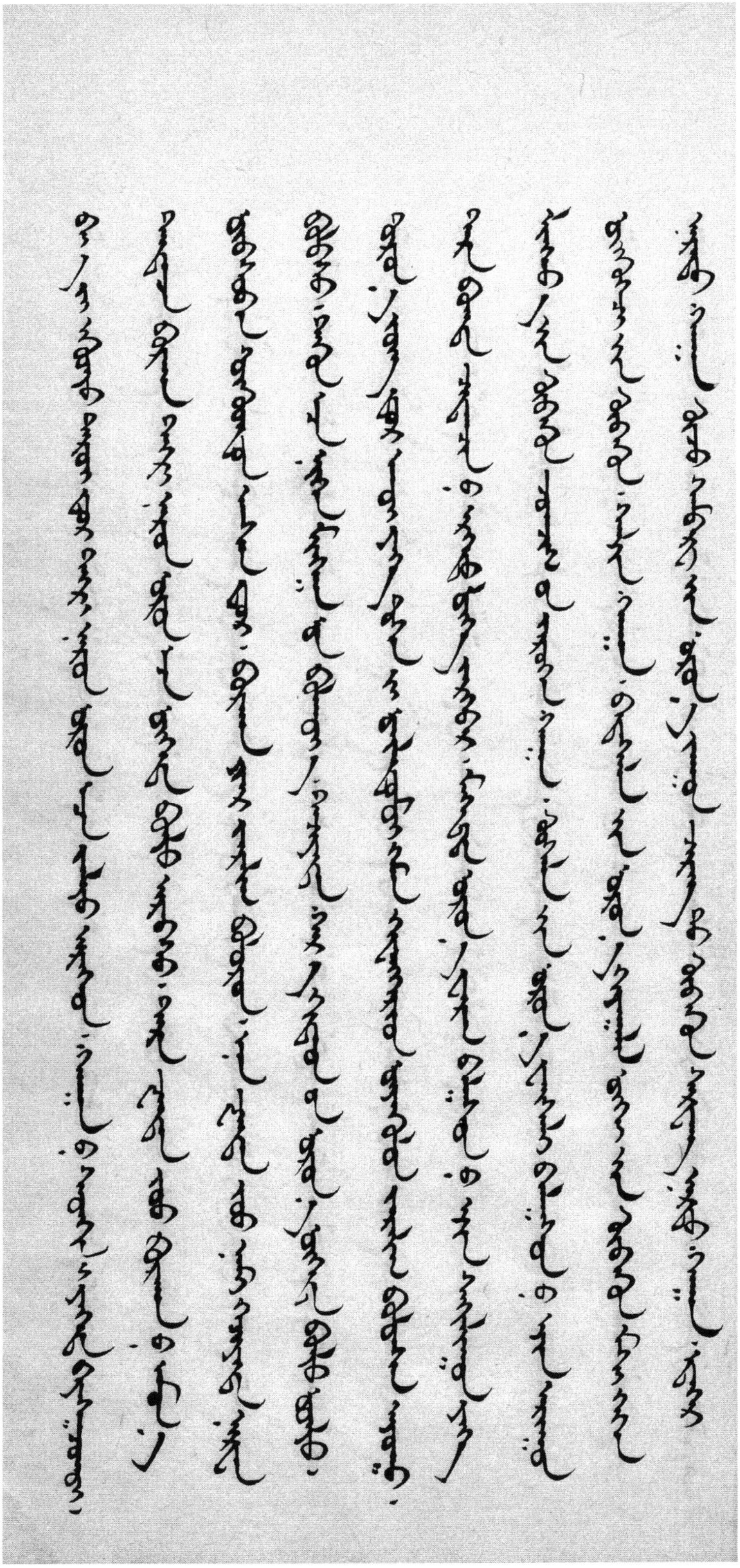

9

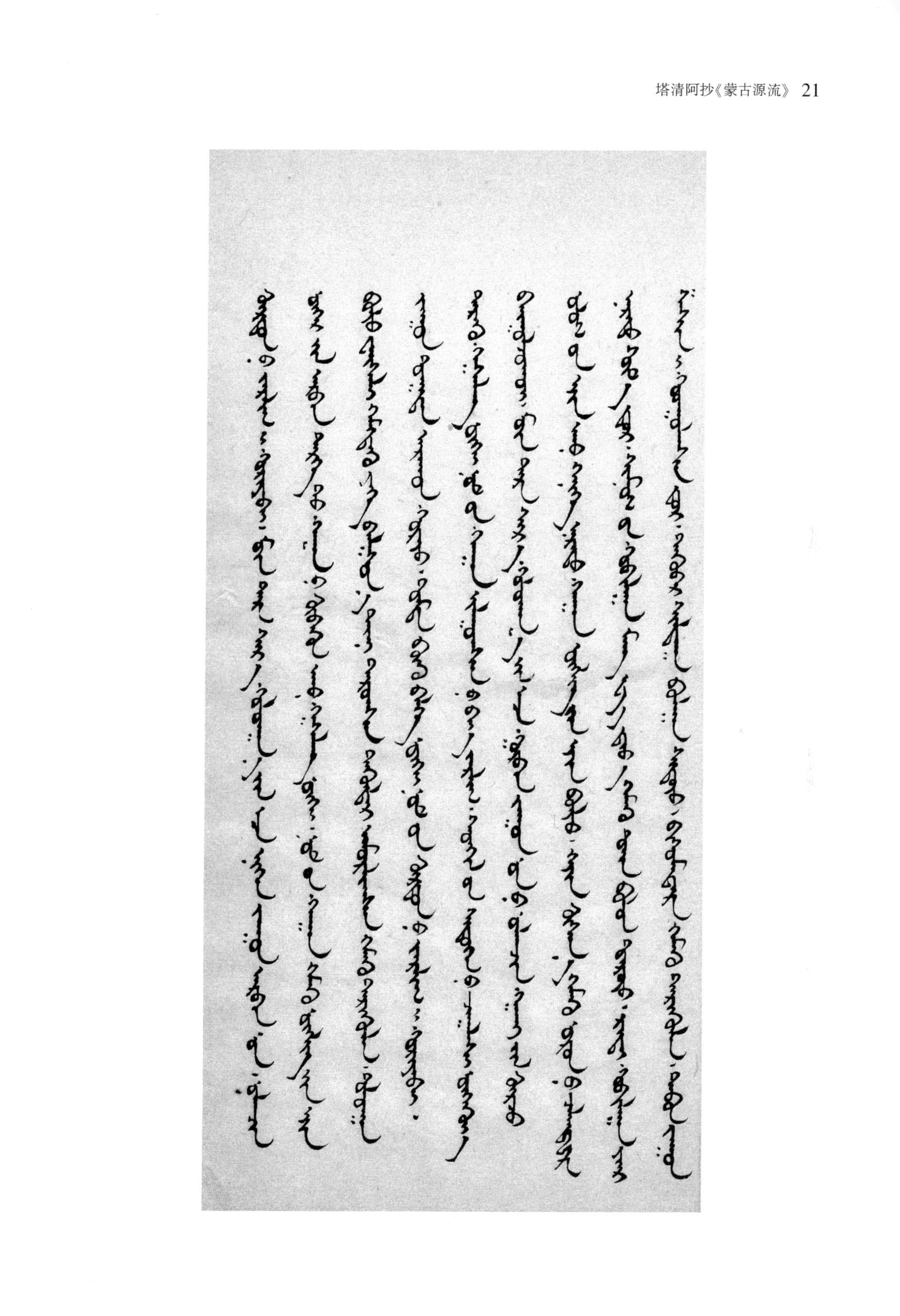

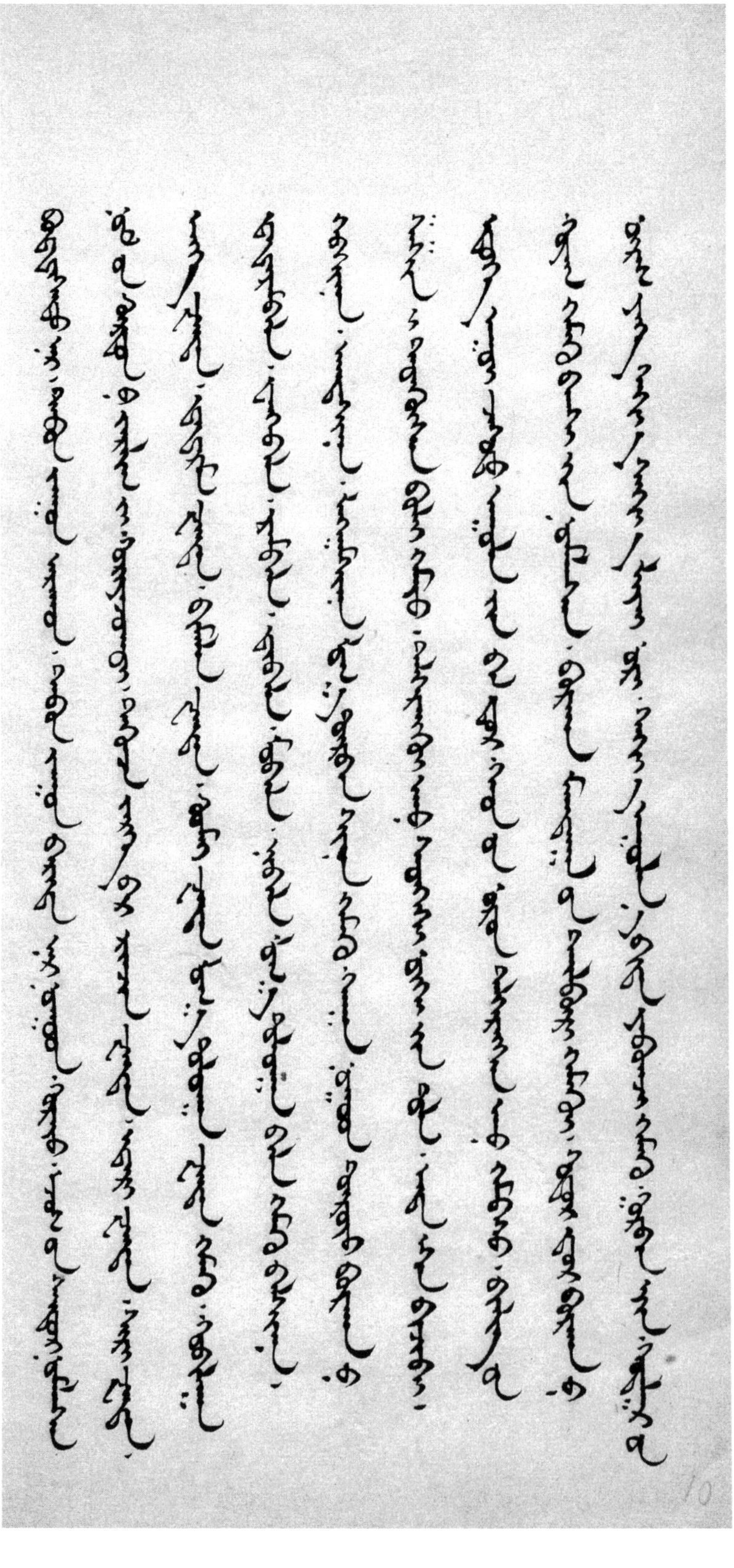

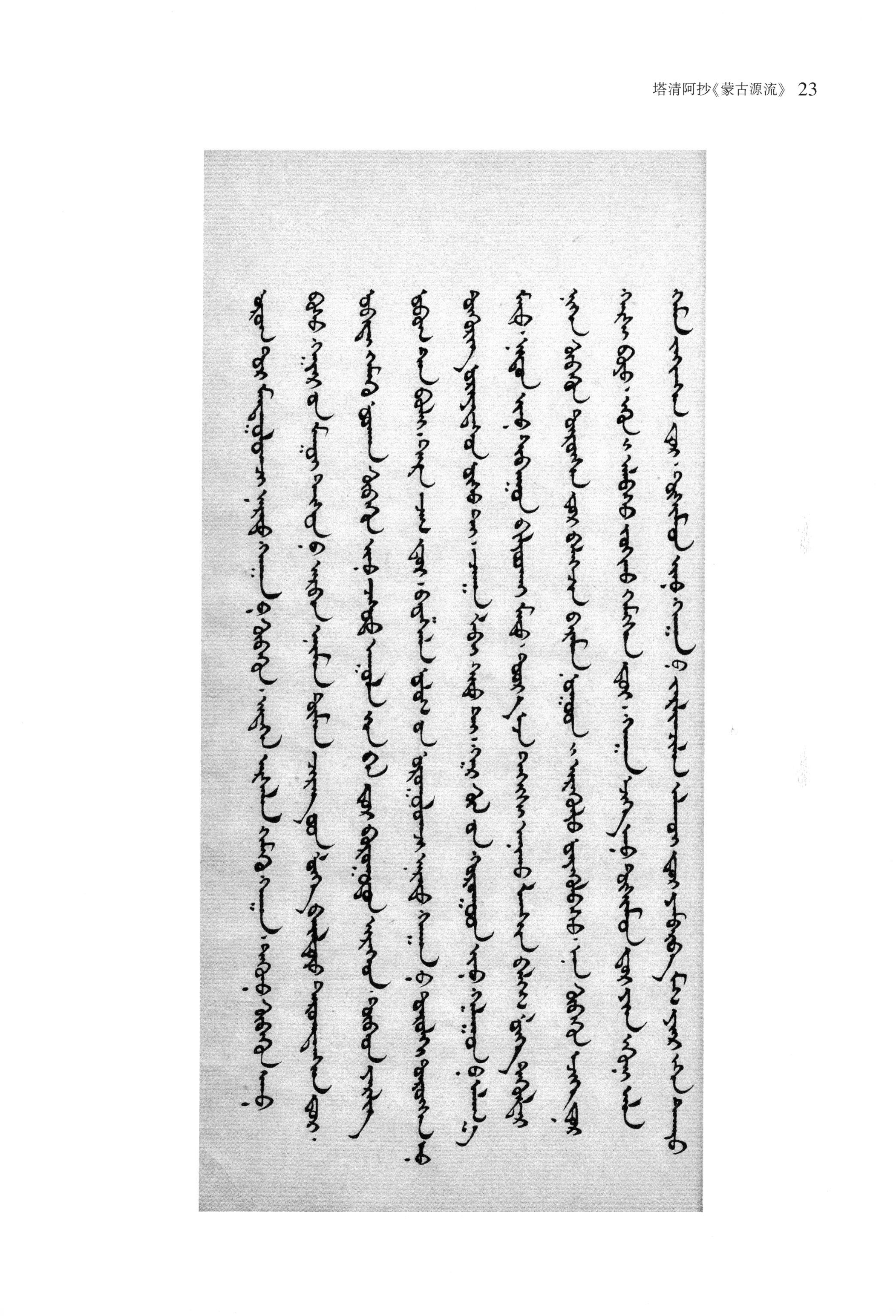

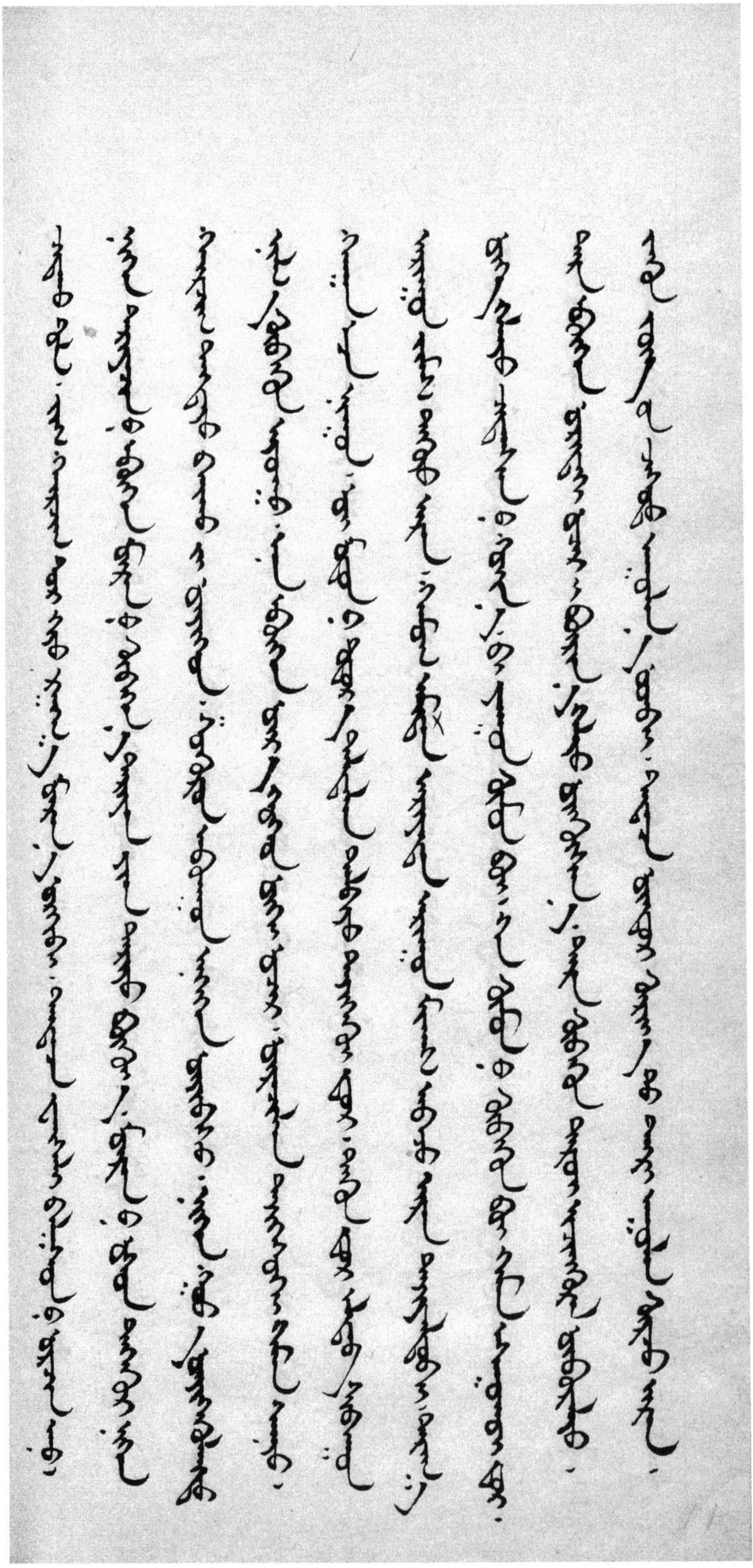

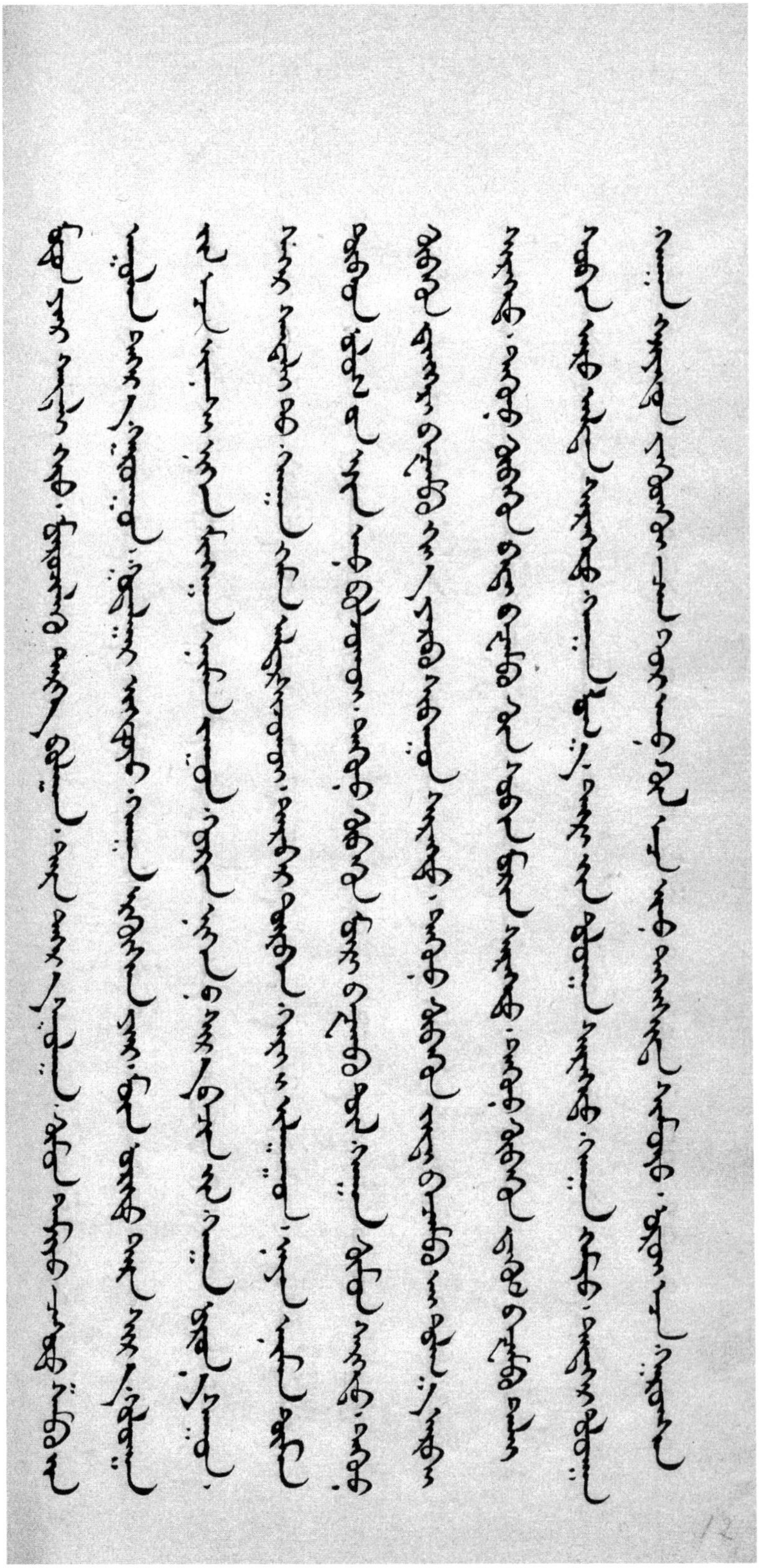

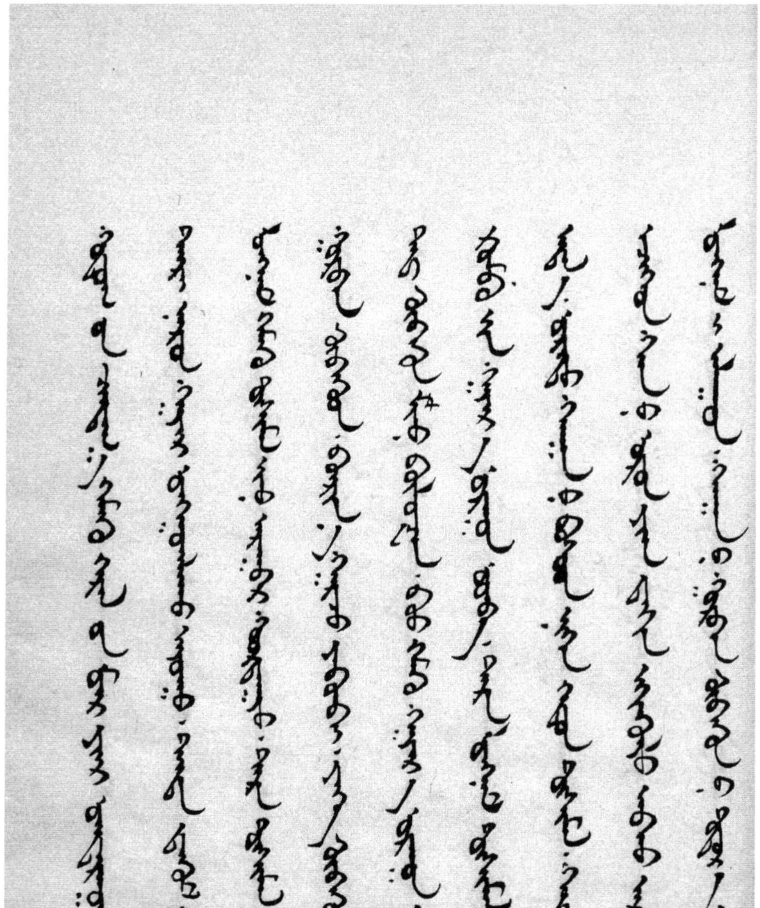

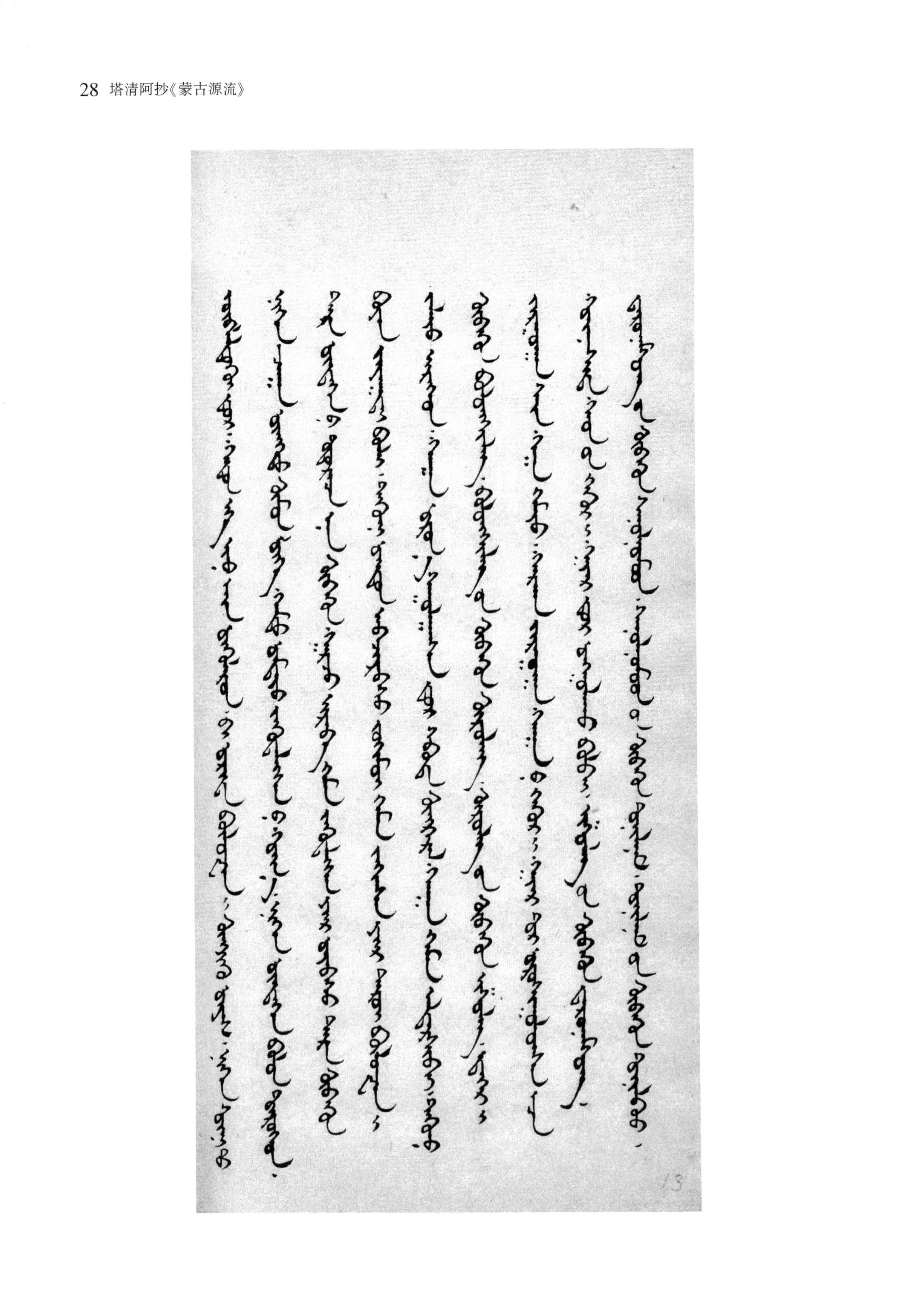

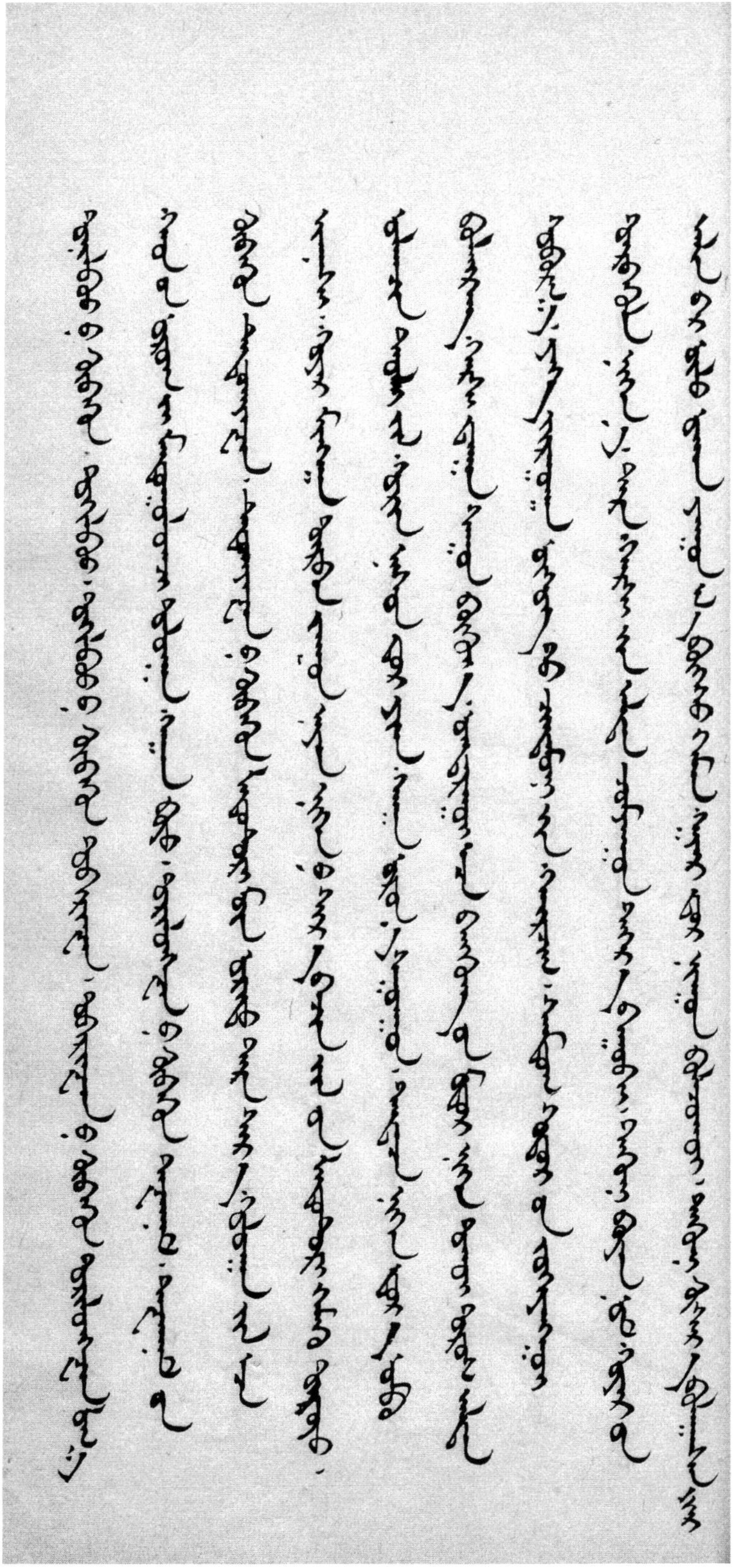

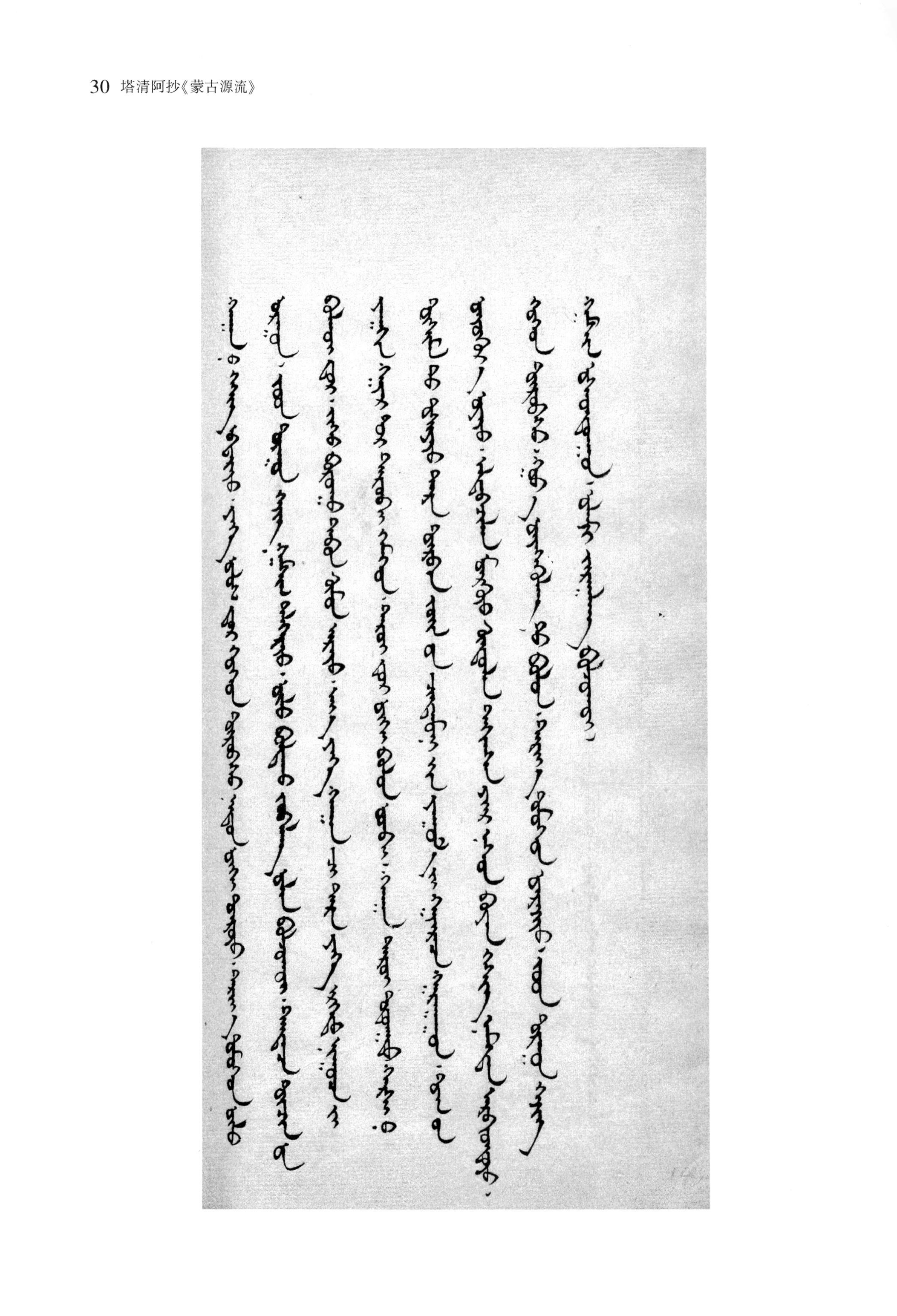

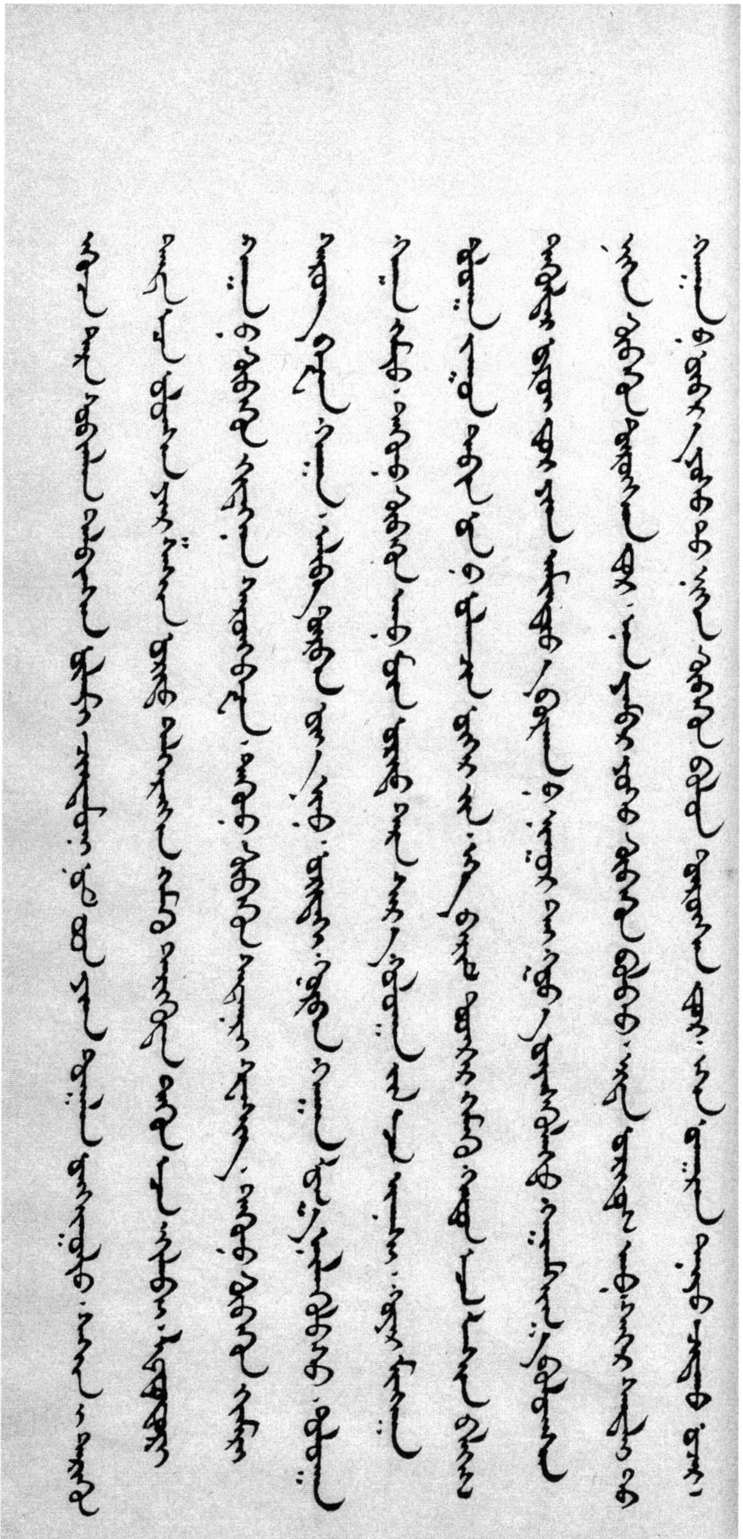

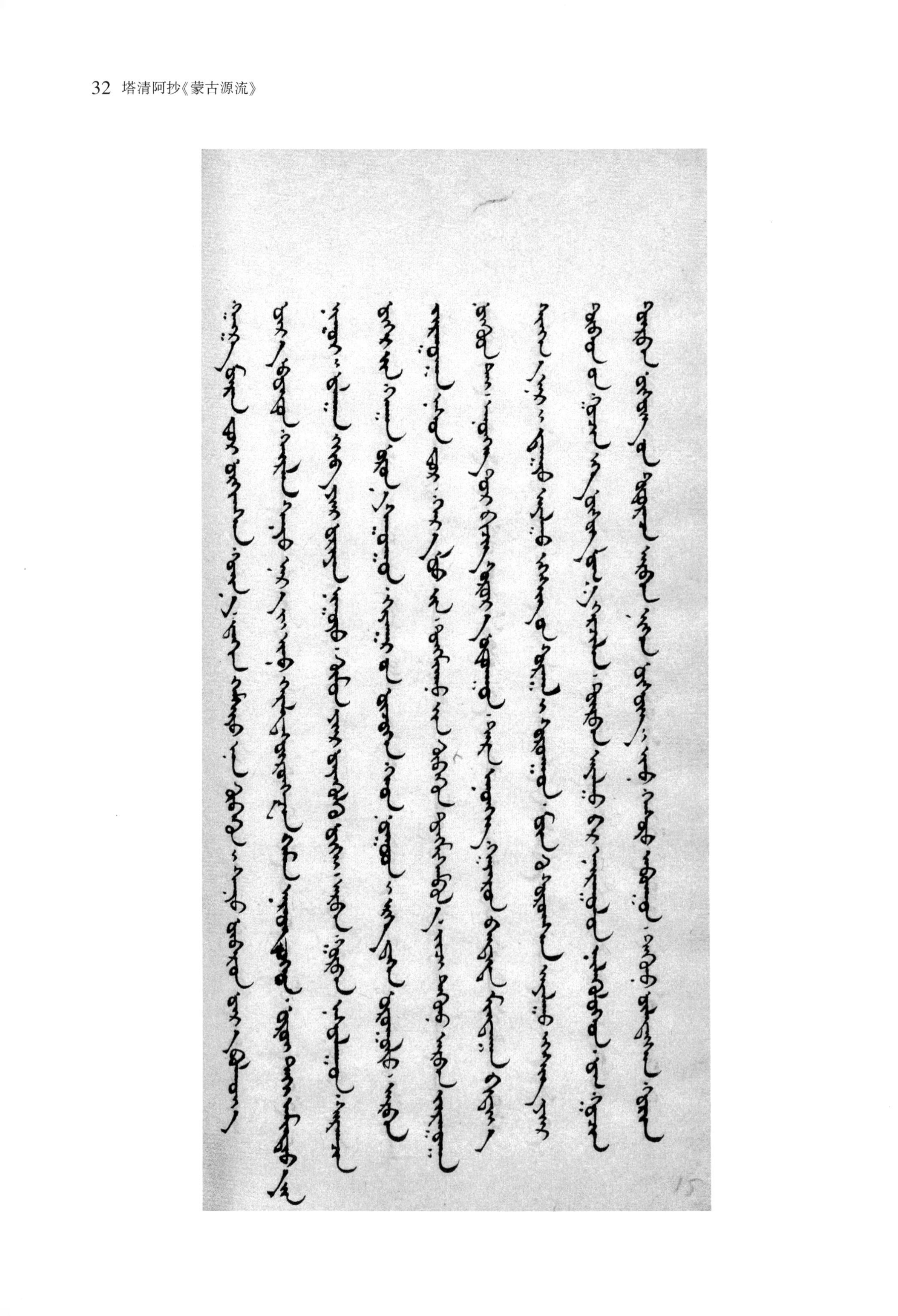

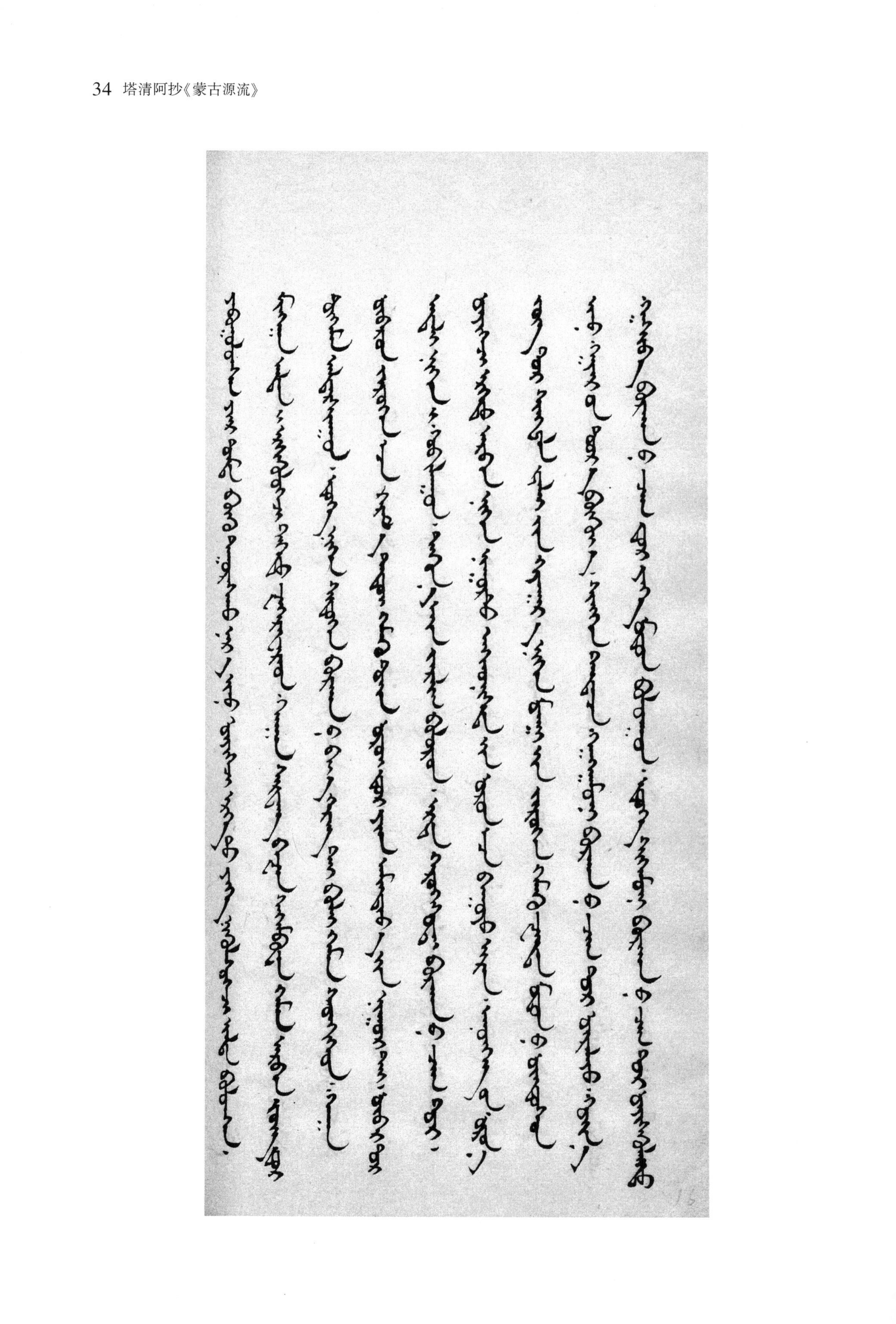

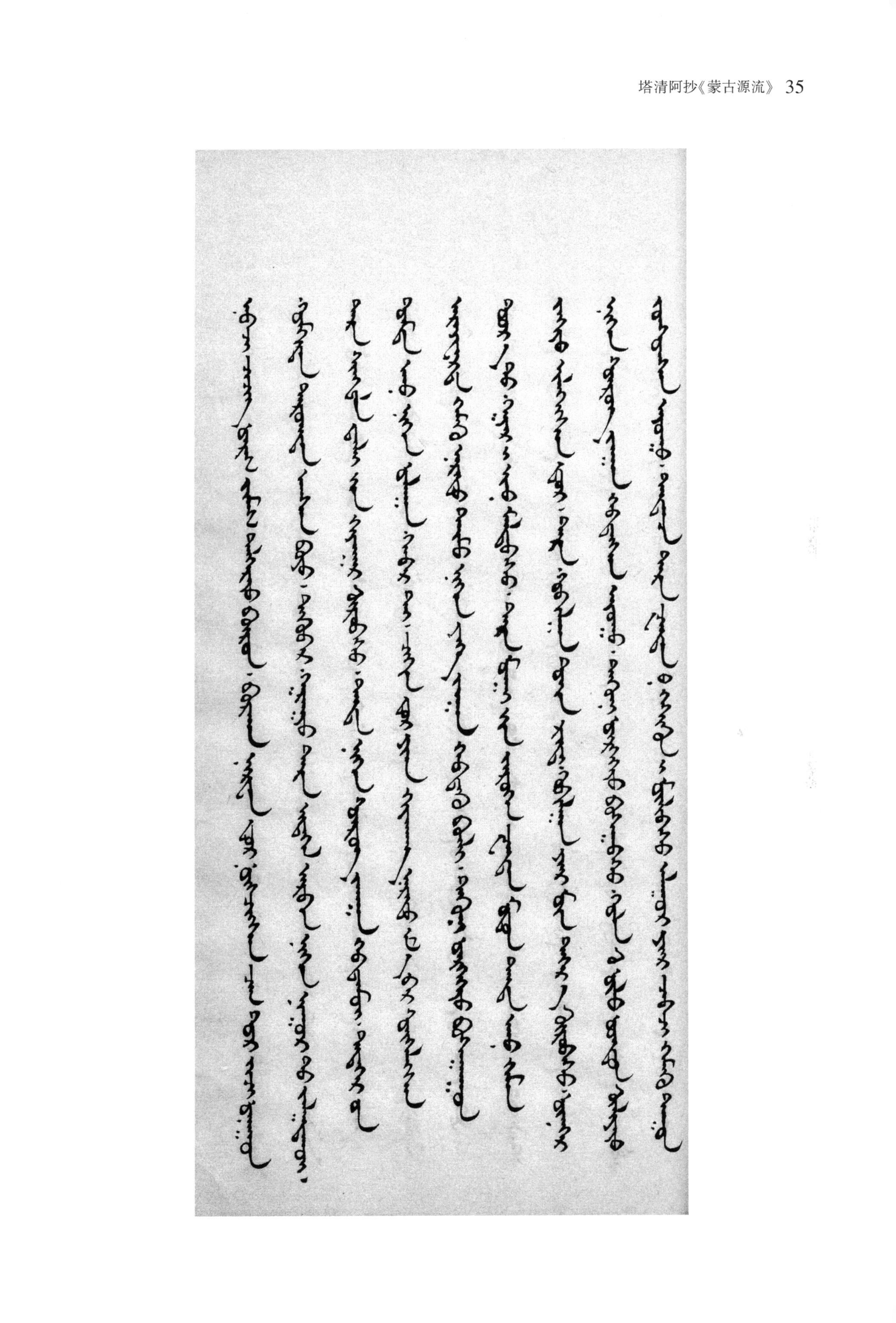

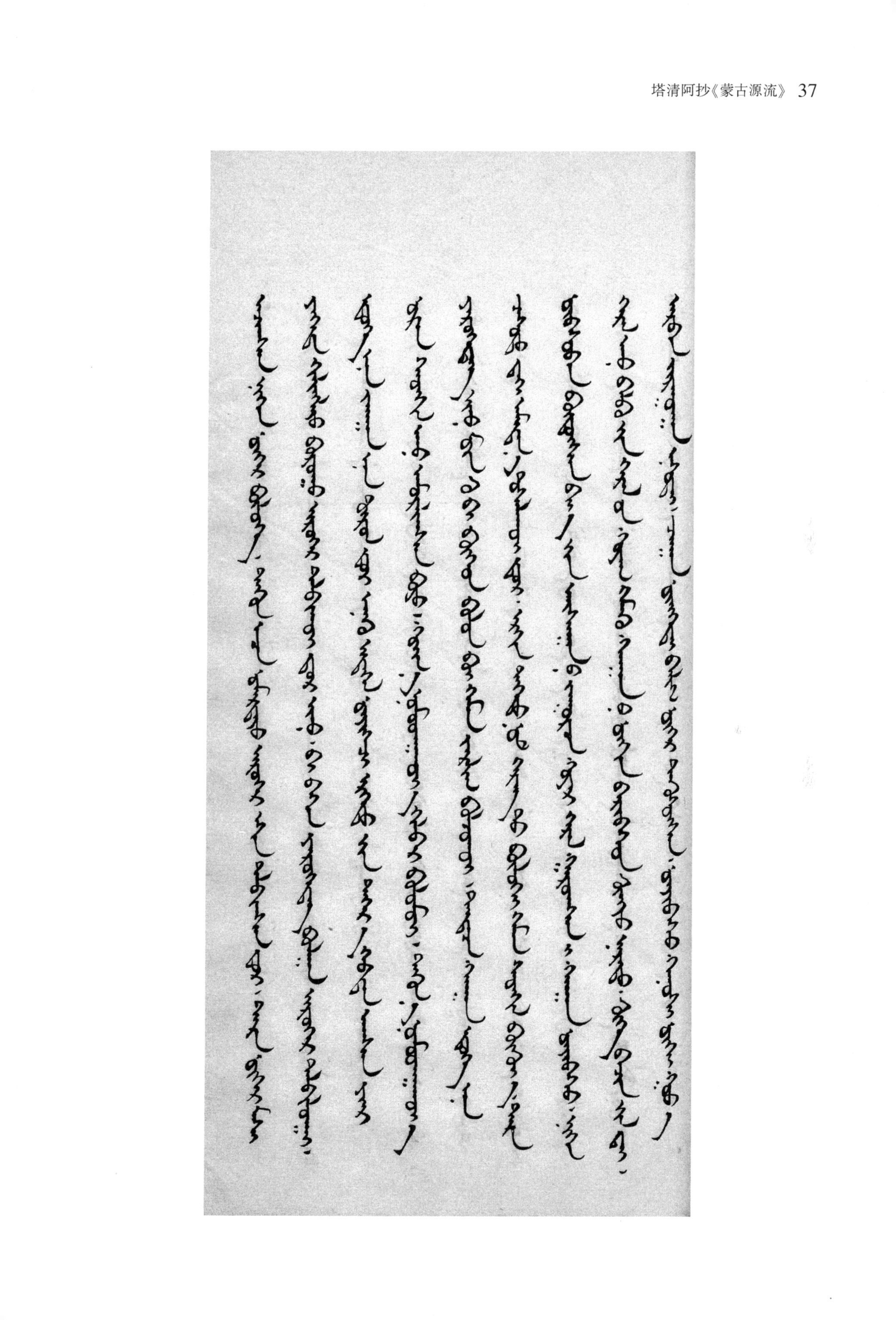

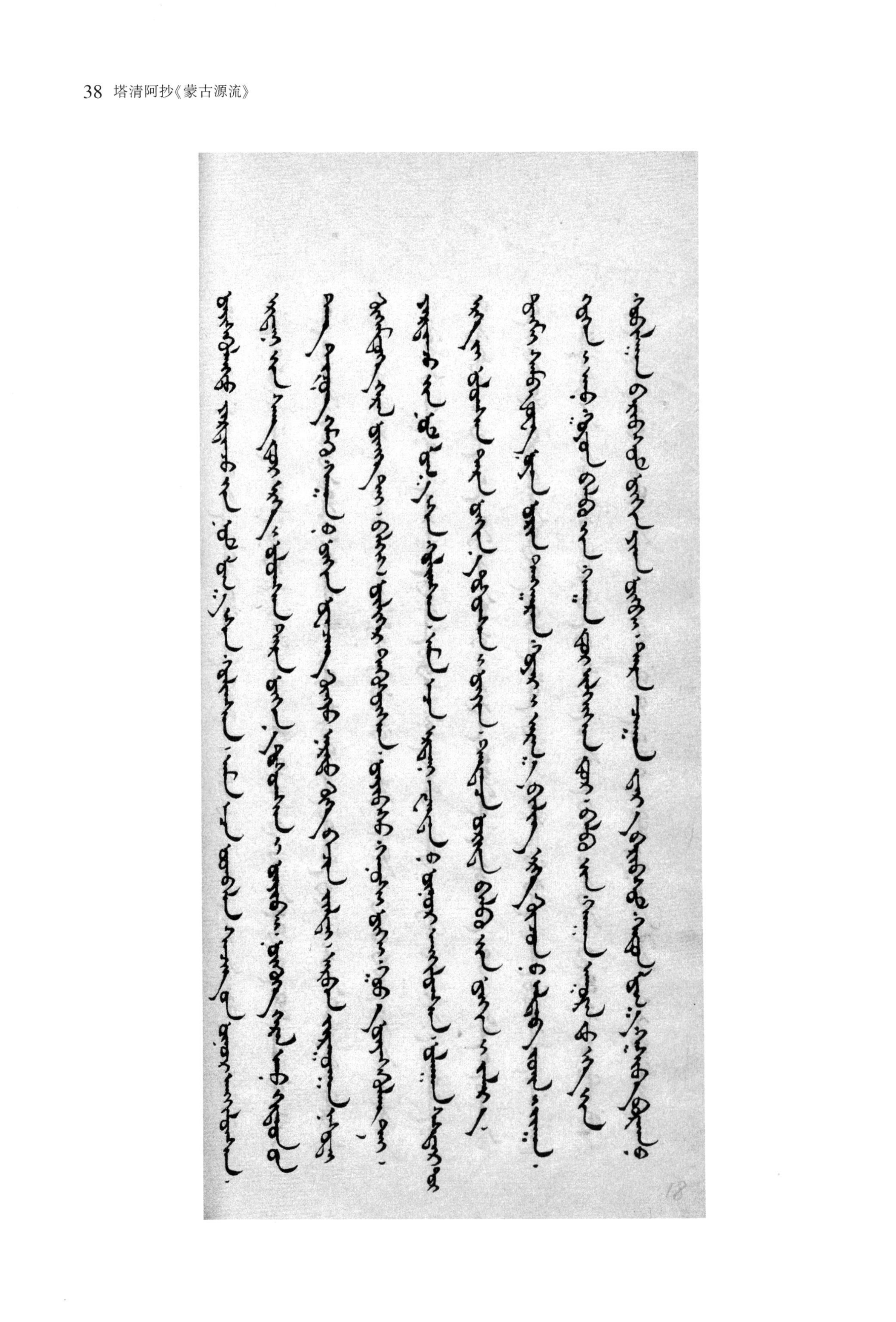

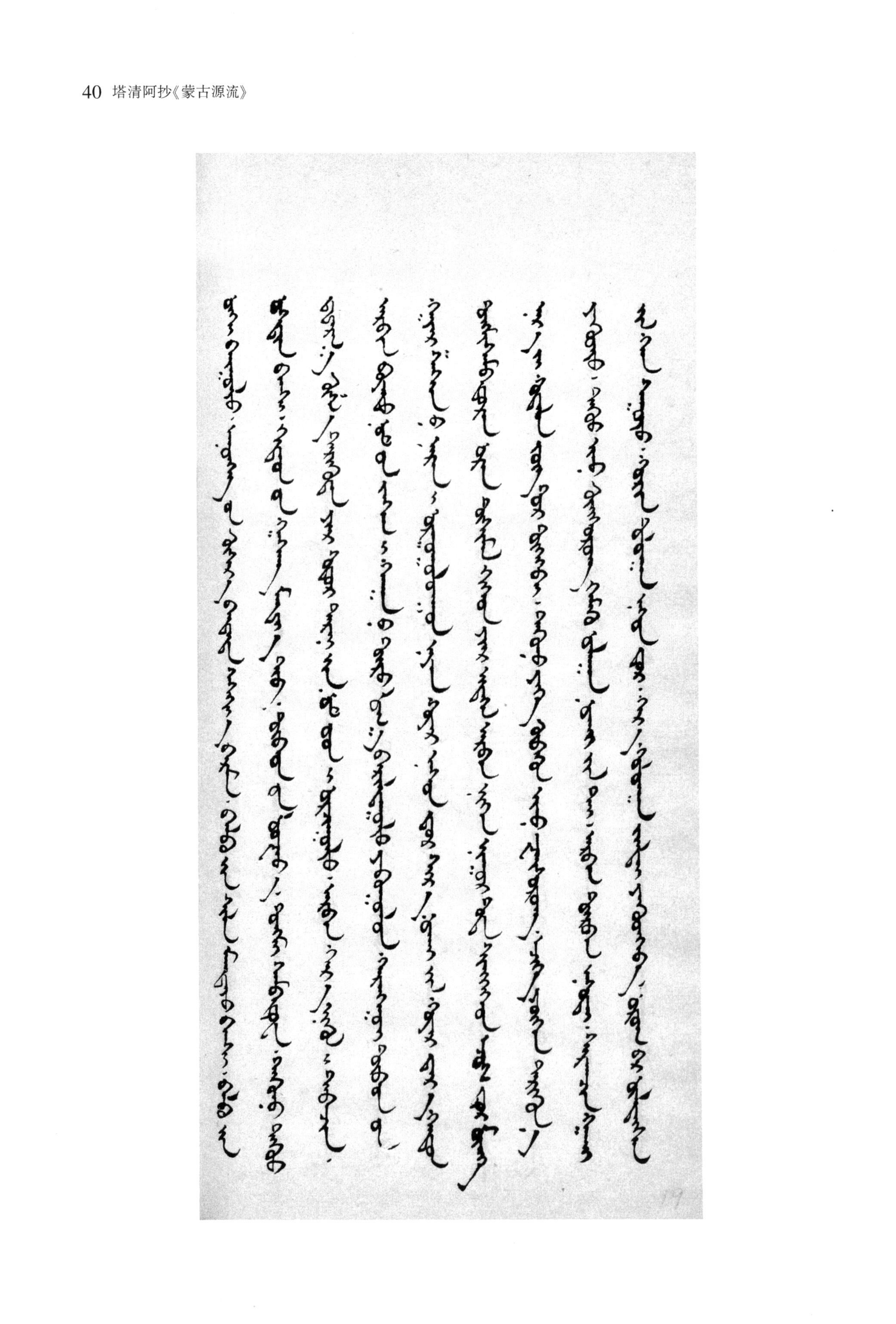

20

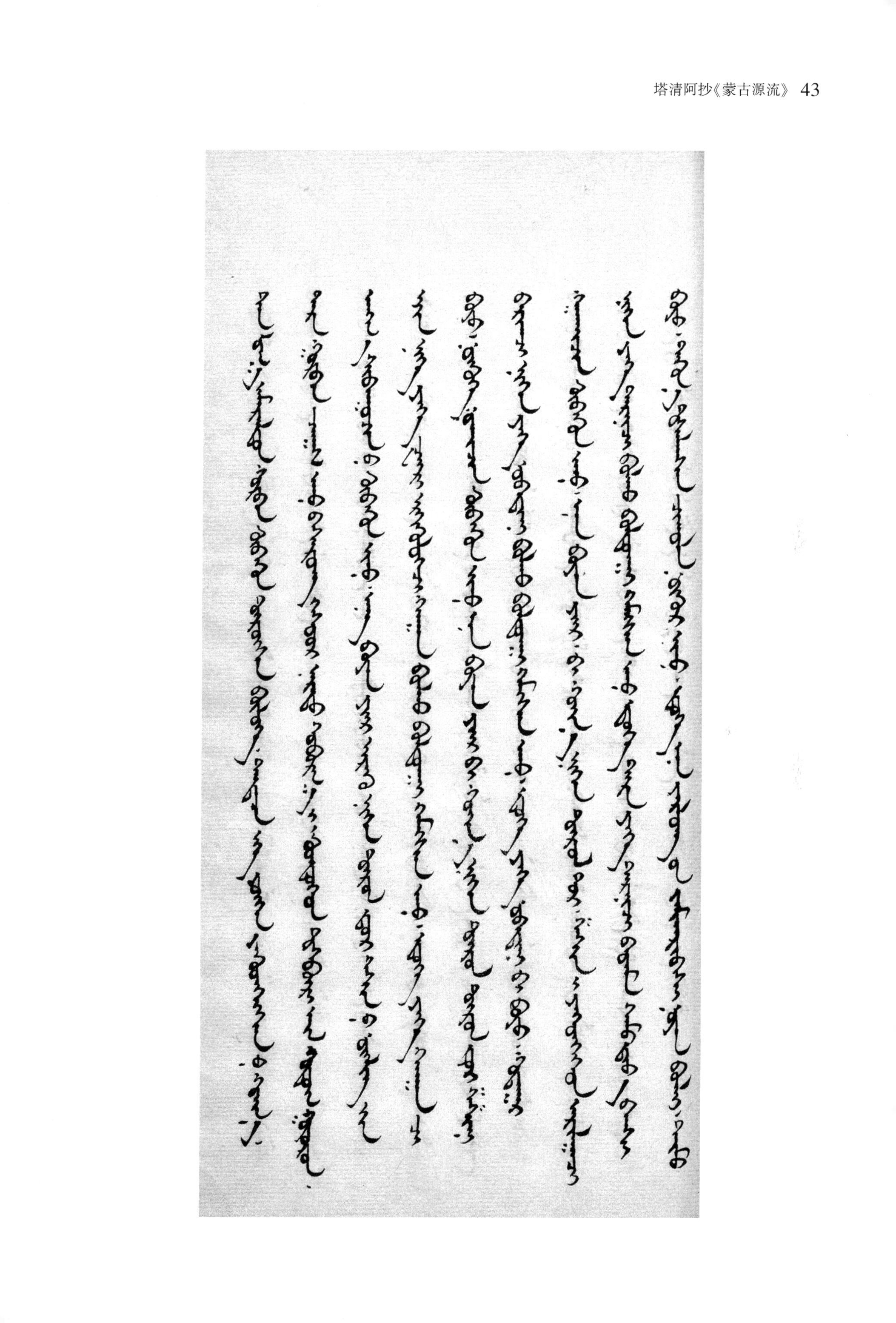

21

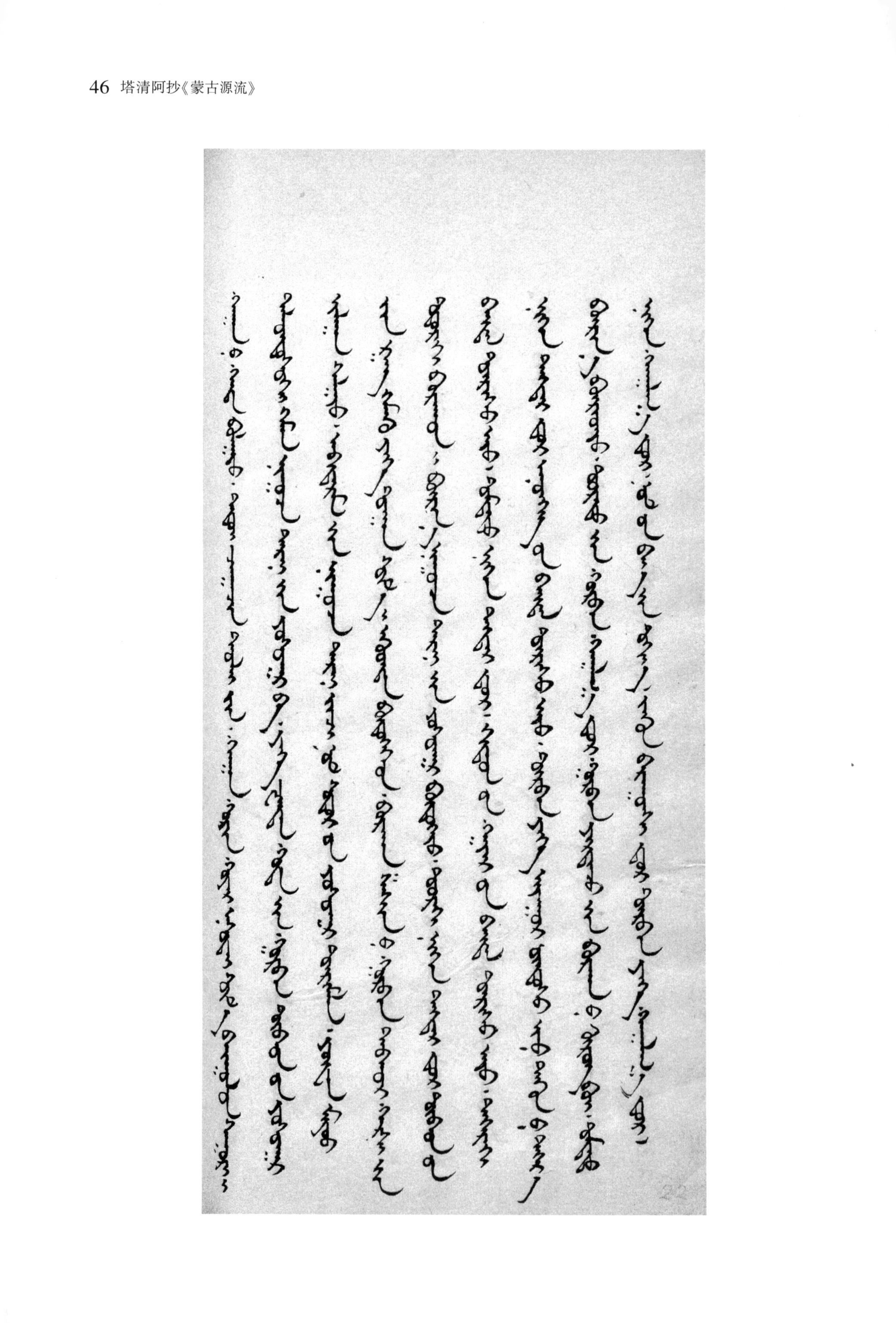

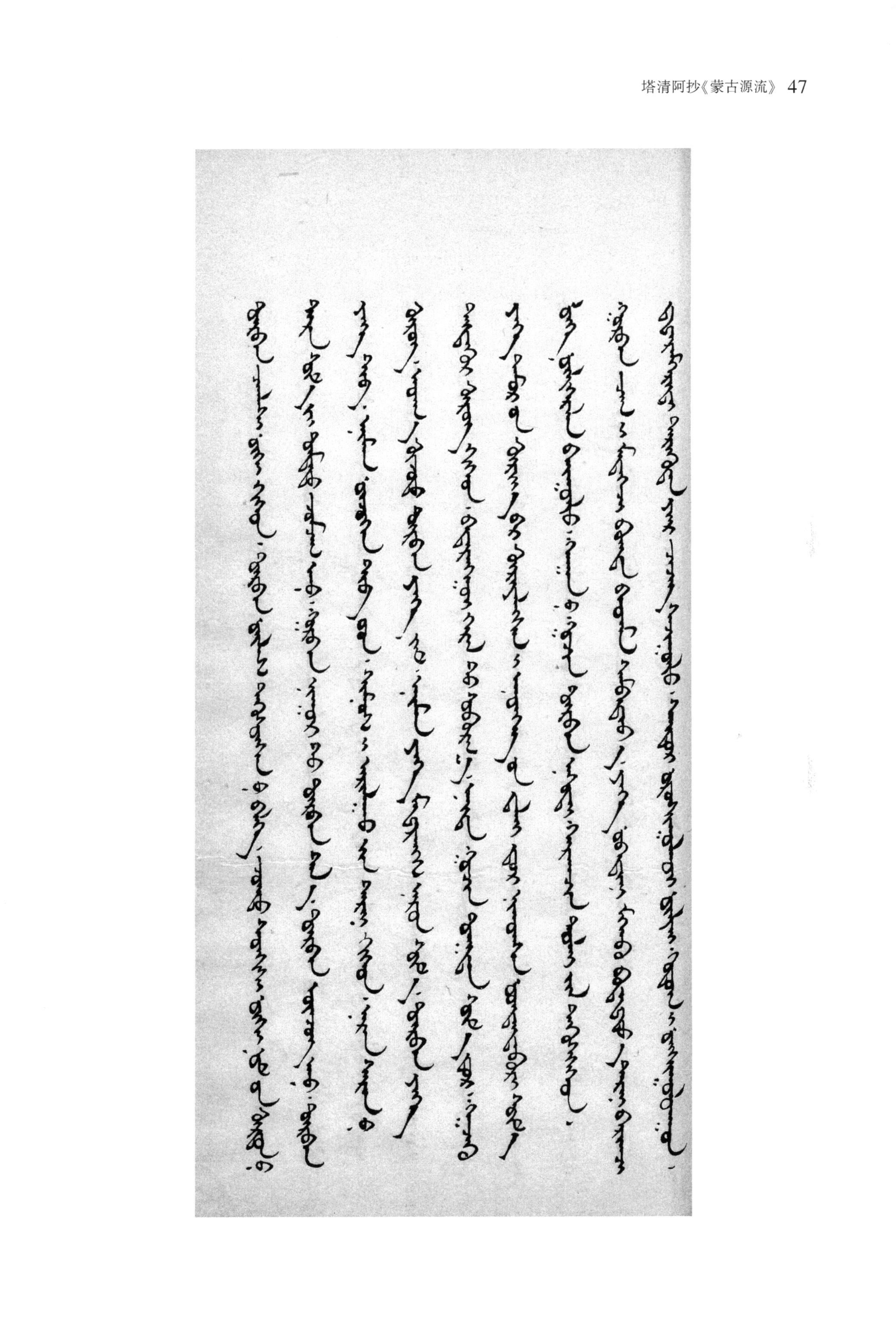

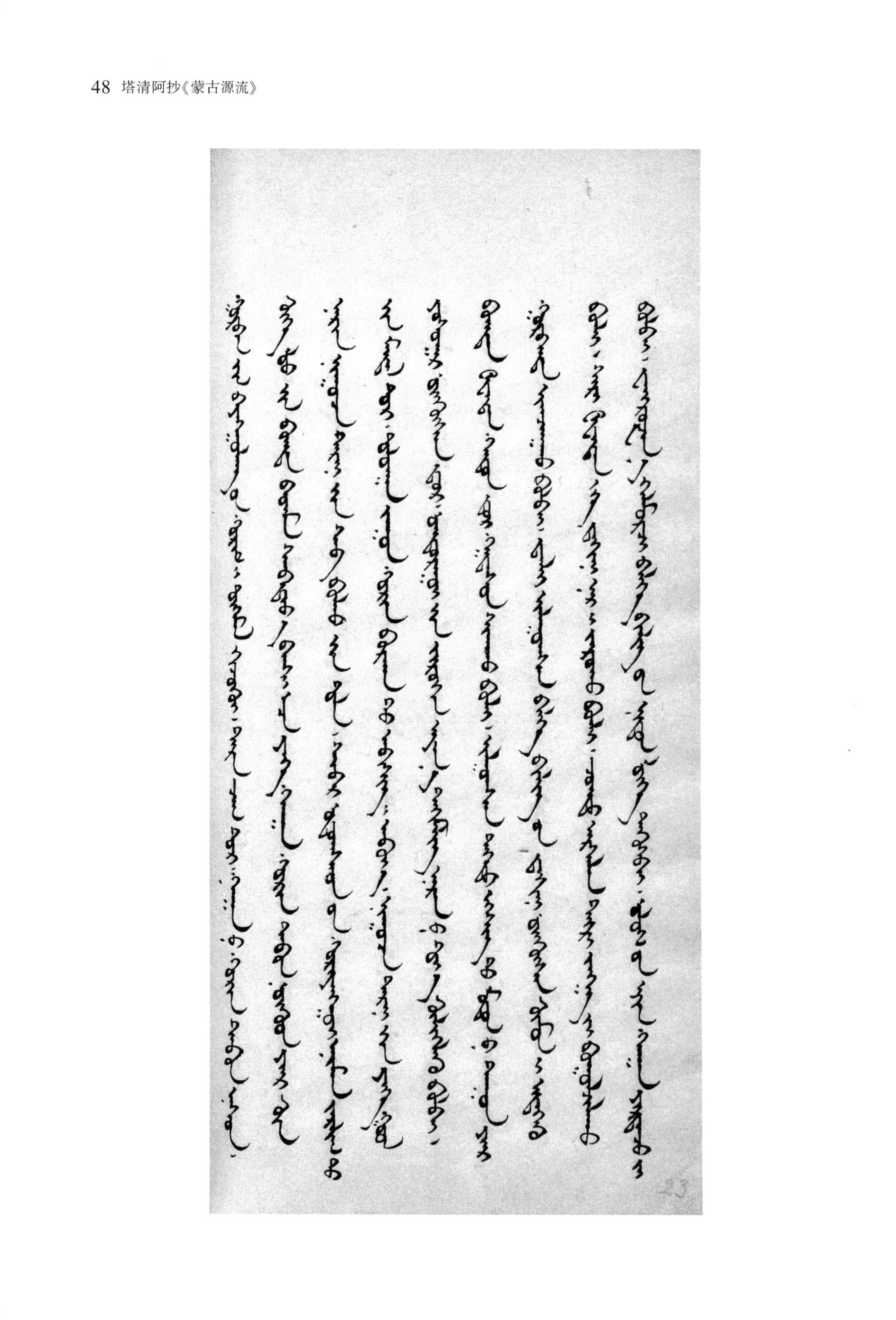

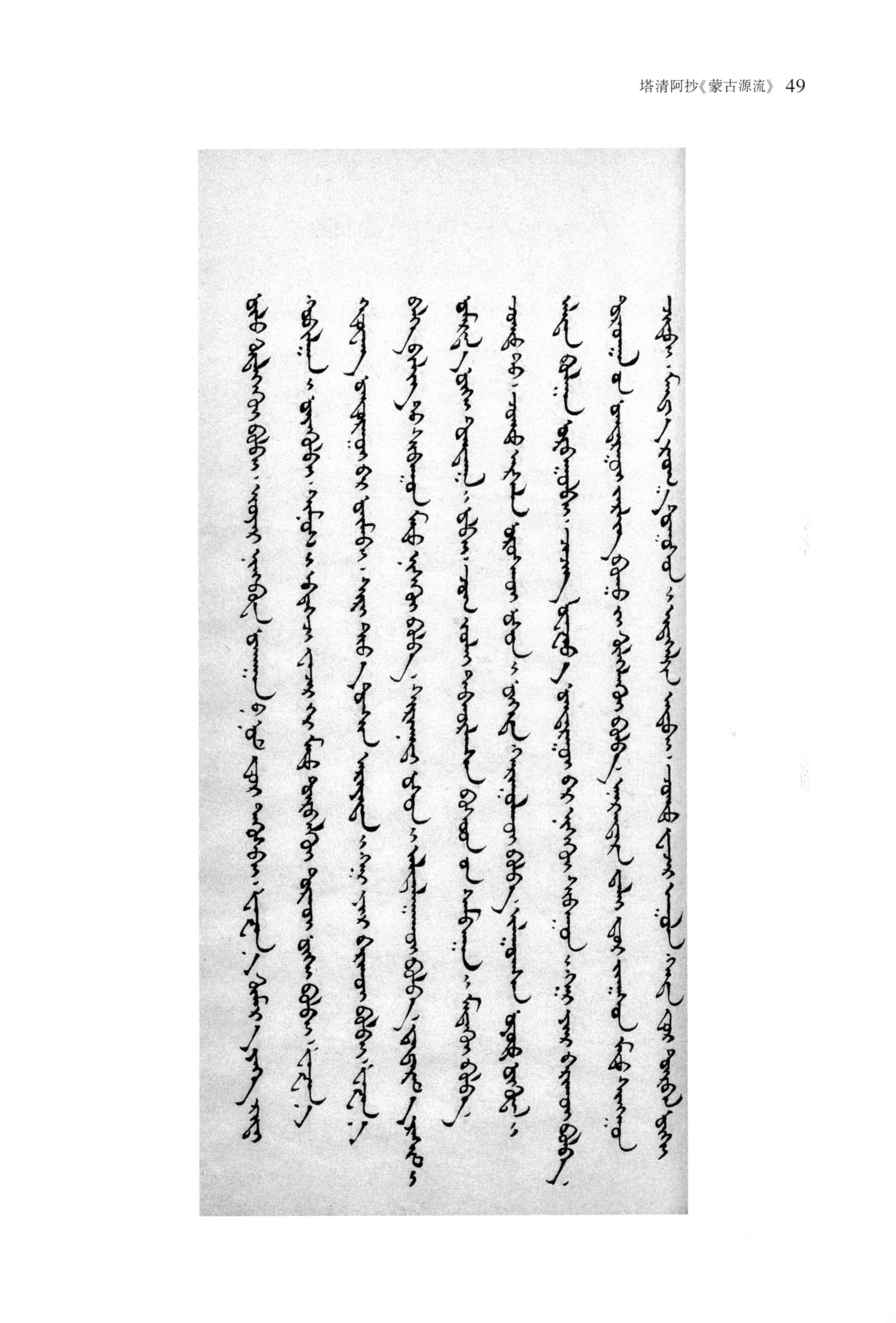

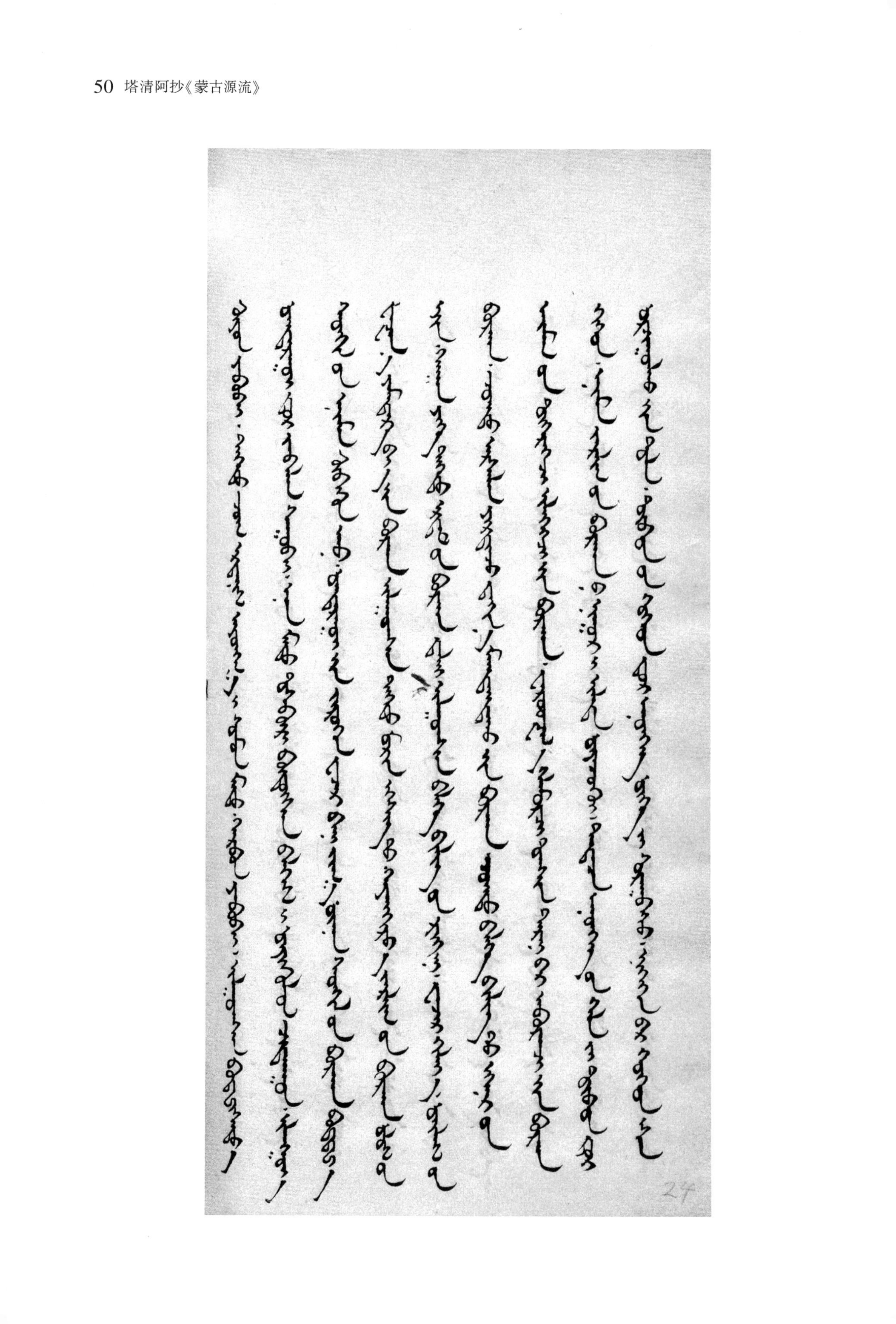

24

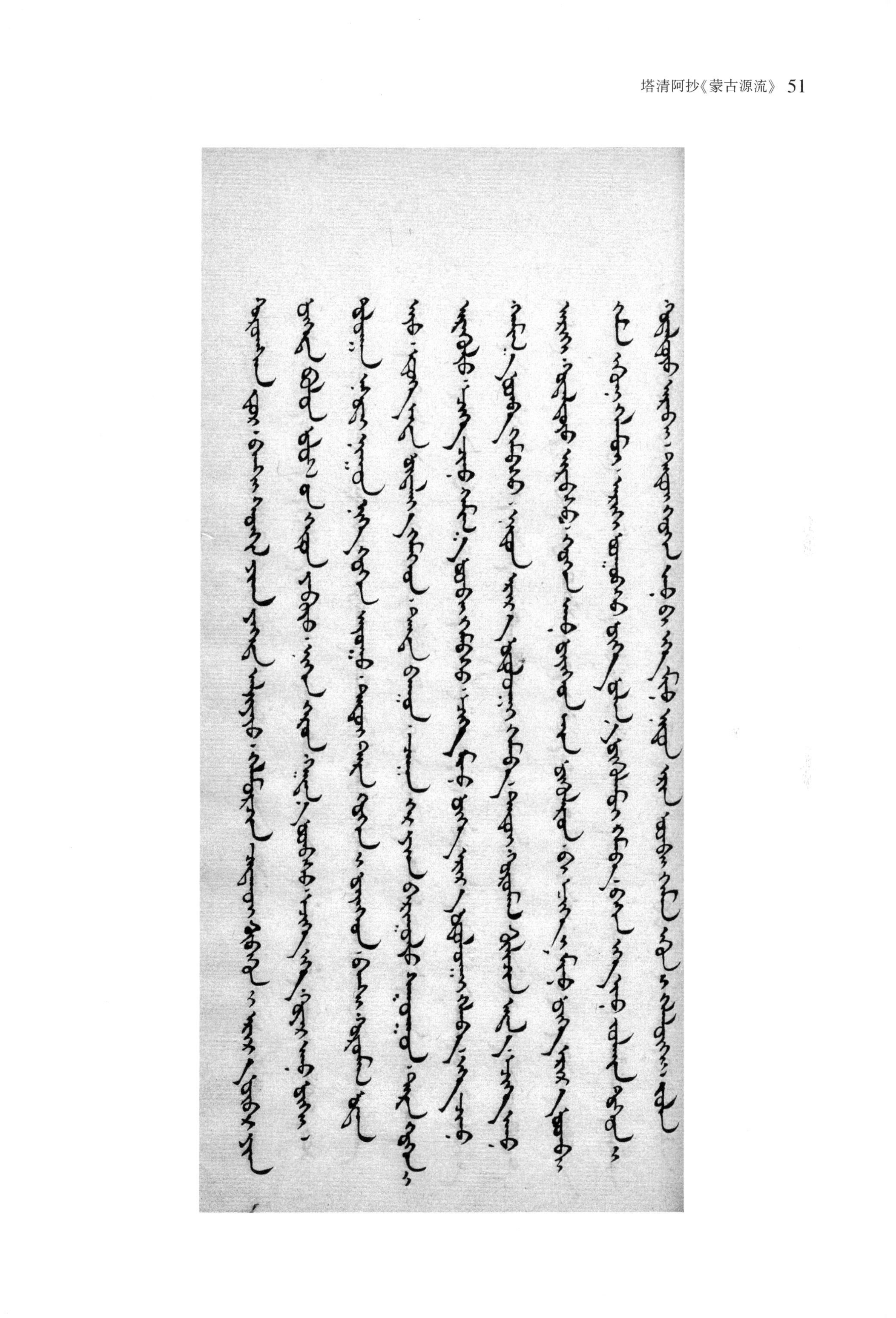

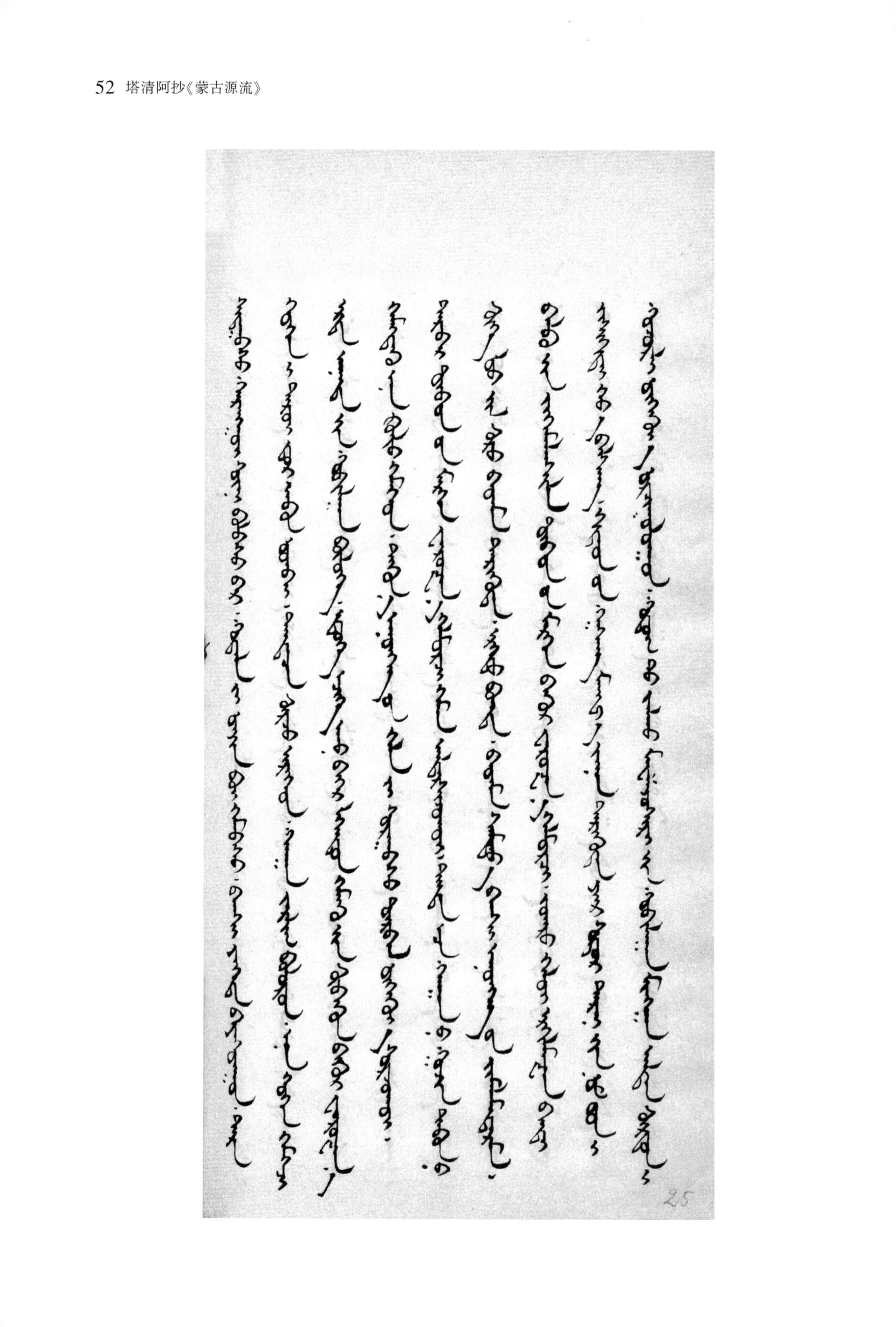

25

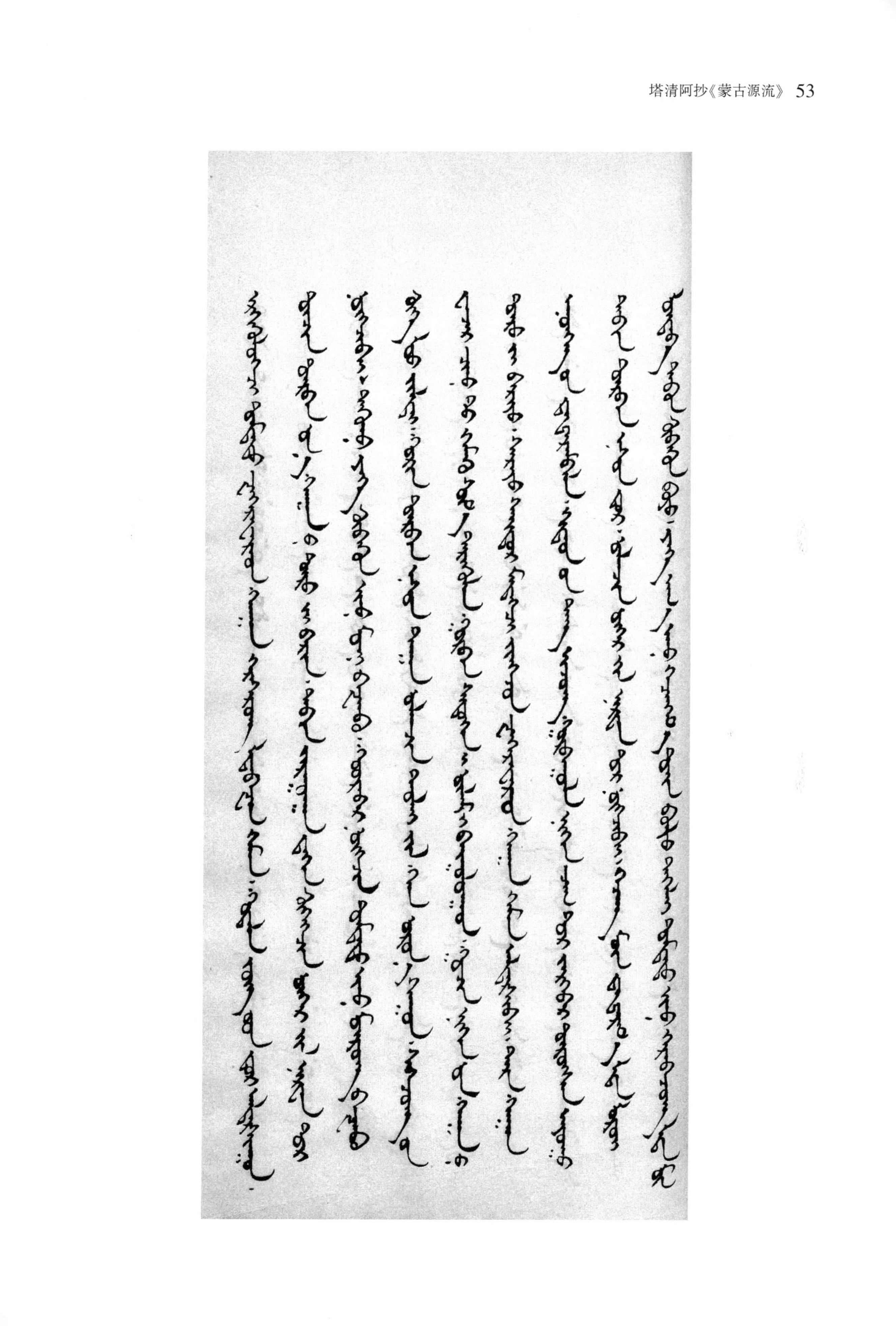

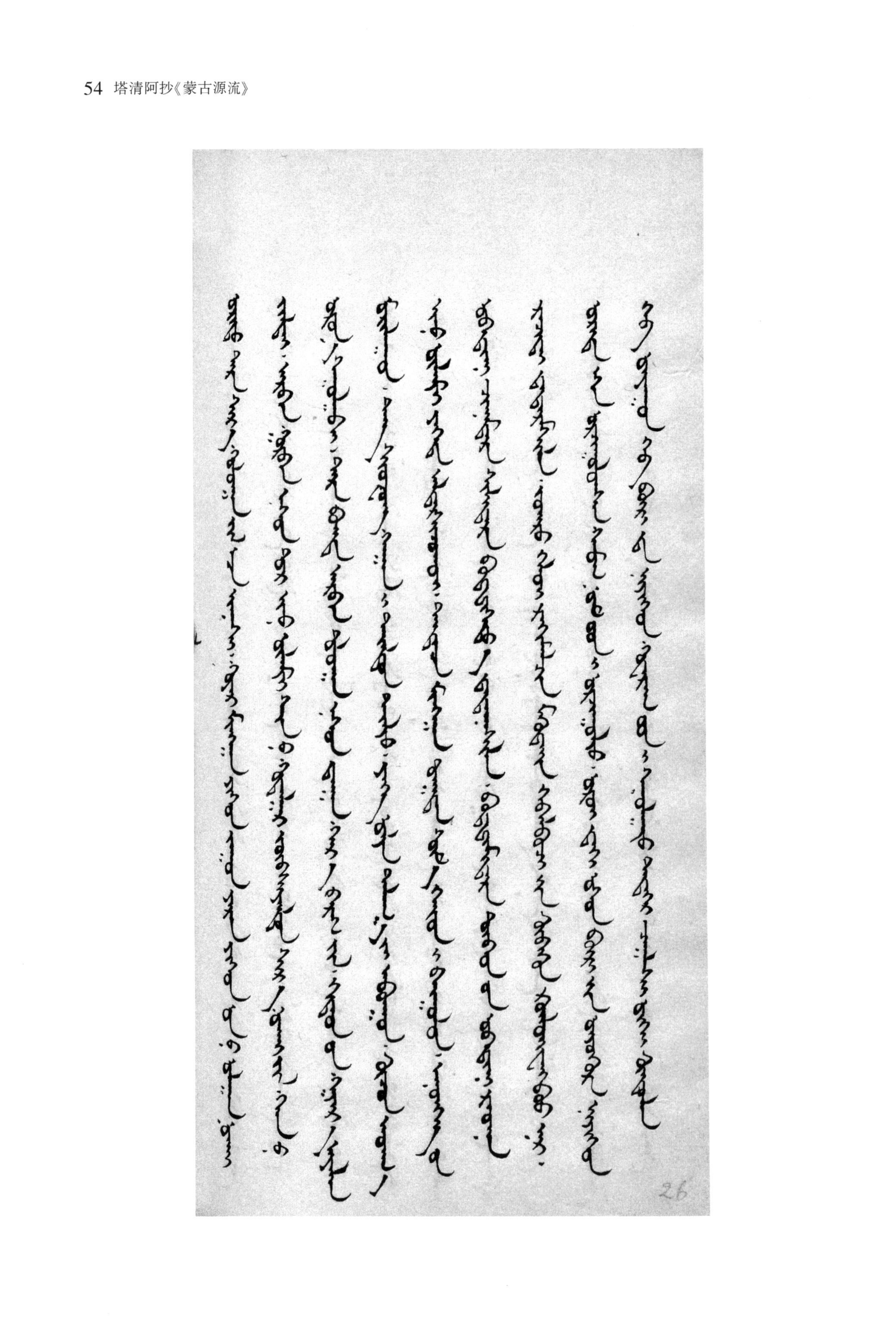

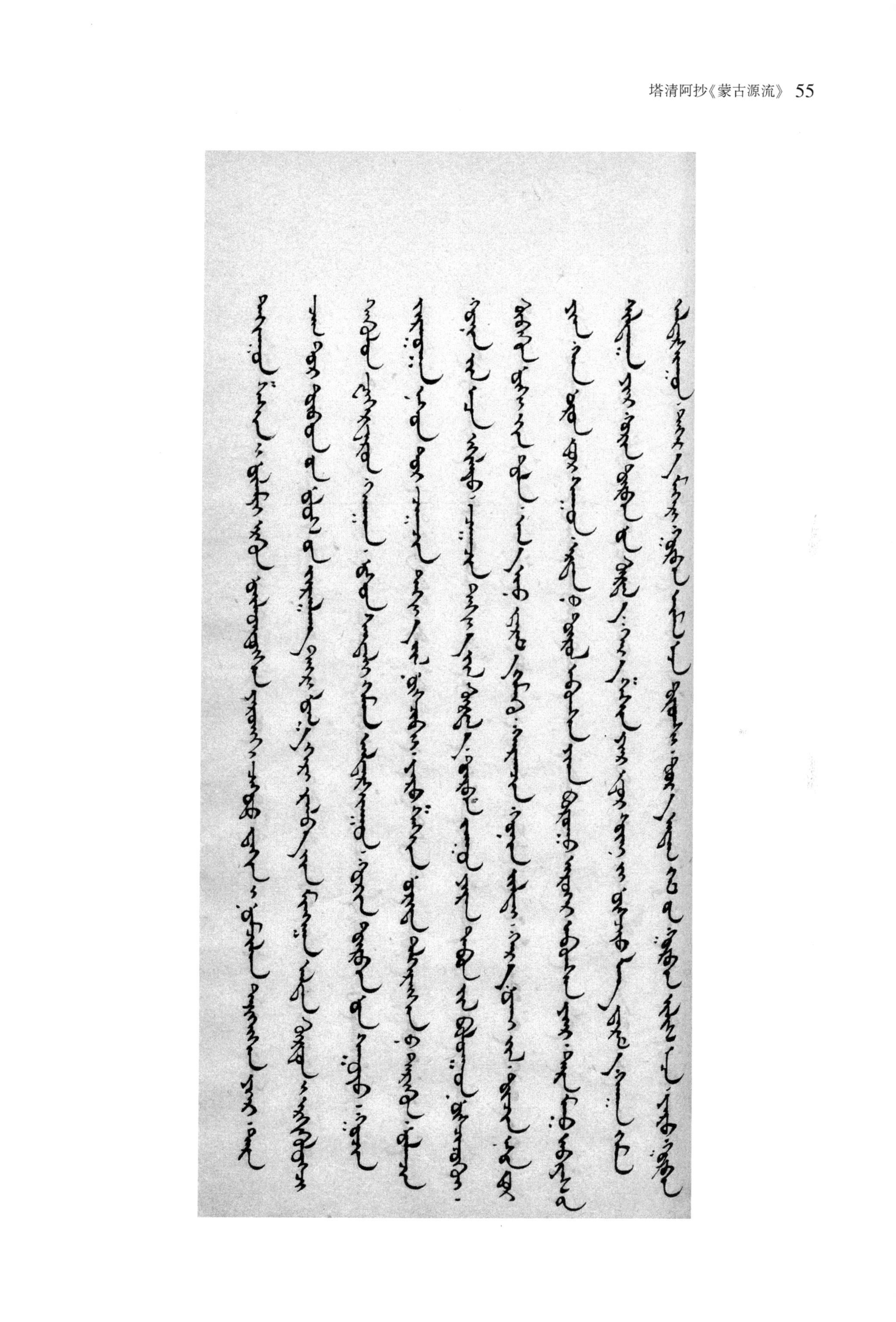

27

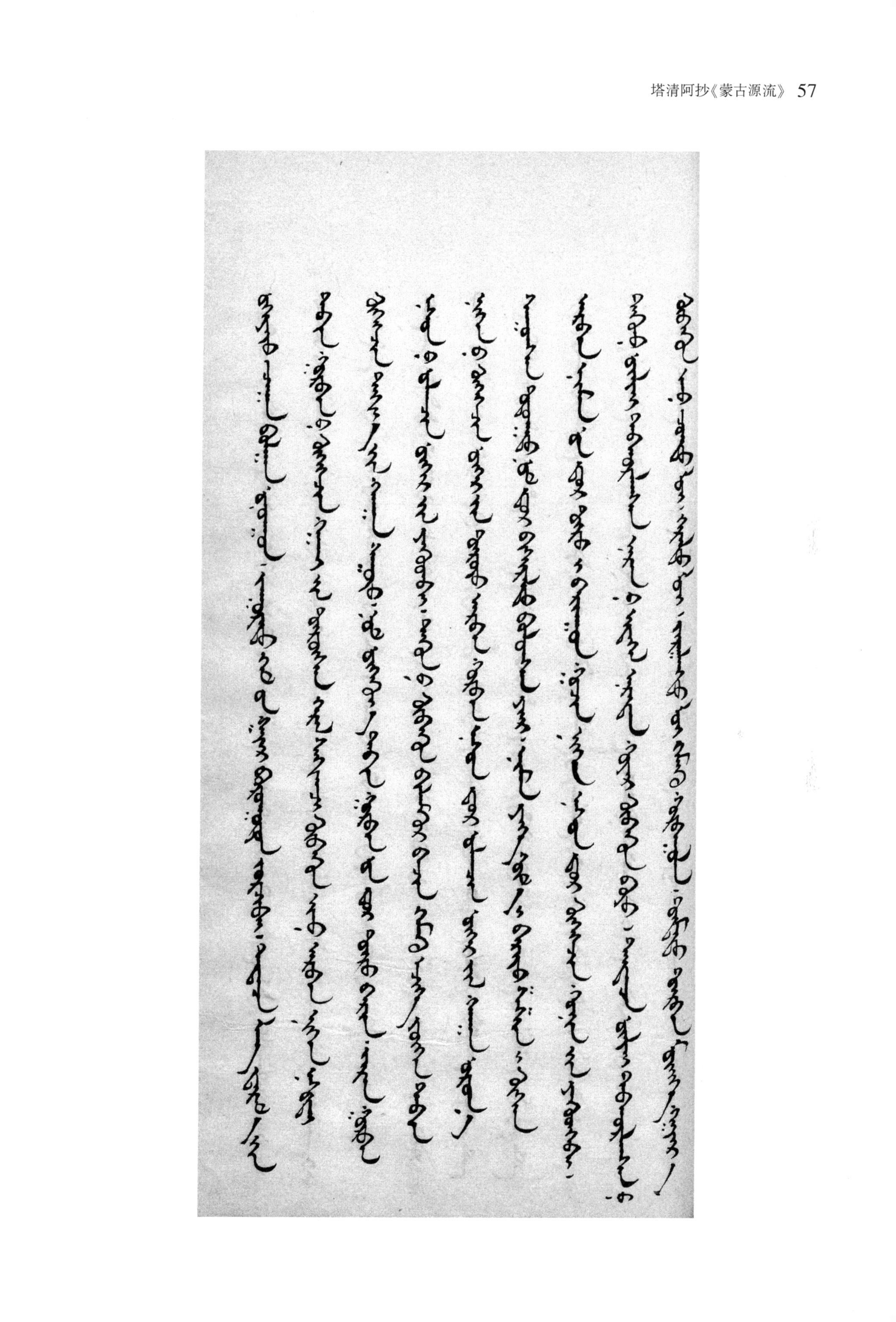

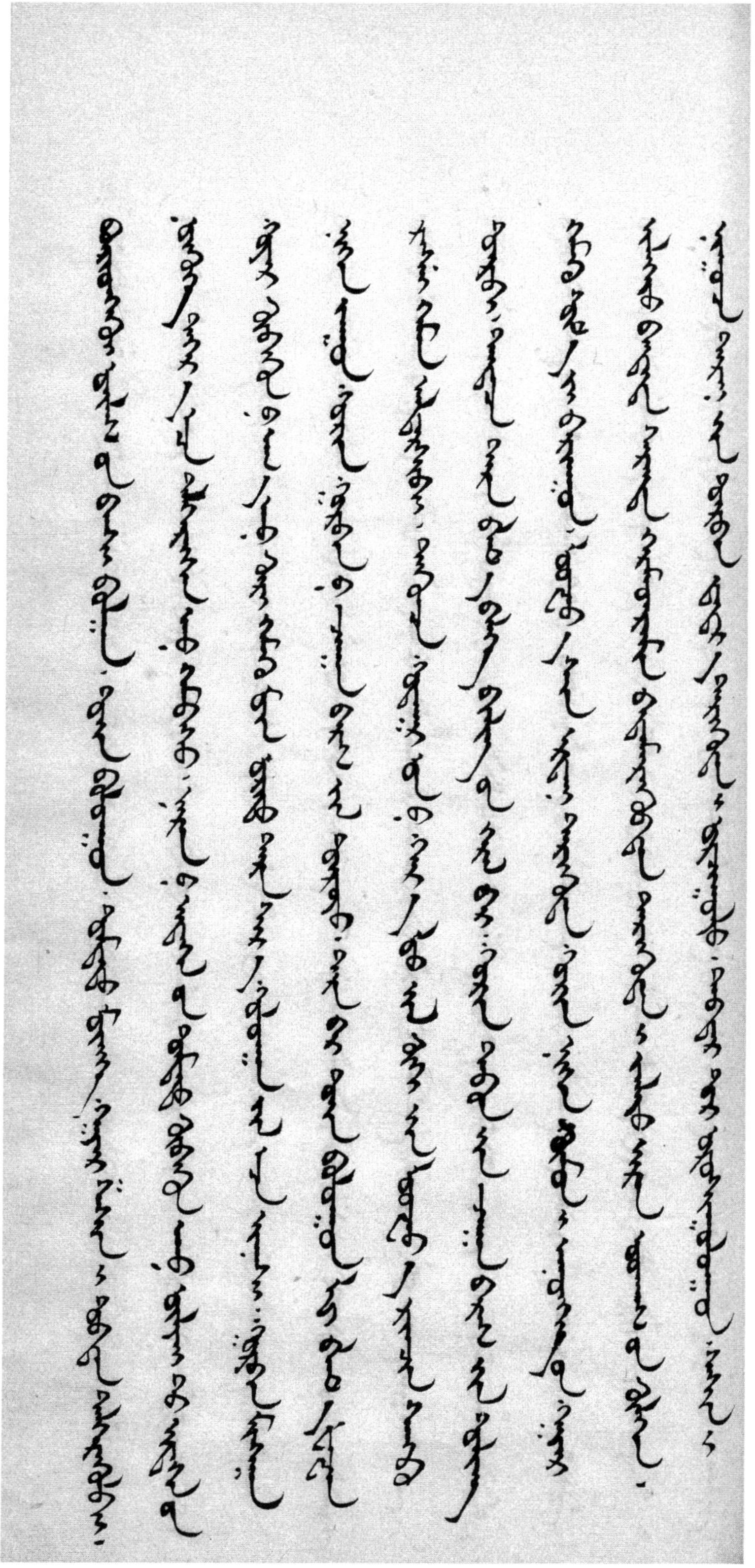

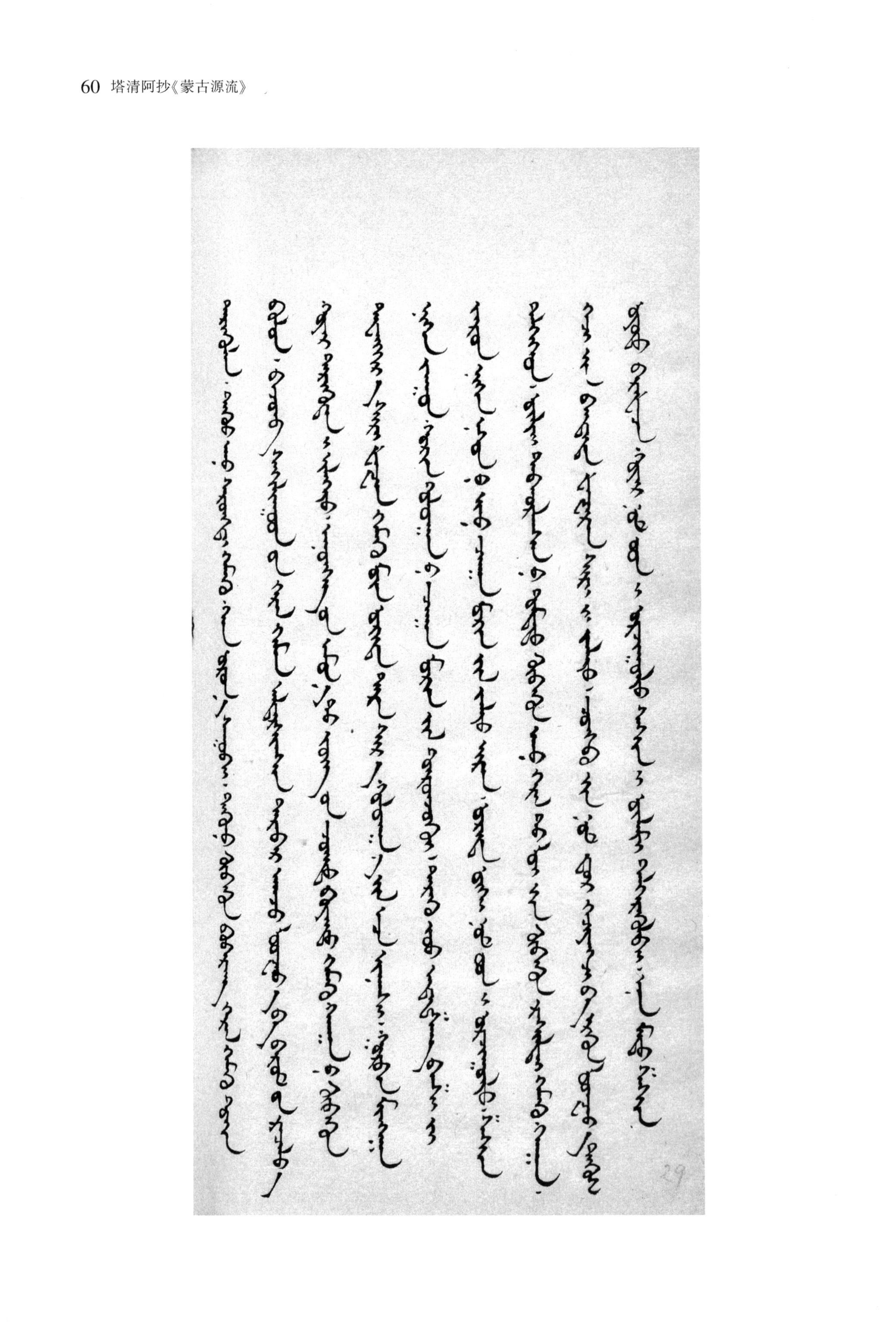

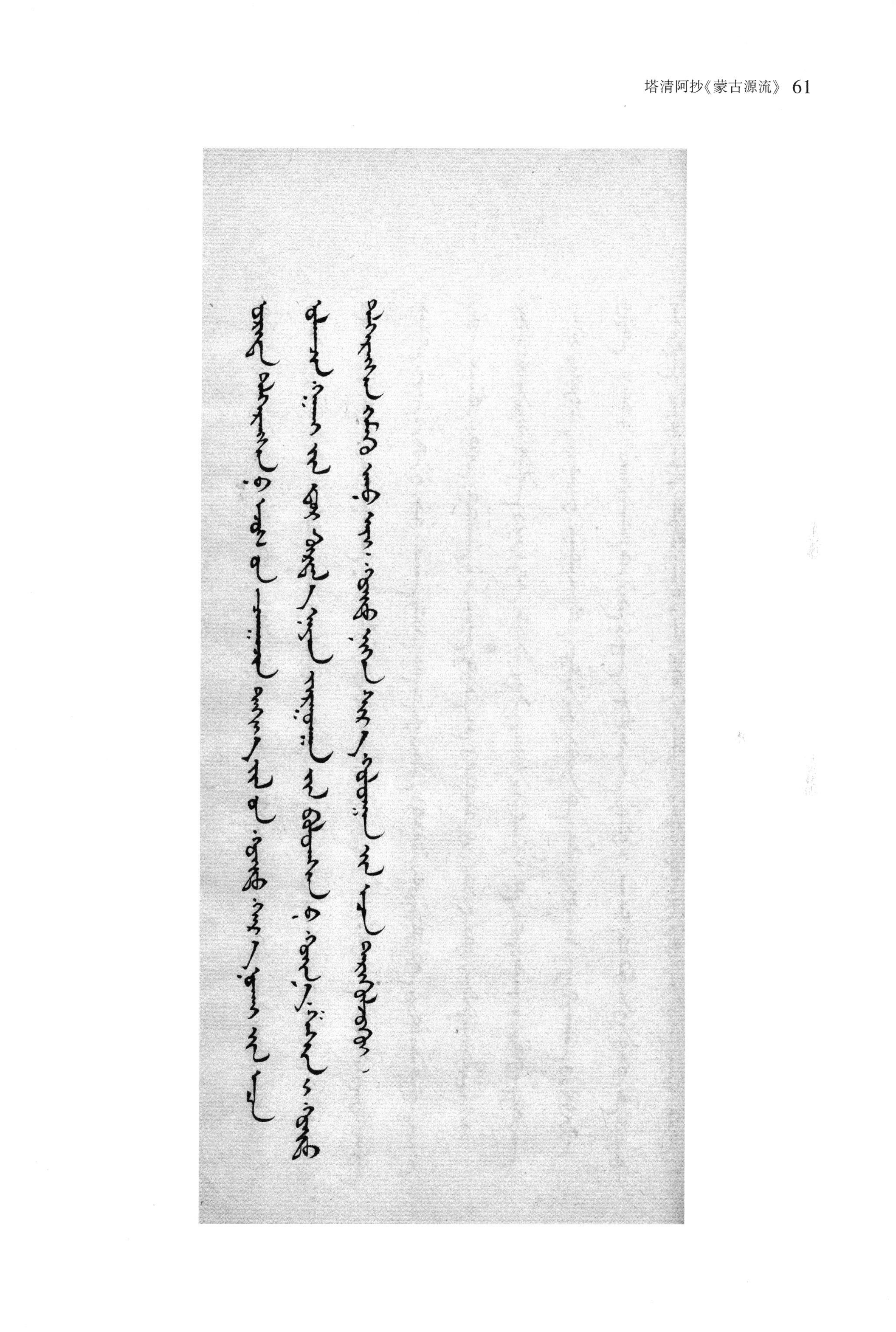

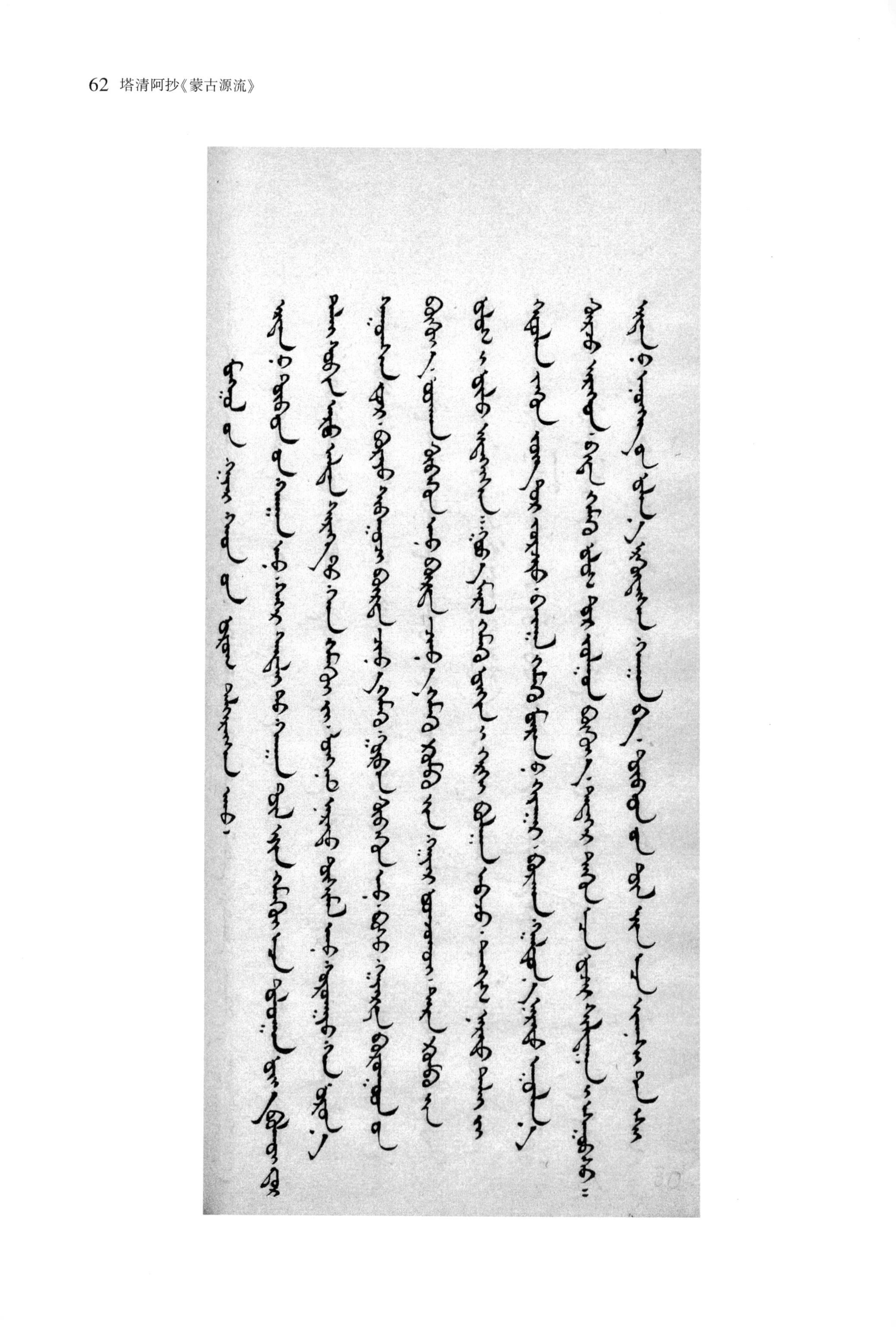

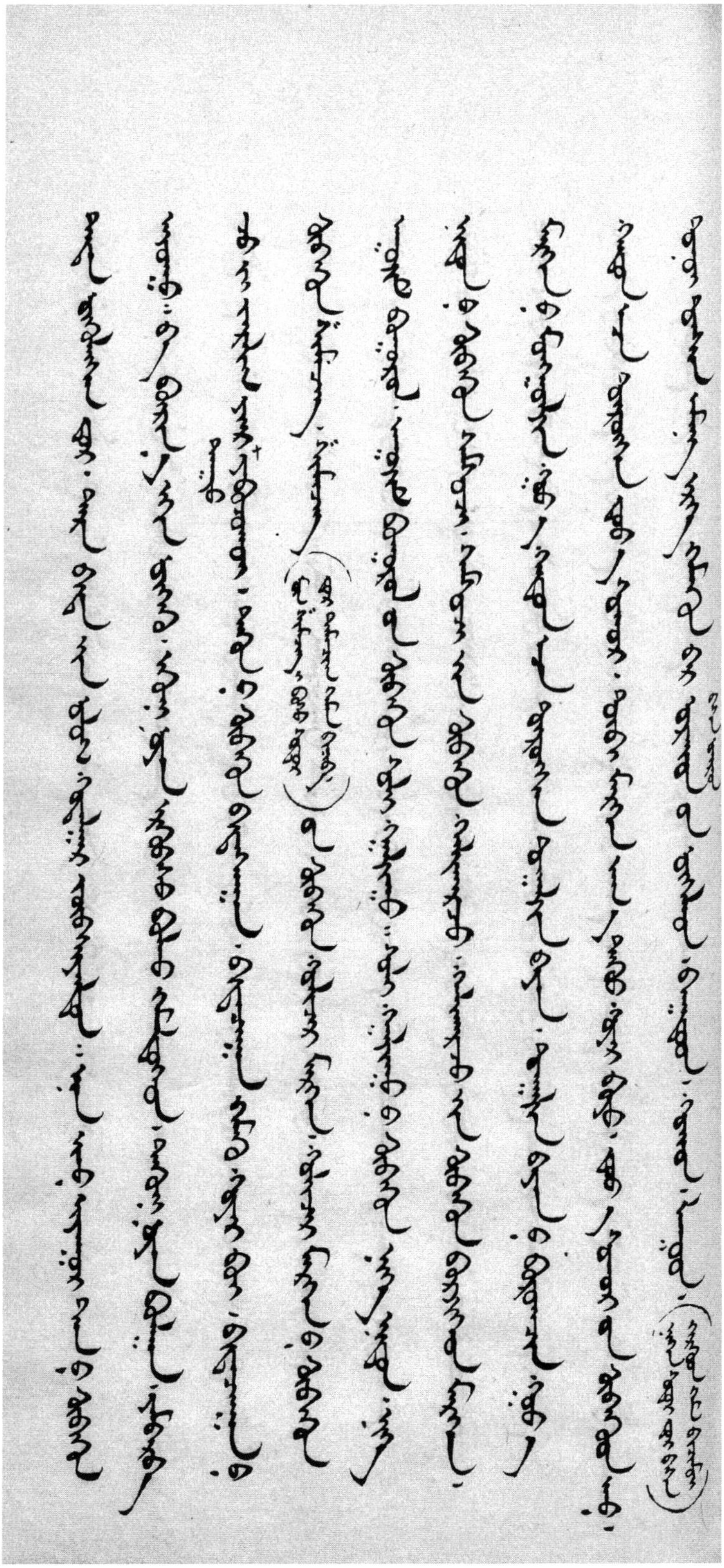

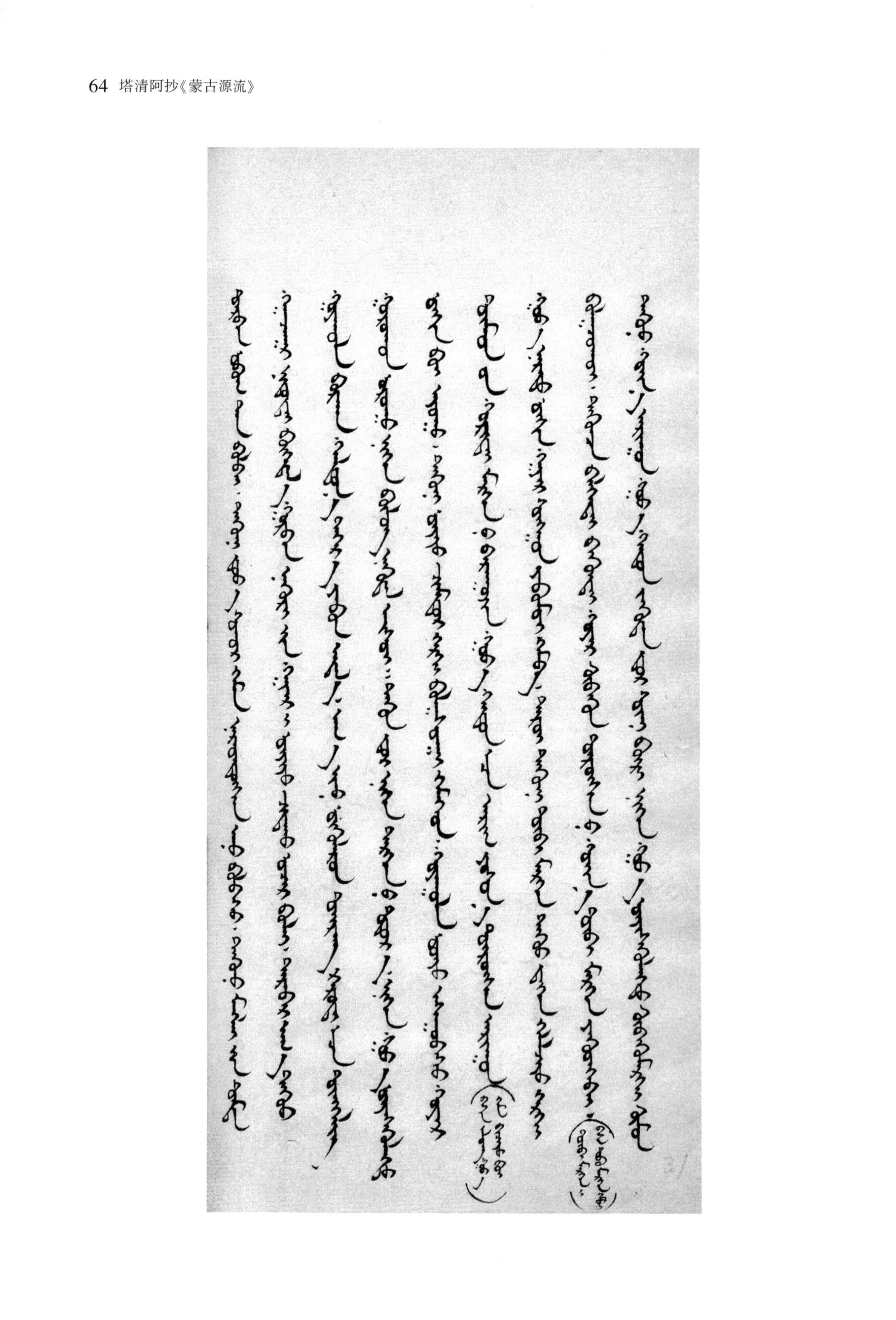

32

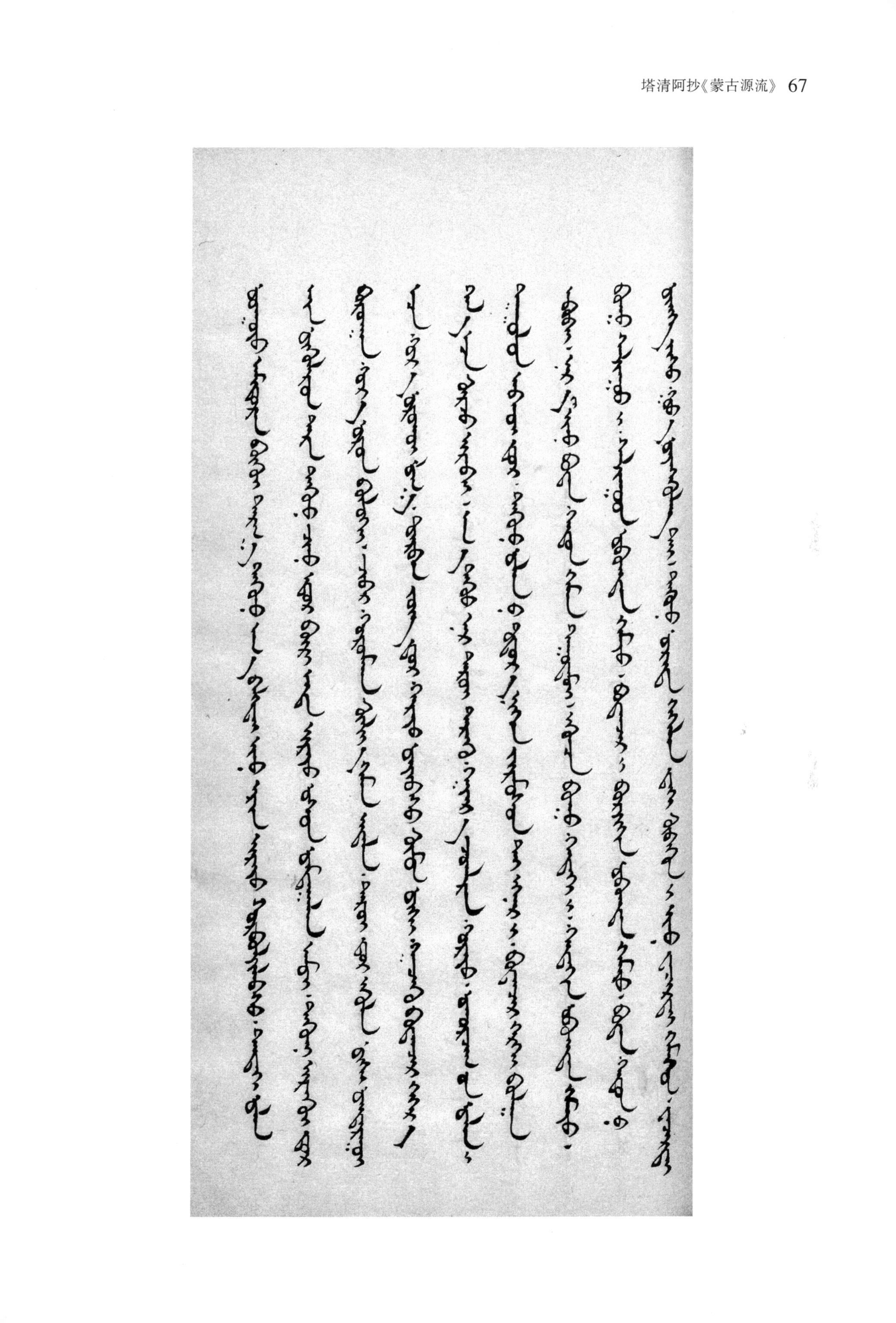

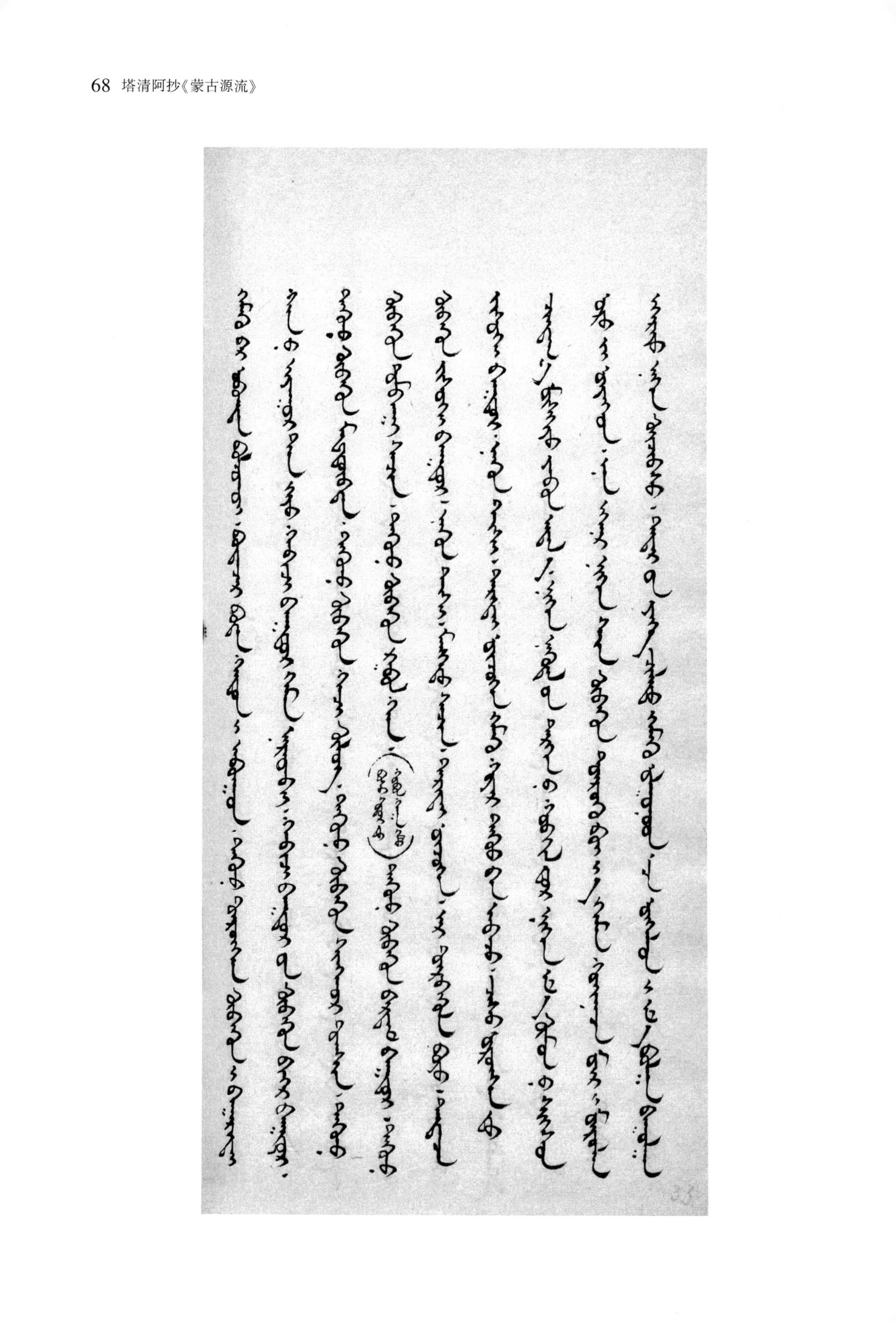

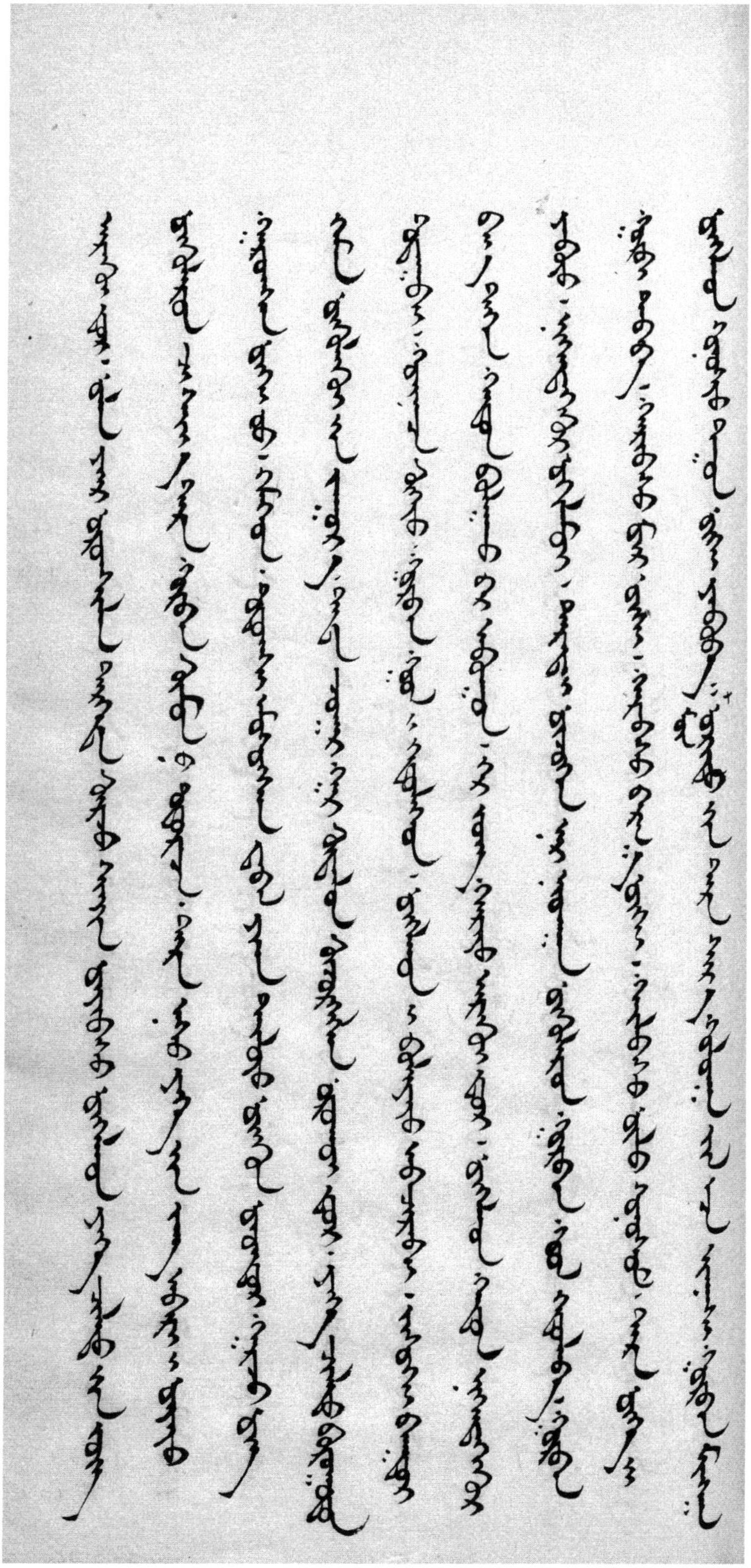

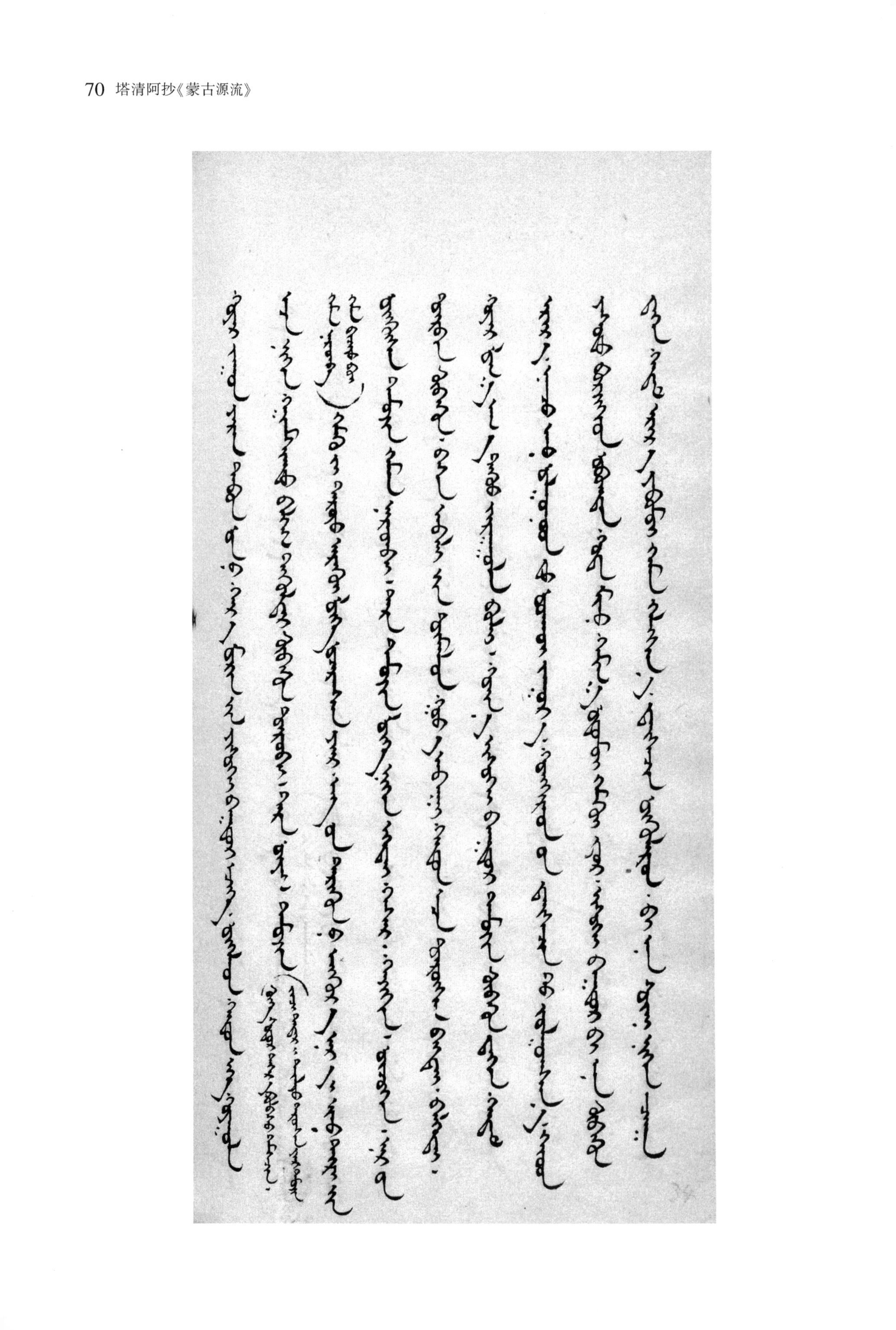

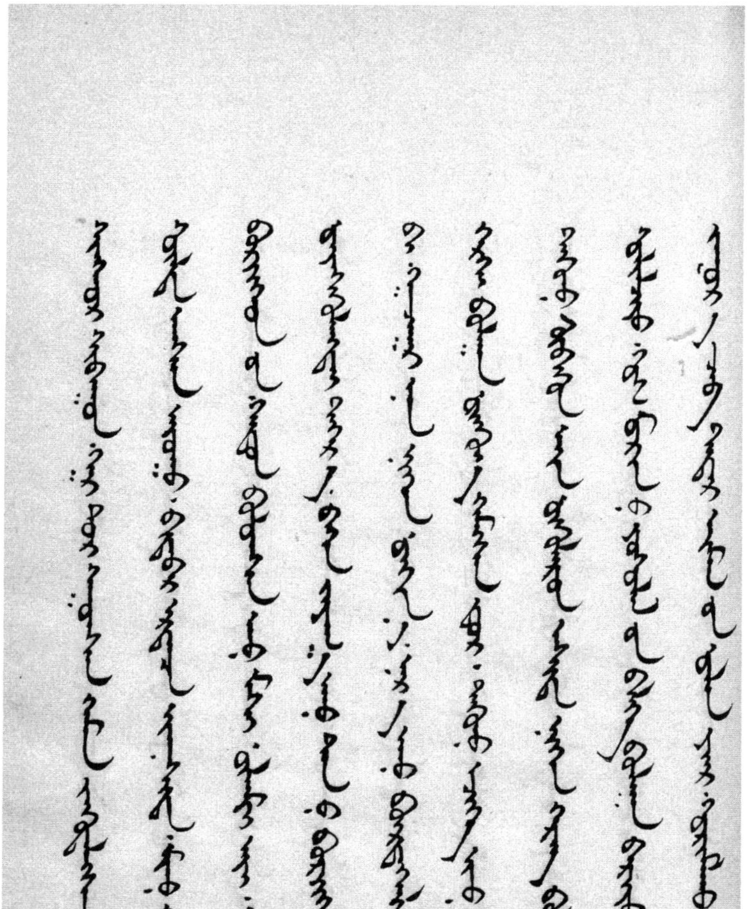

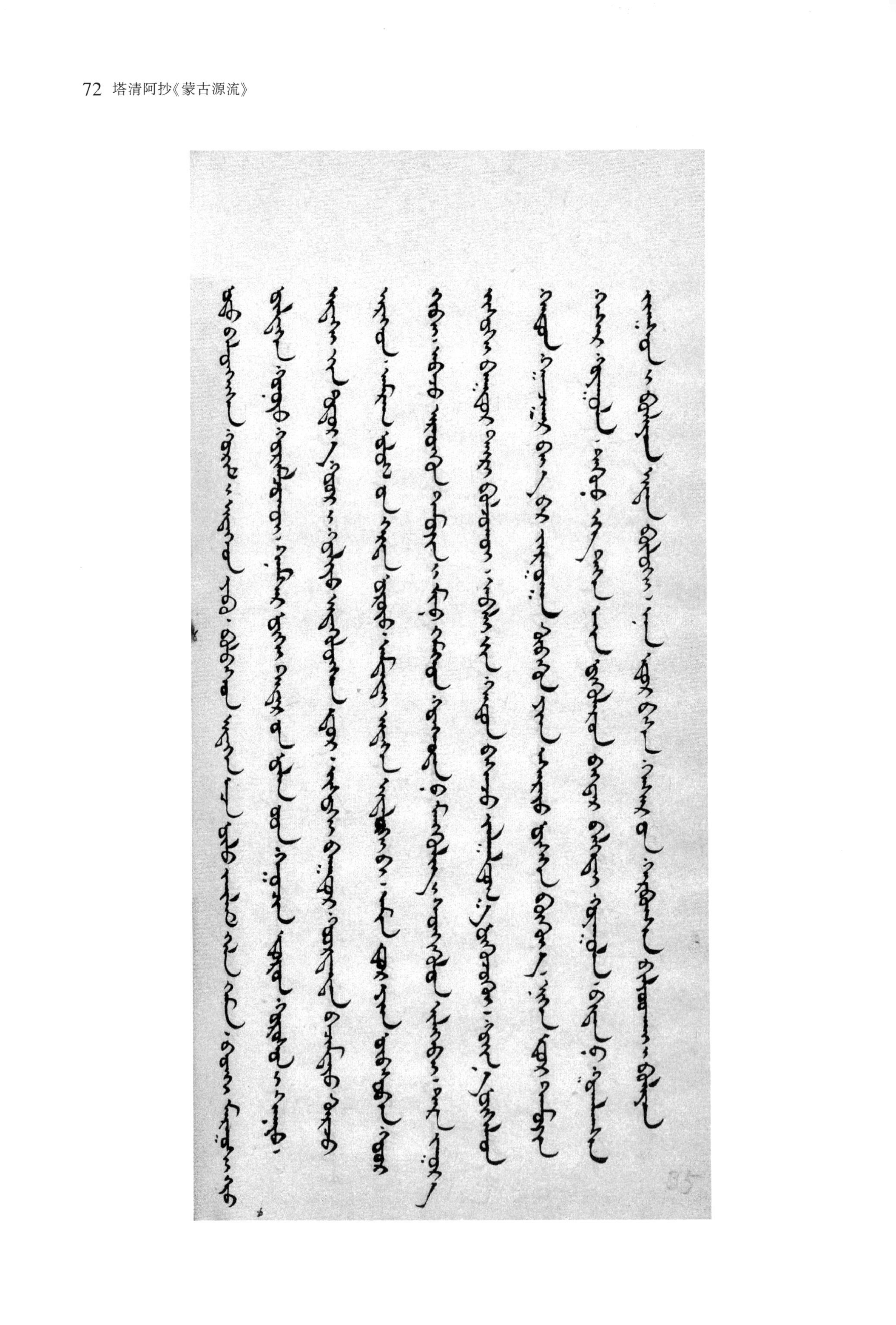

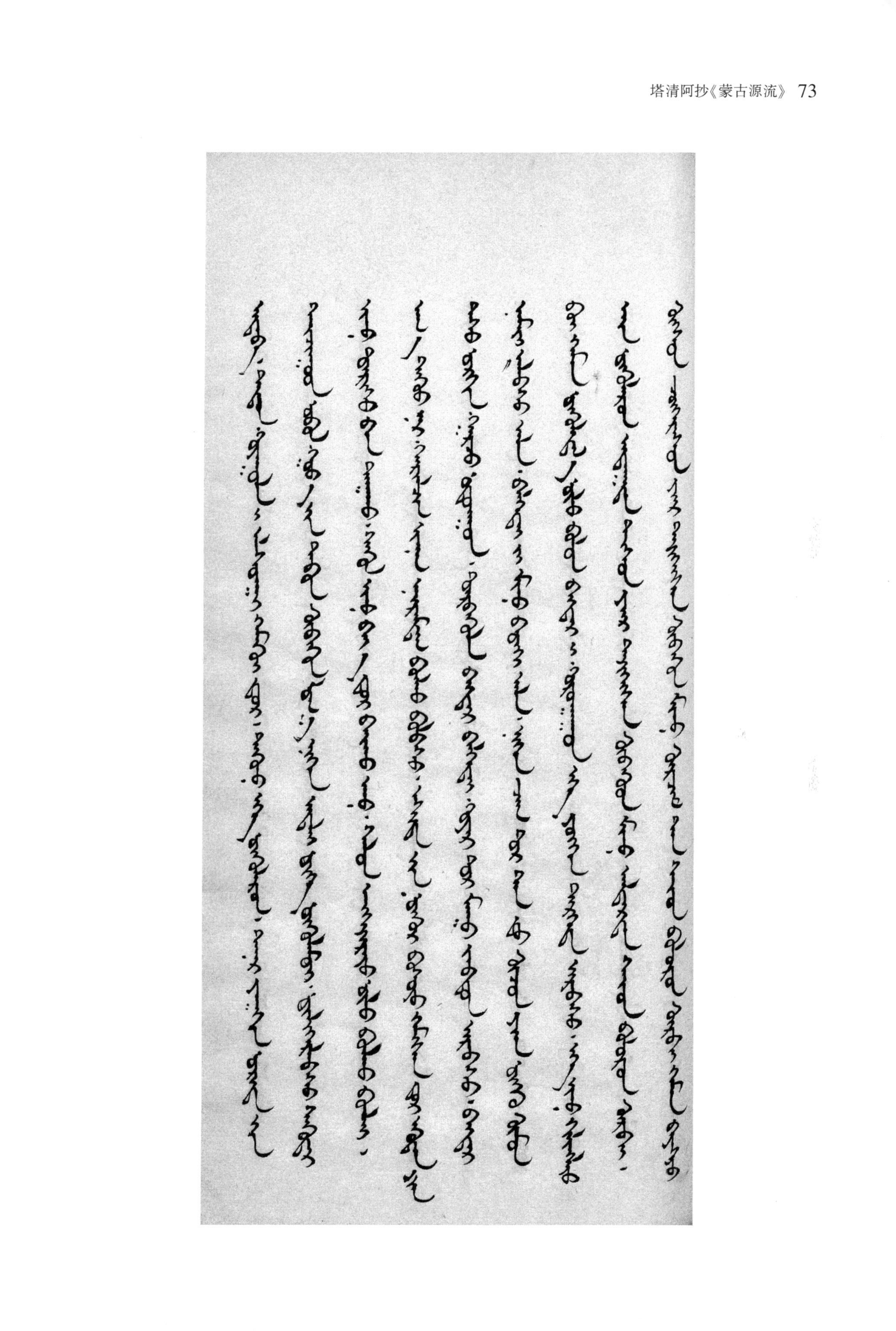

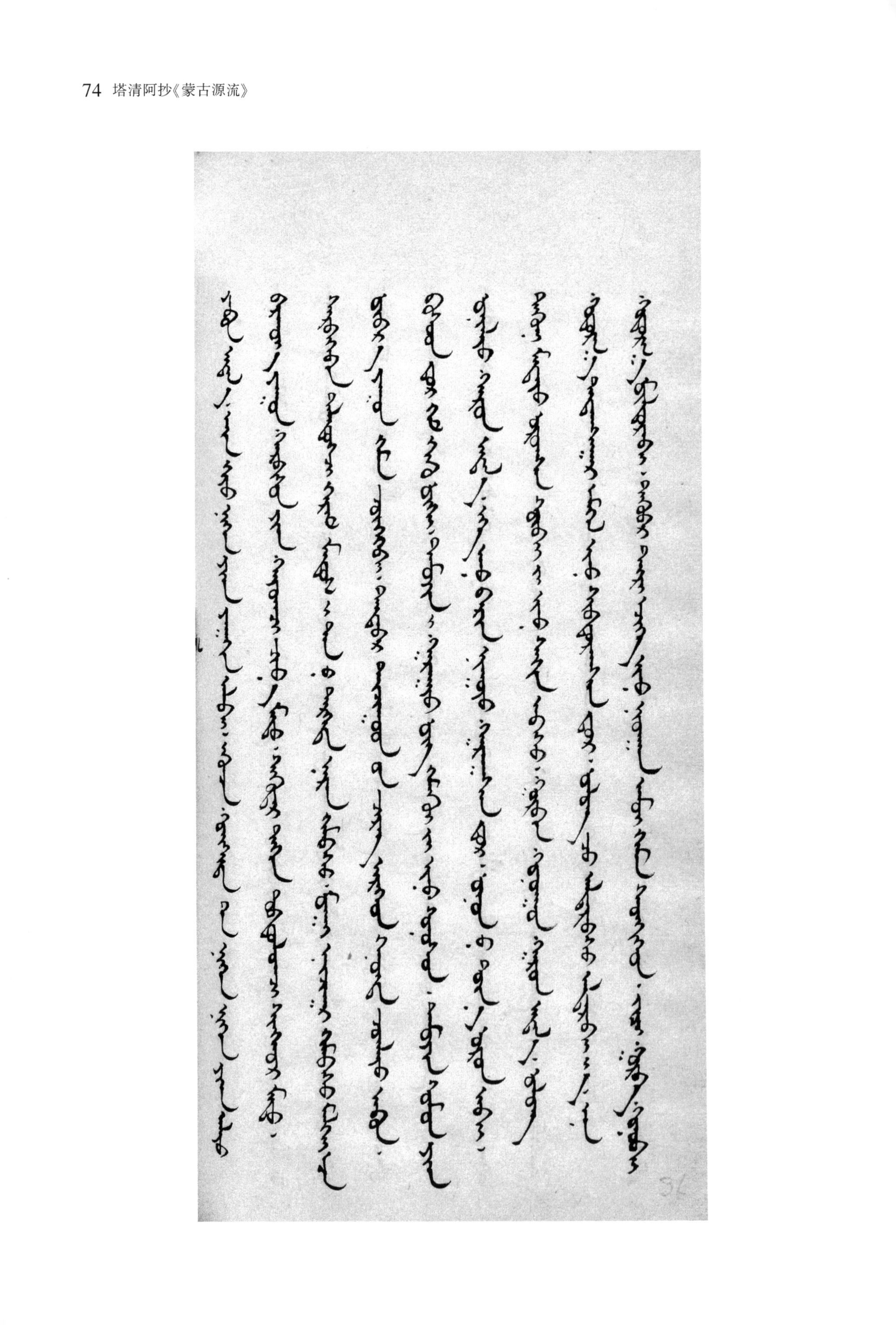

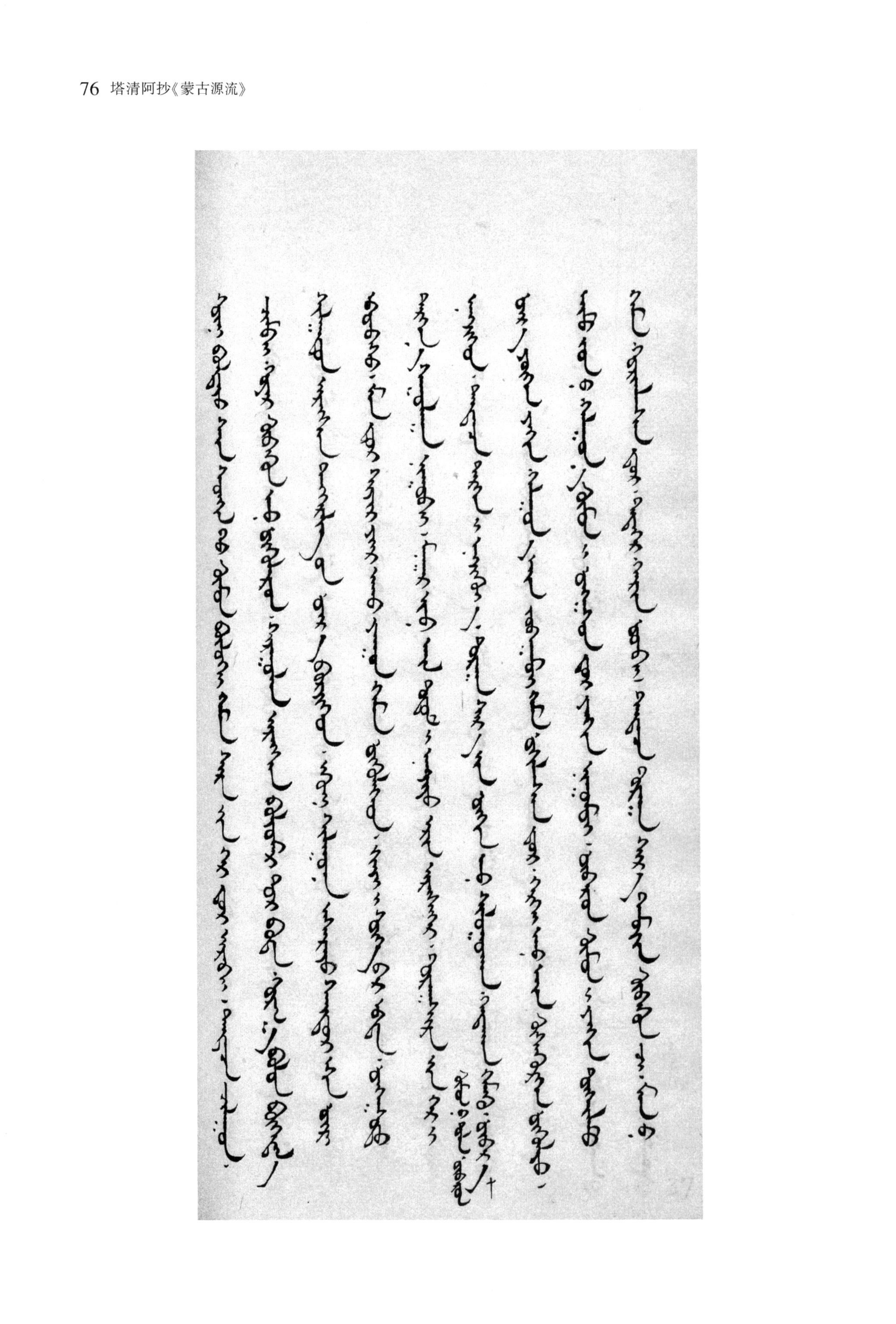

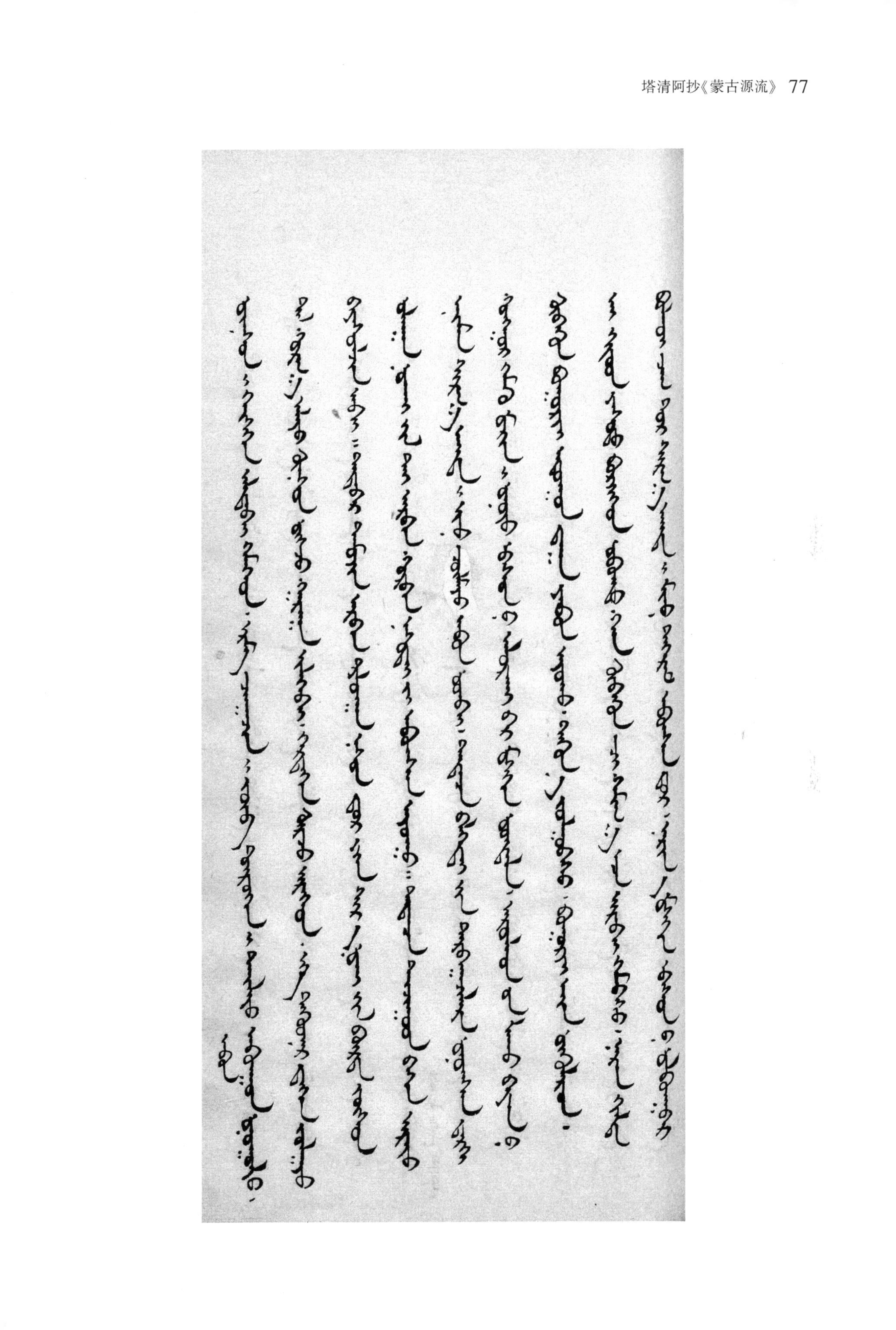

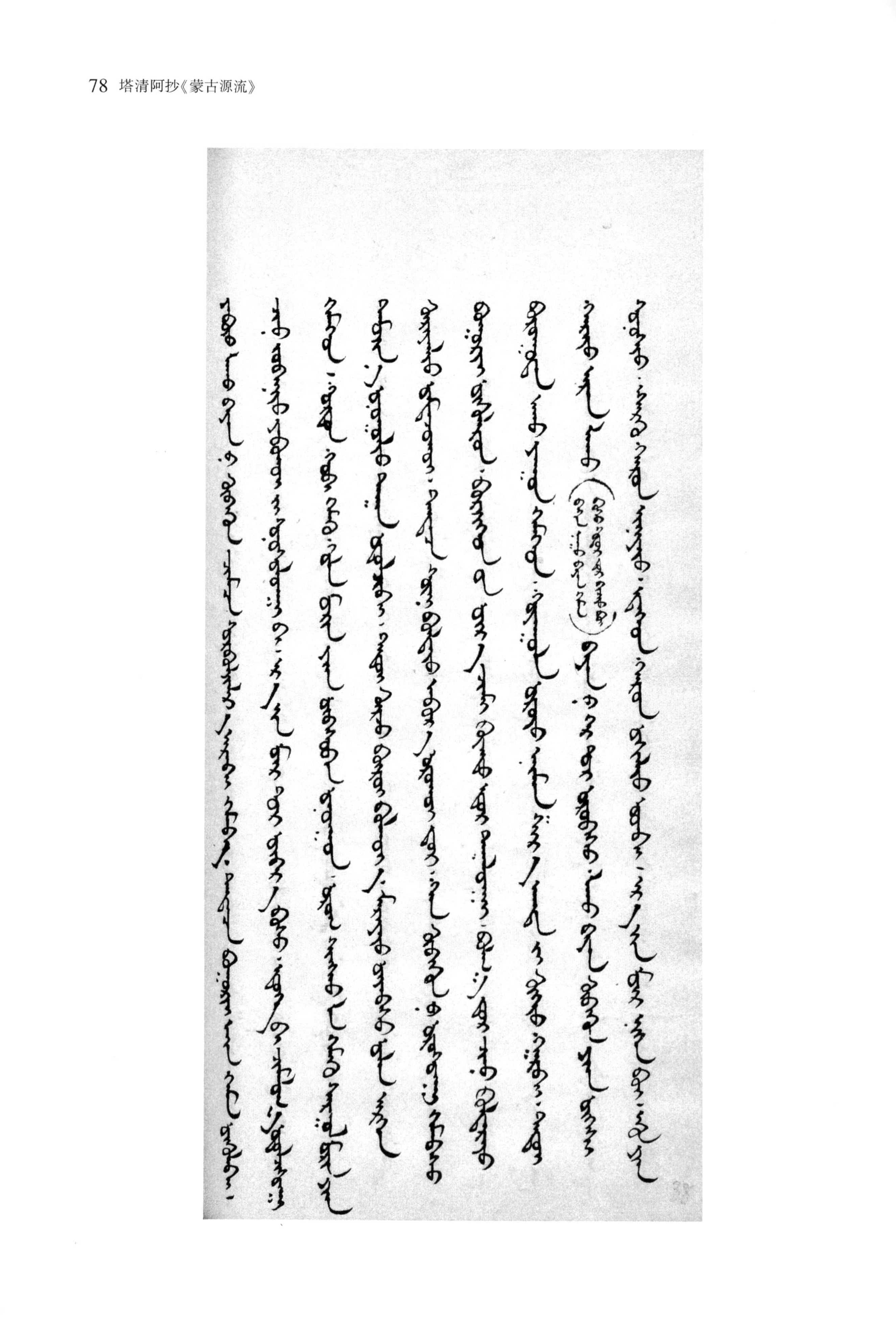

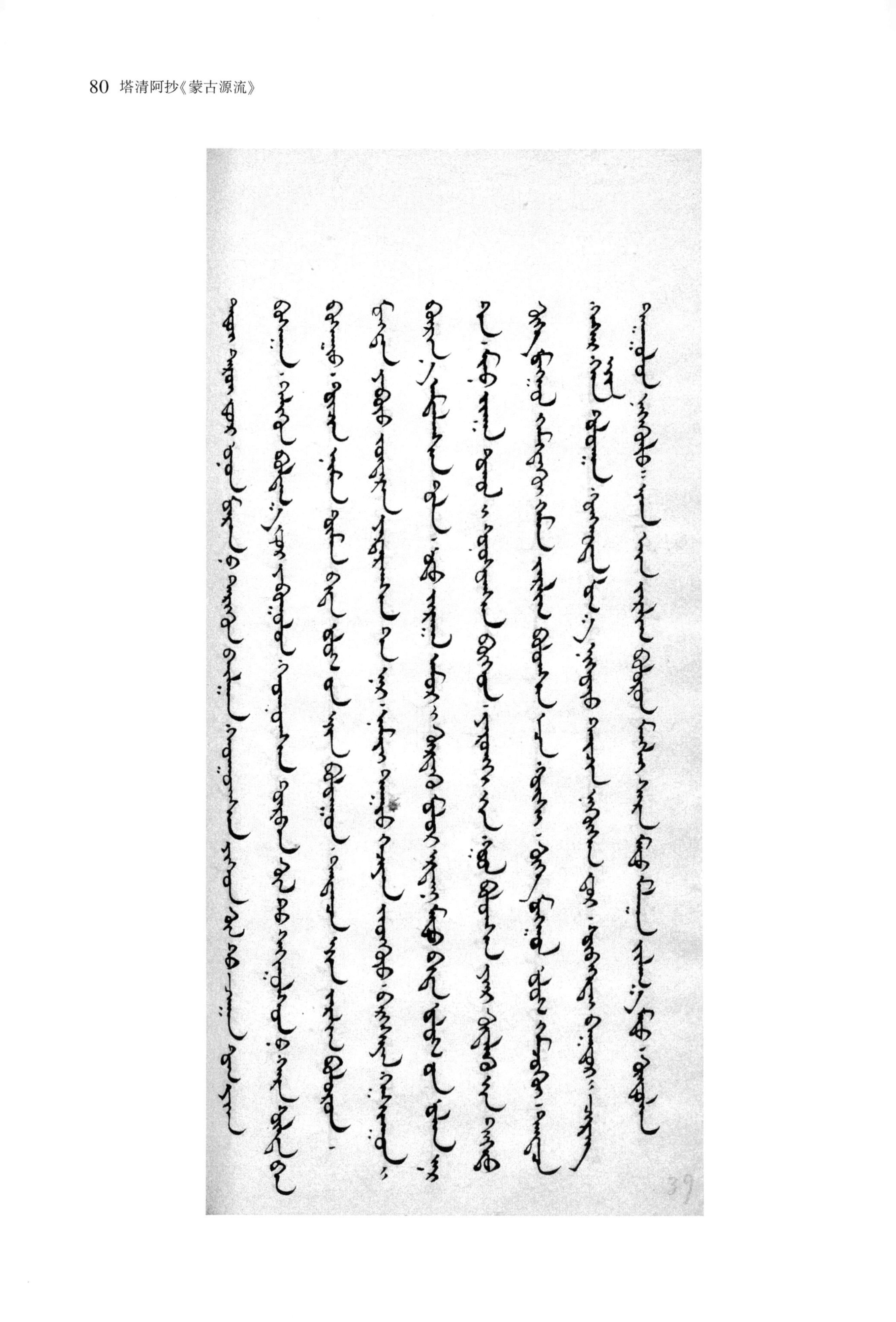

39

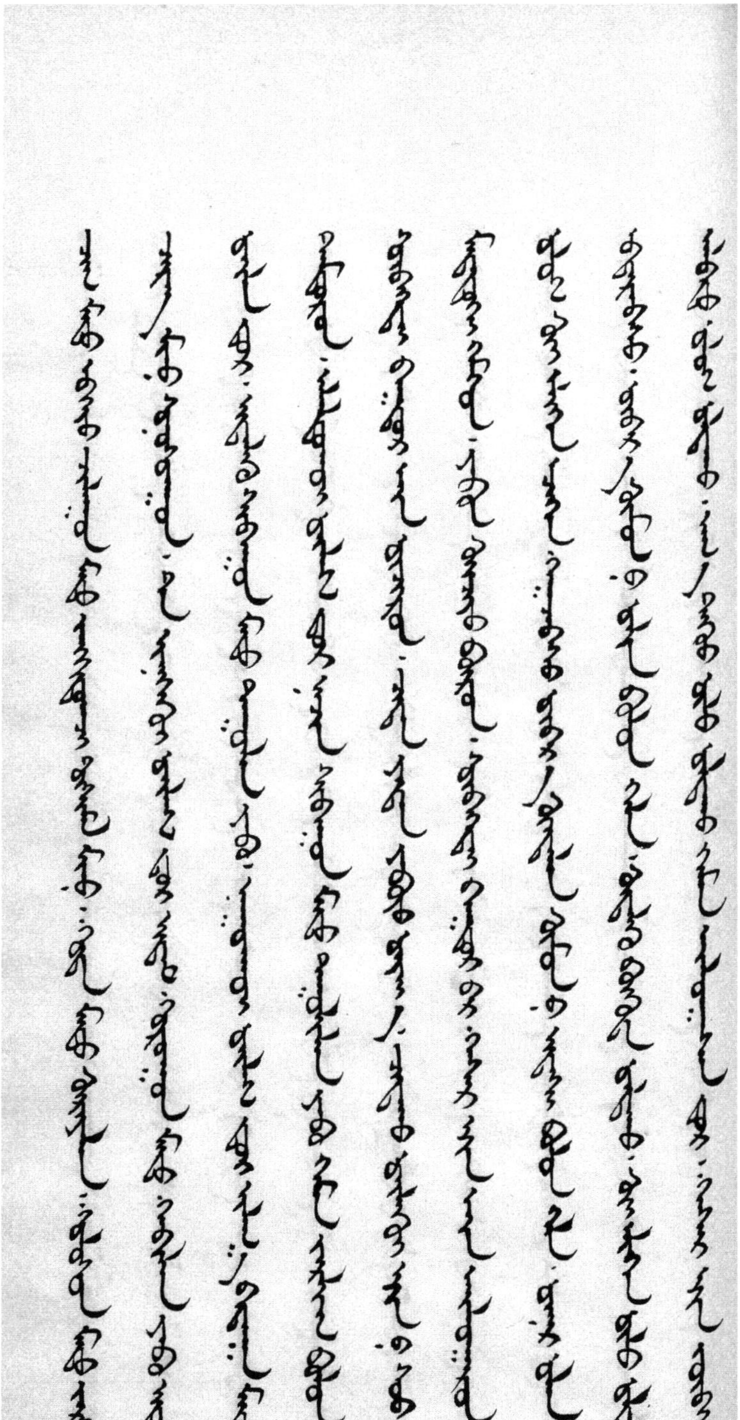

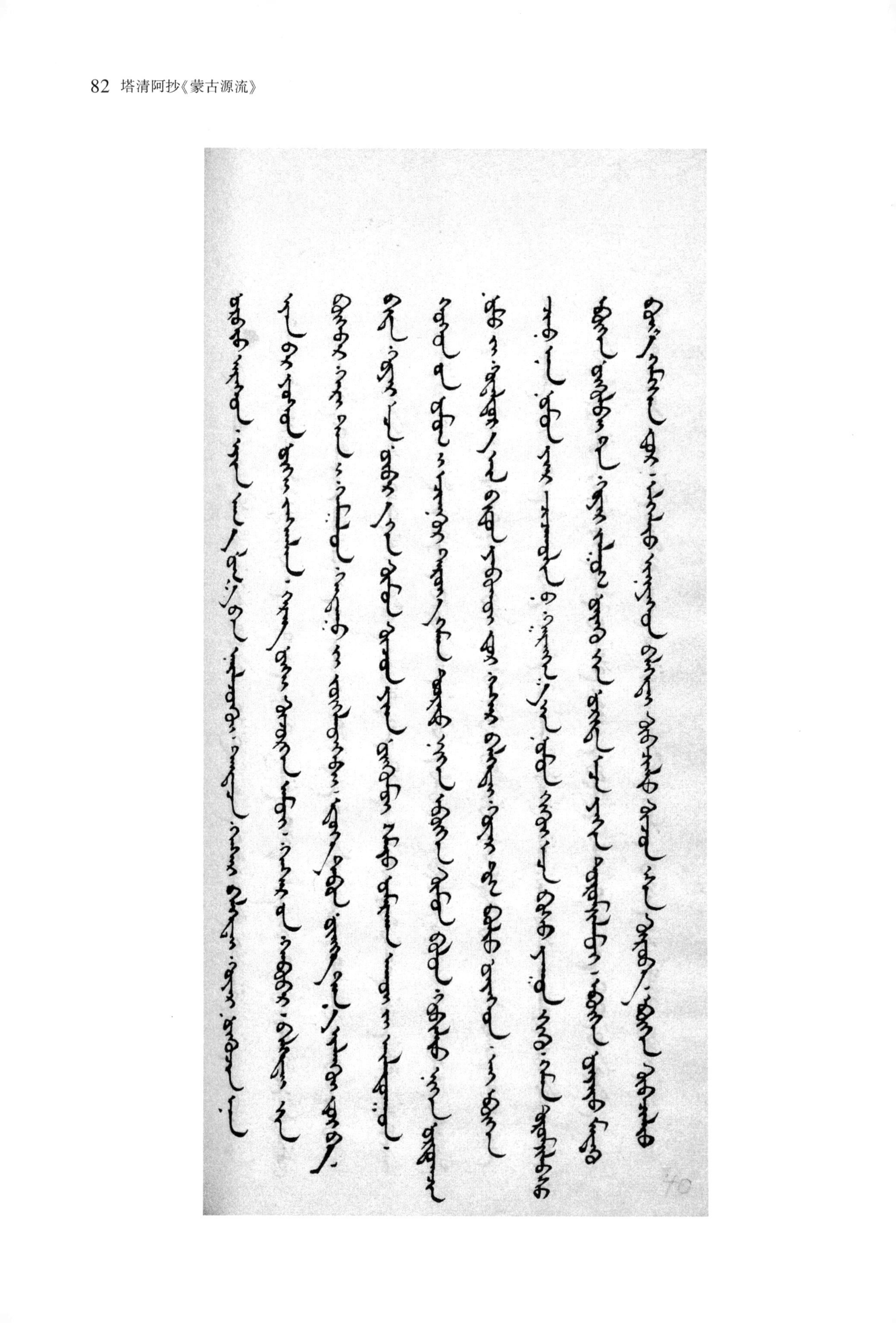

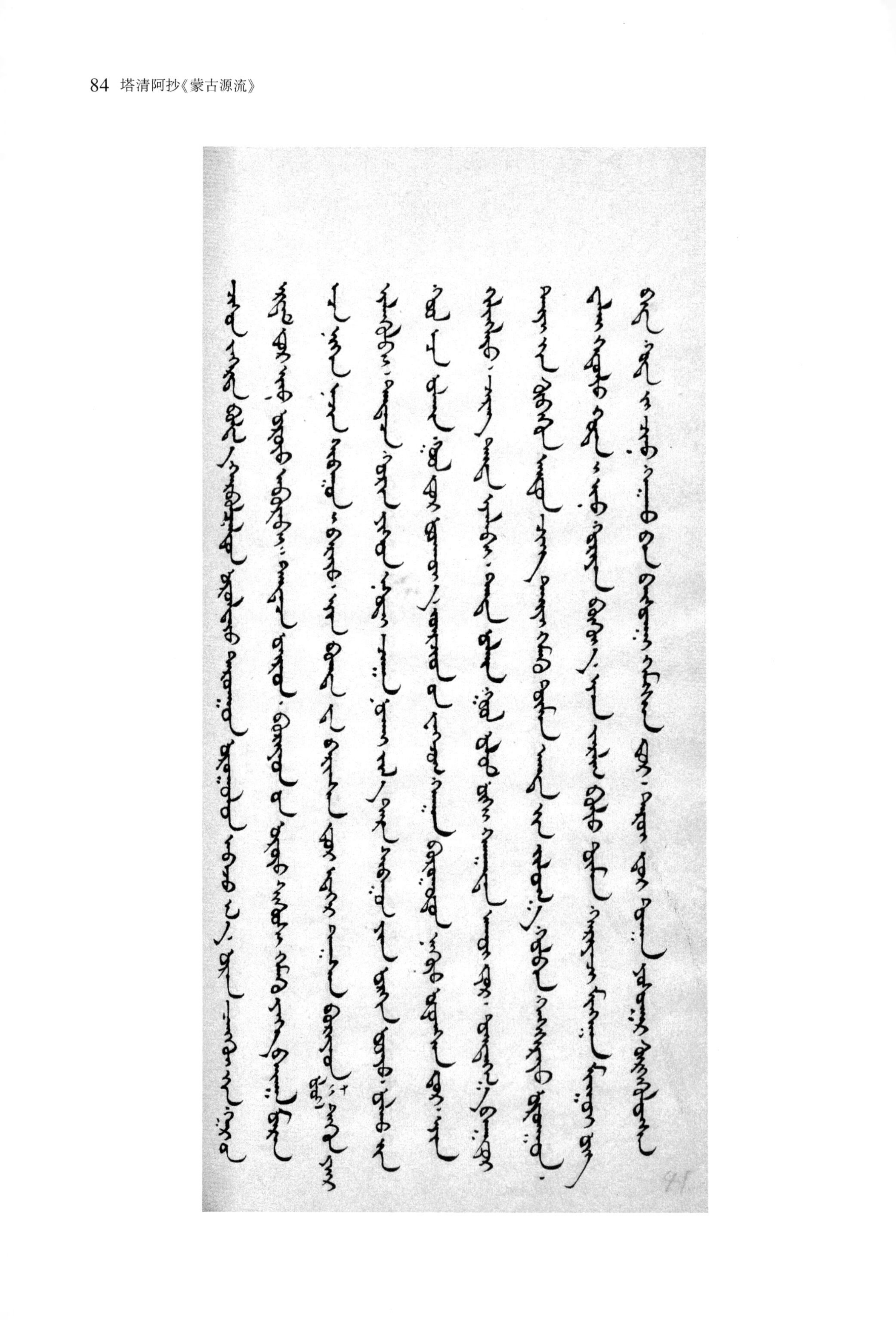

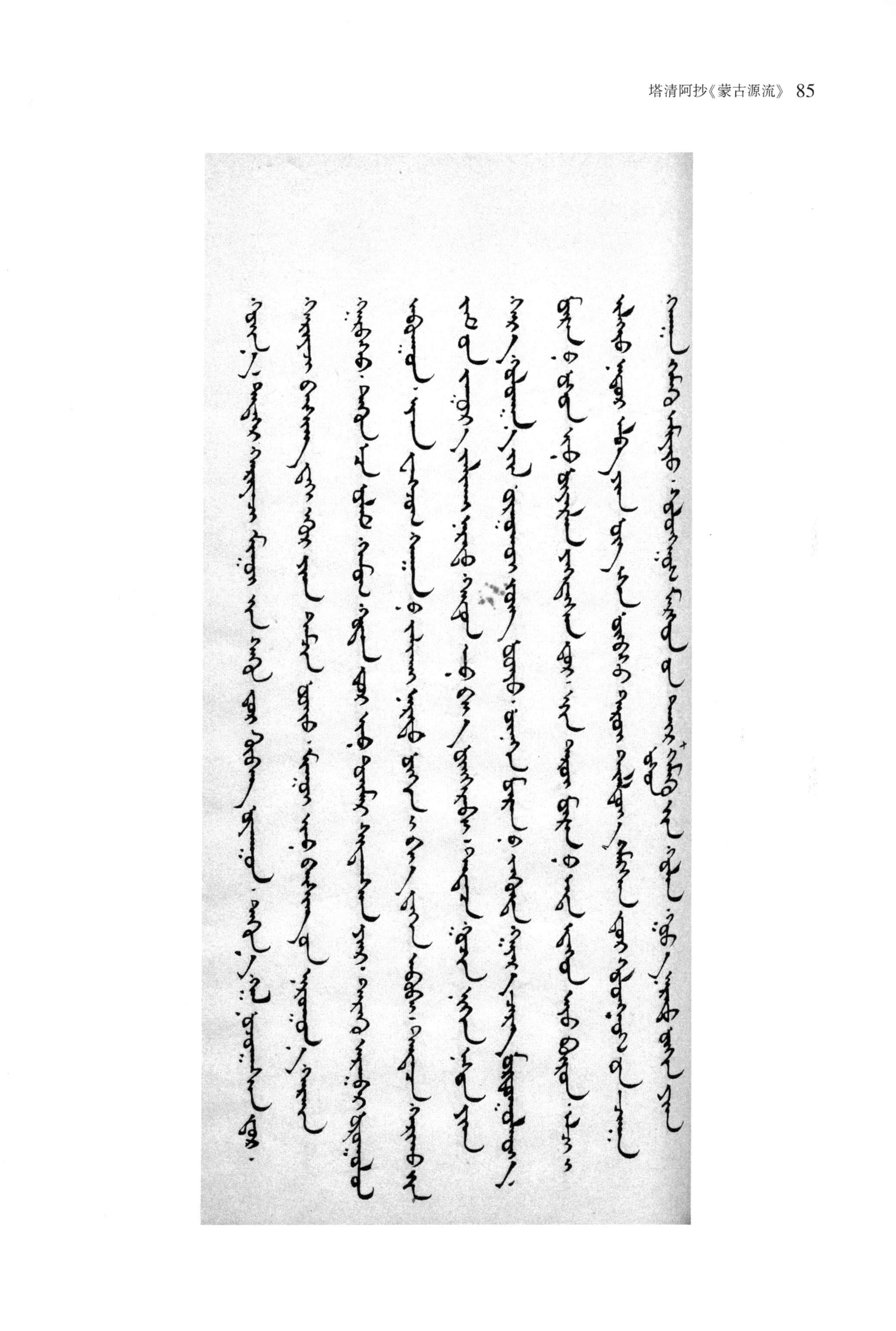

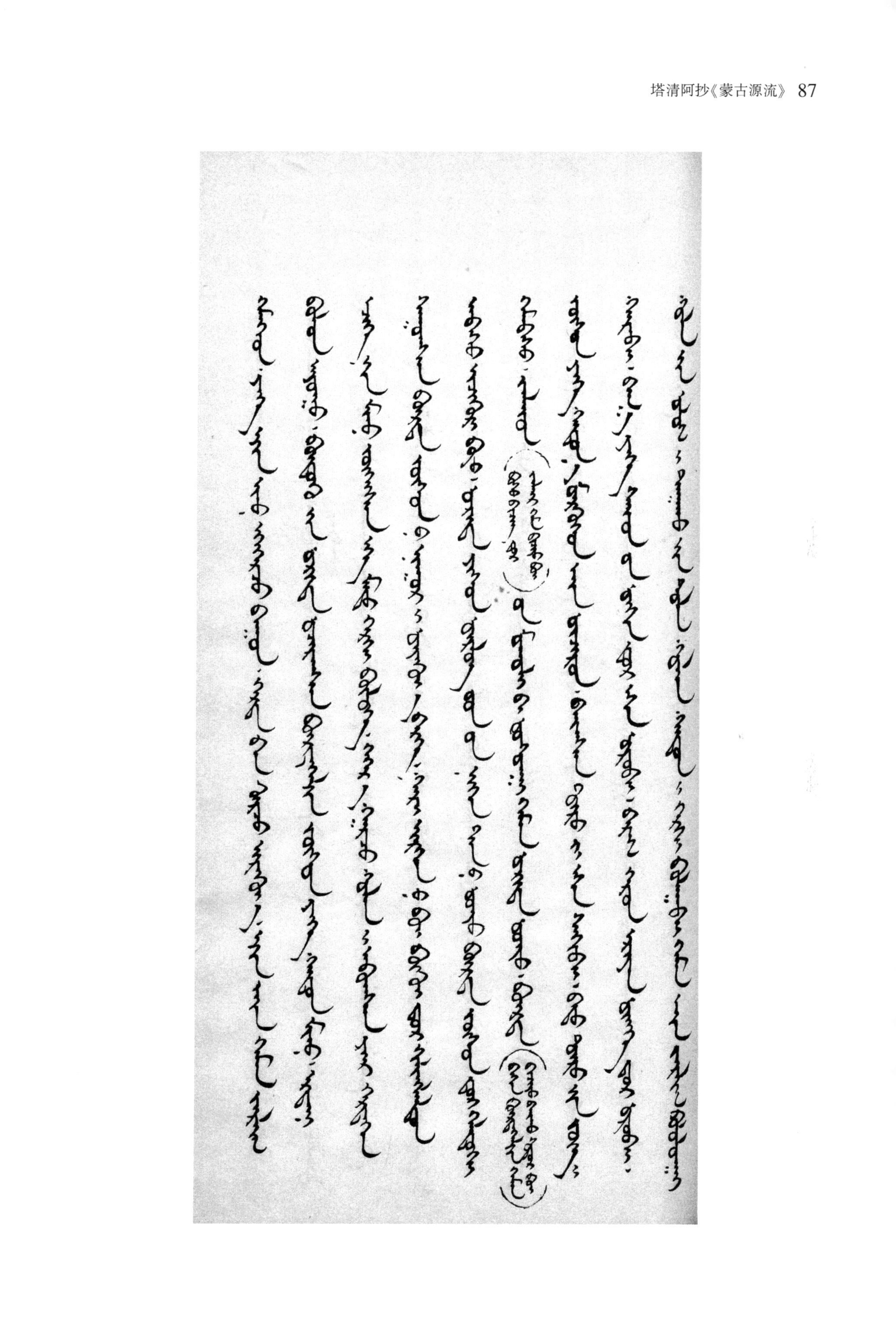

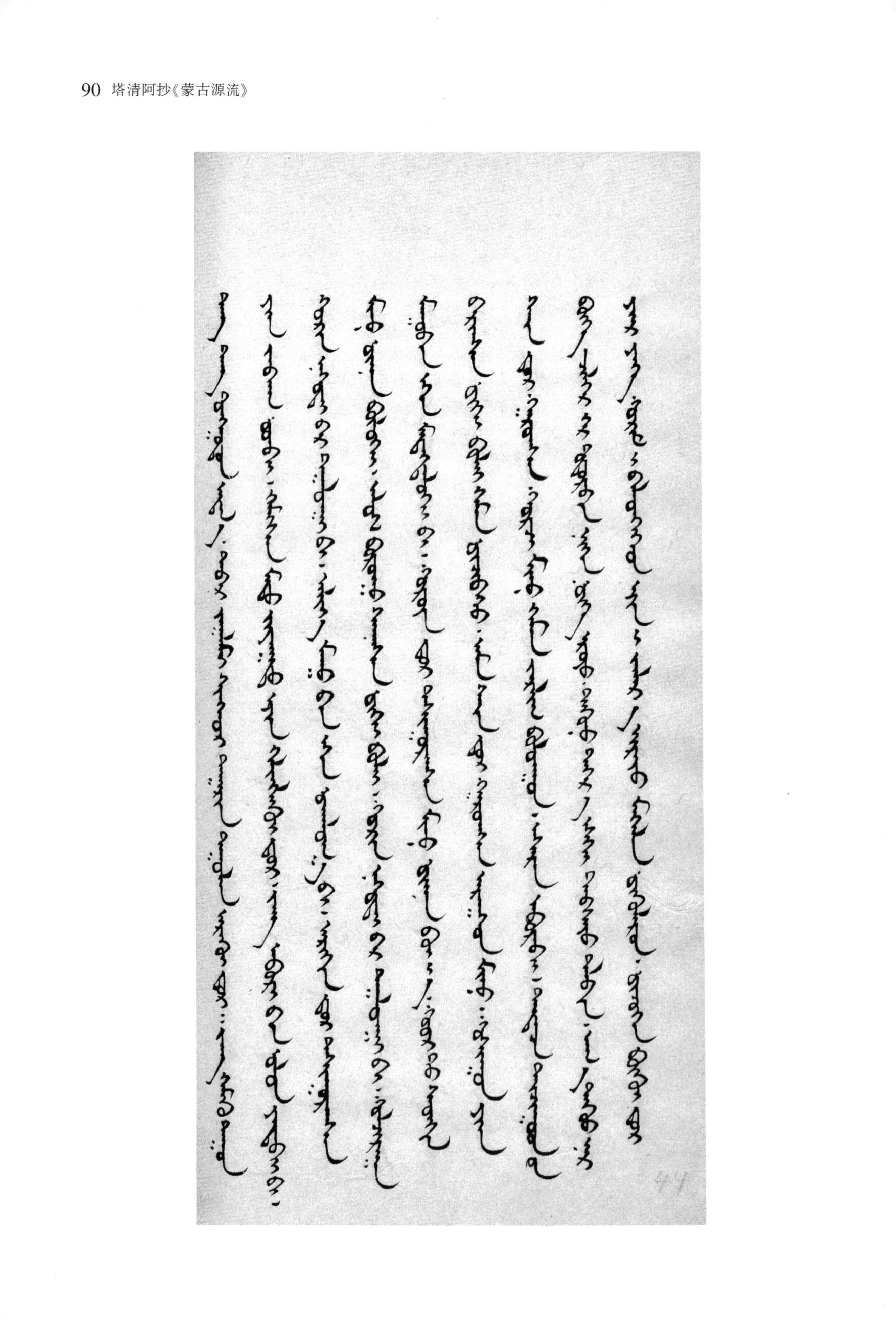

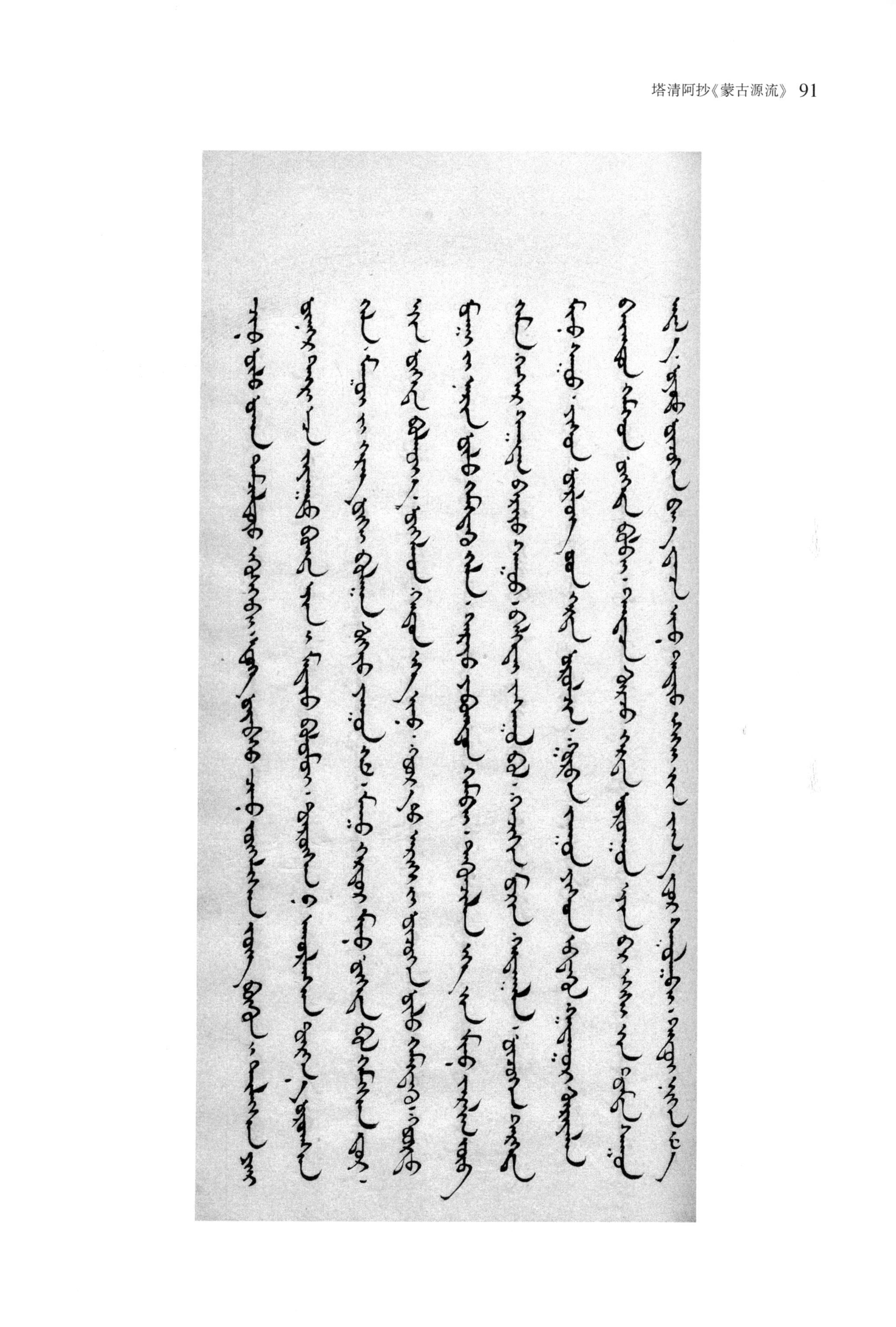

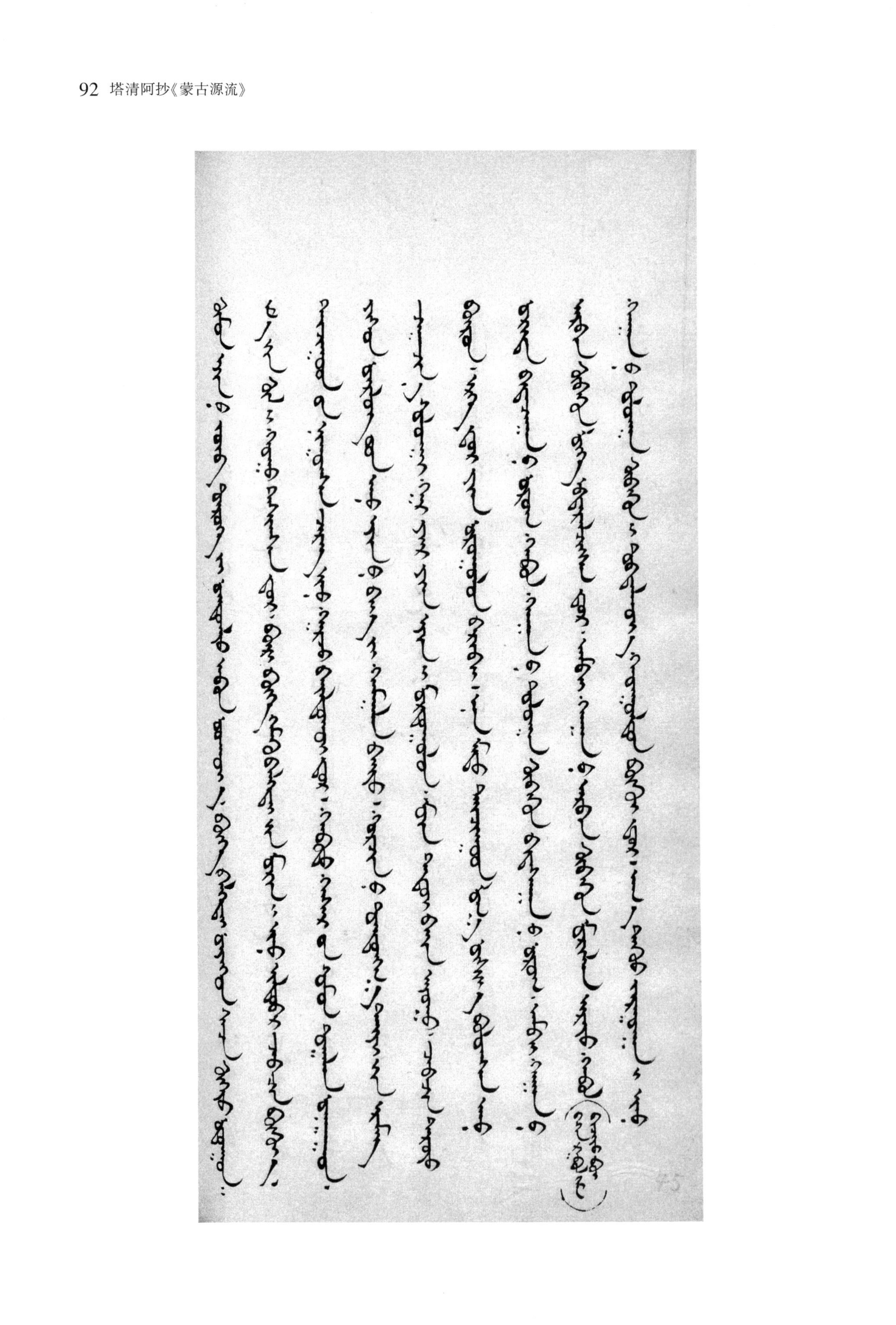

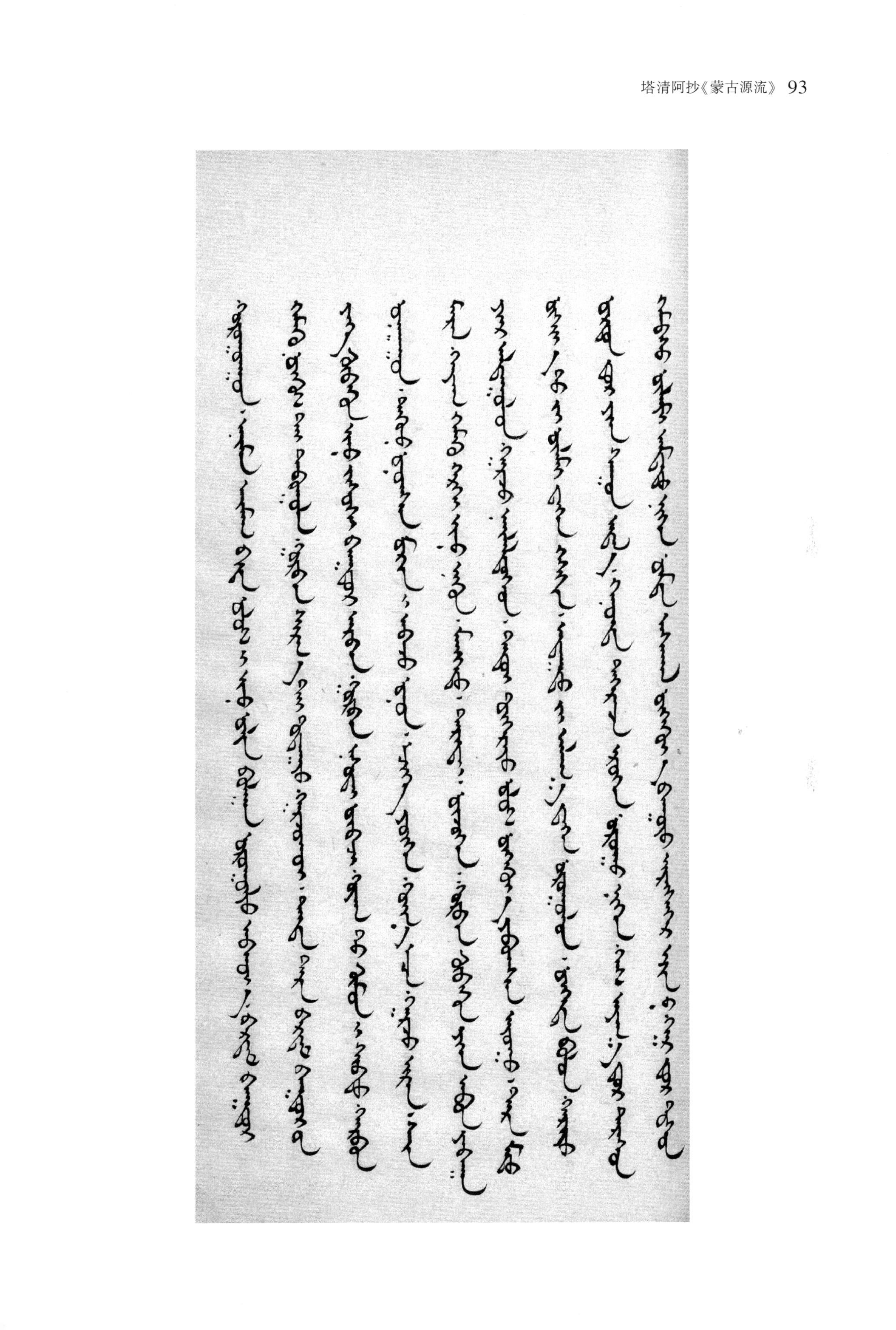

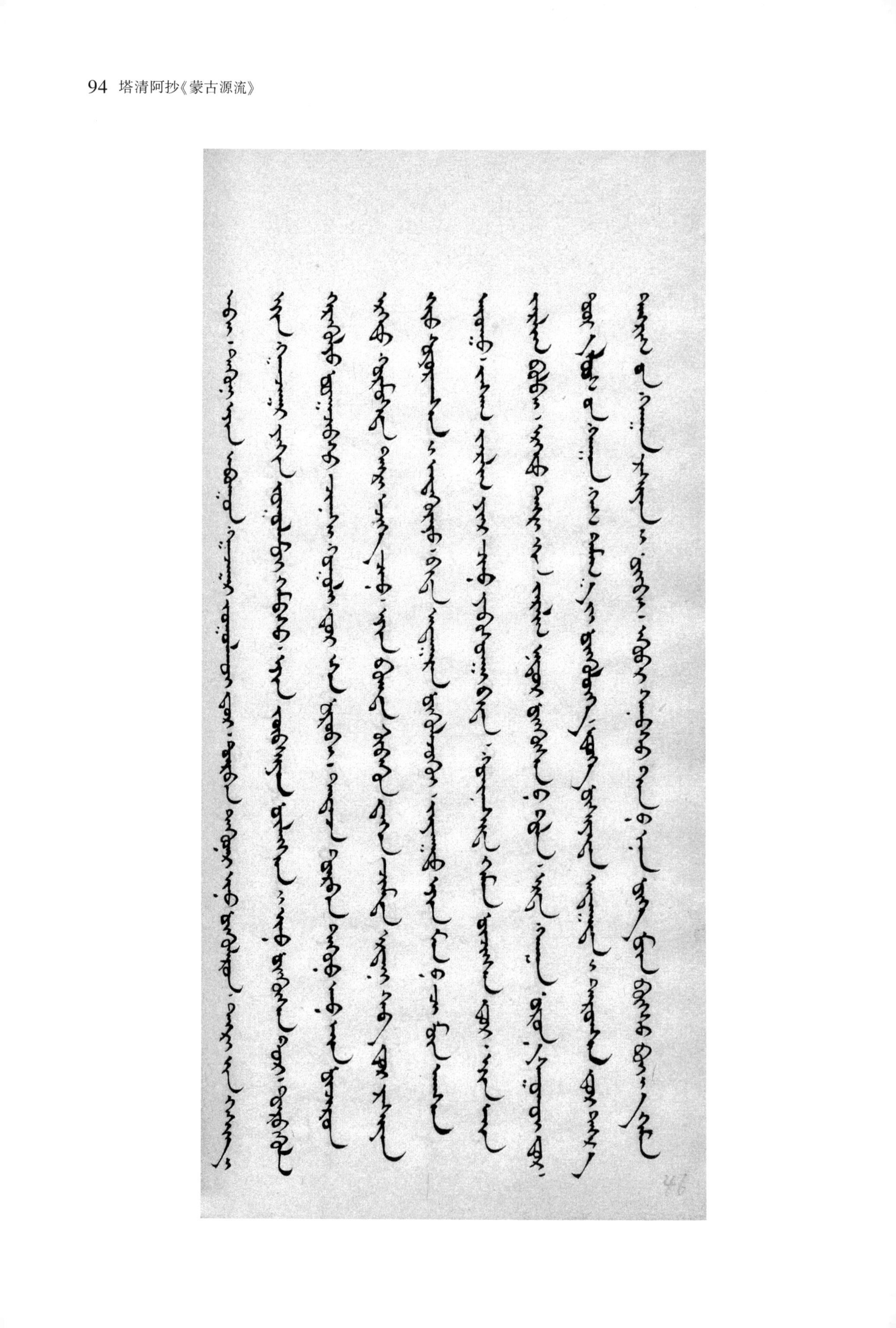

46

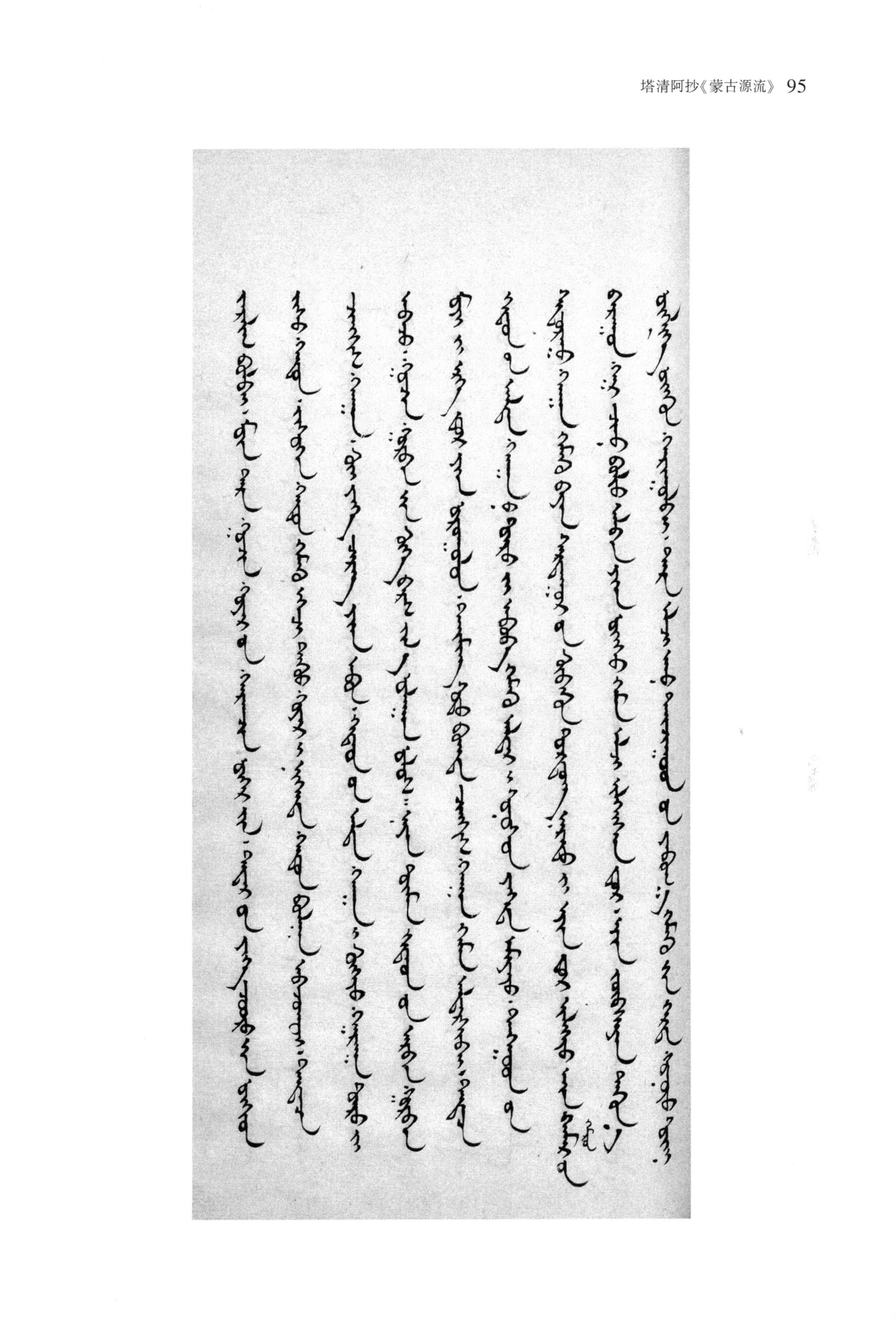

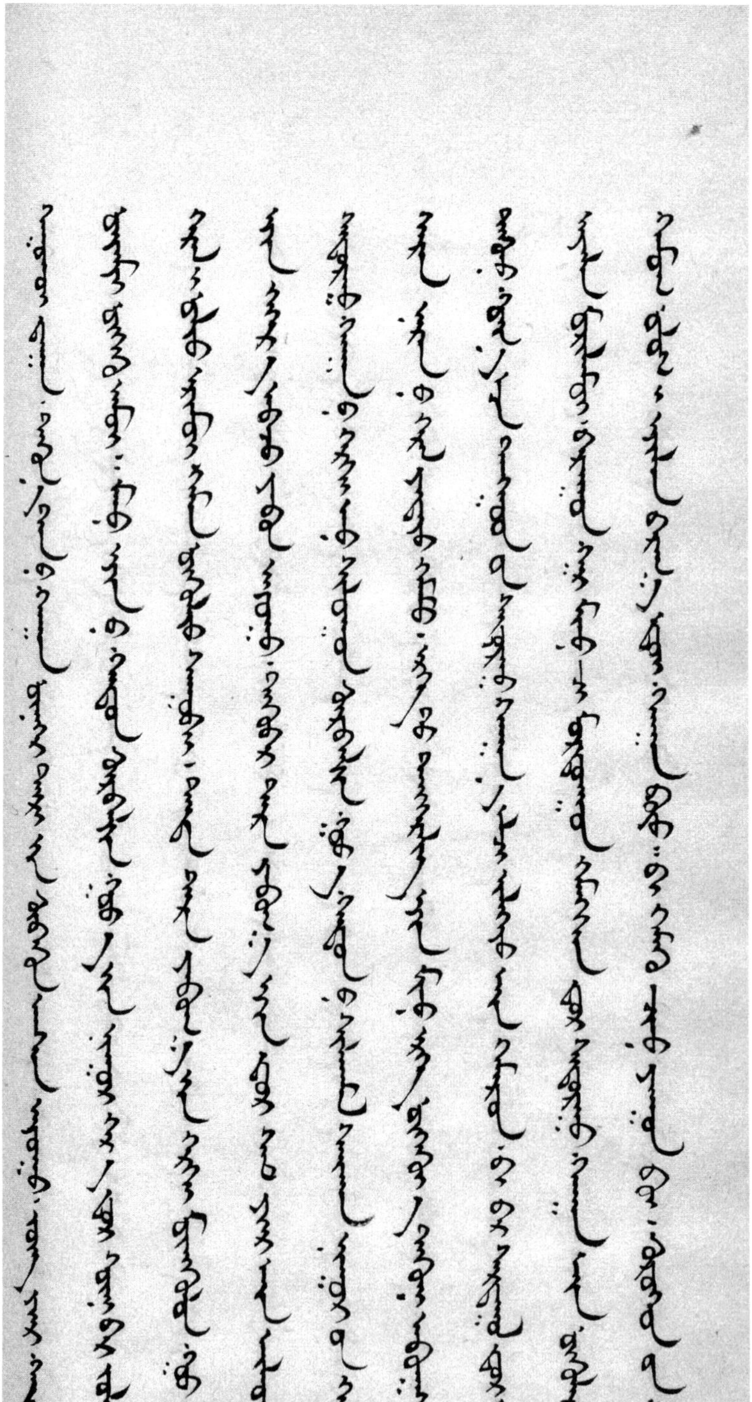

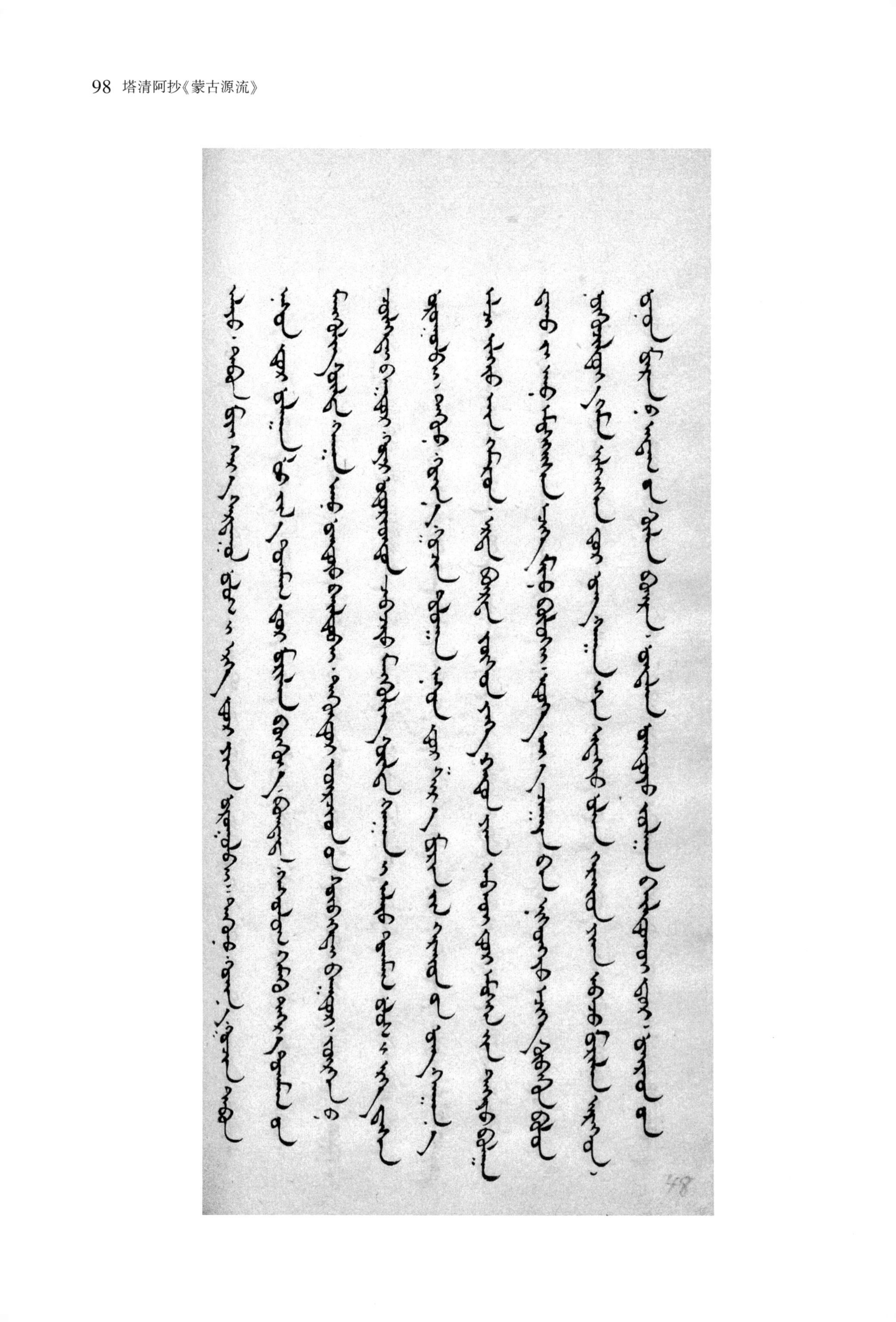

48

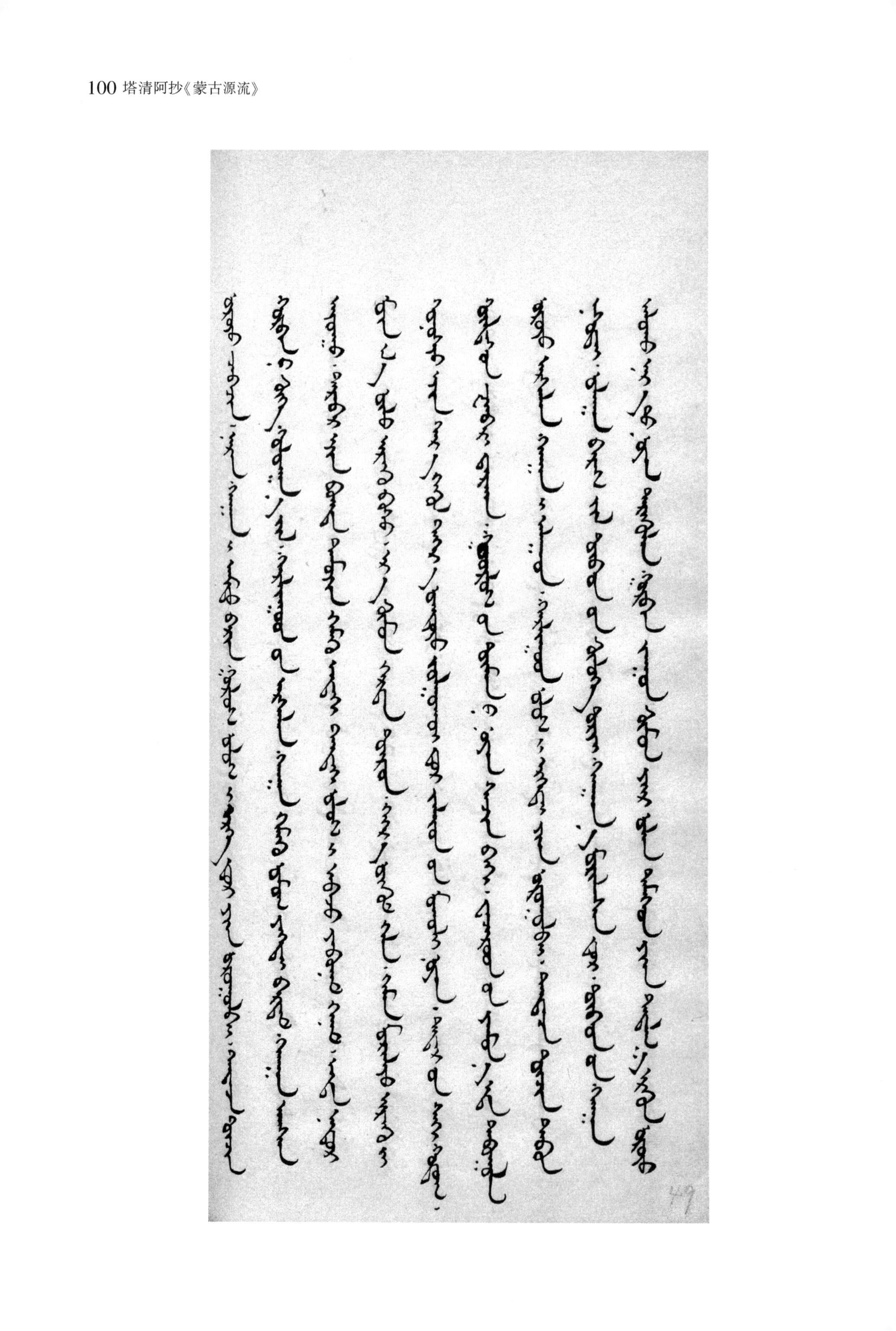

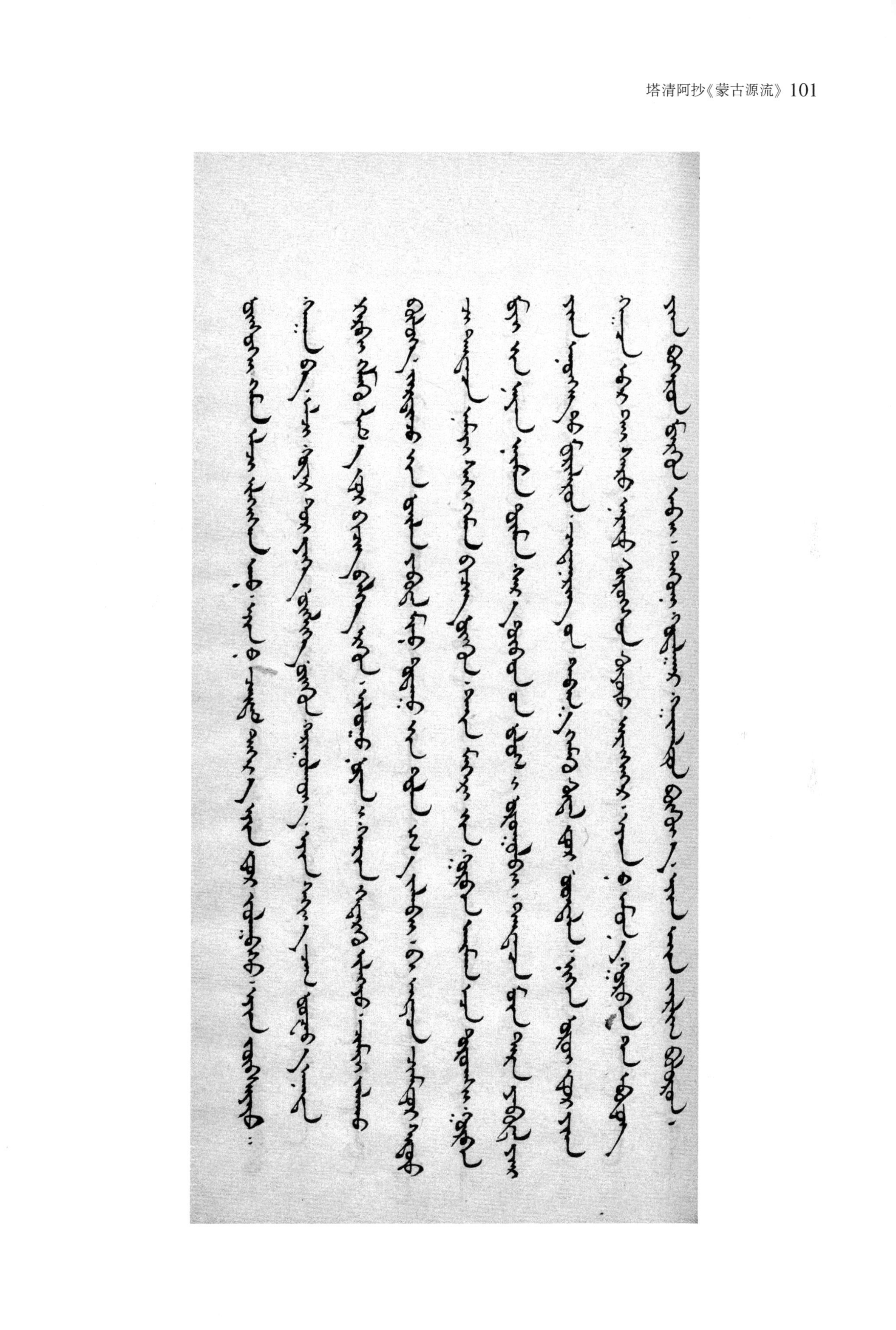

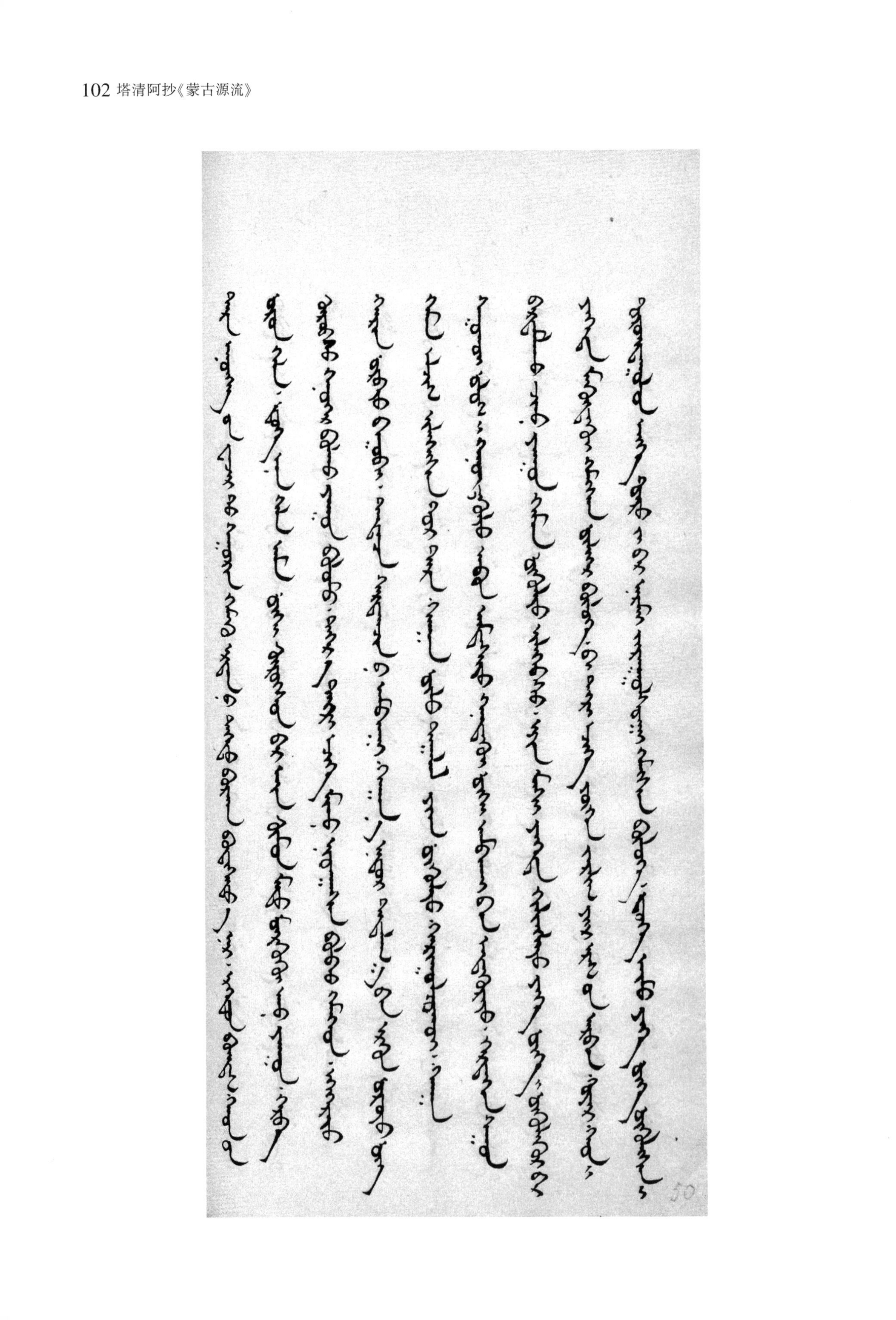

50

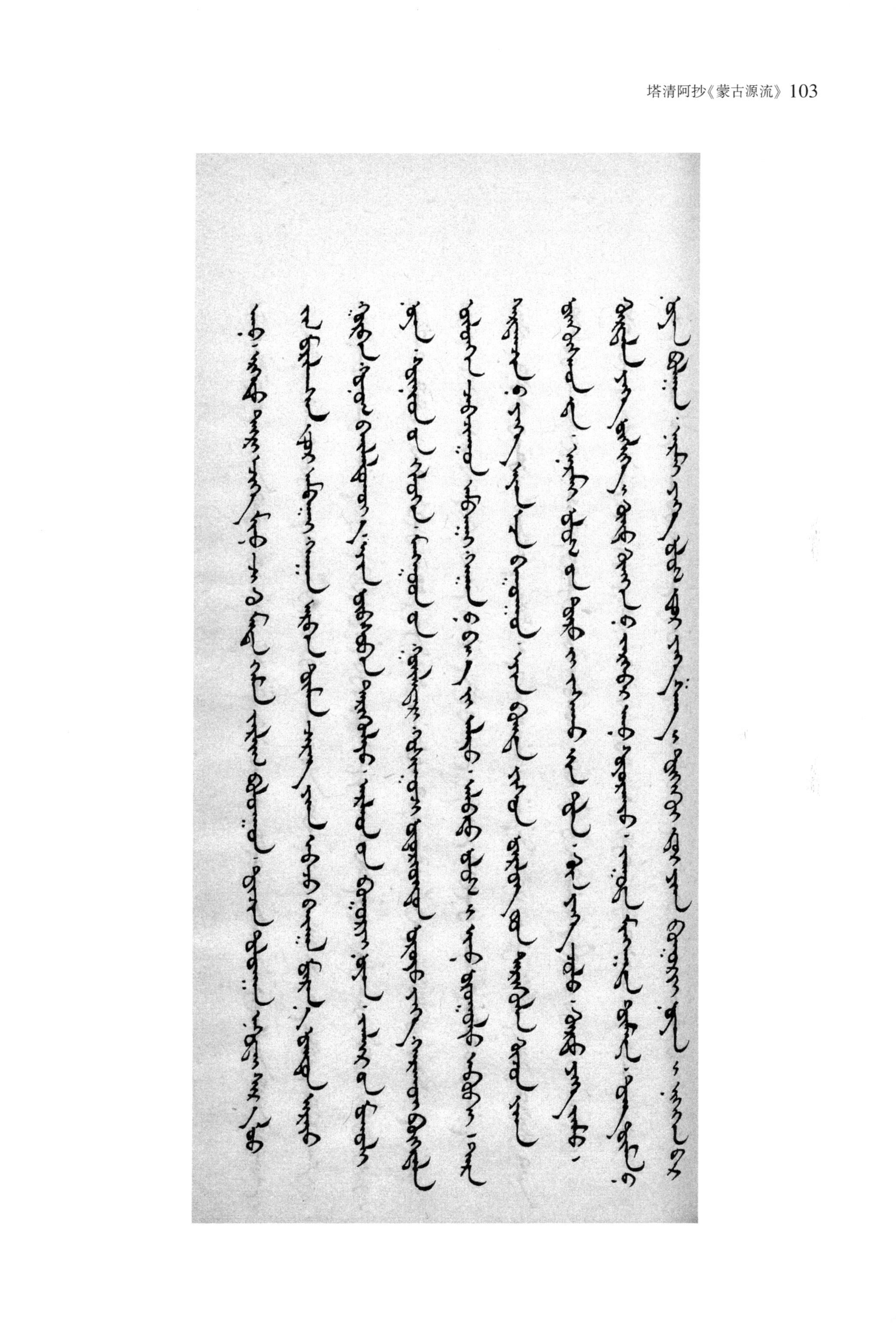

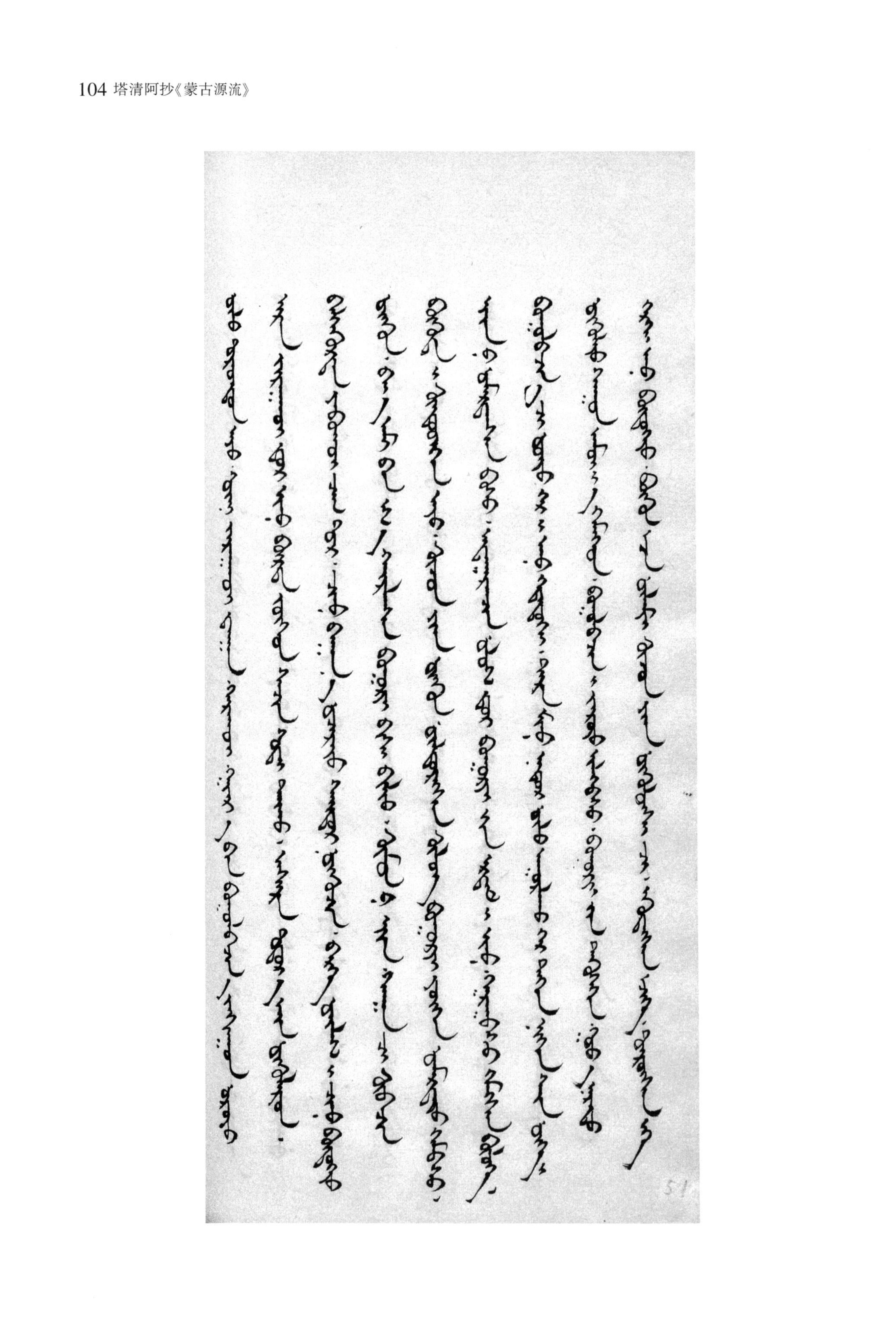

51

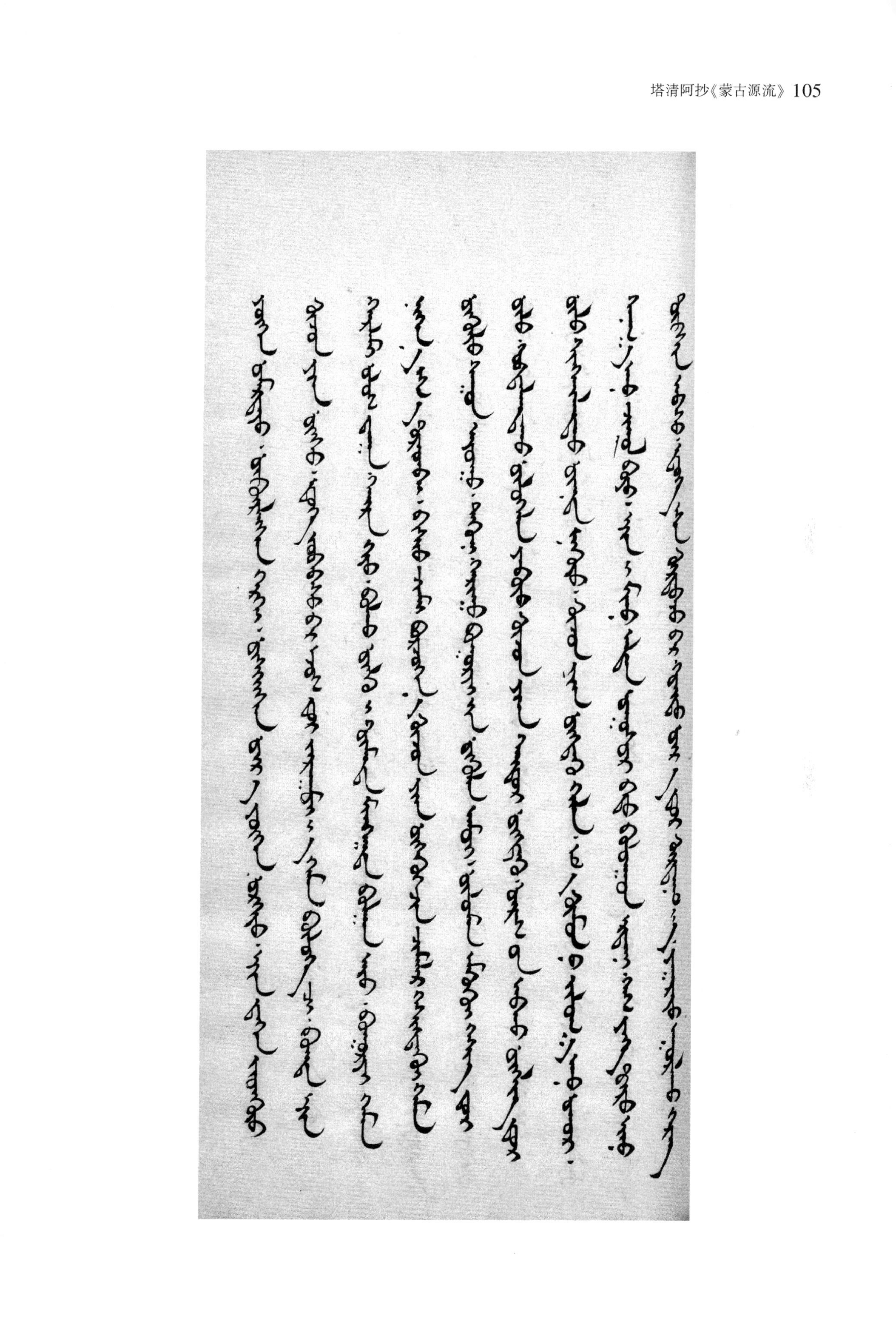

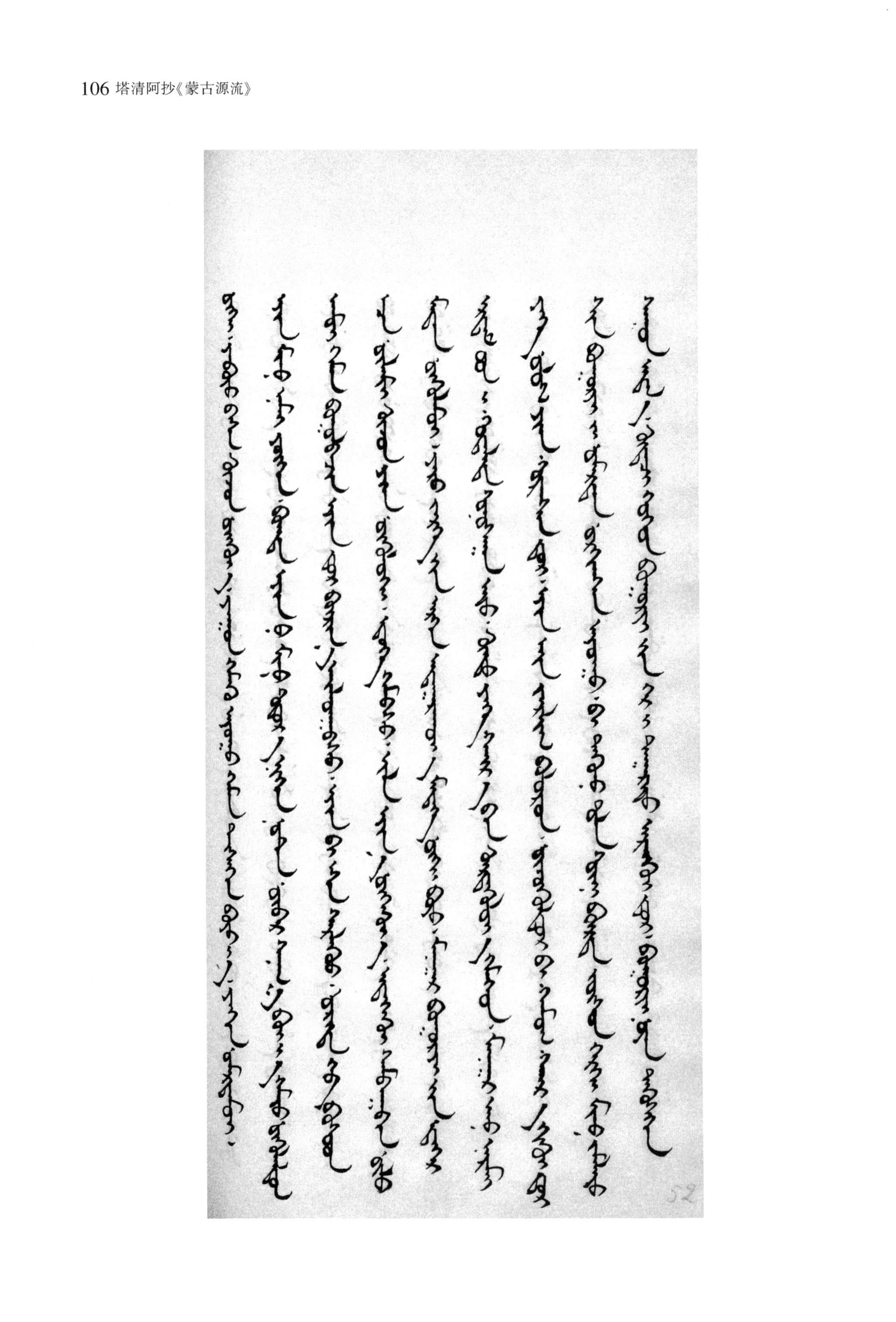

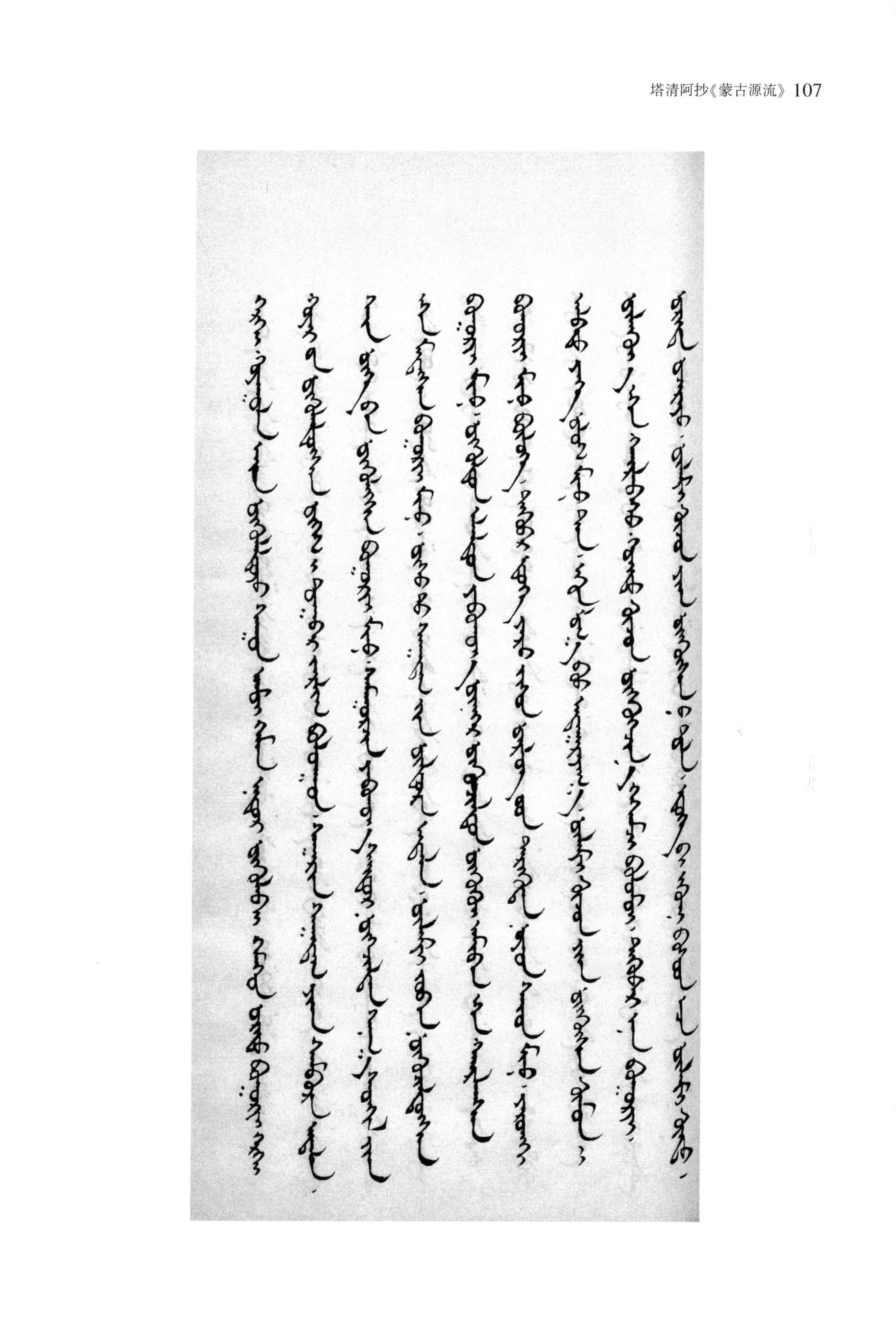

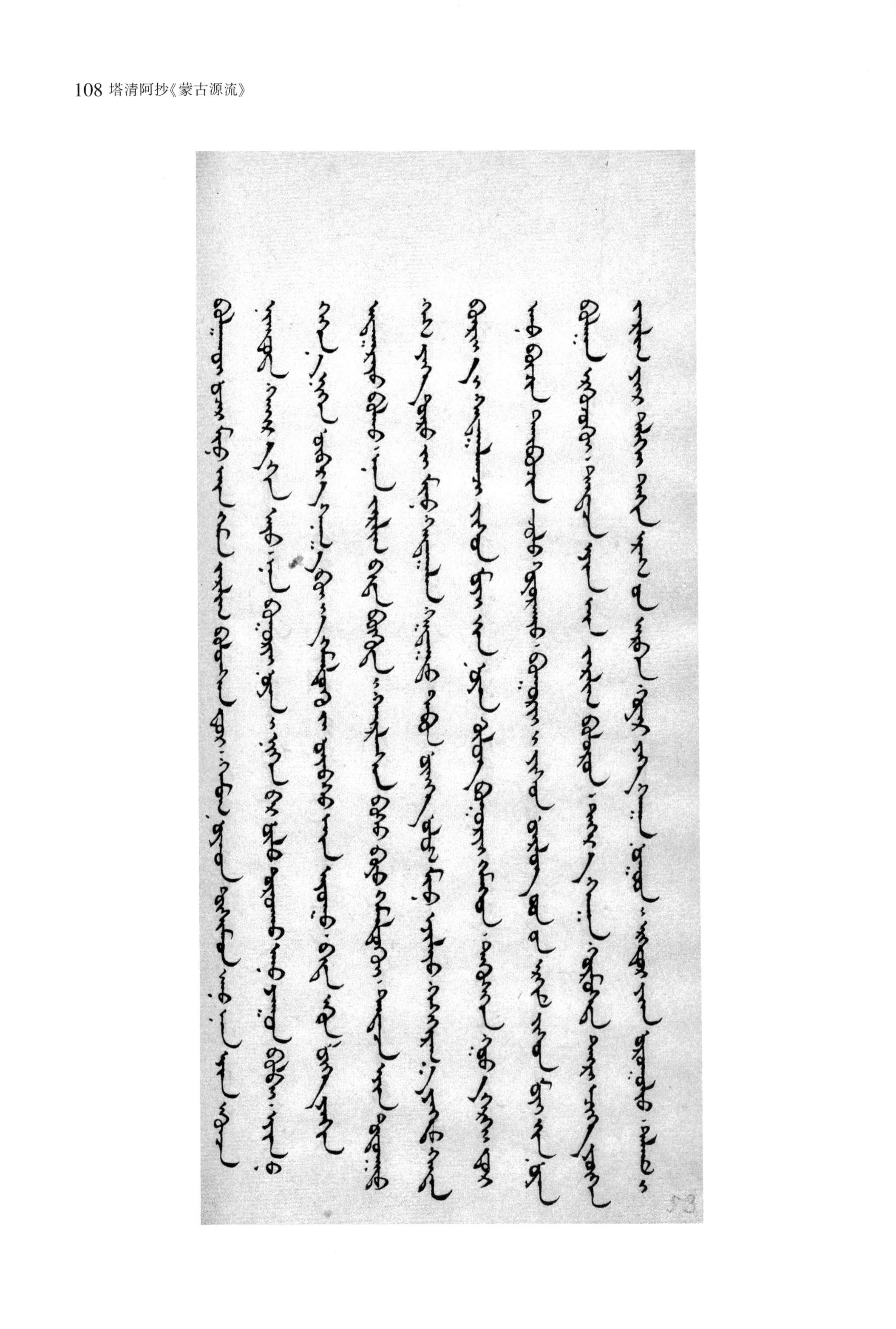

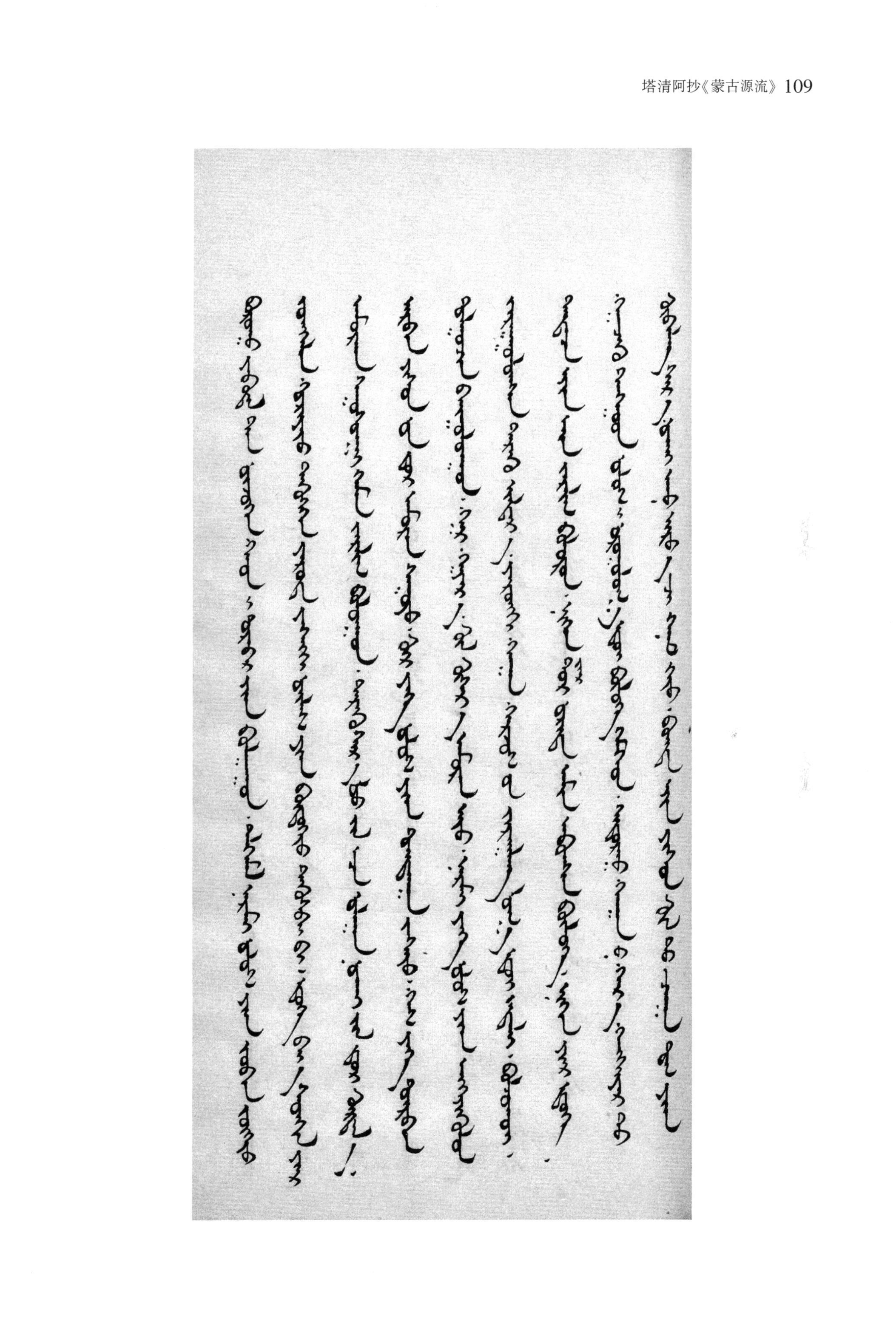

54

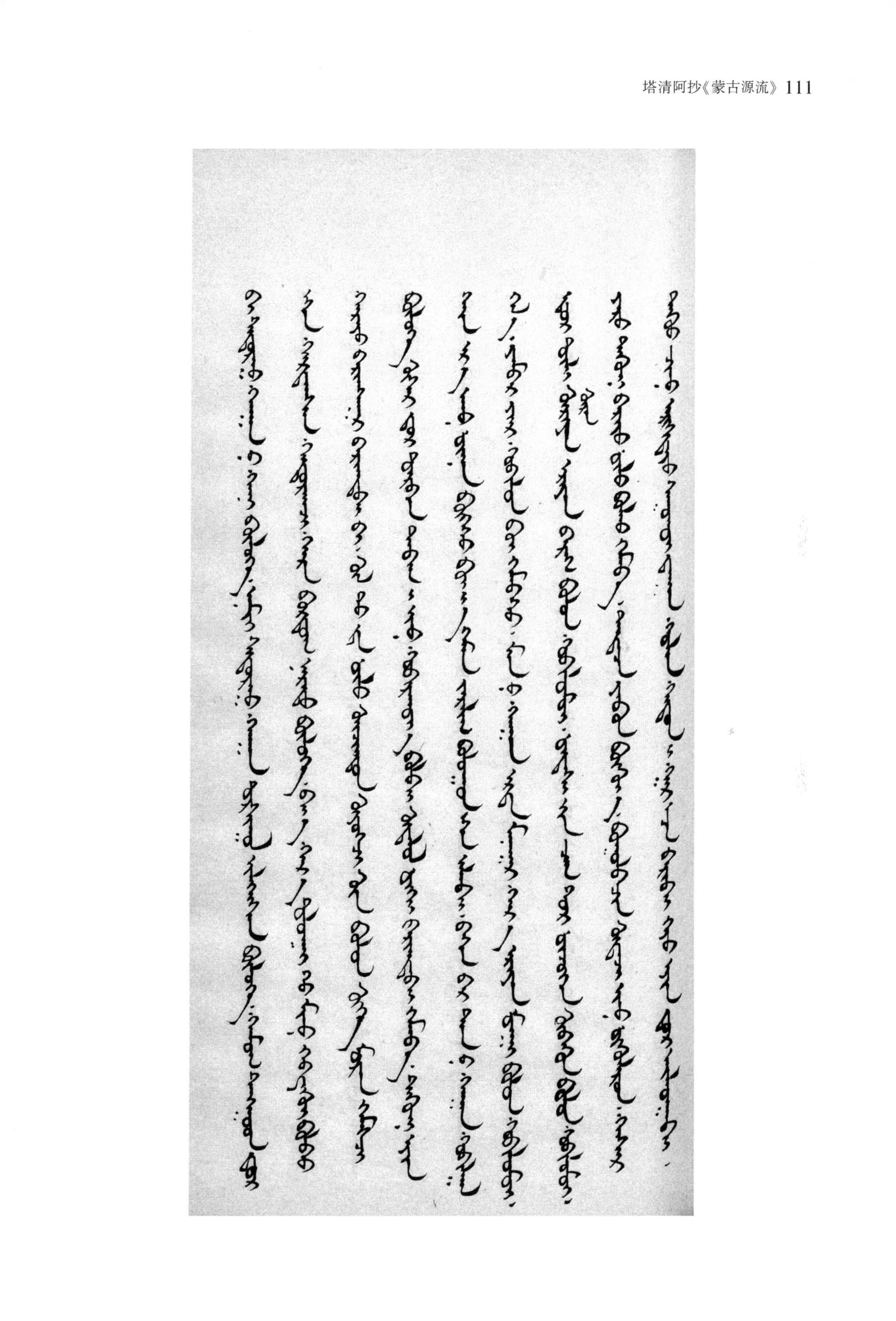

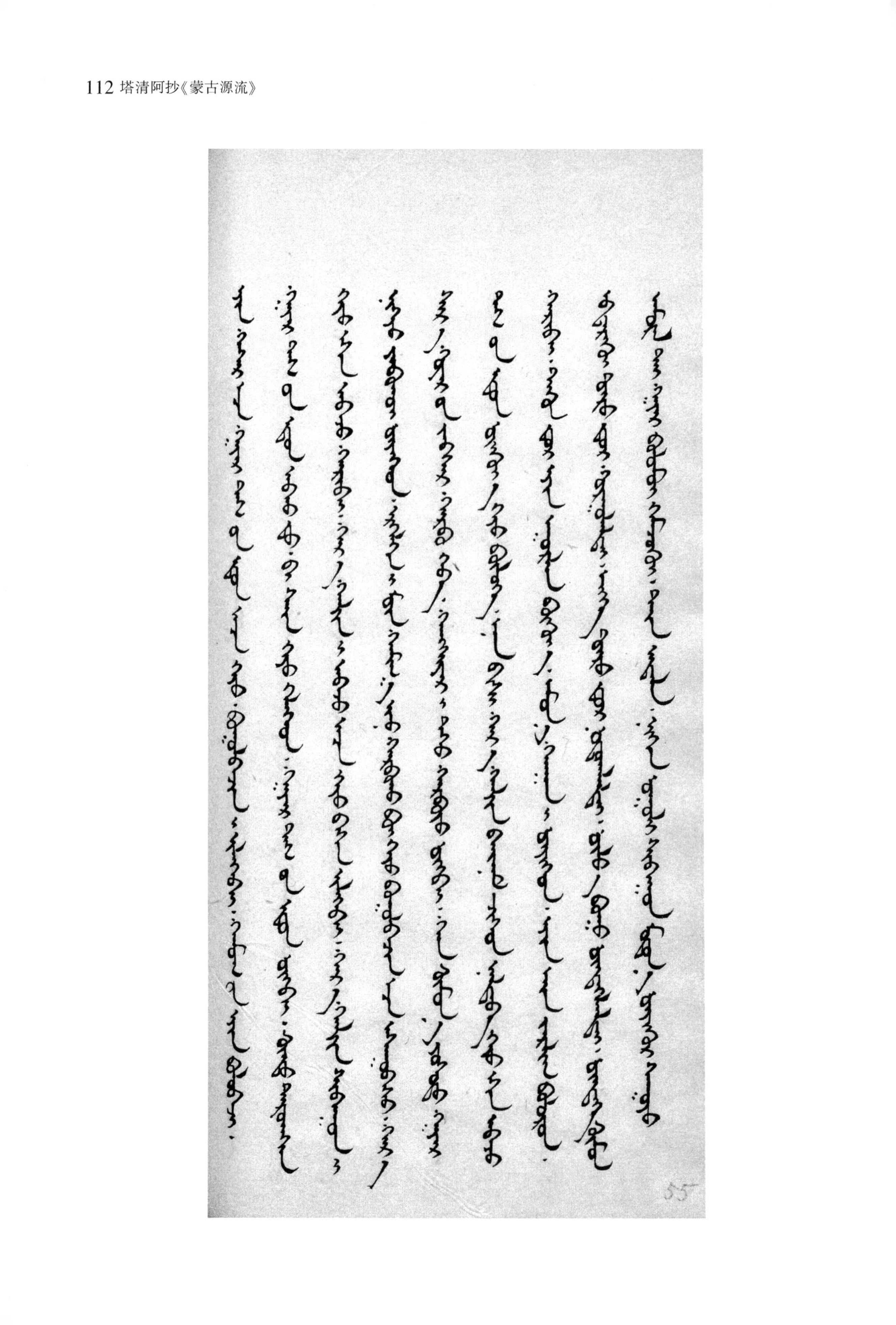

55

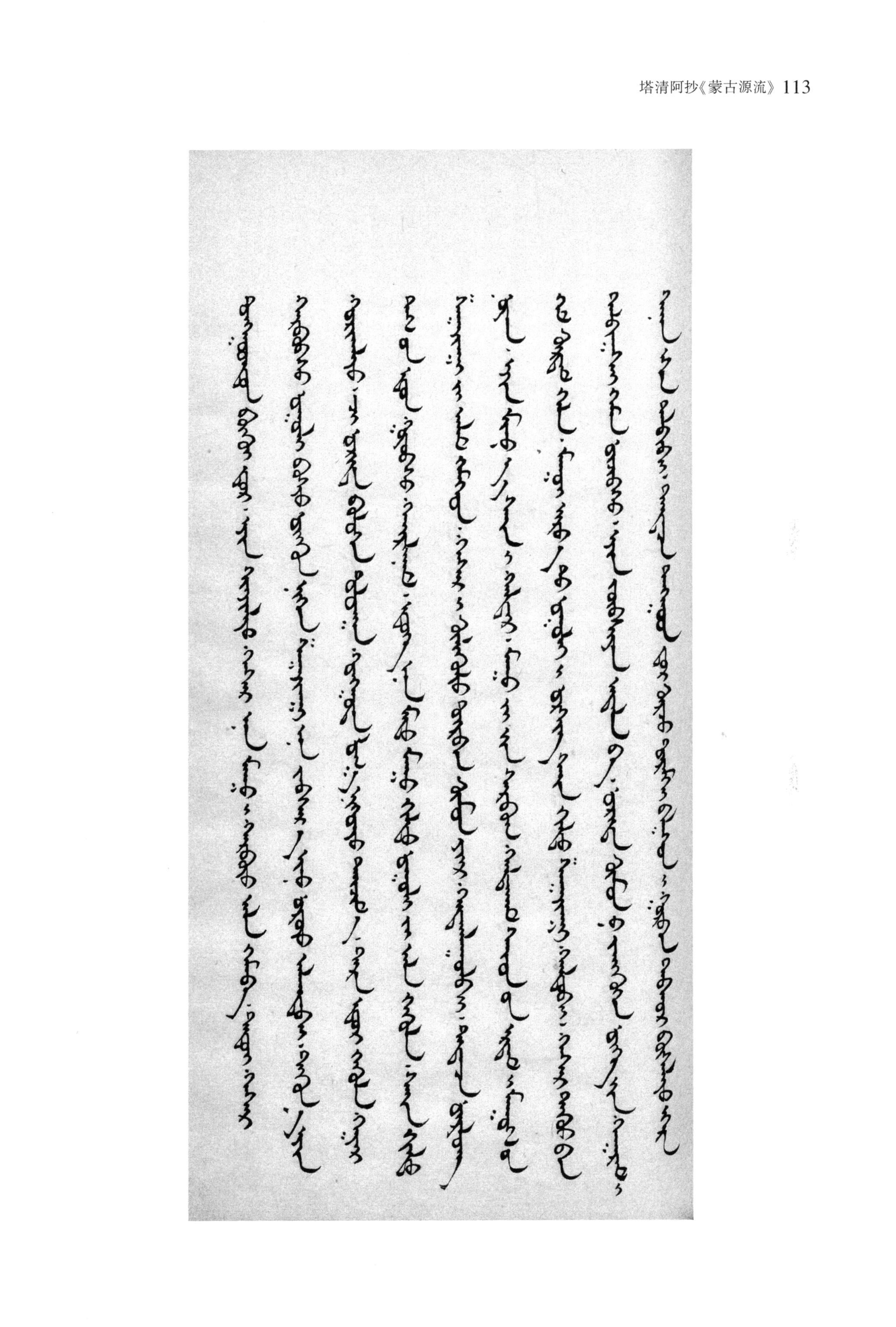

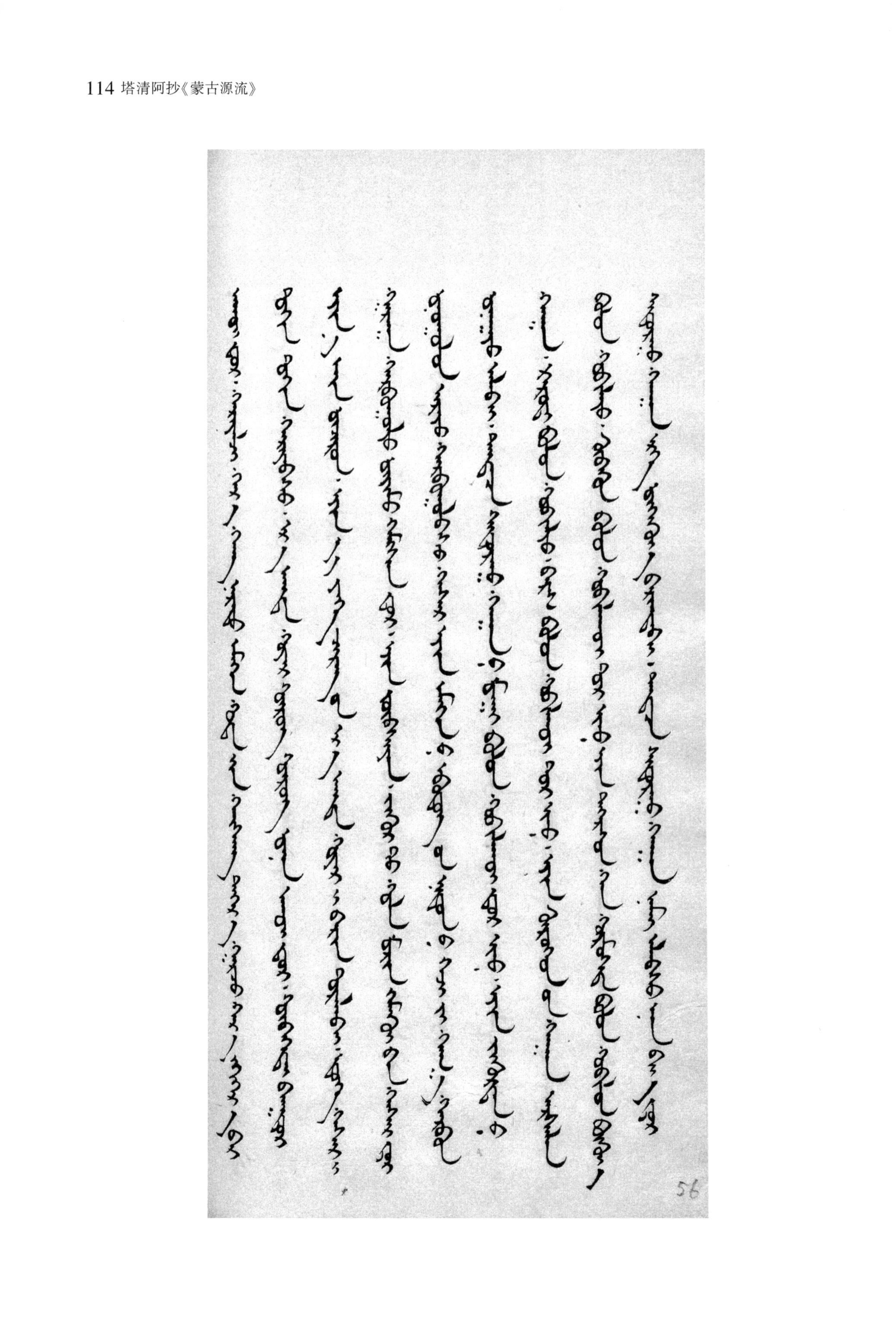

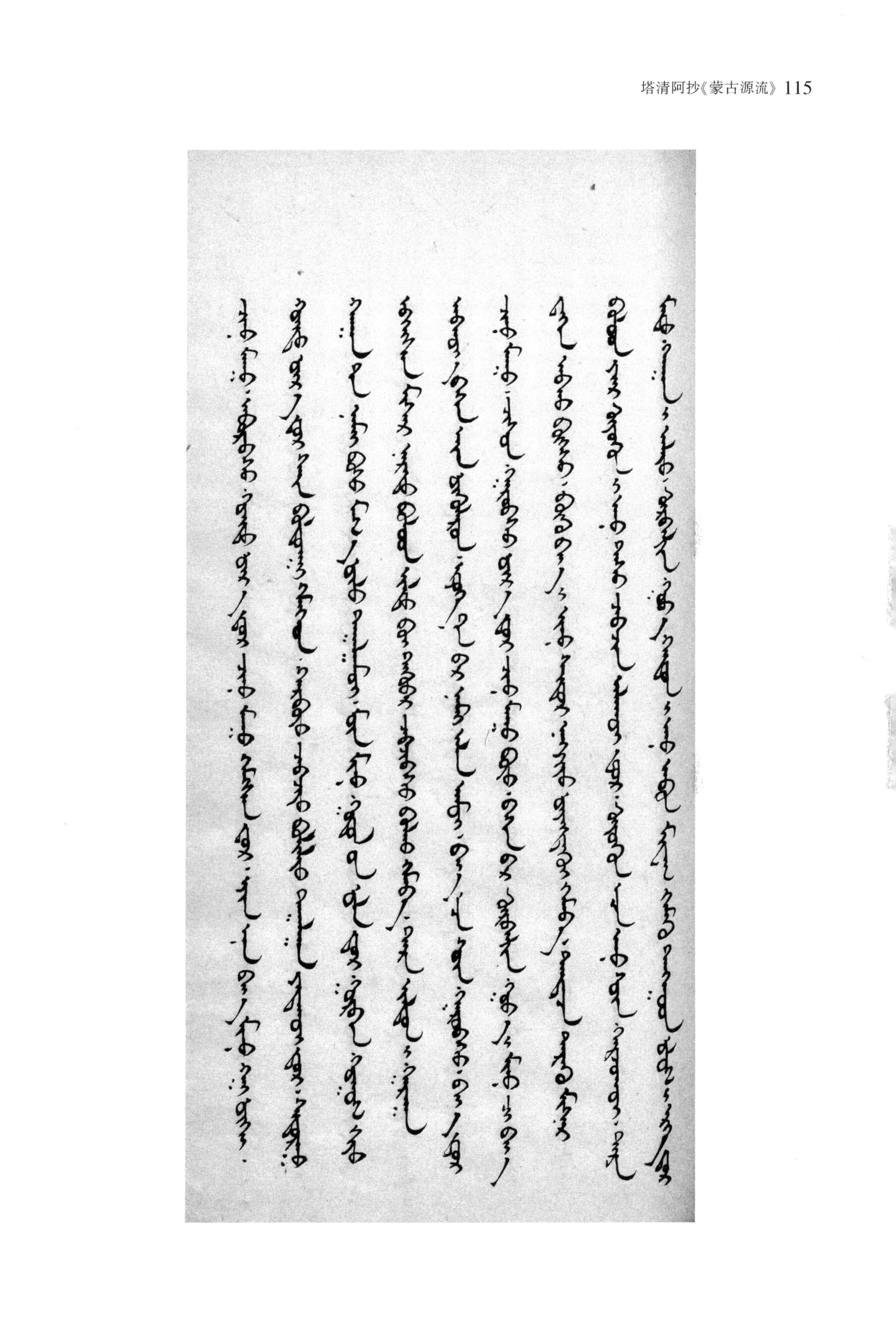

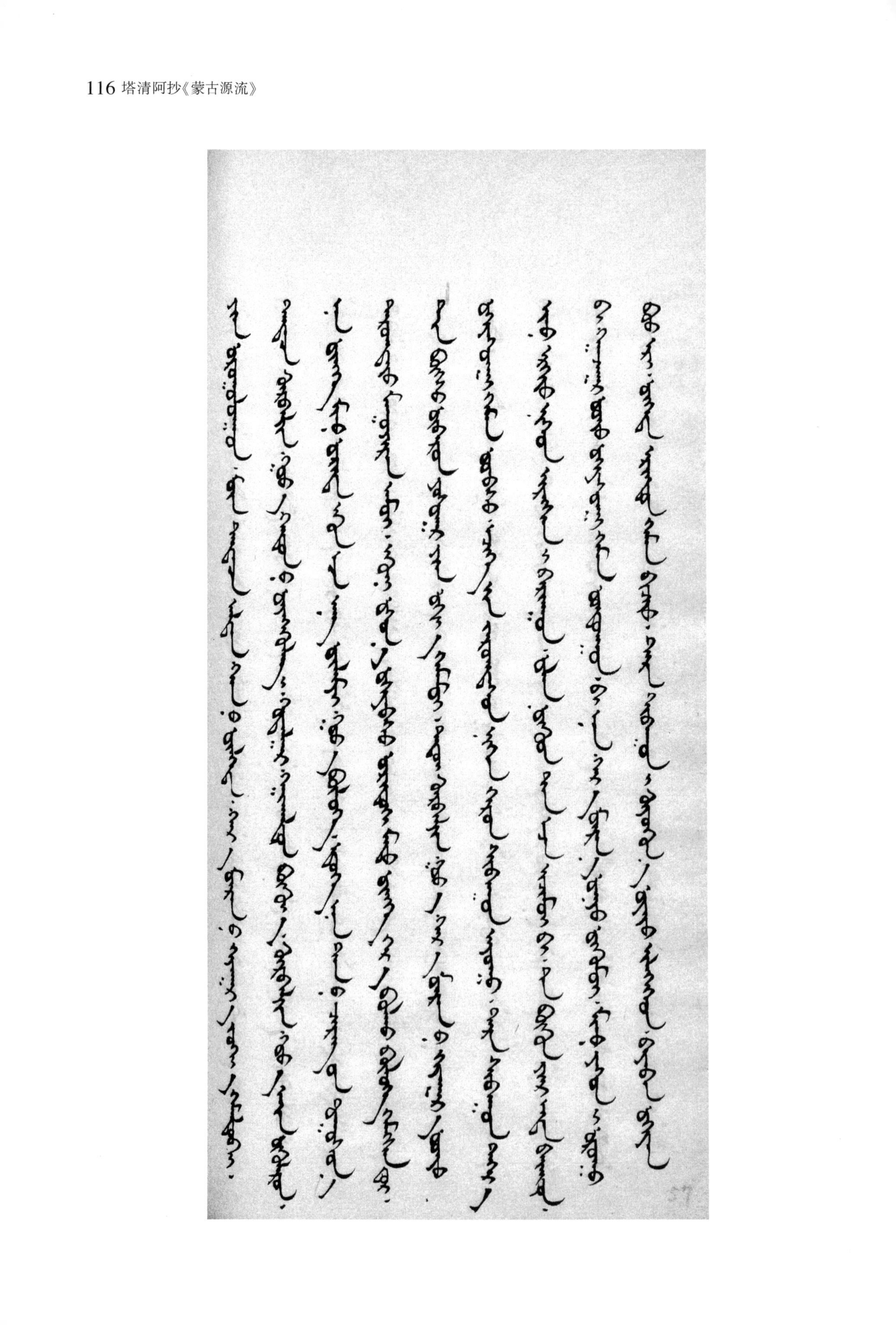

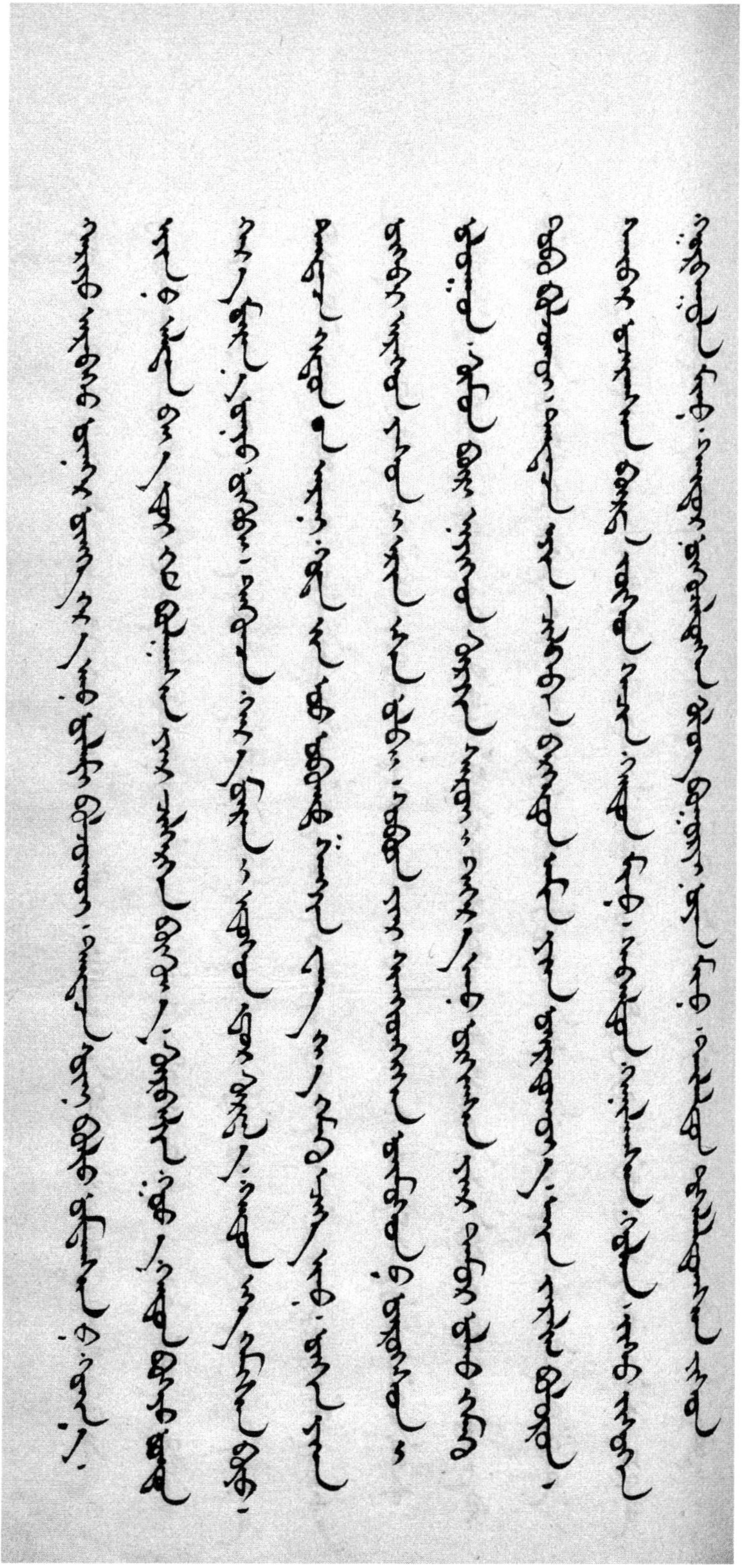

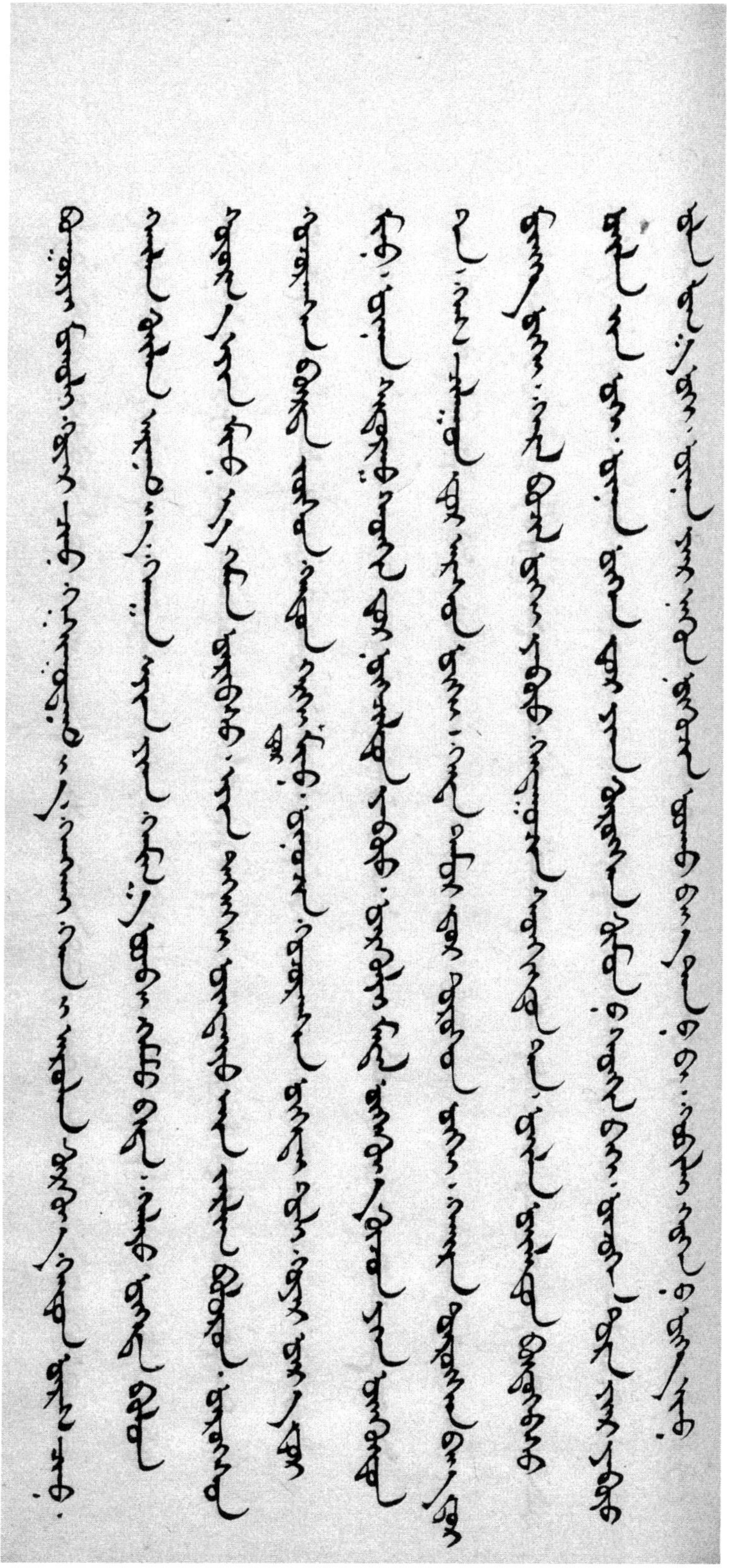

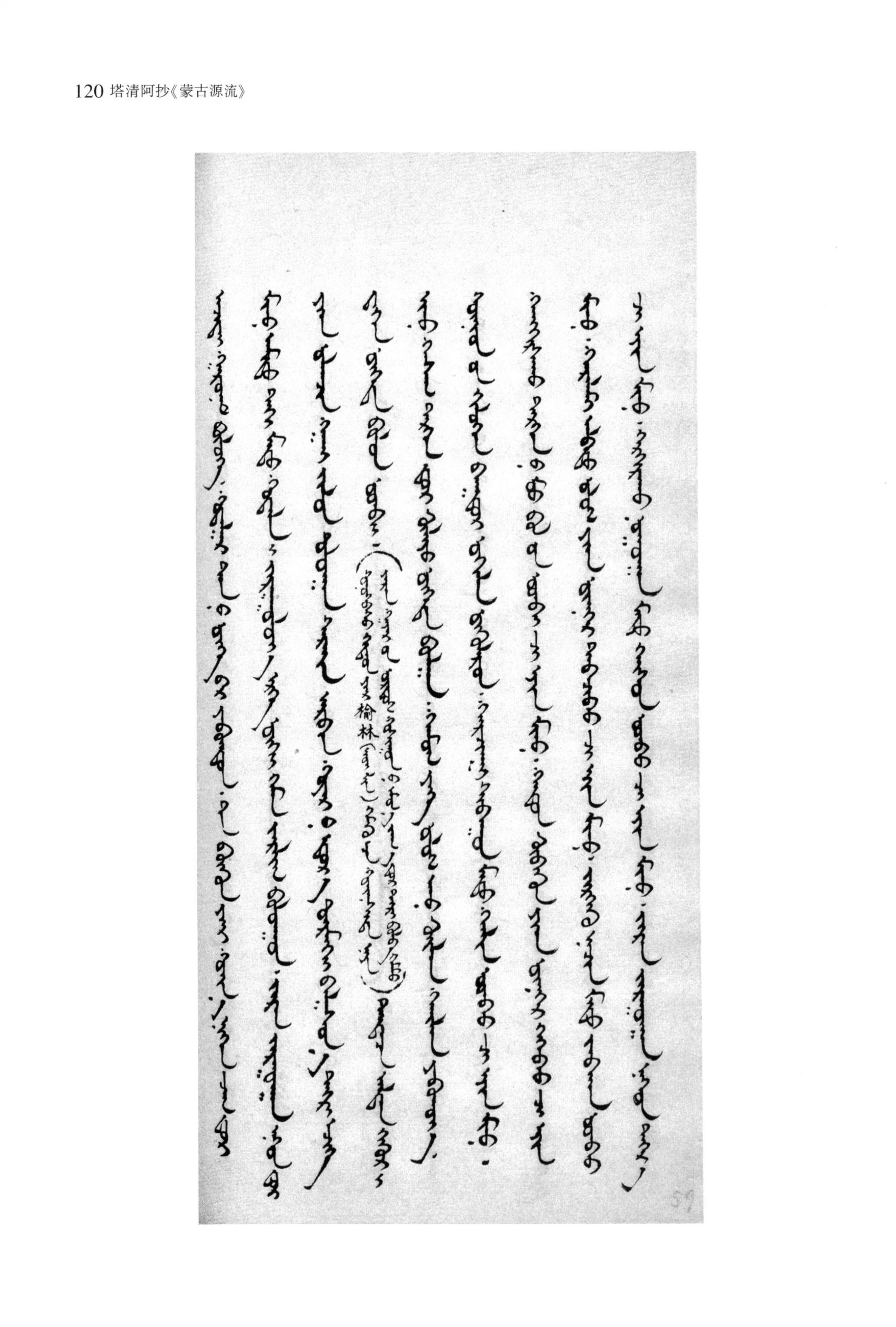

榆林

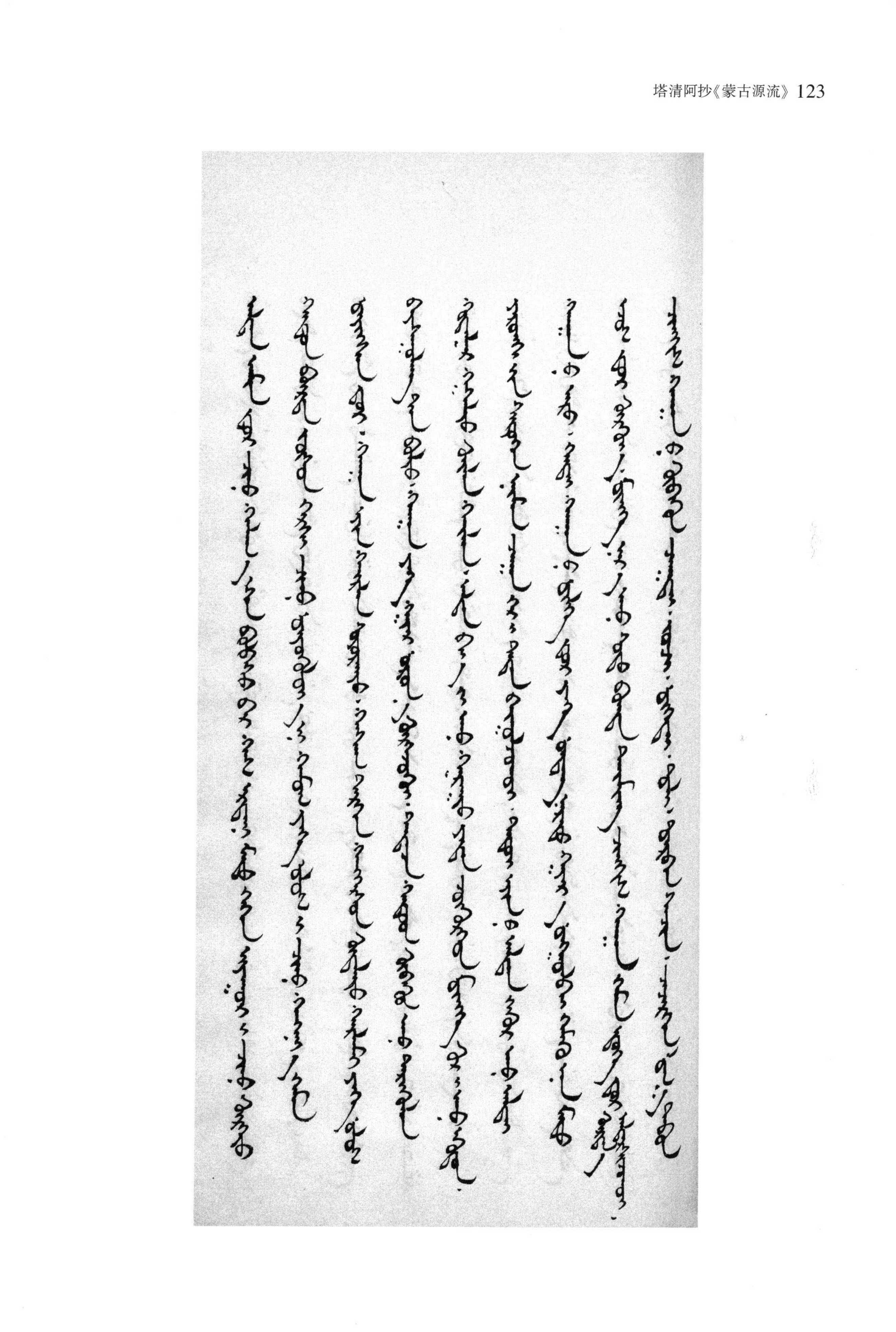

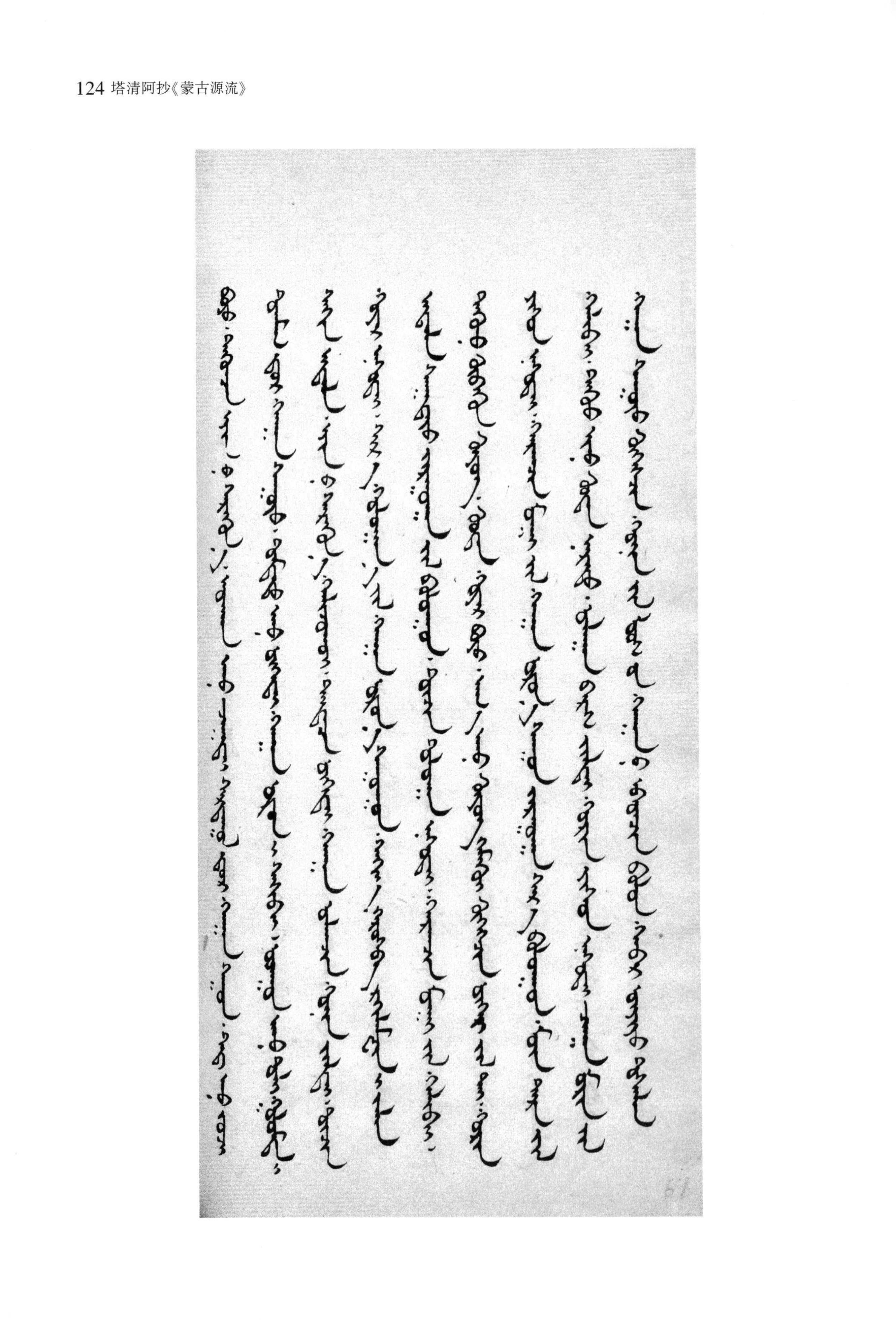

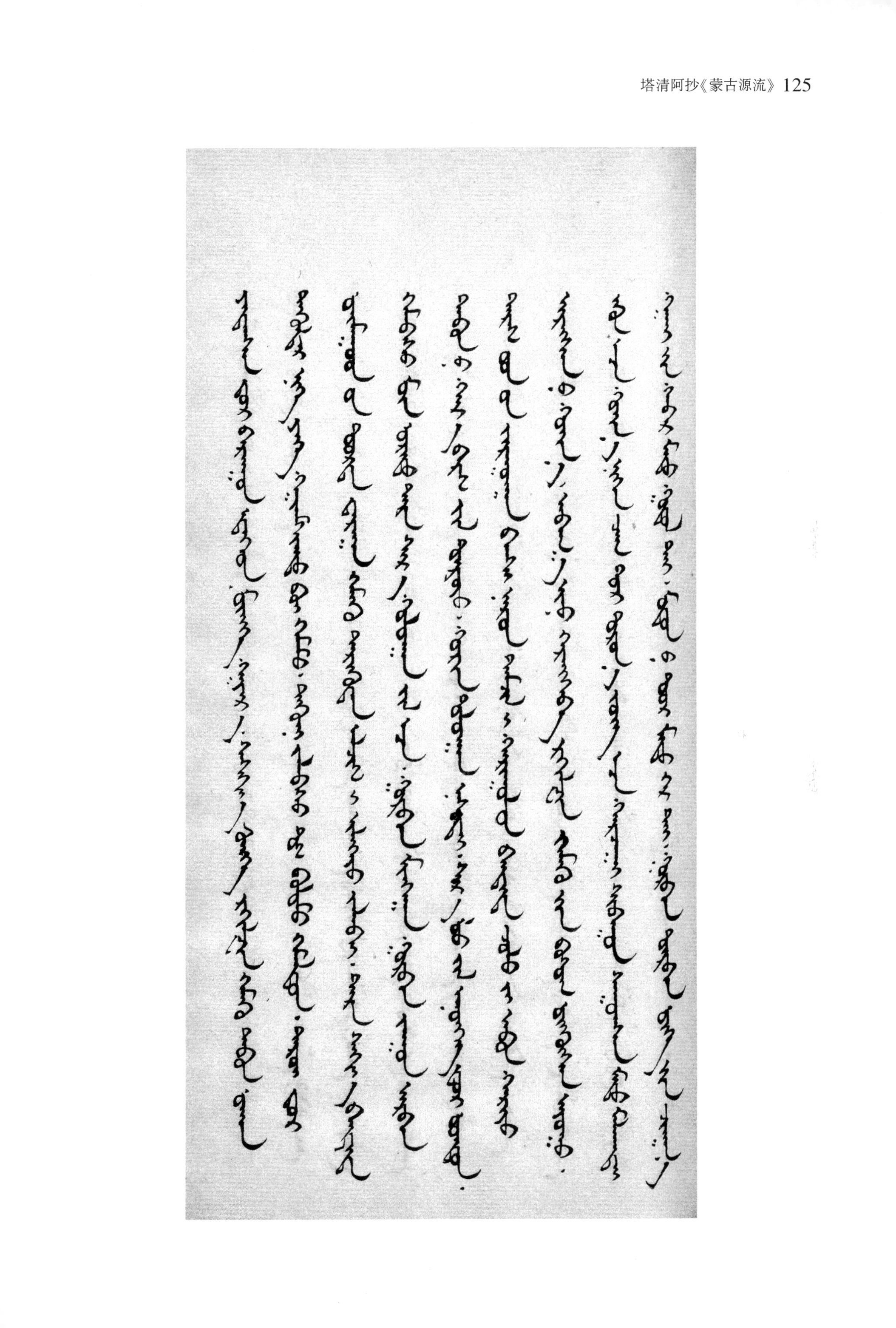

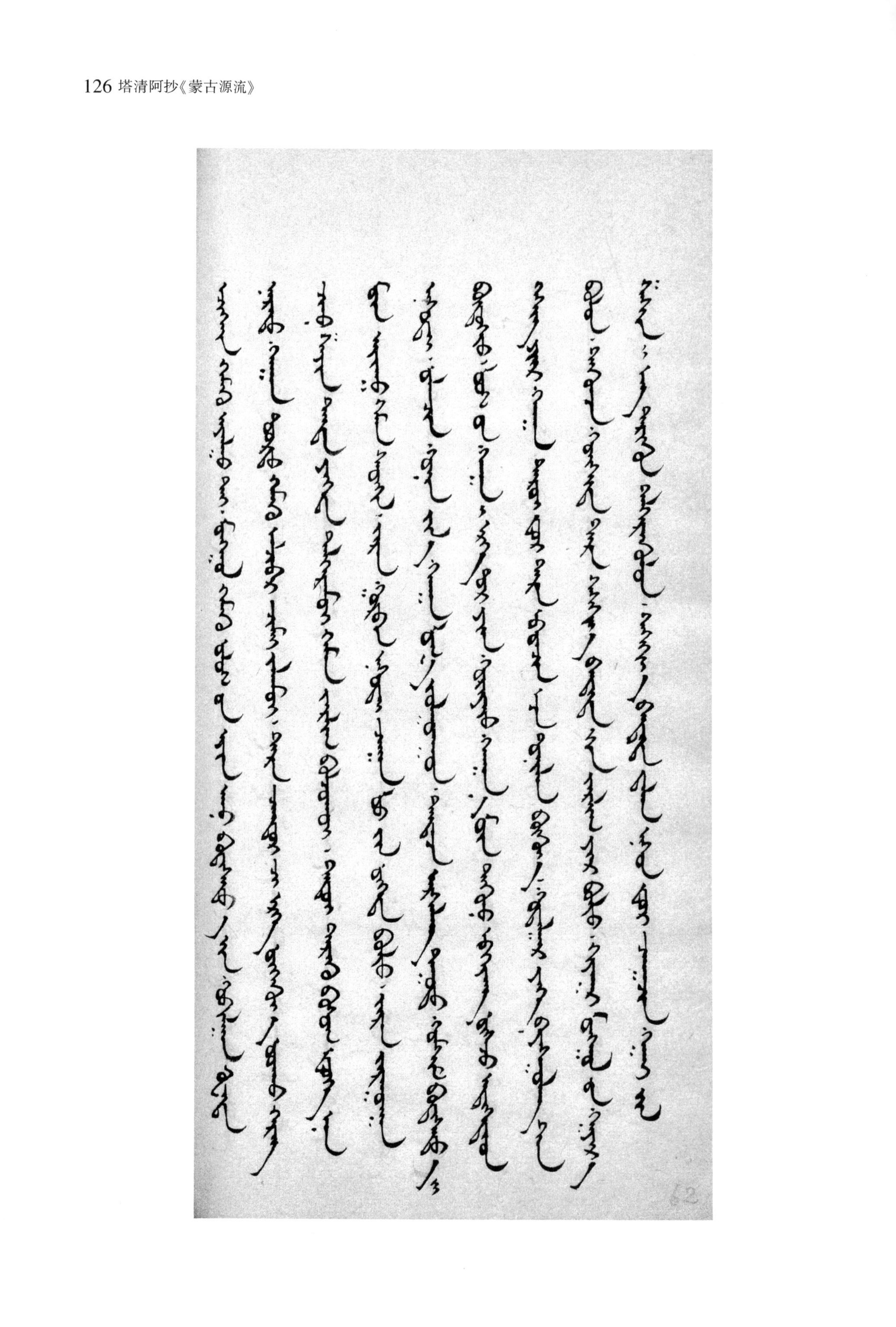

62

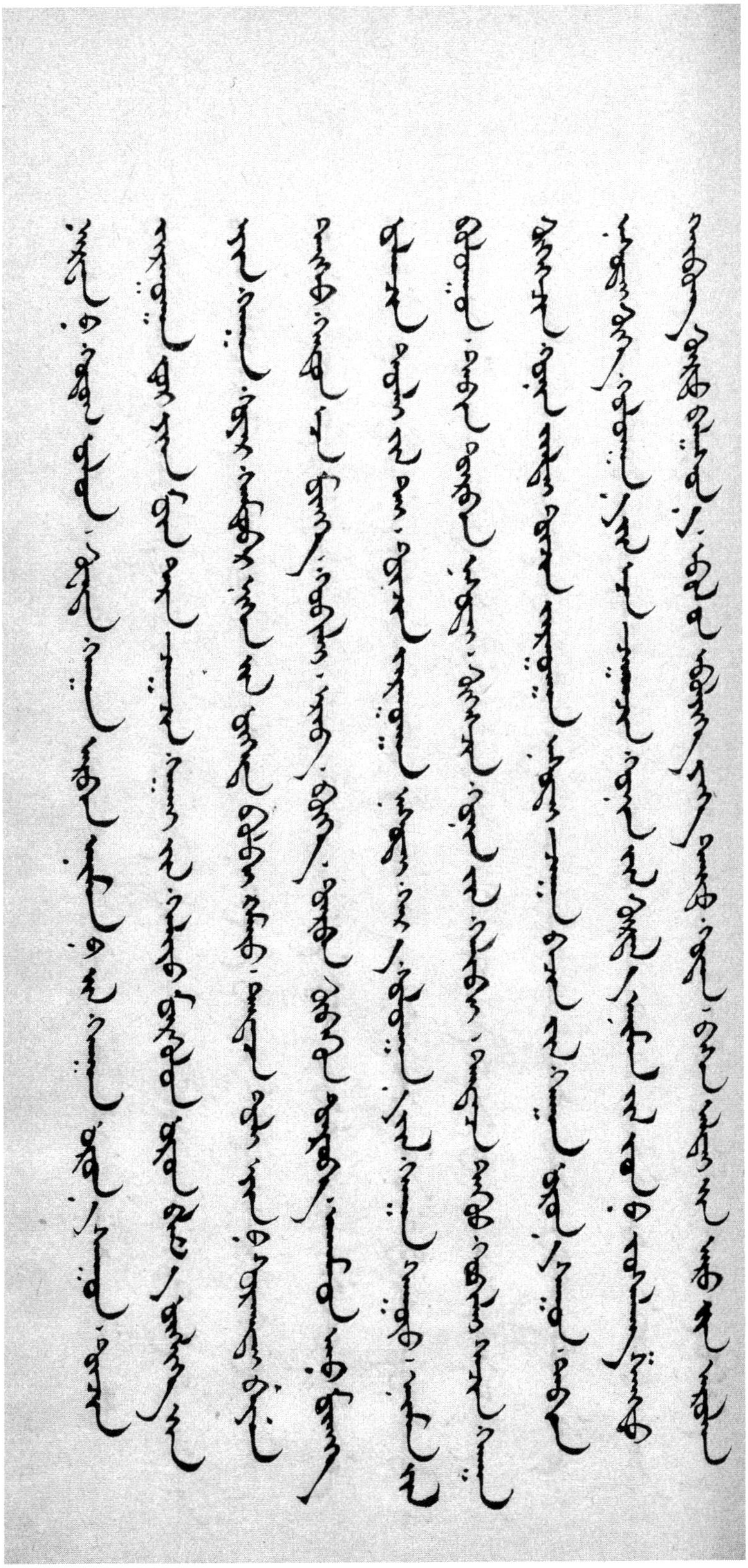

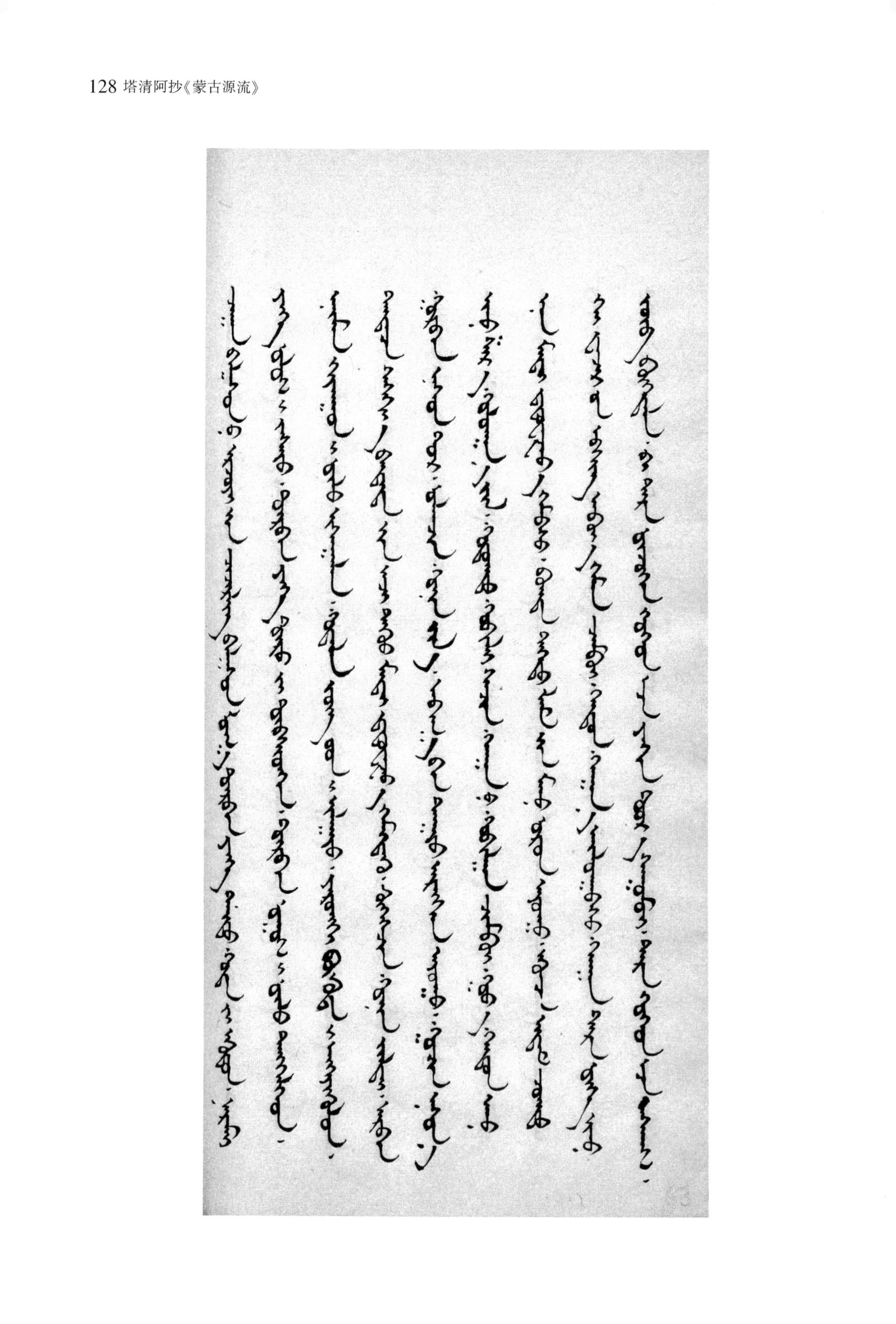

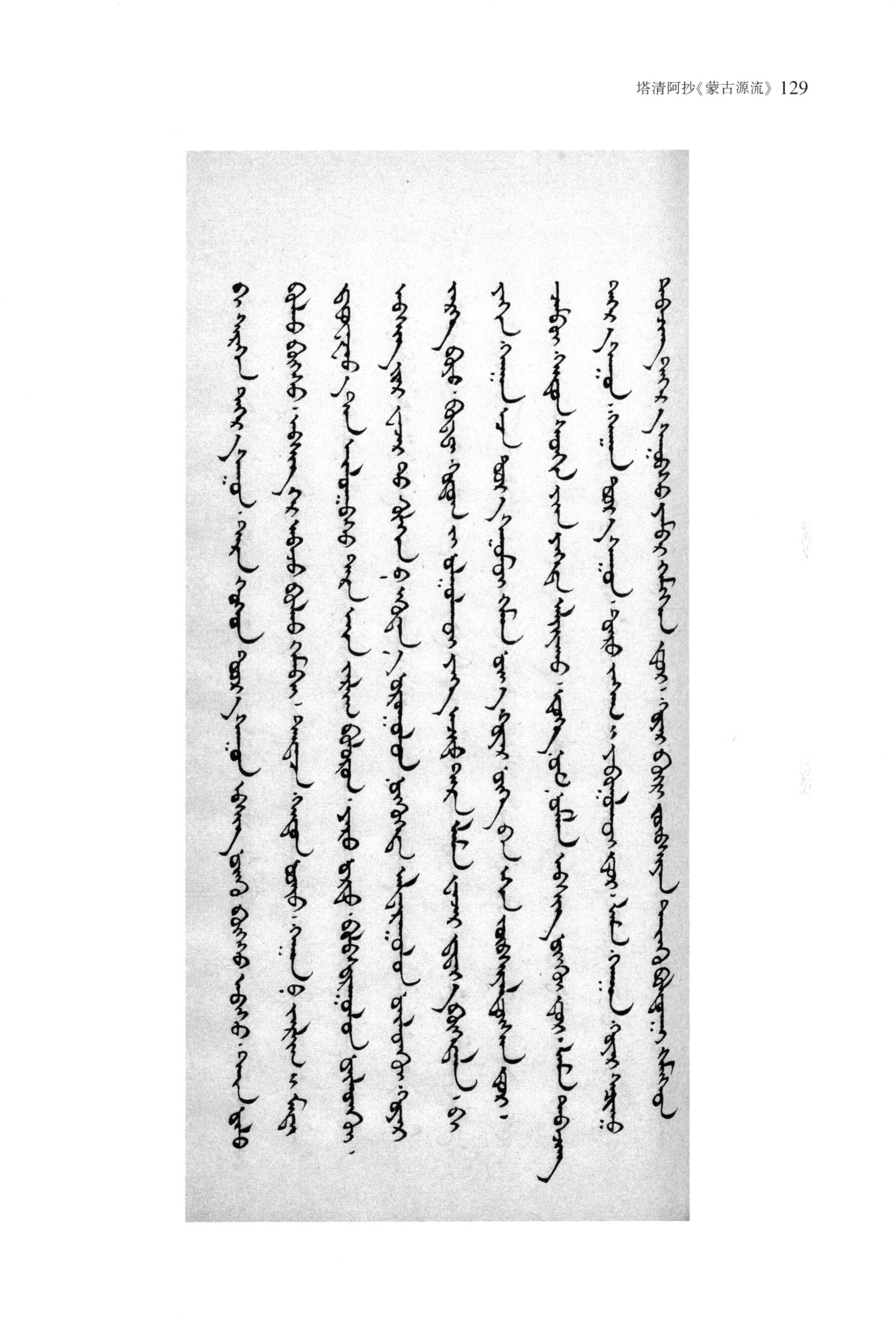

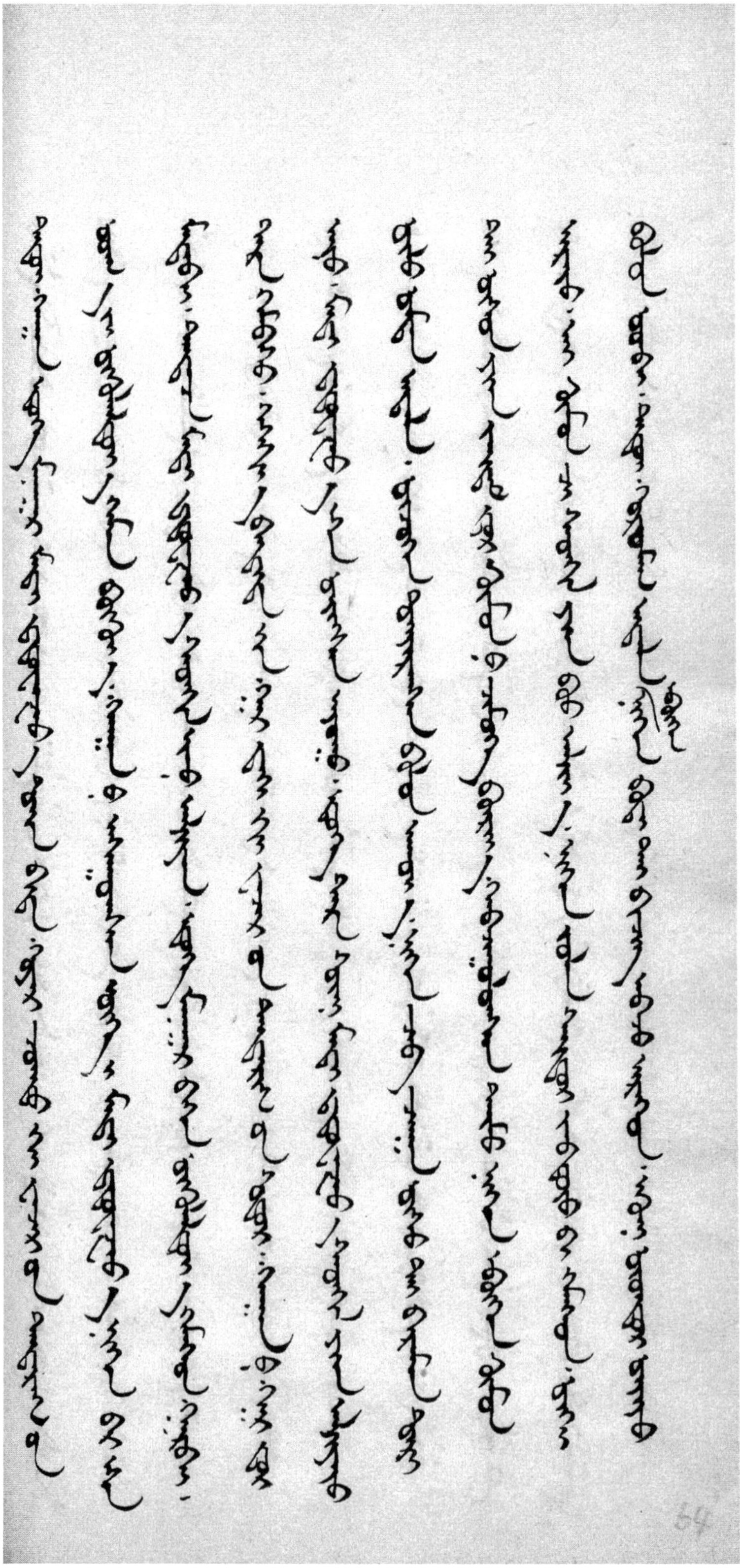

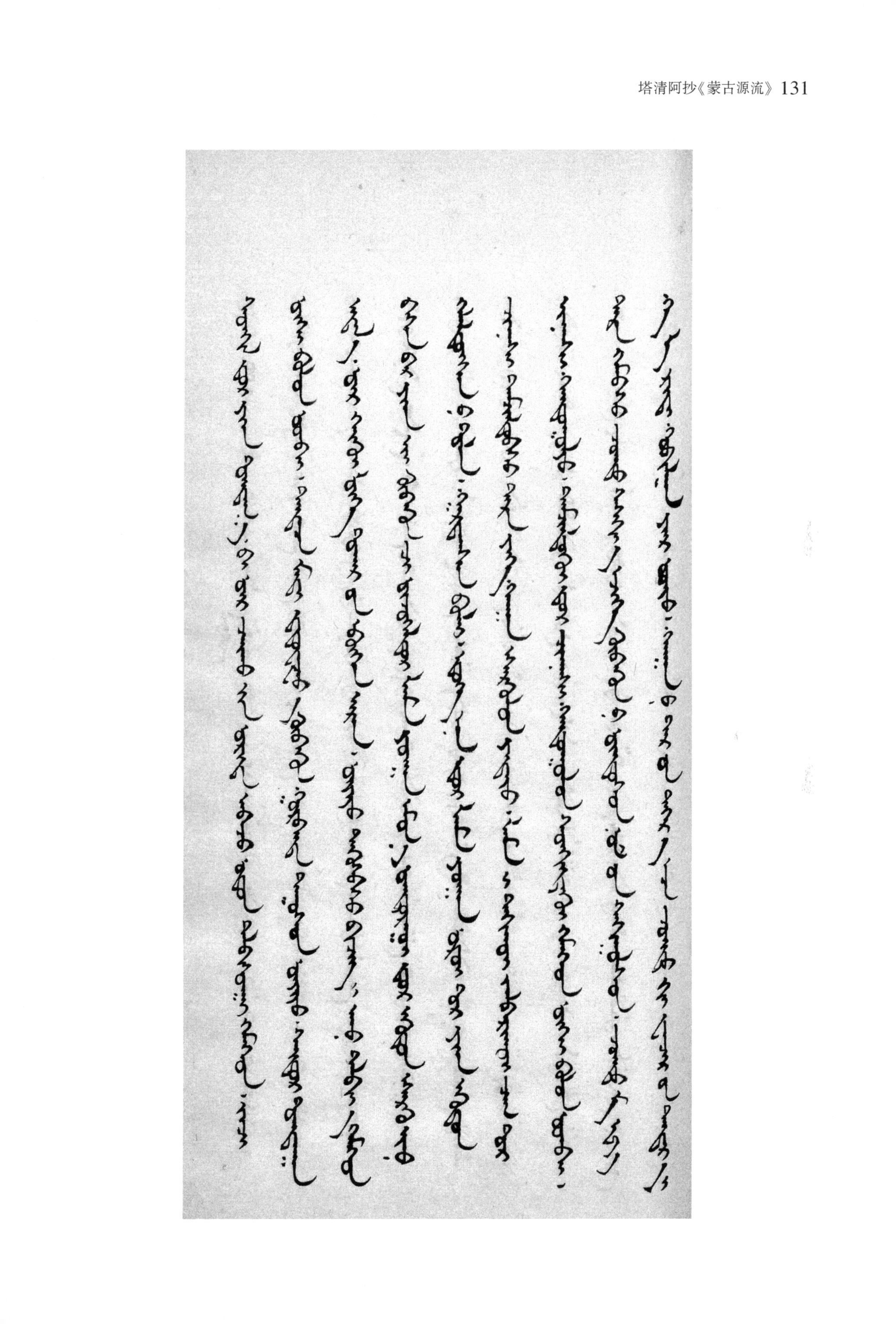

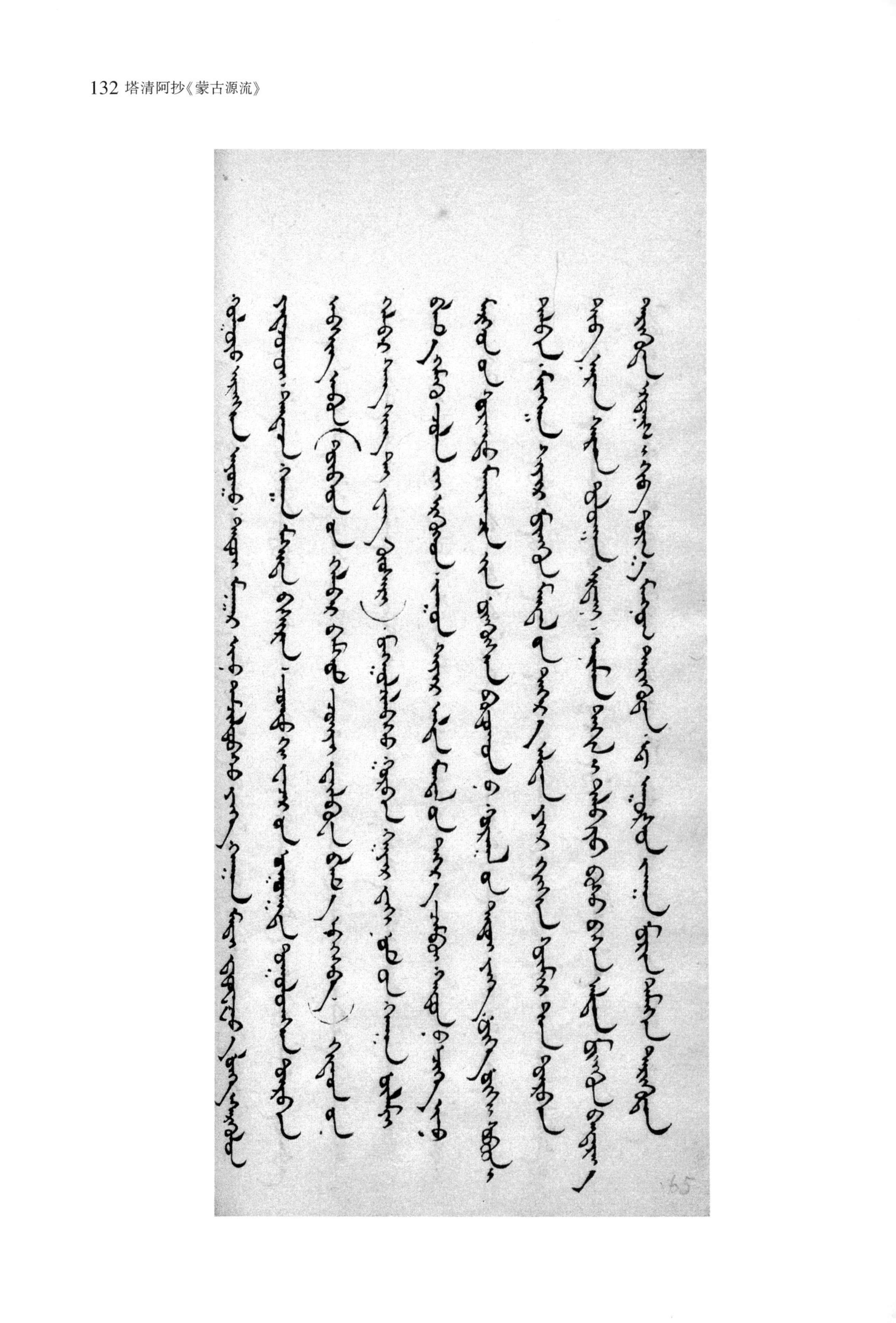

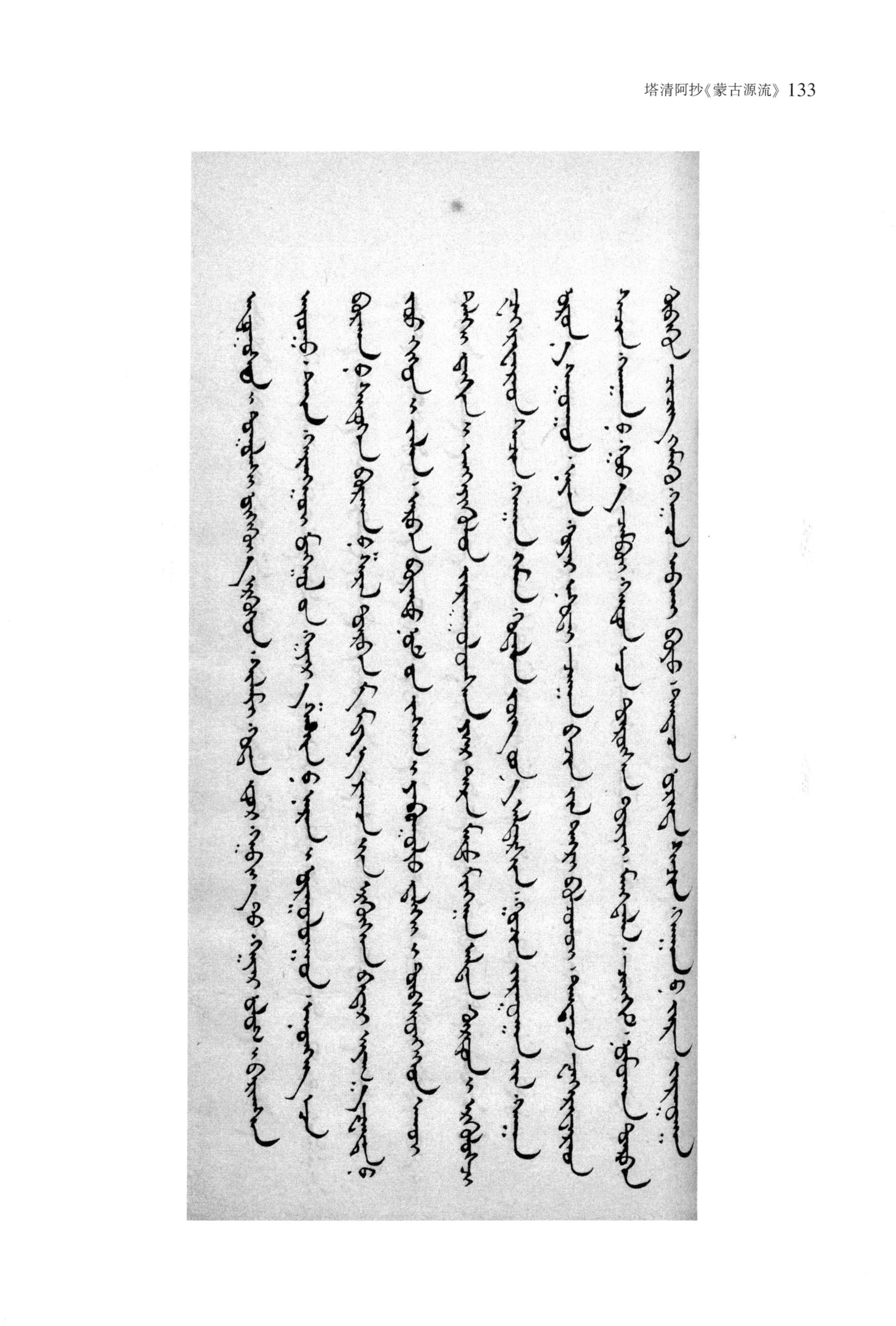

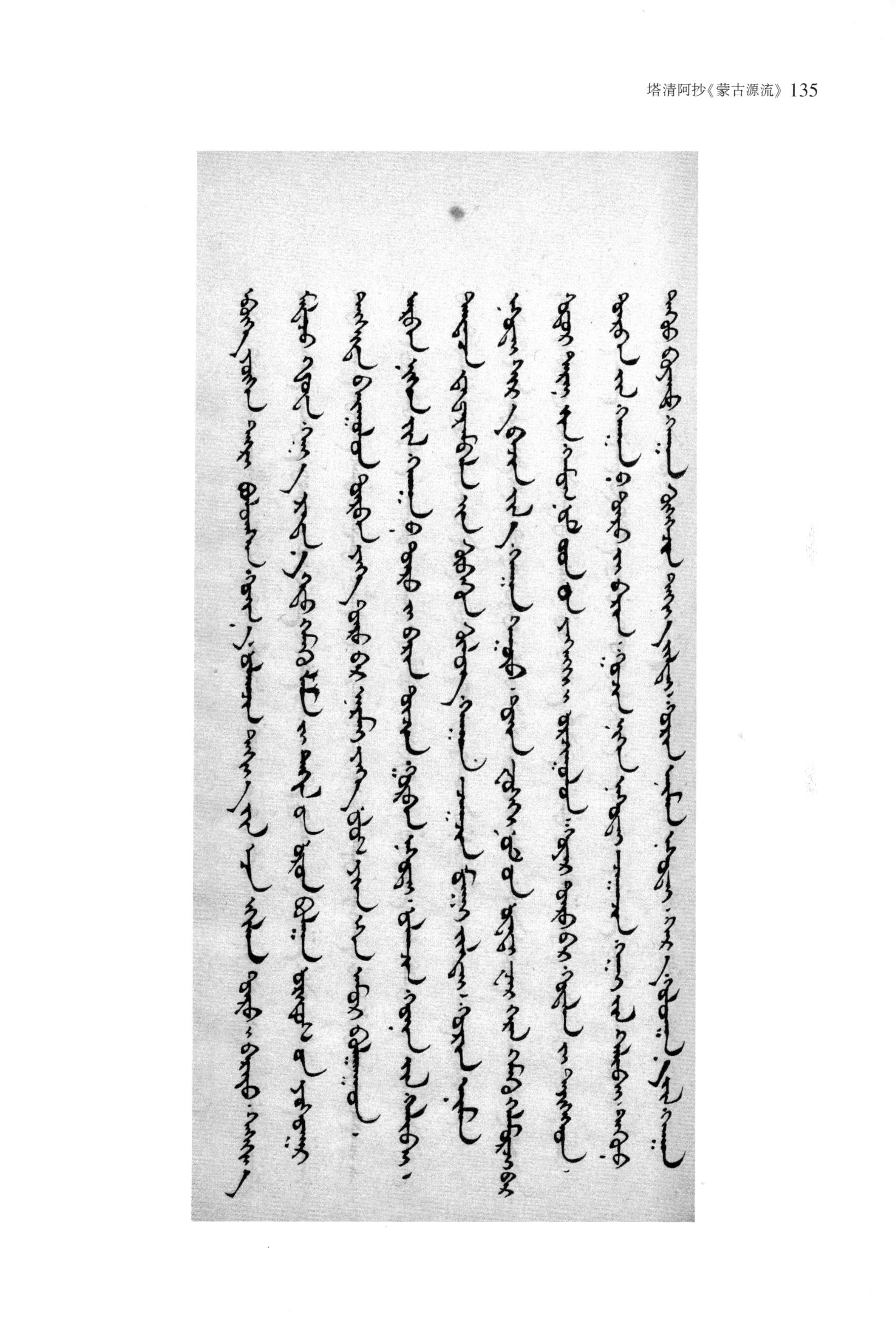

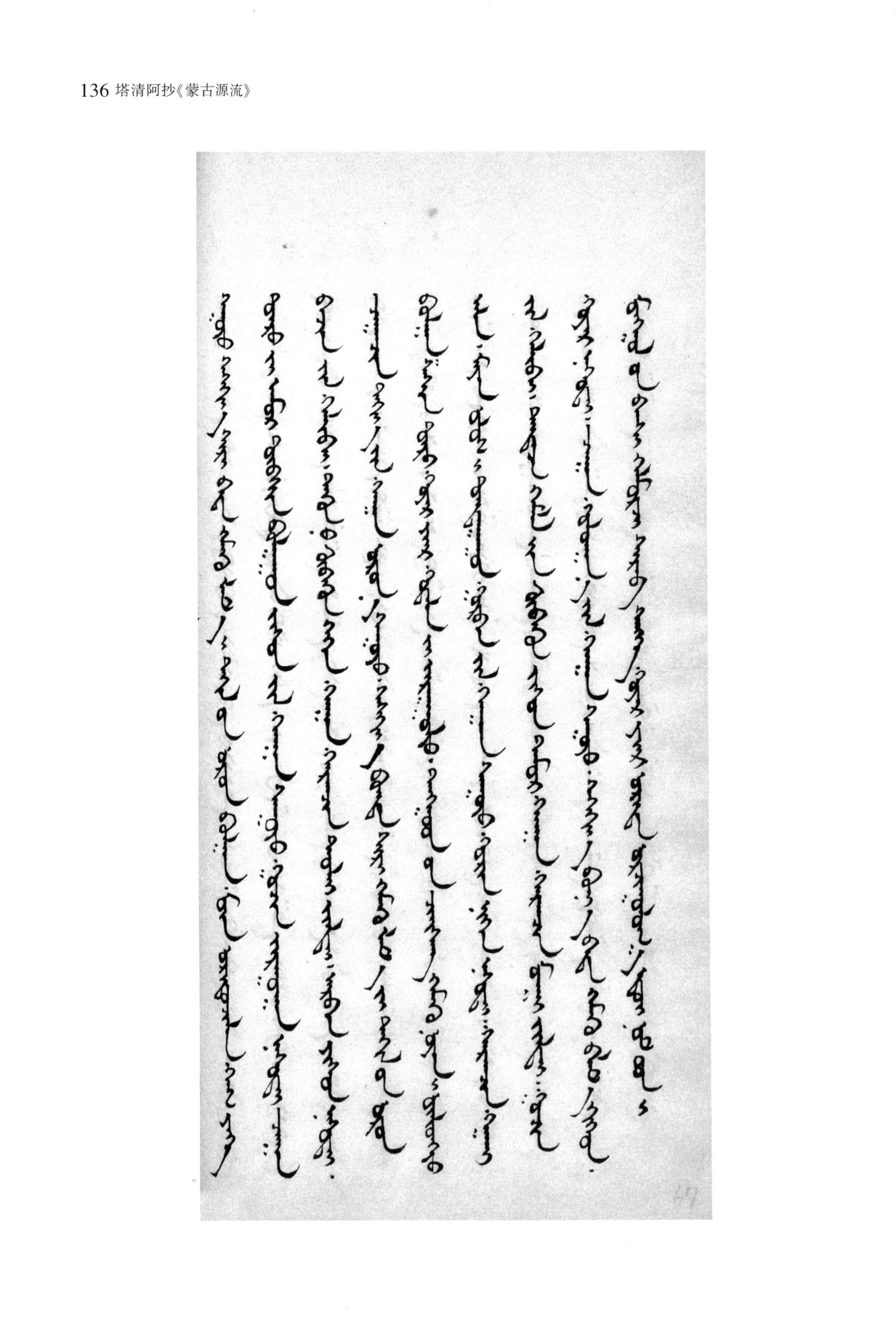

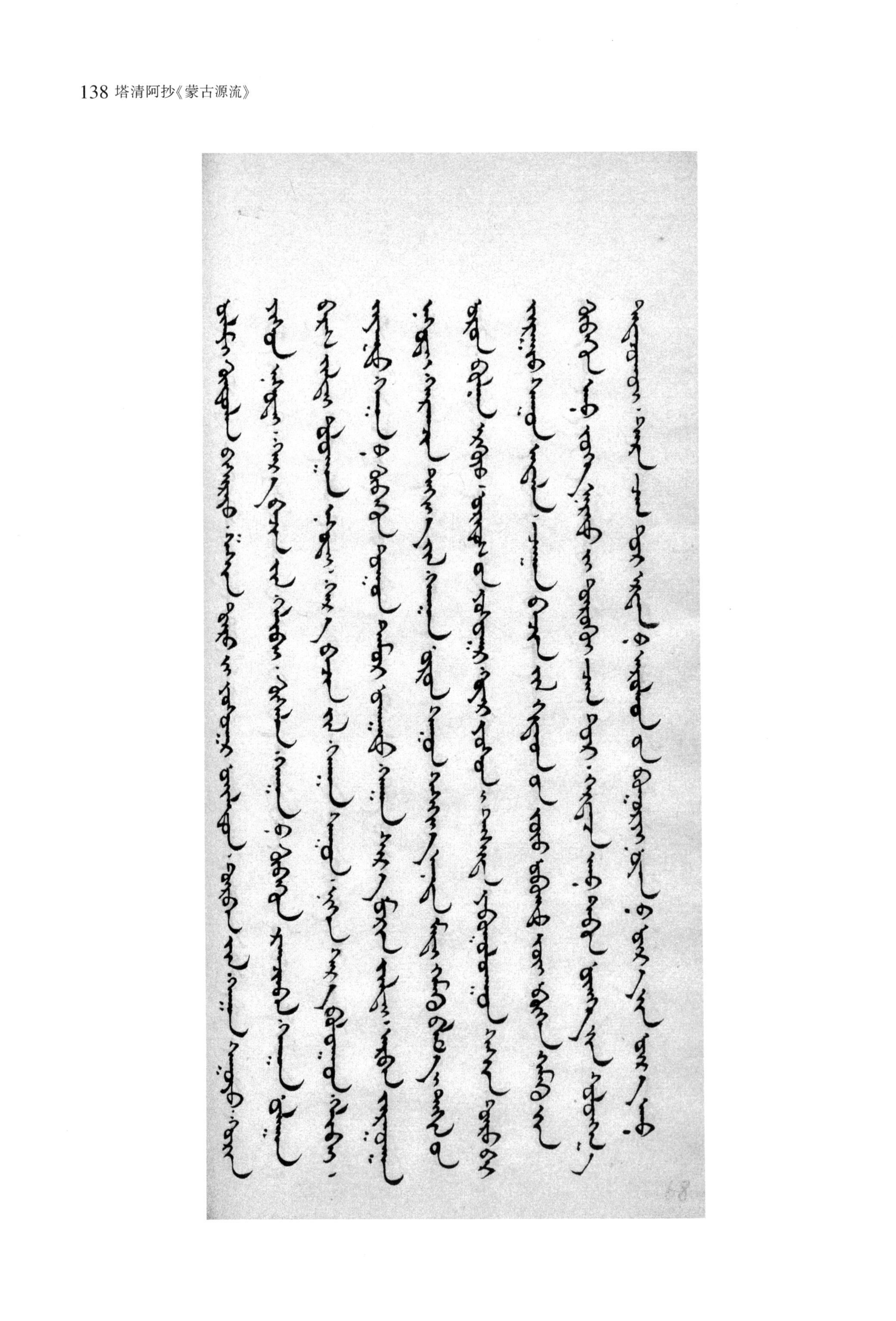

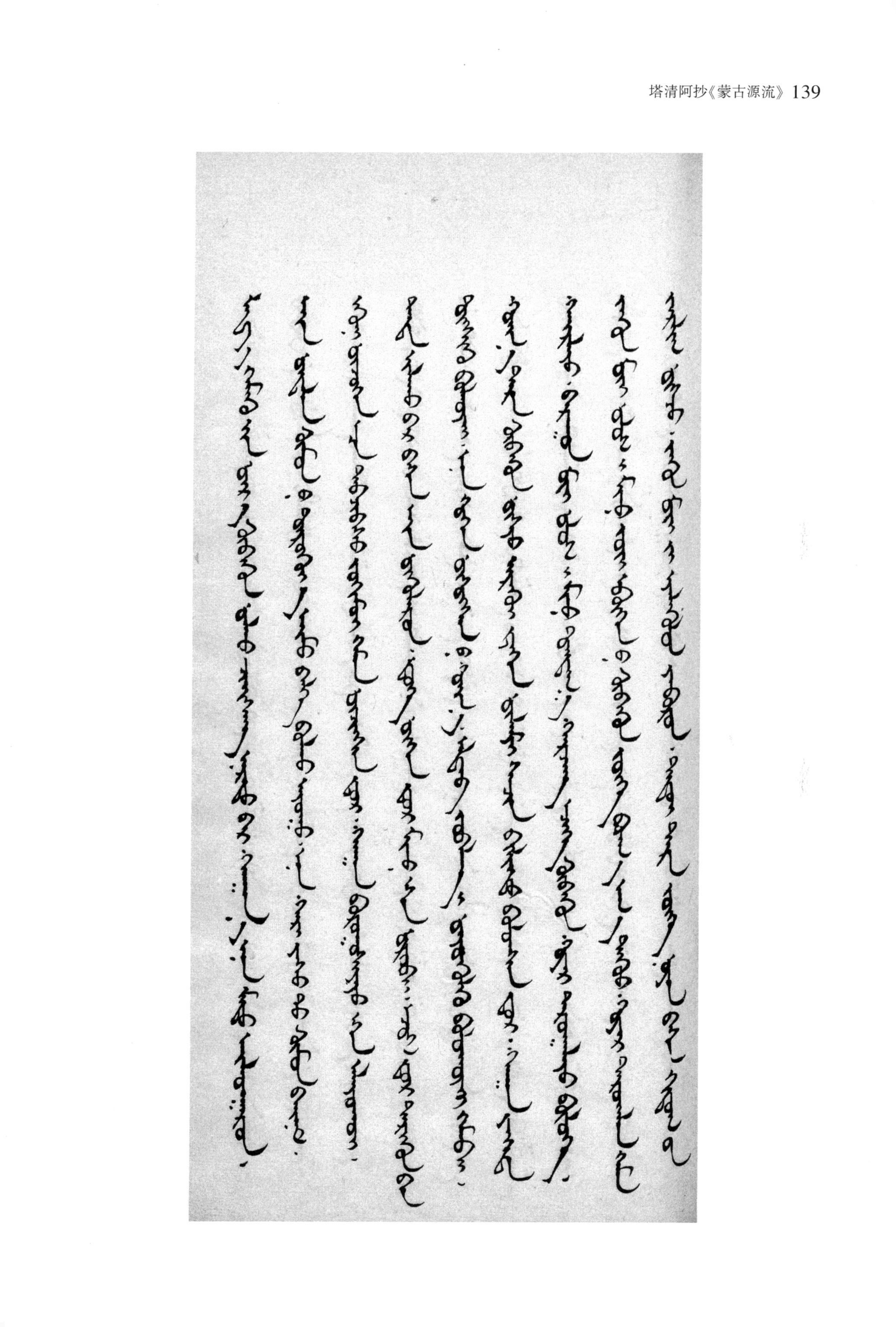

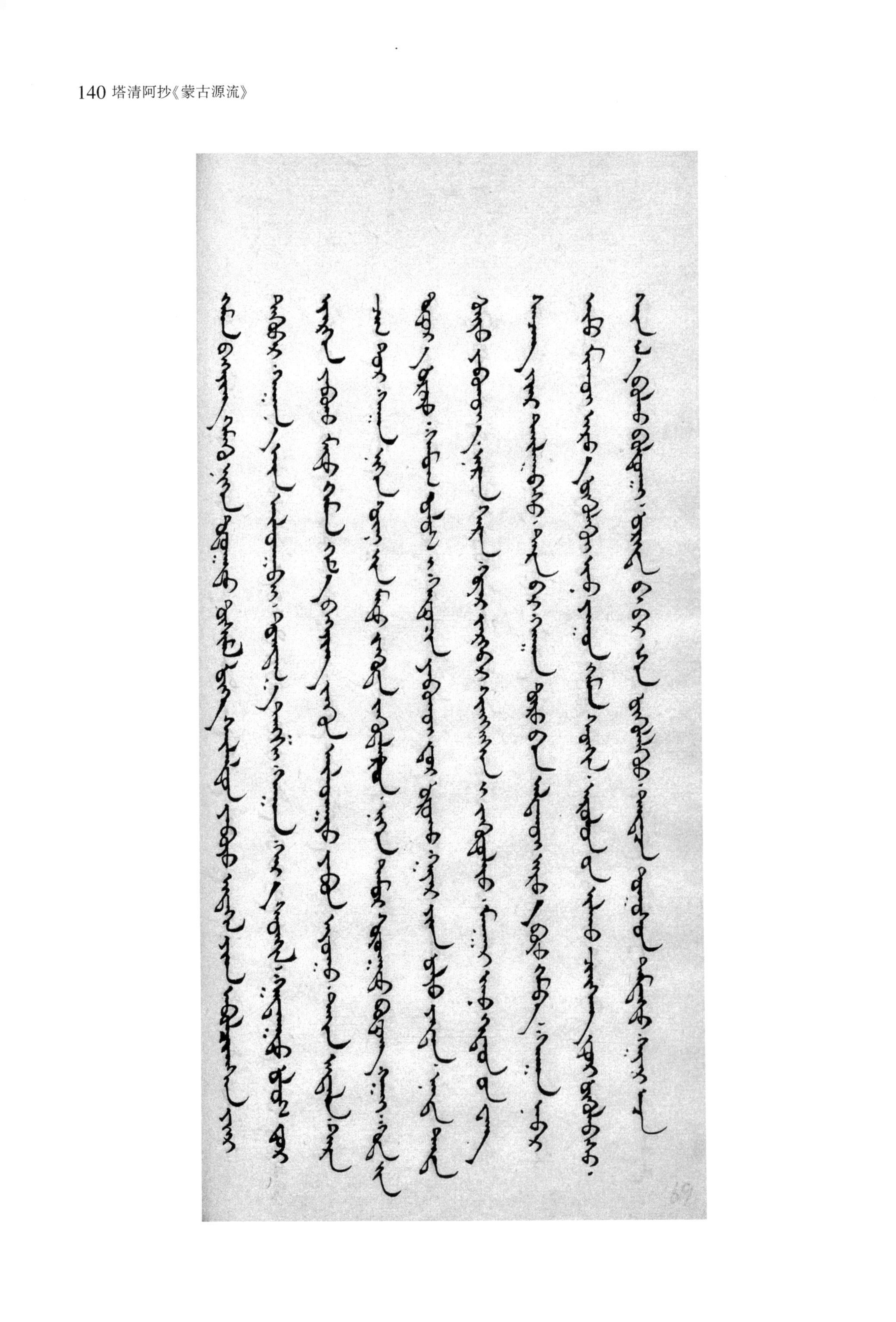

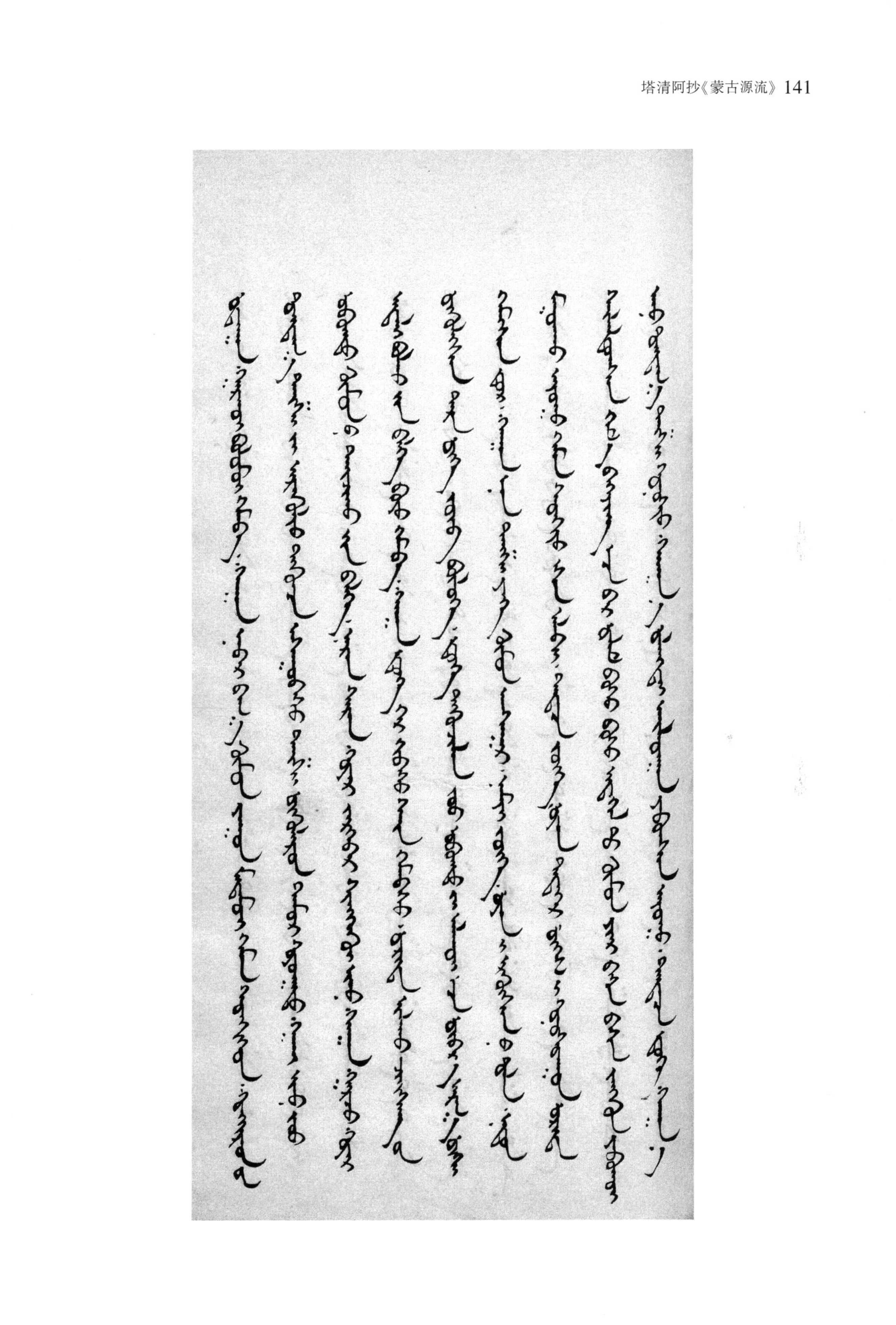

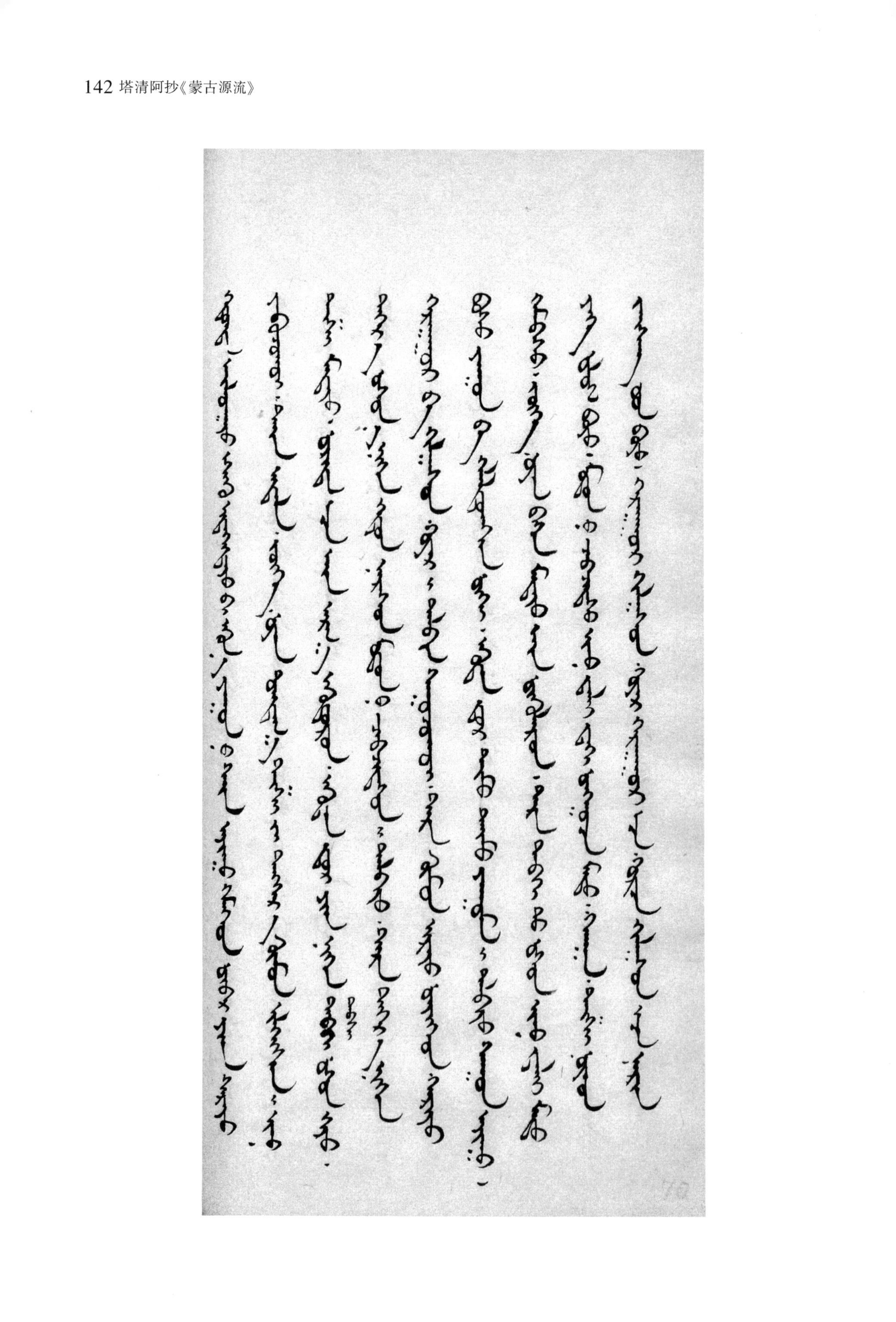

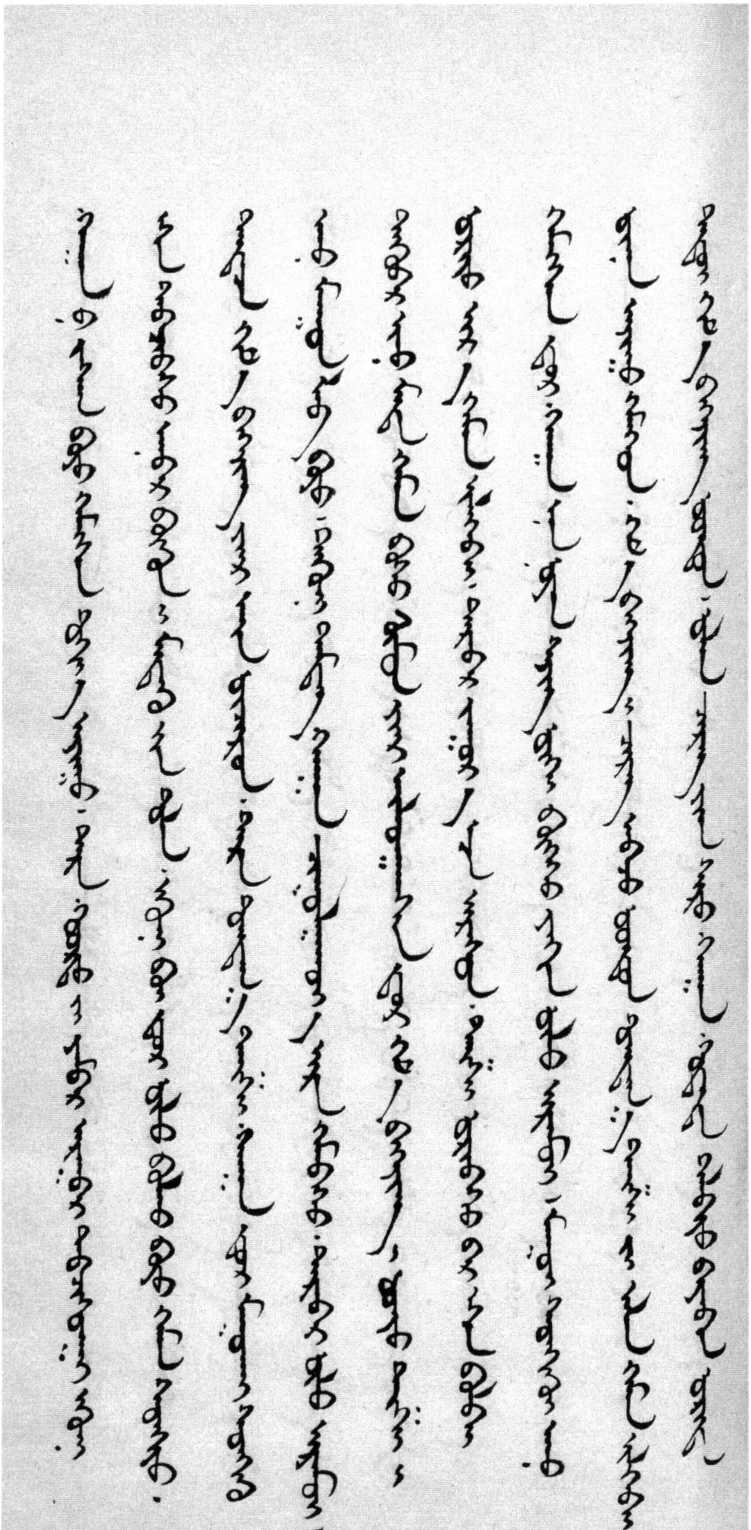

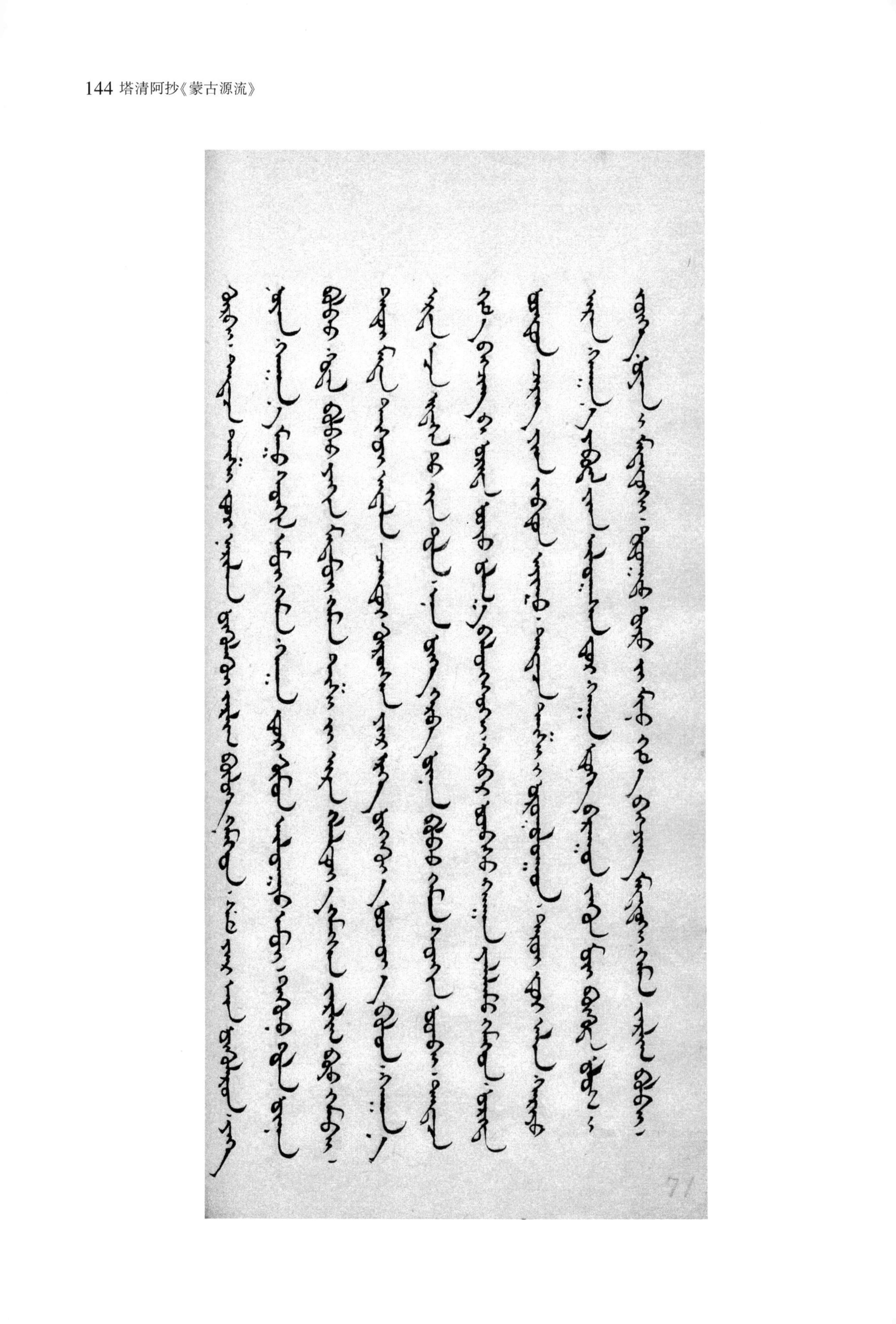

71

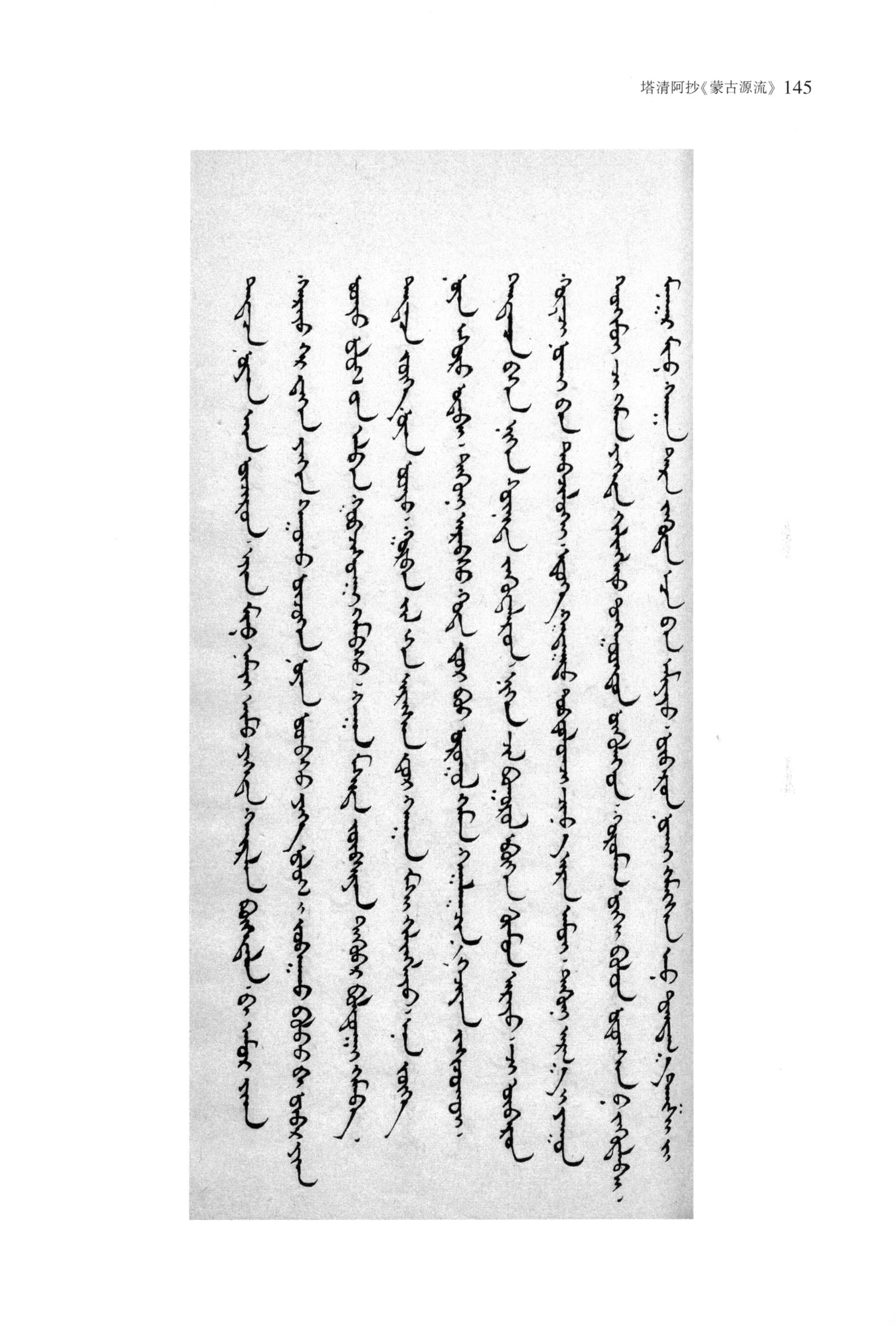

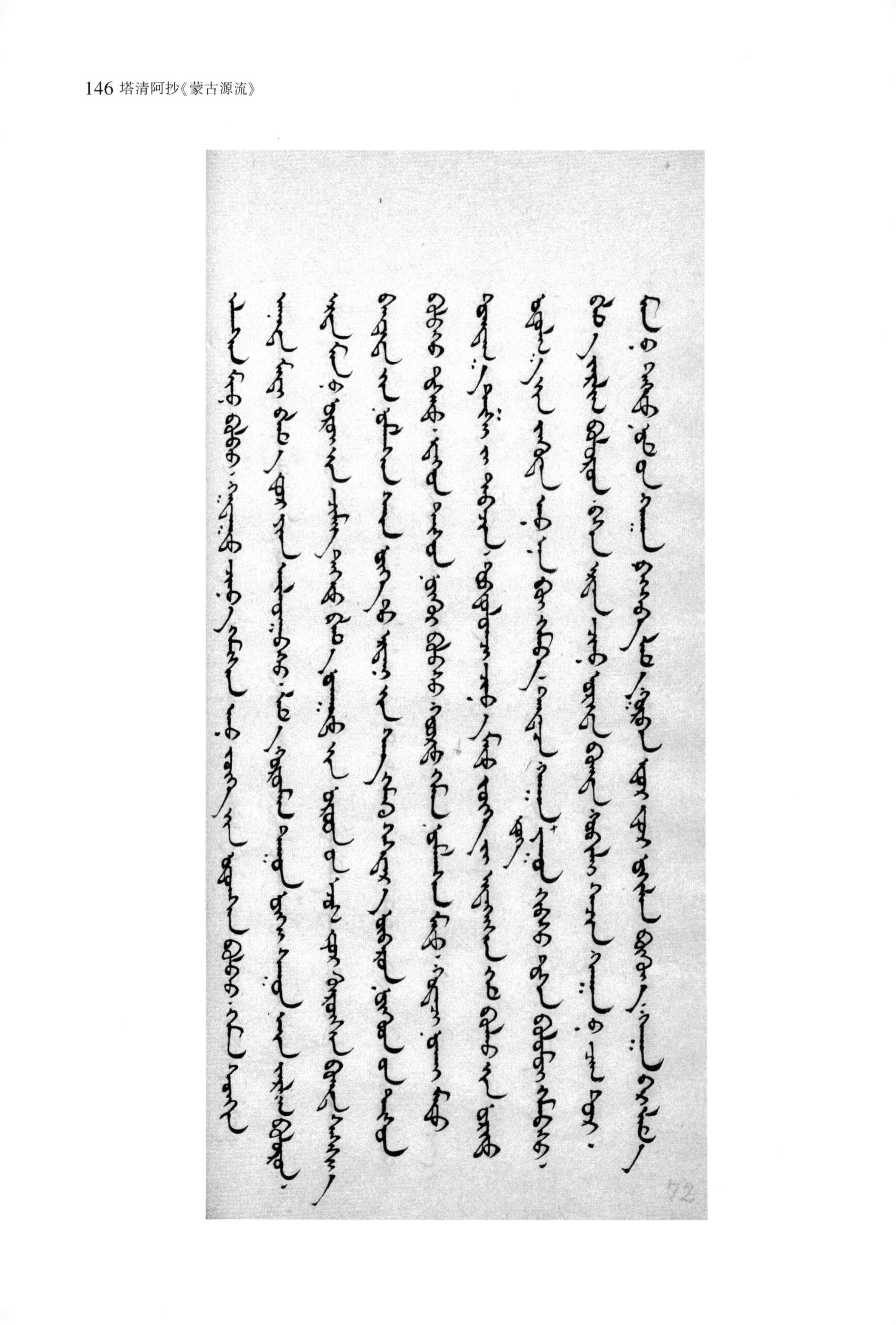

72

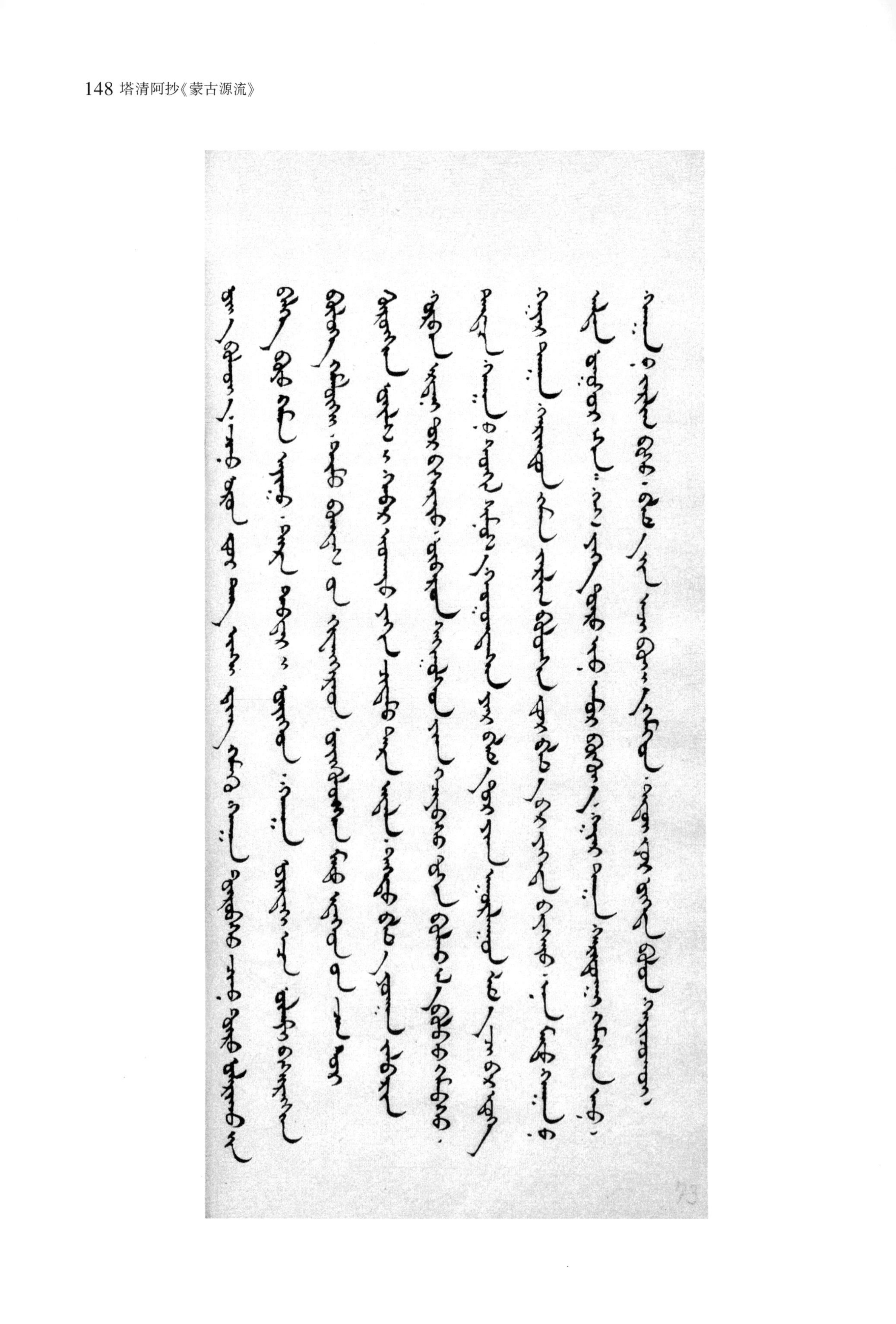

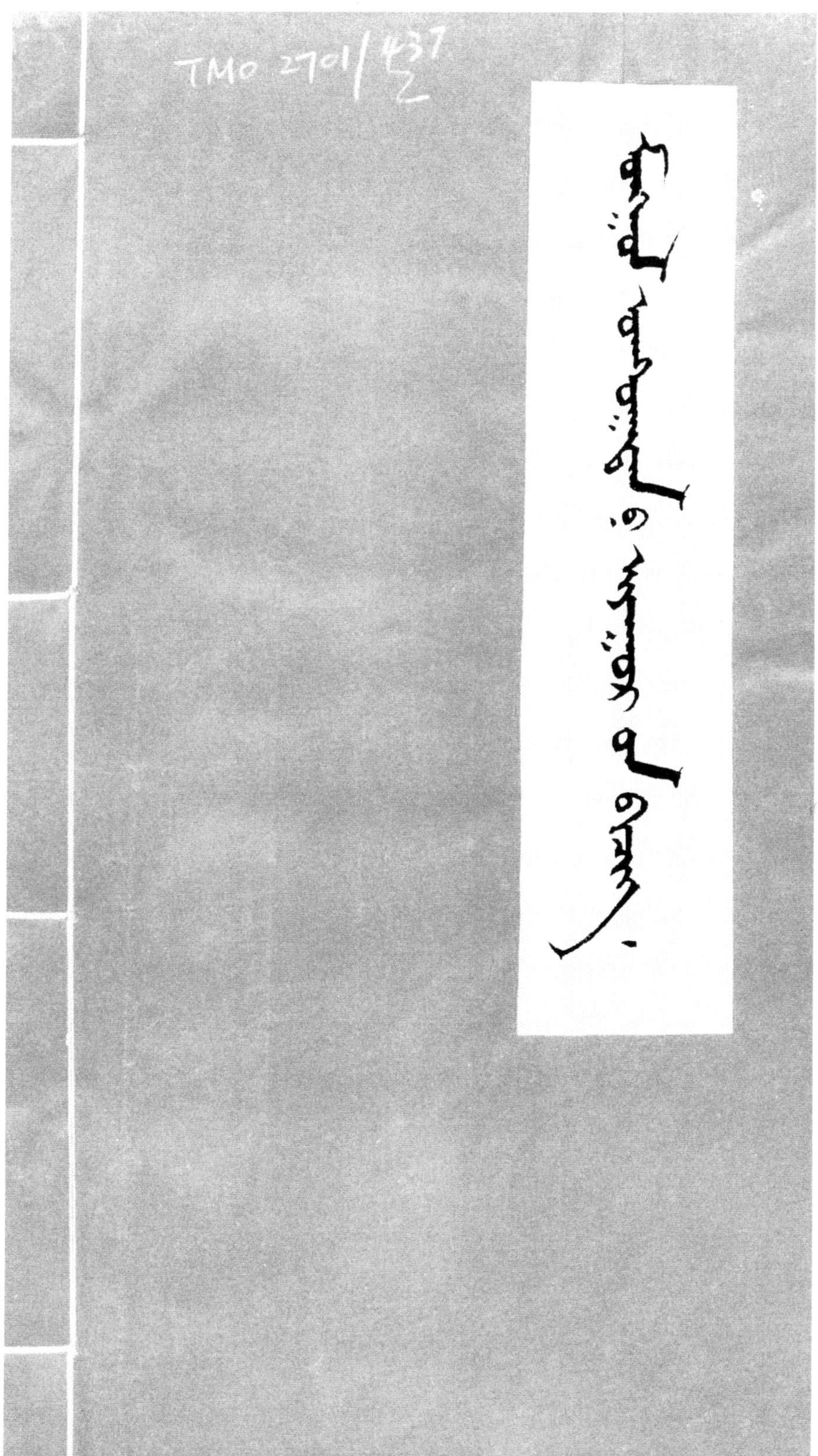
TMO 2701/437

腊廿八晚抄

74

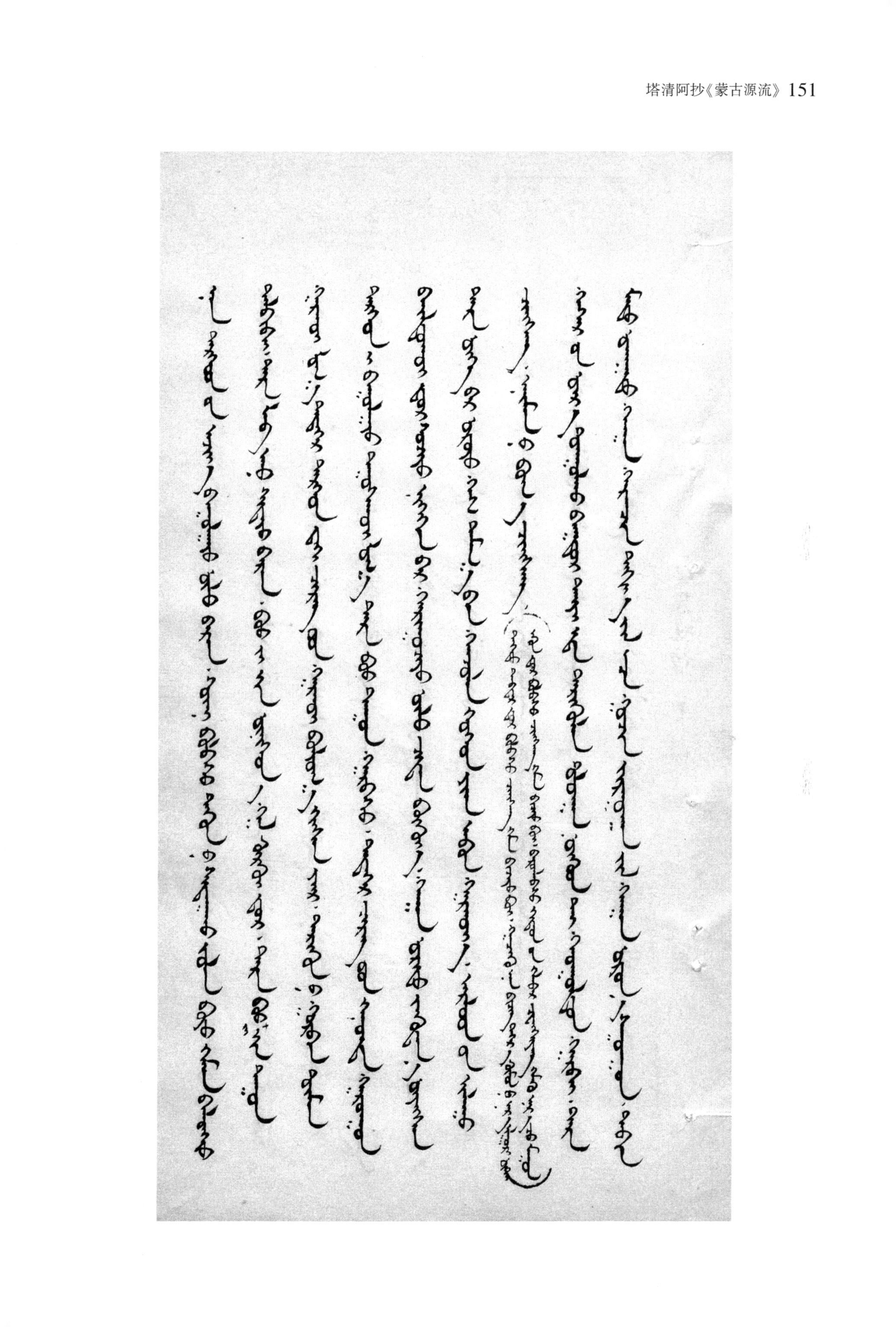

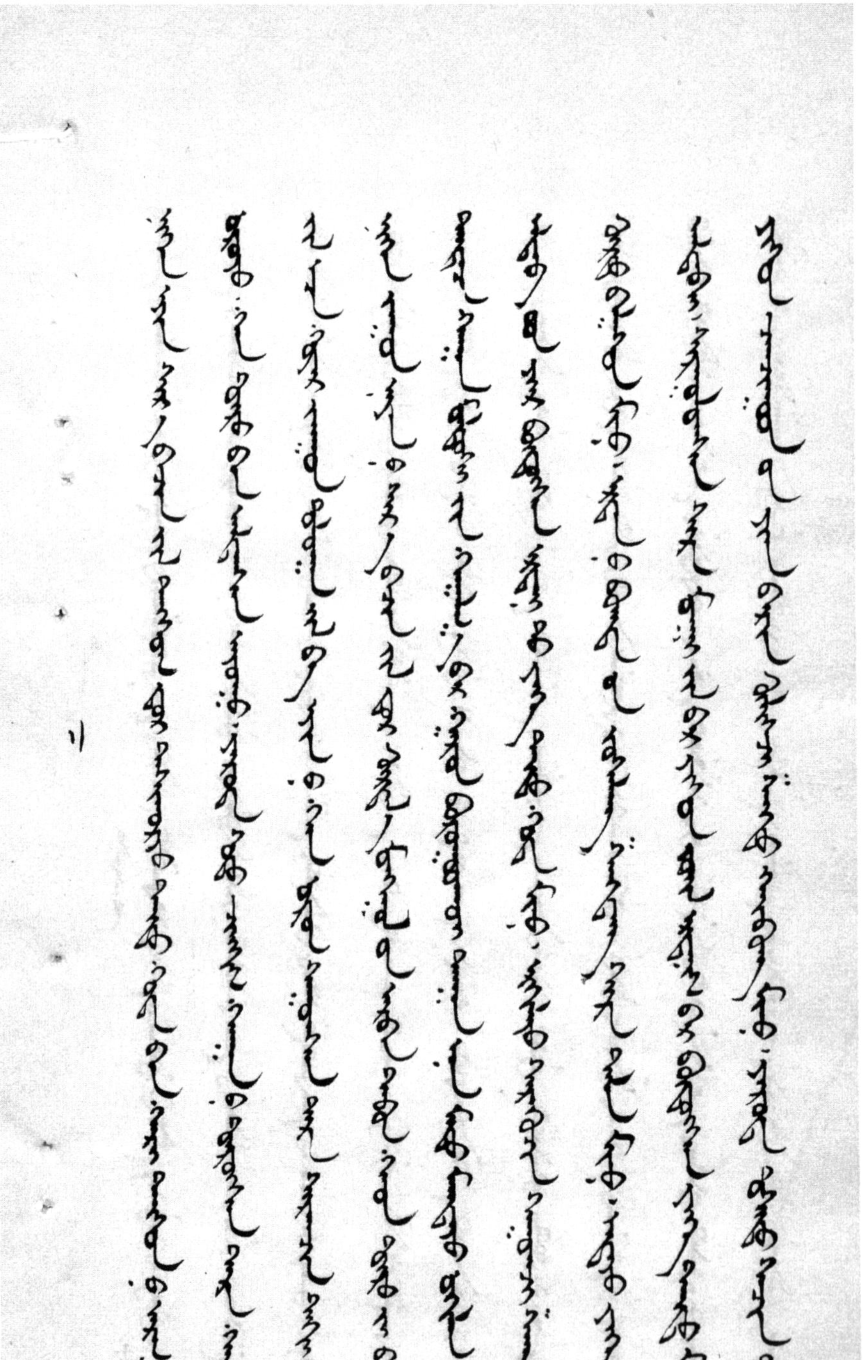

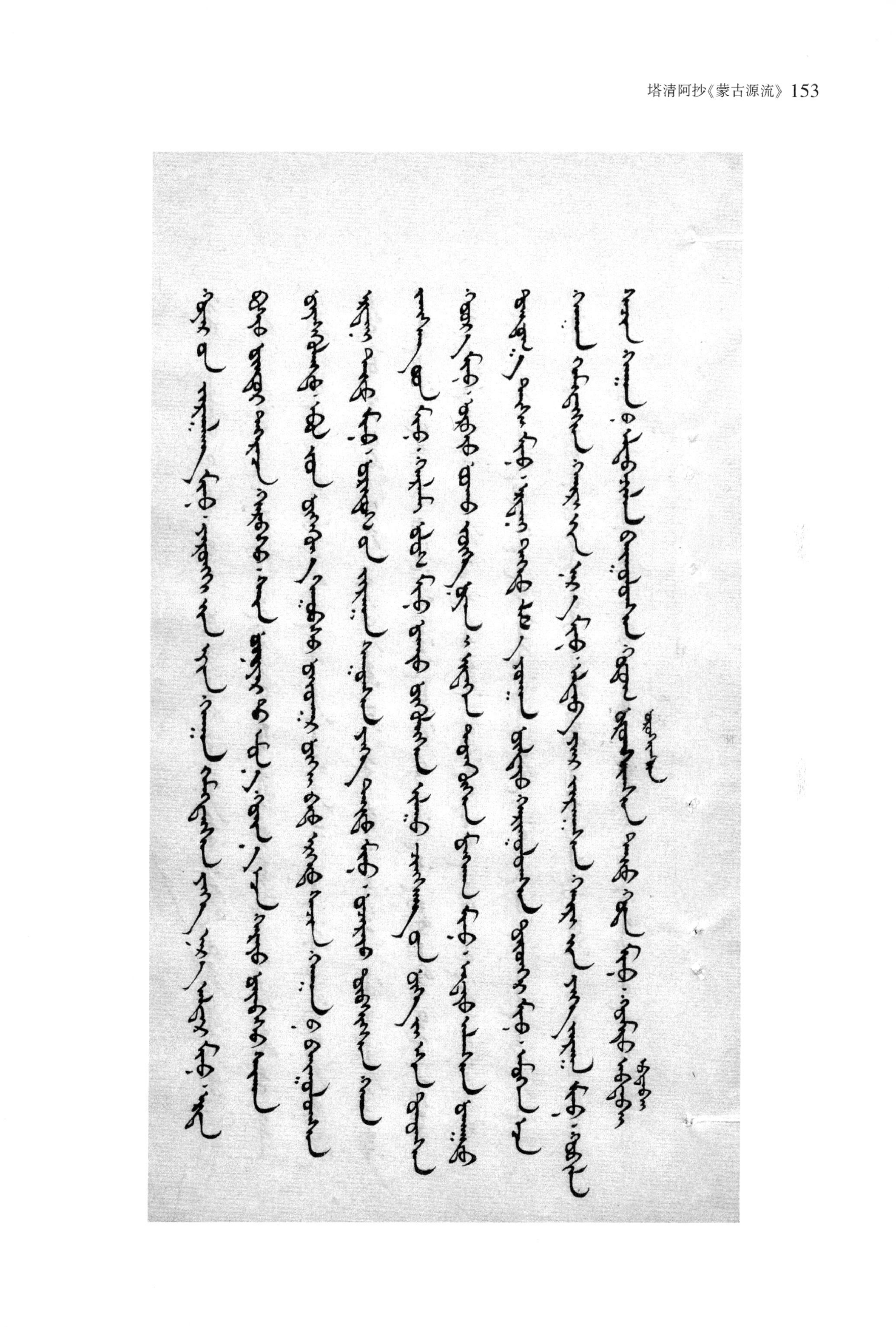

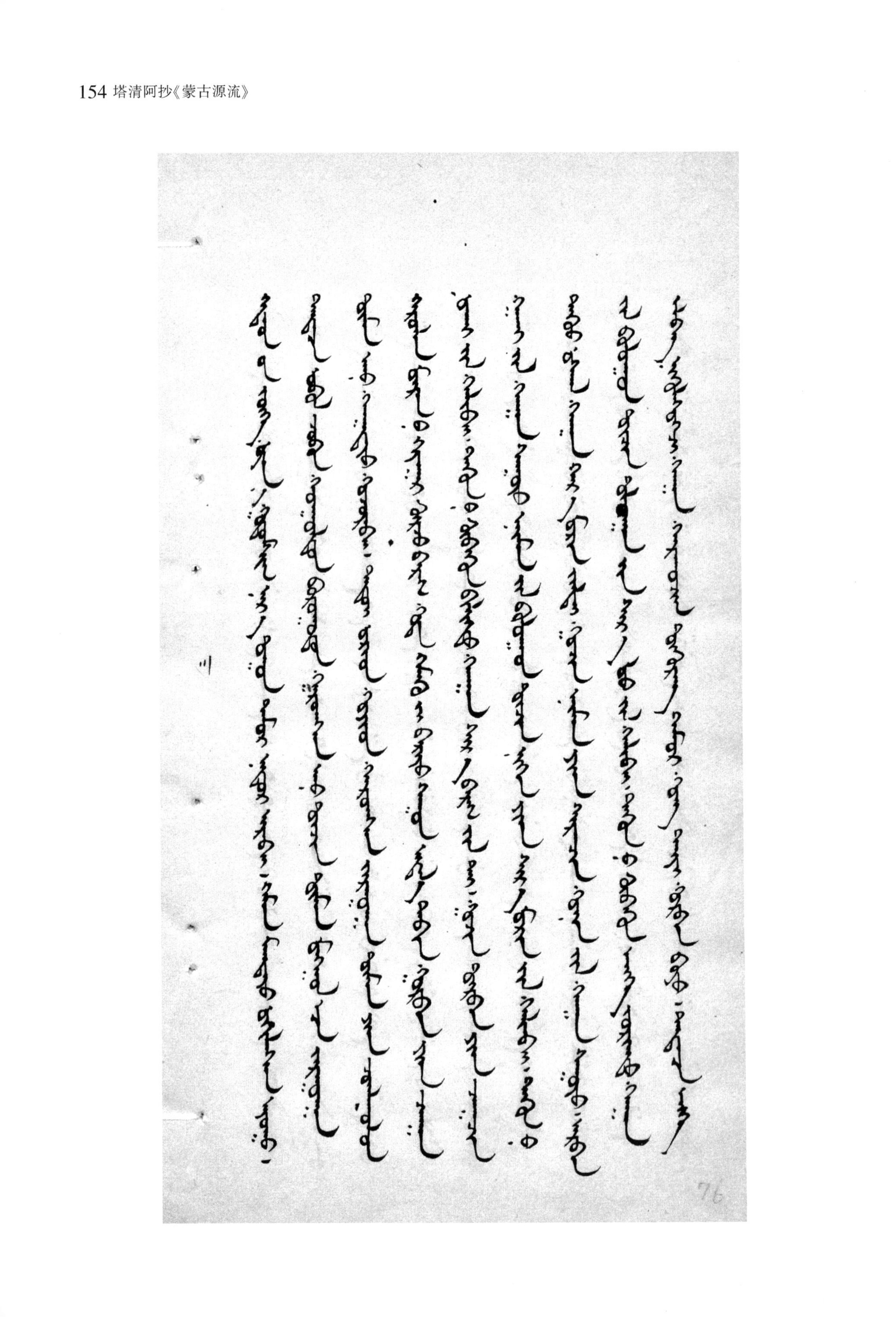

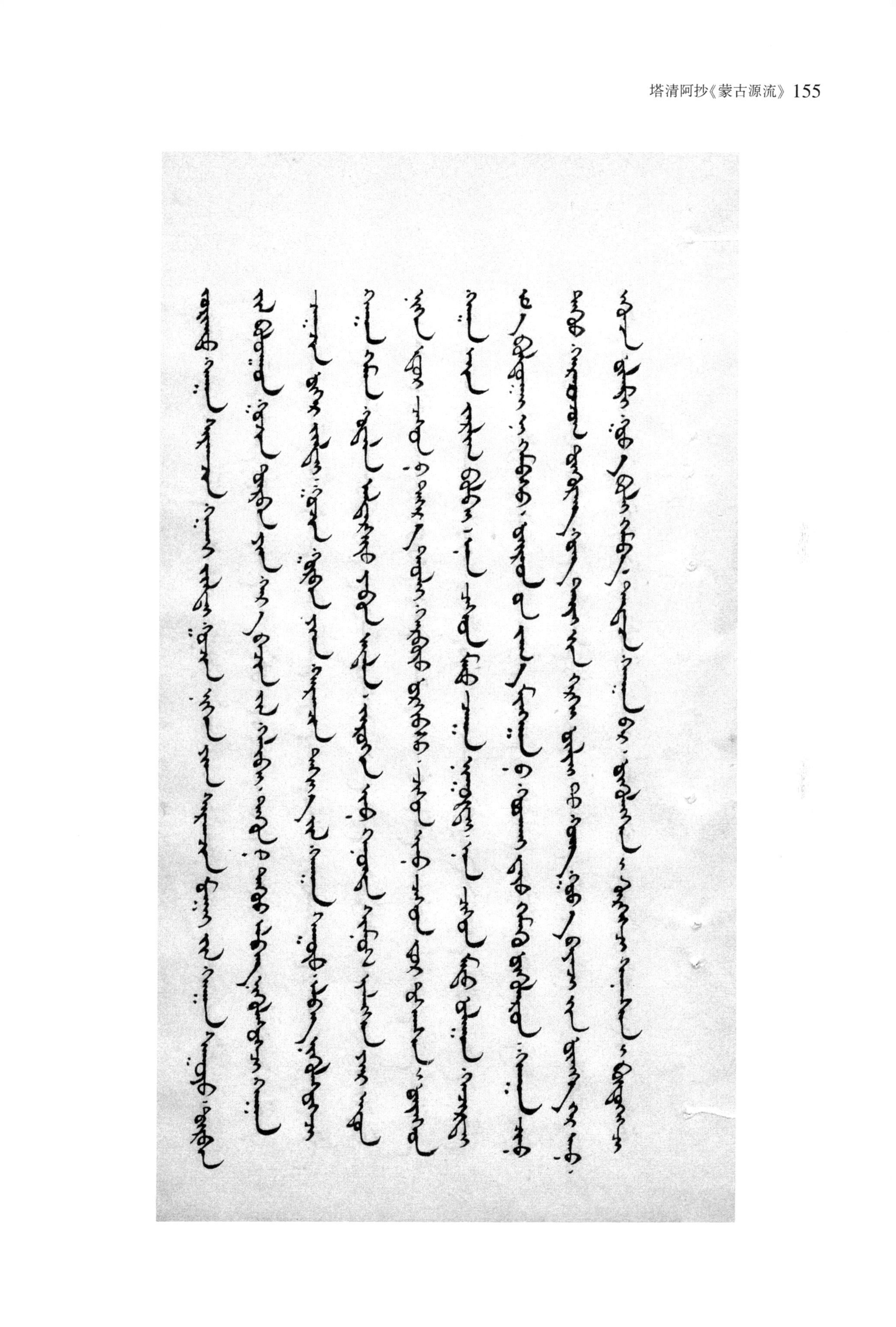

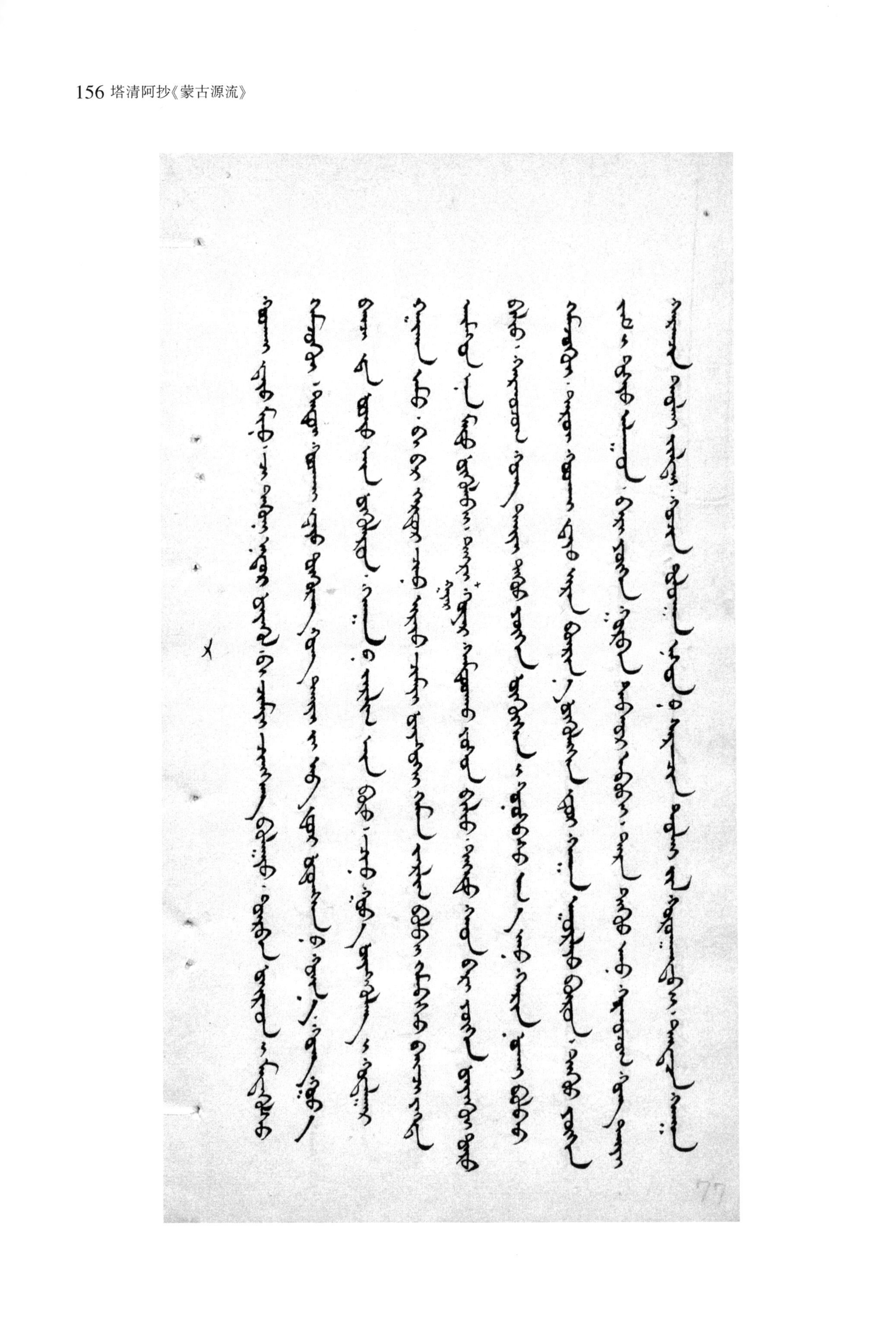

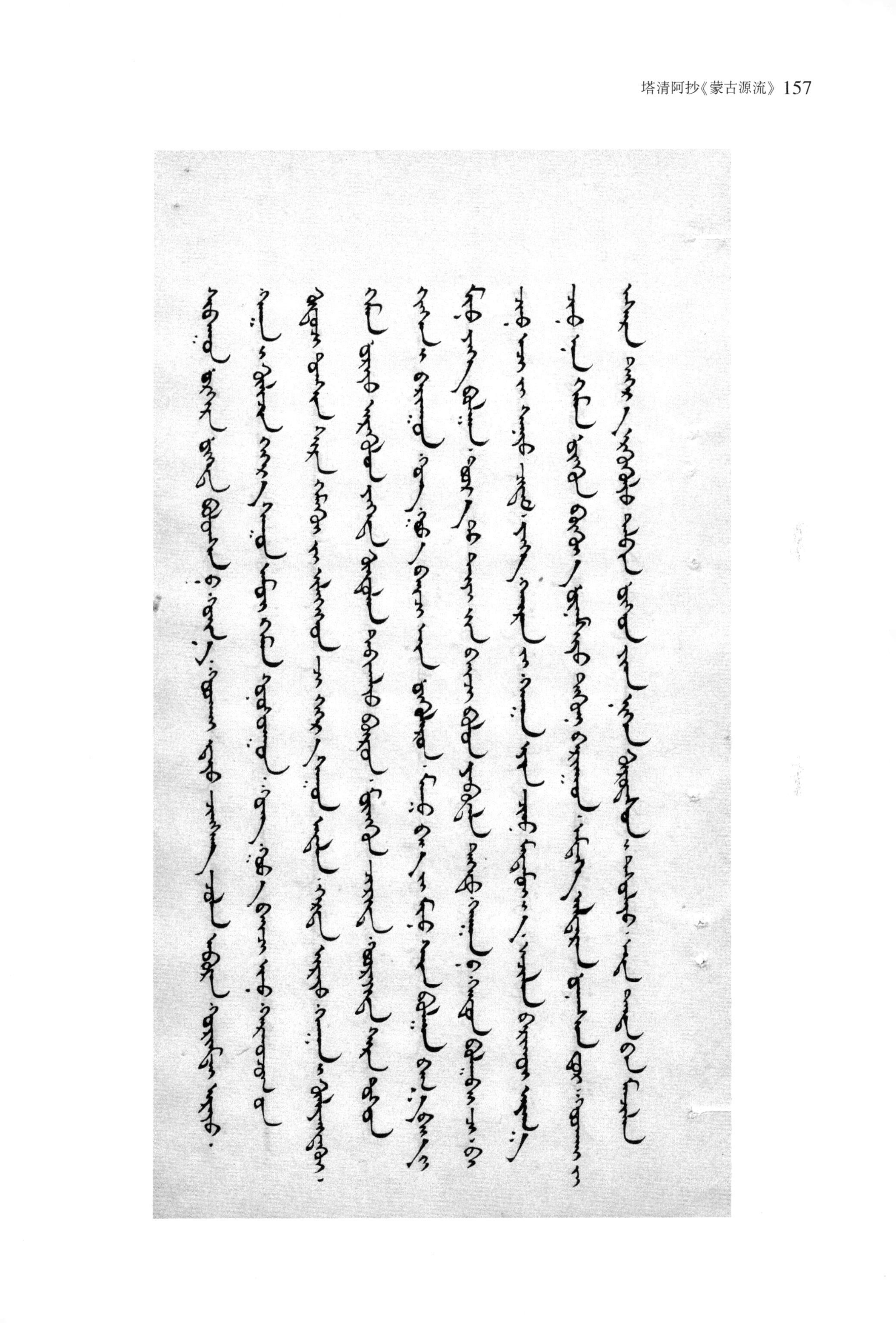

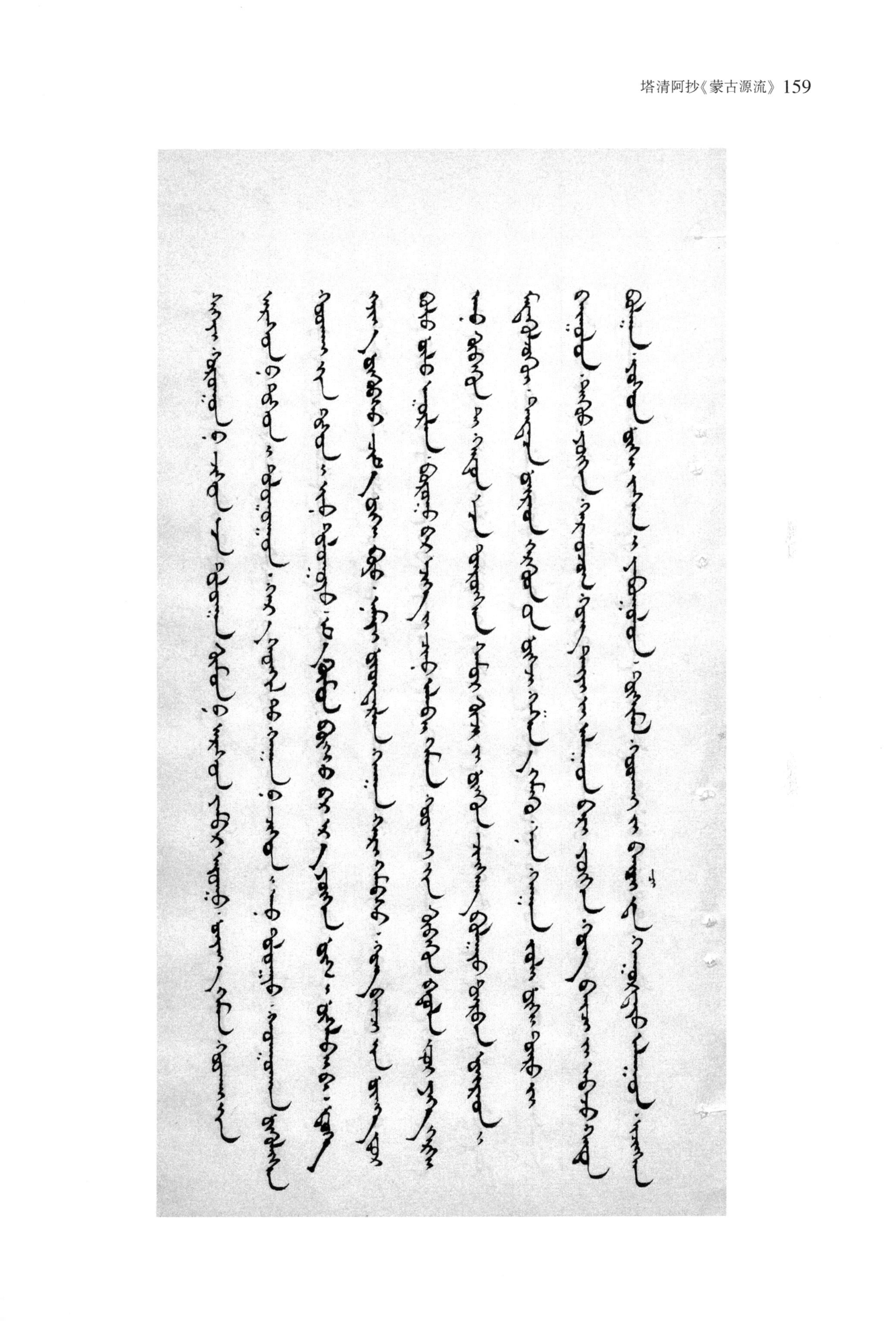

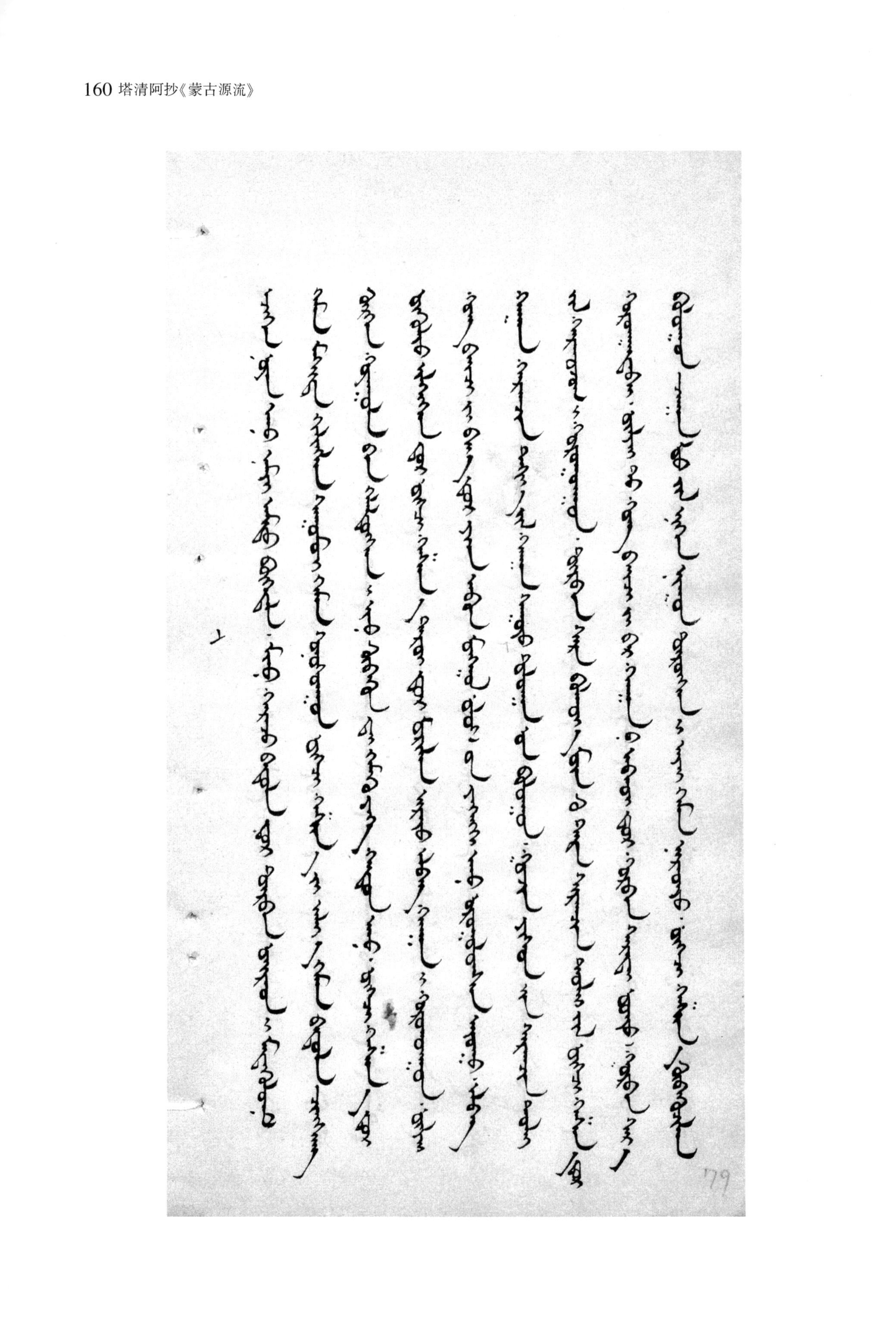

179

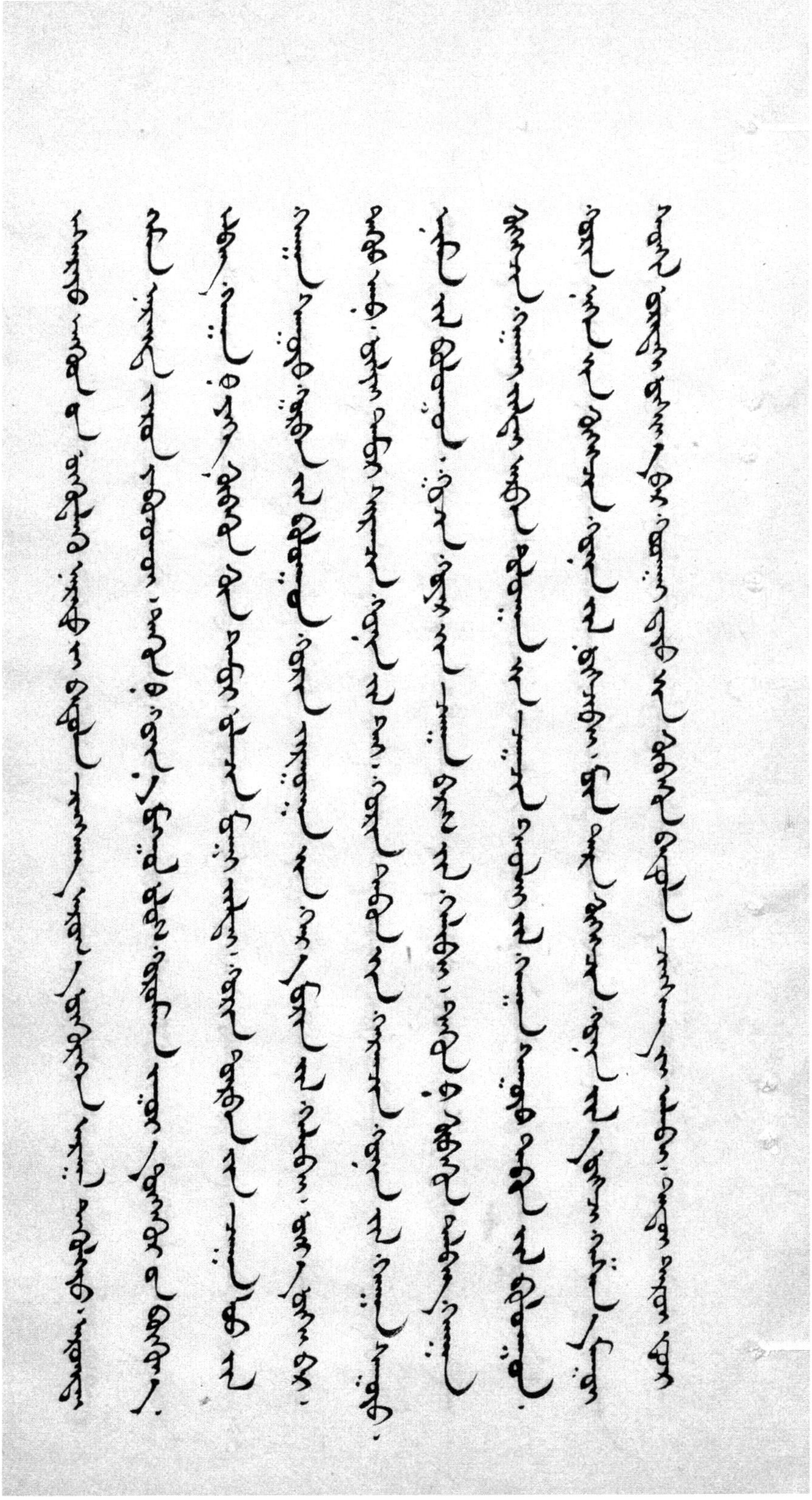

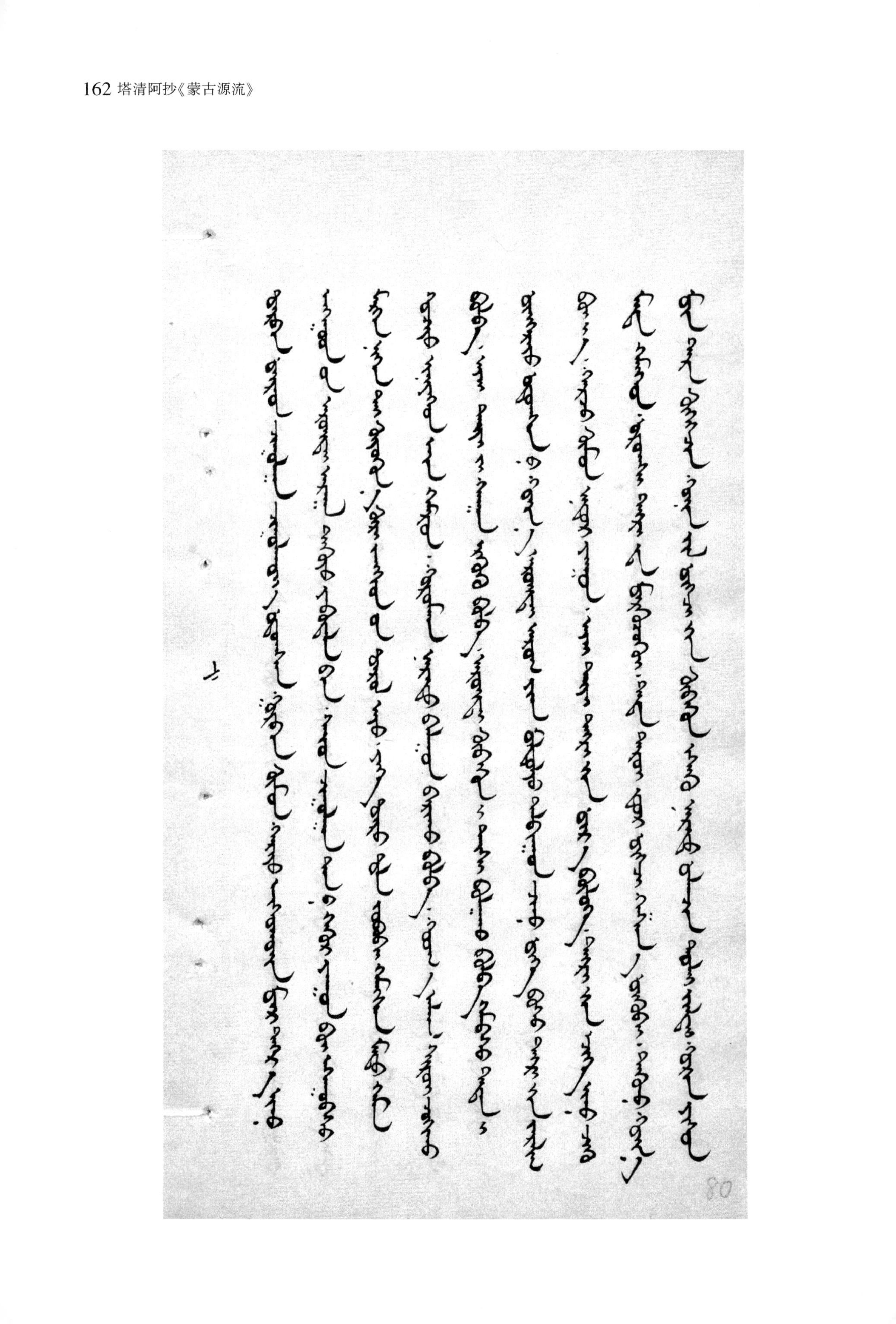

80

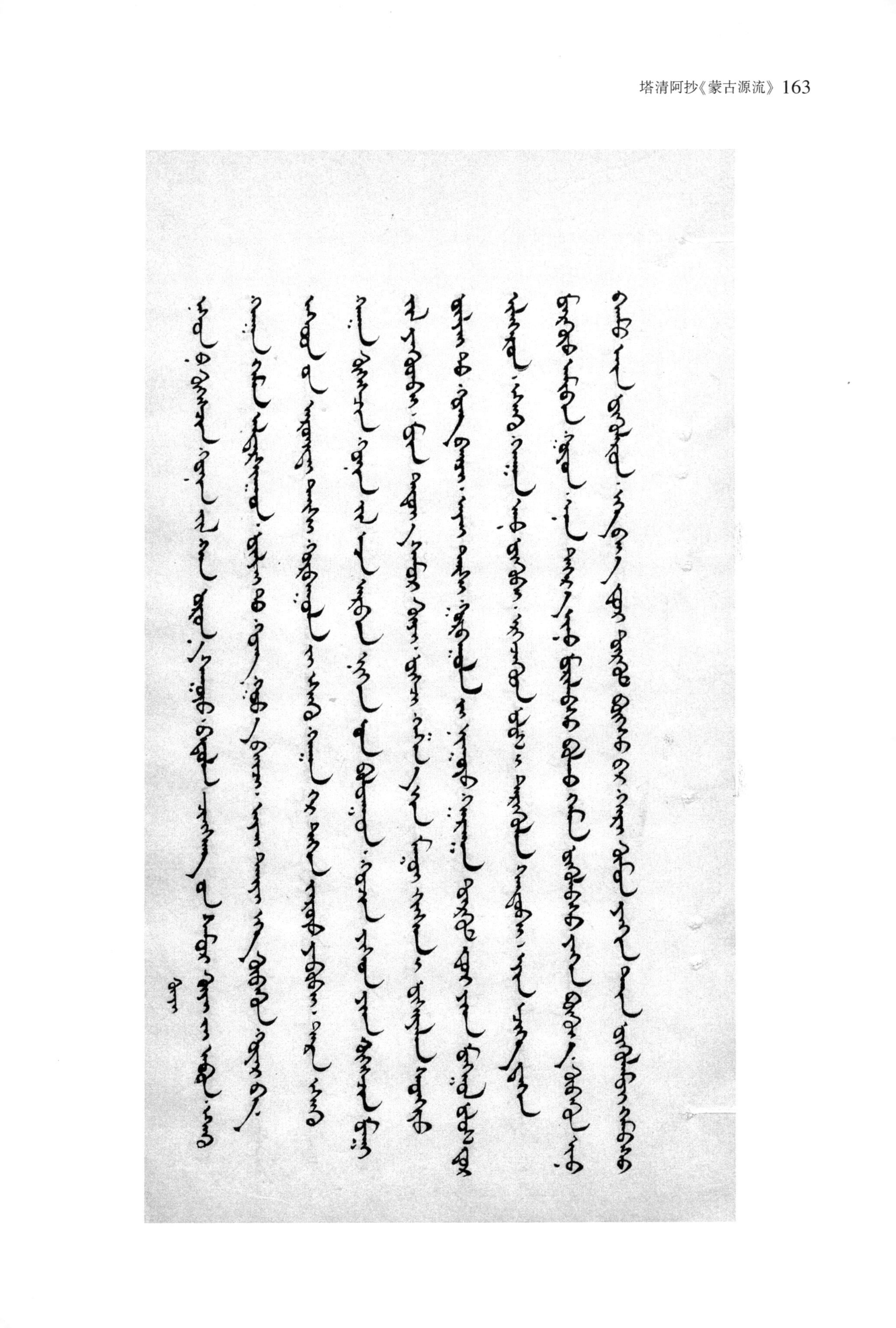

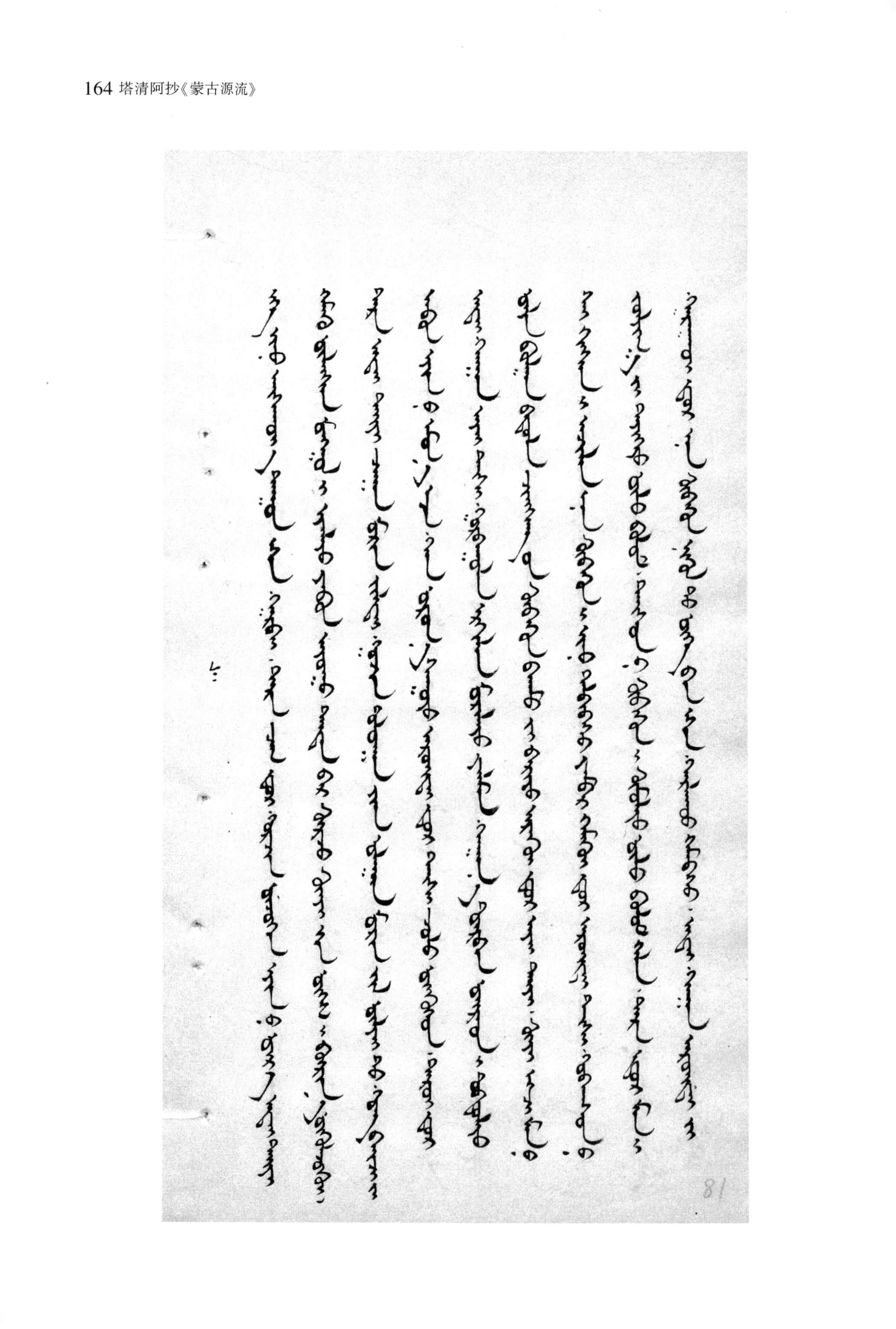

81

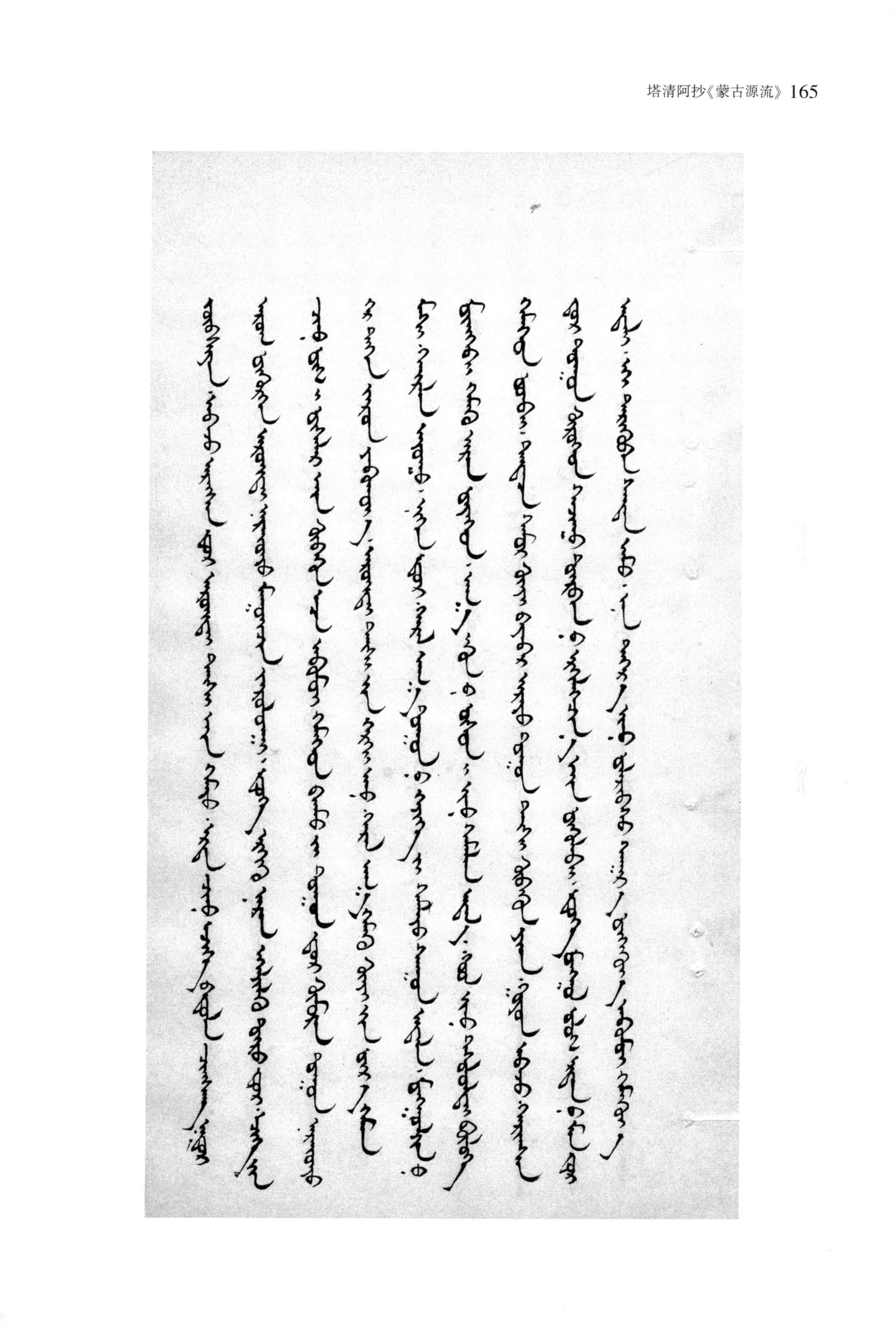

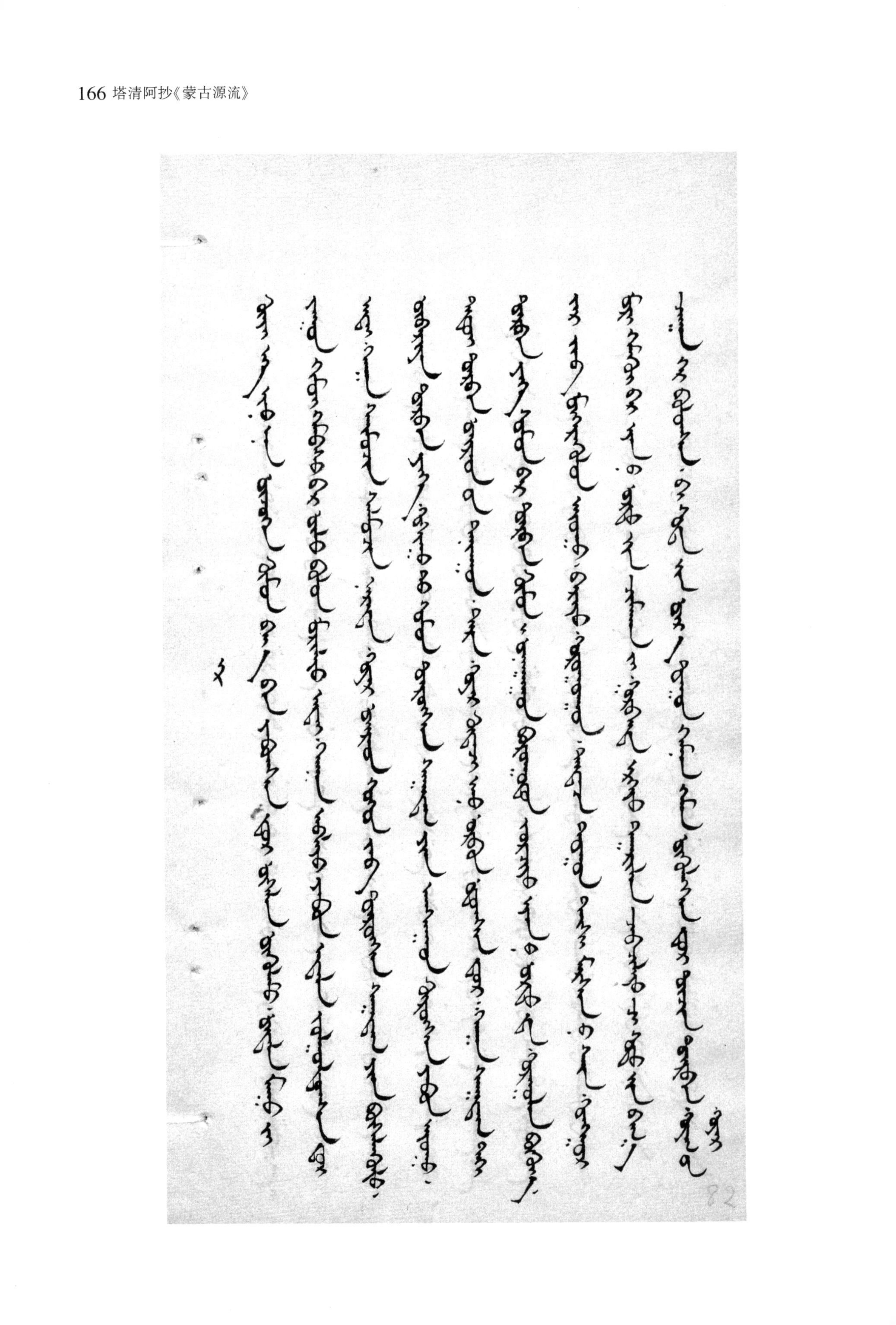

82

十

83

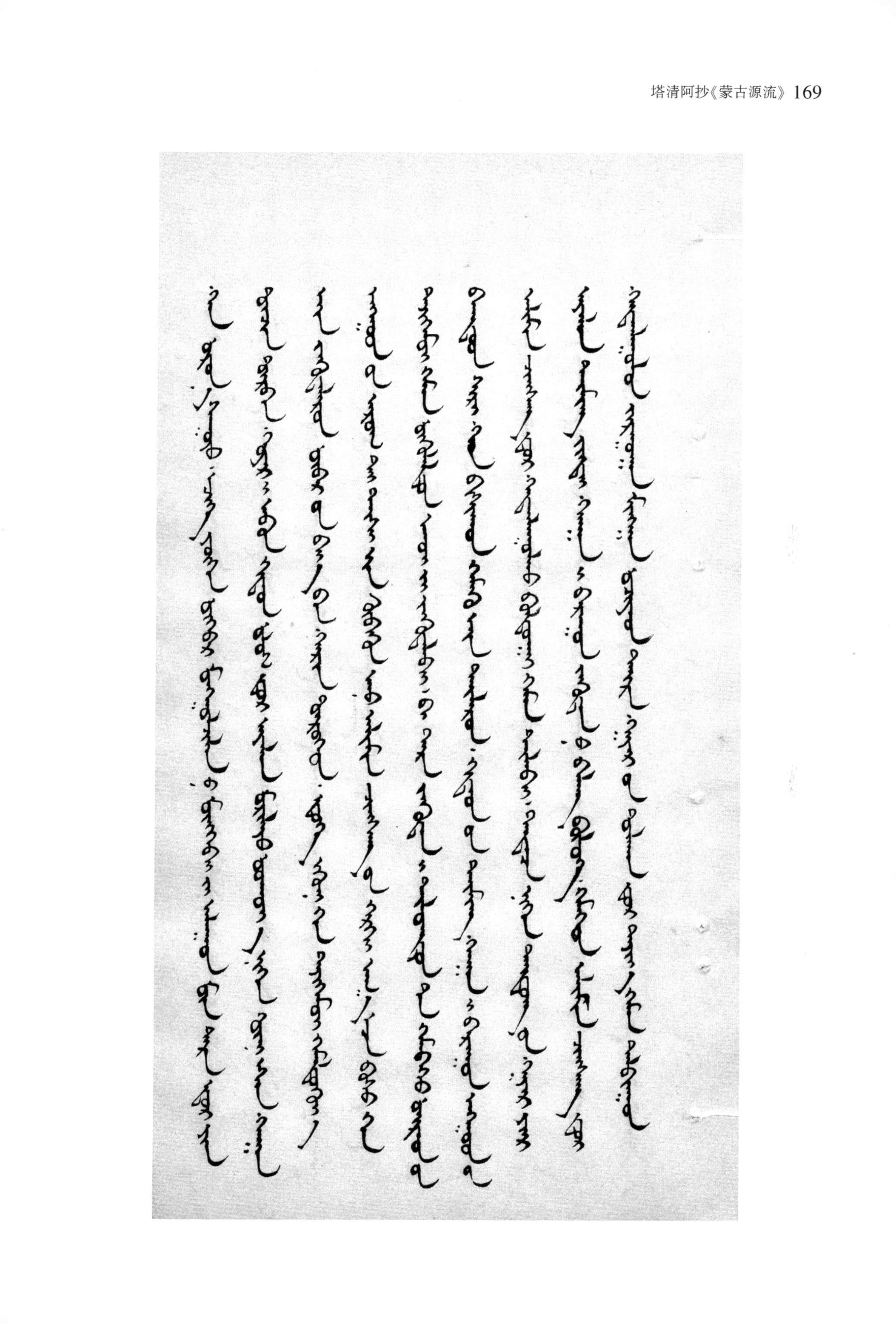

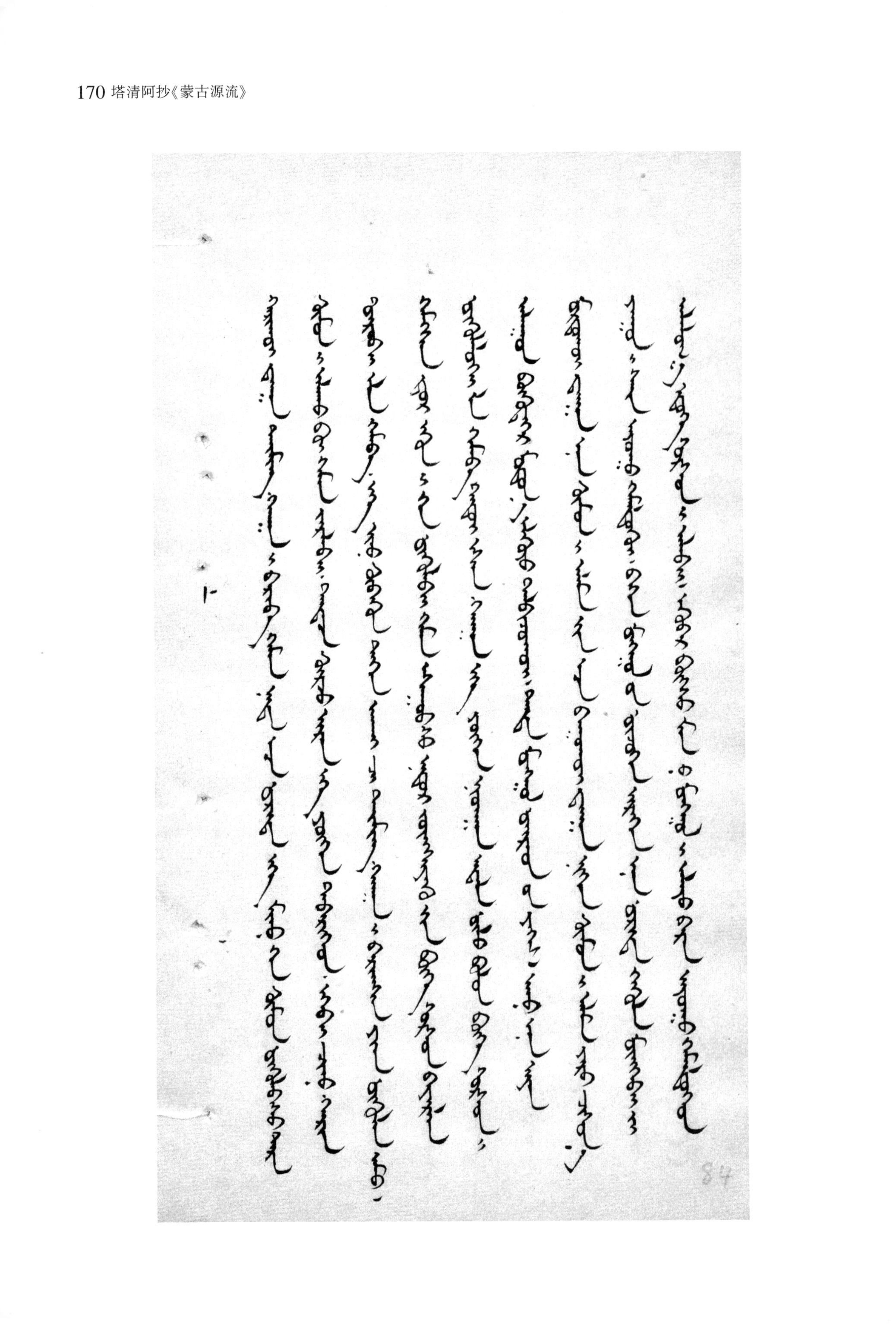

84

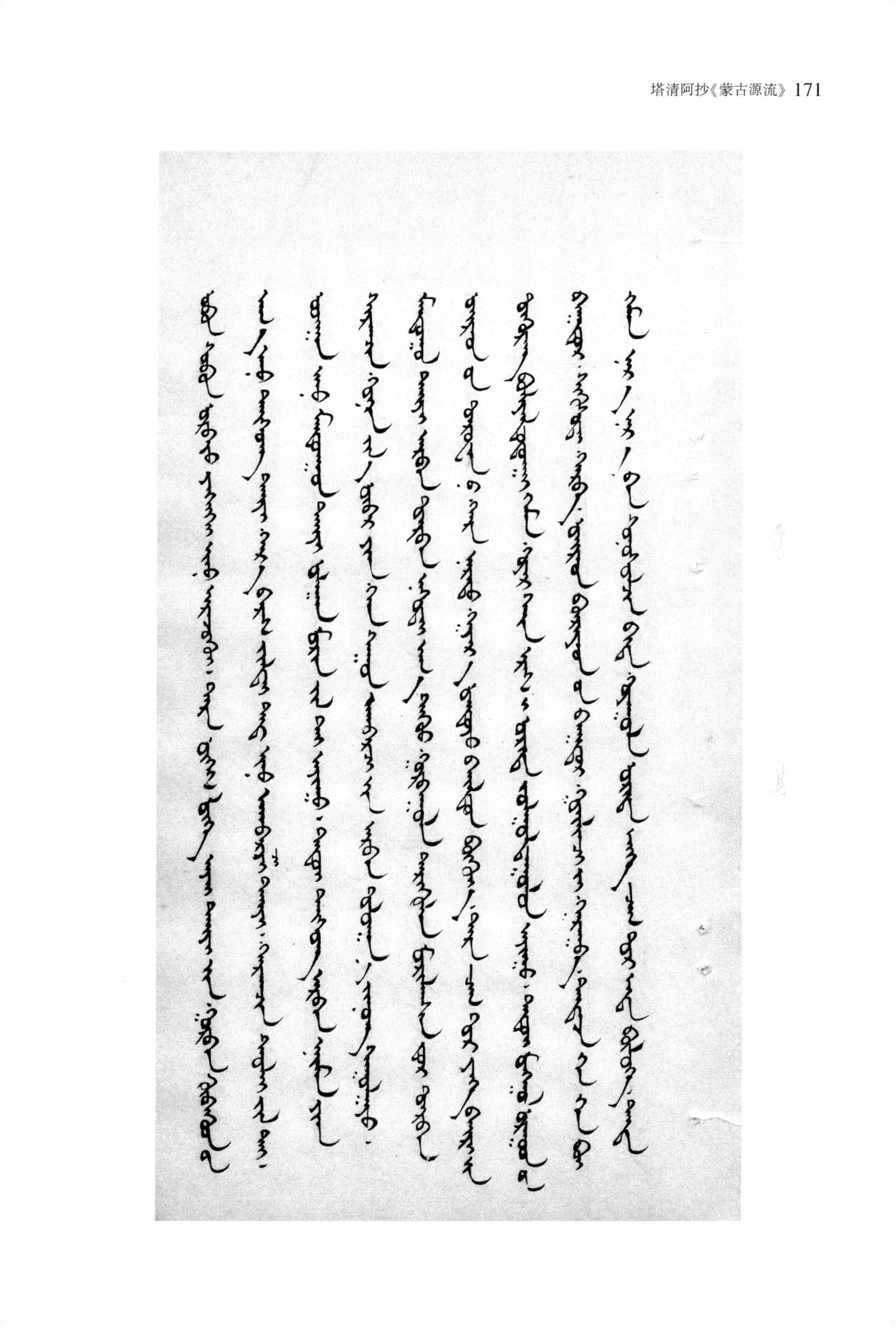

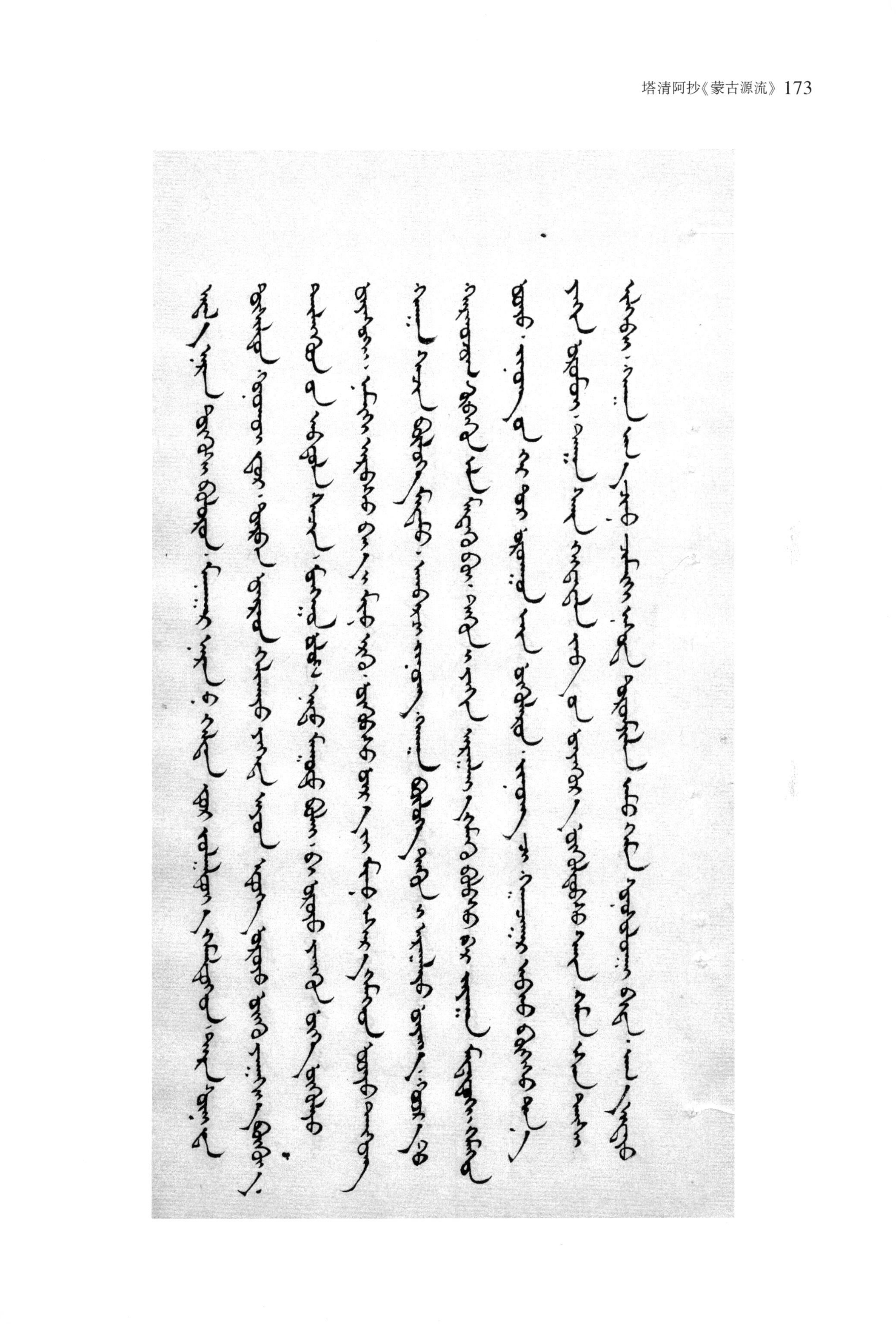

86

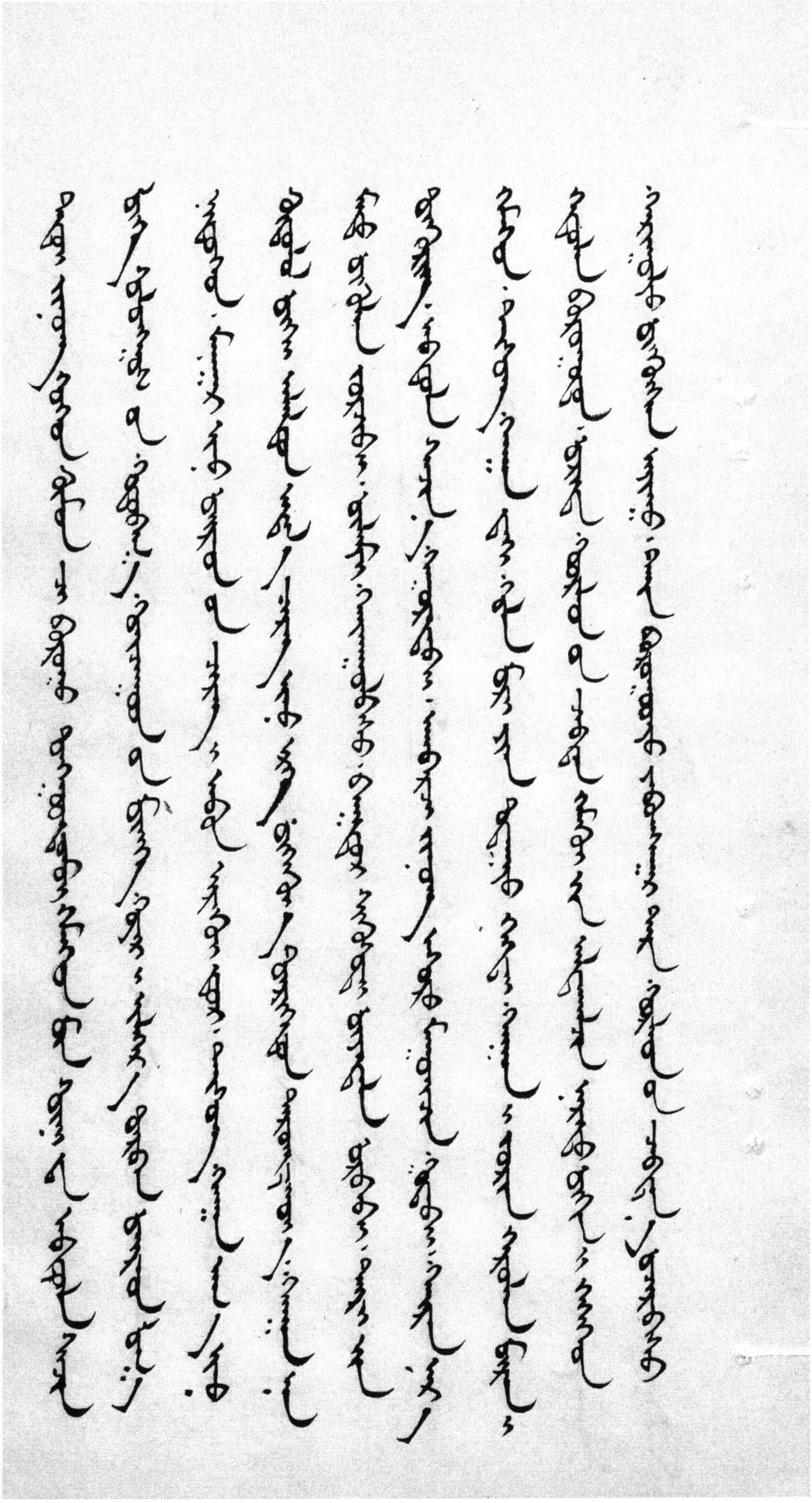

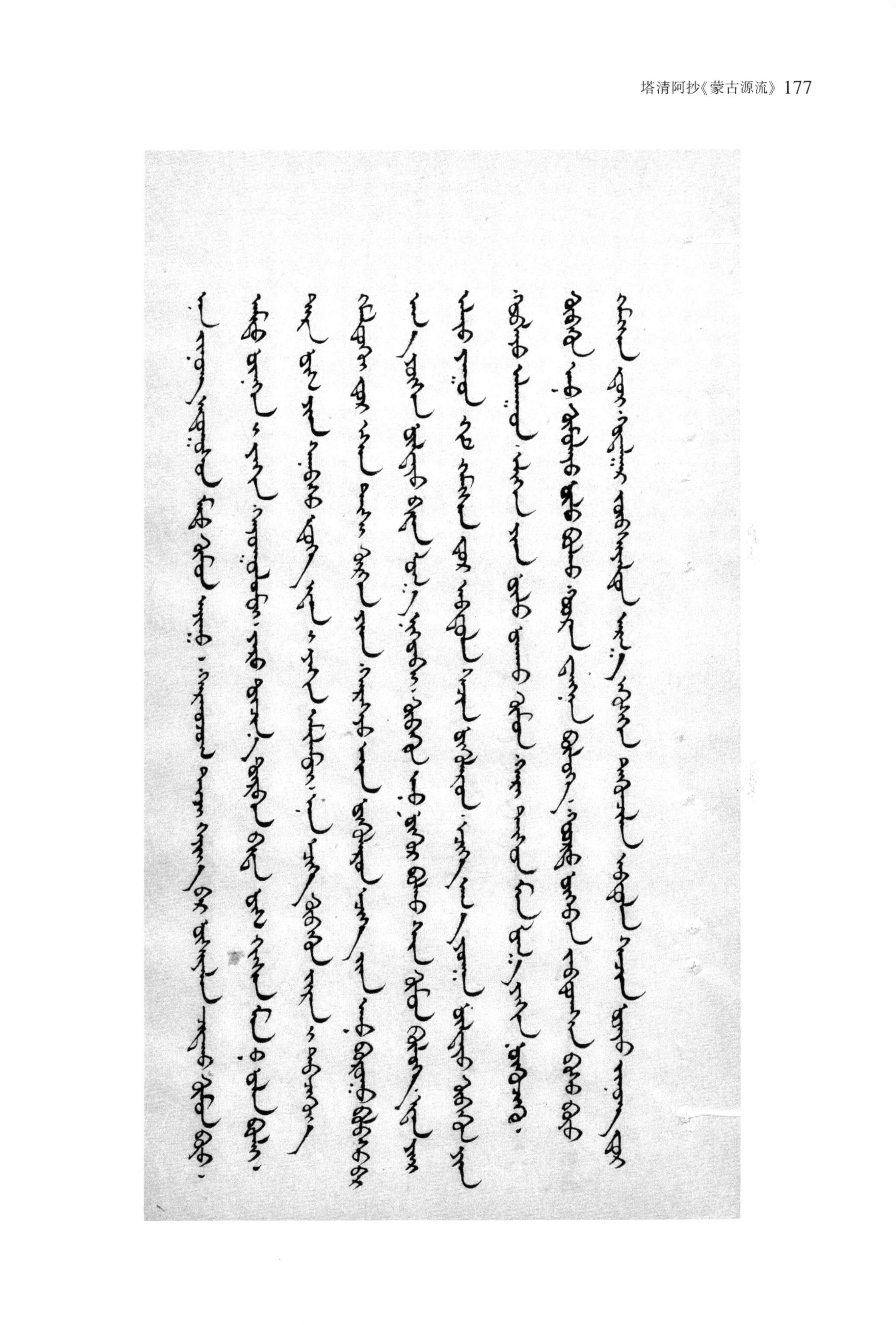

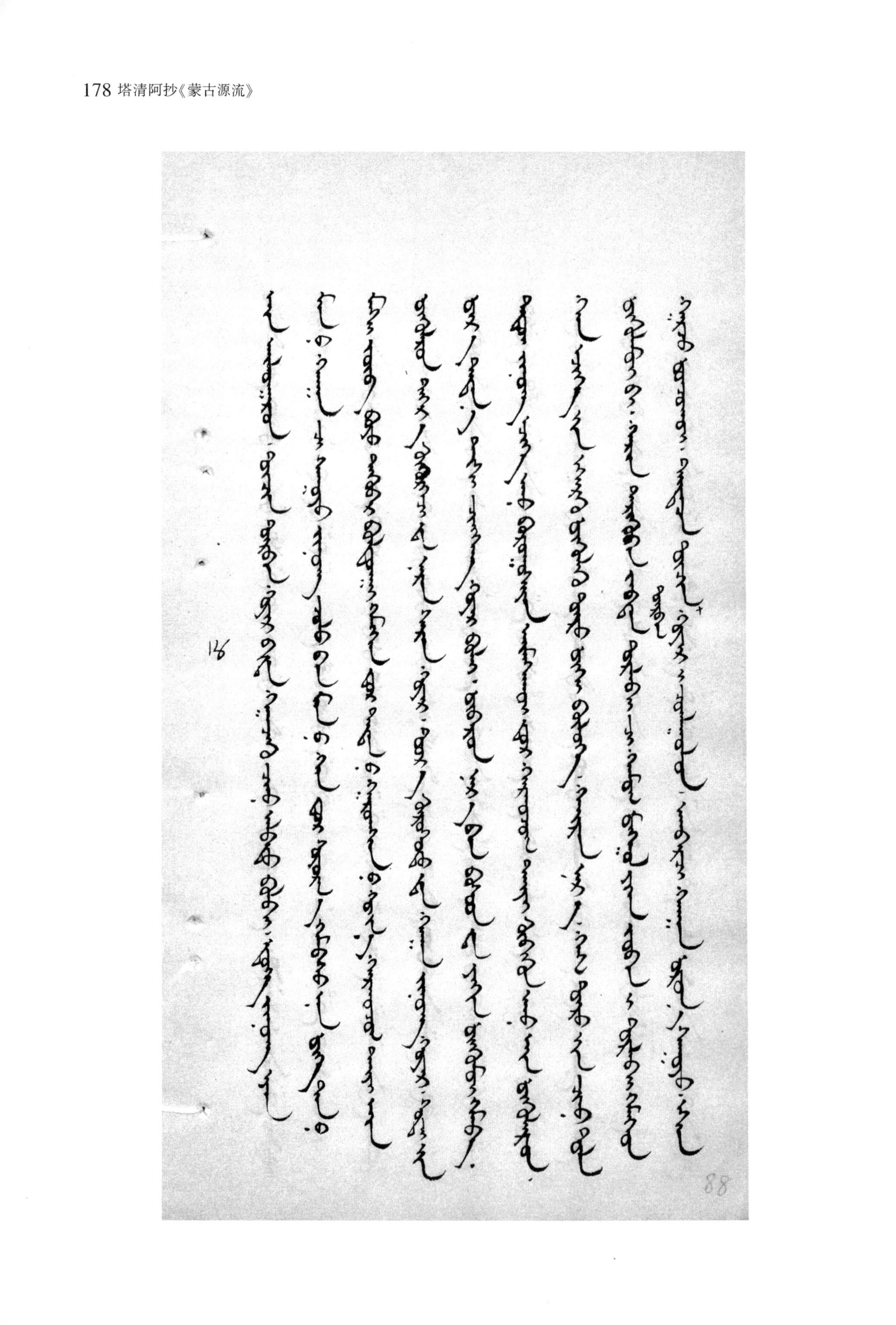

14

88

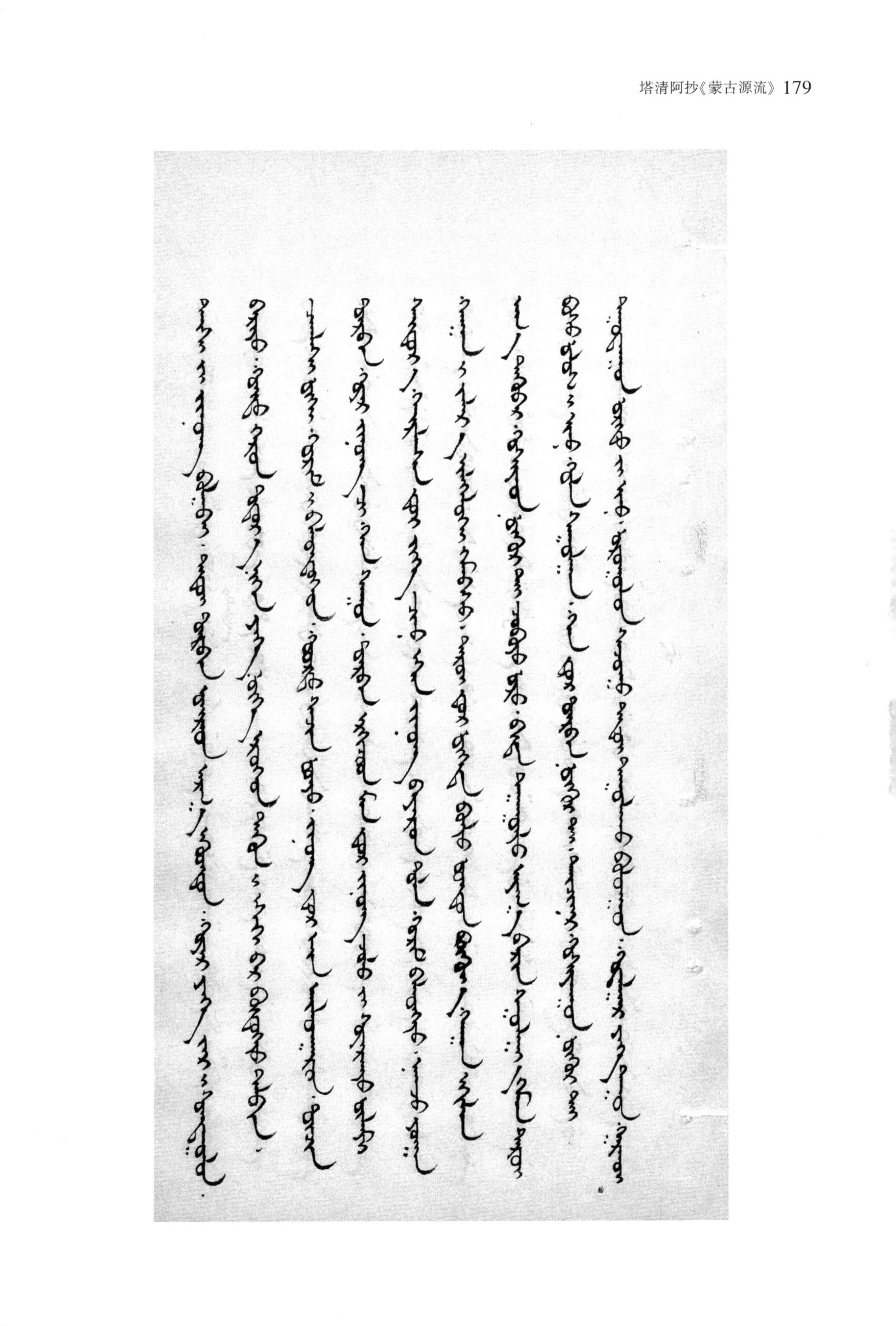

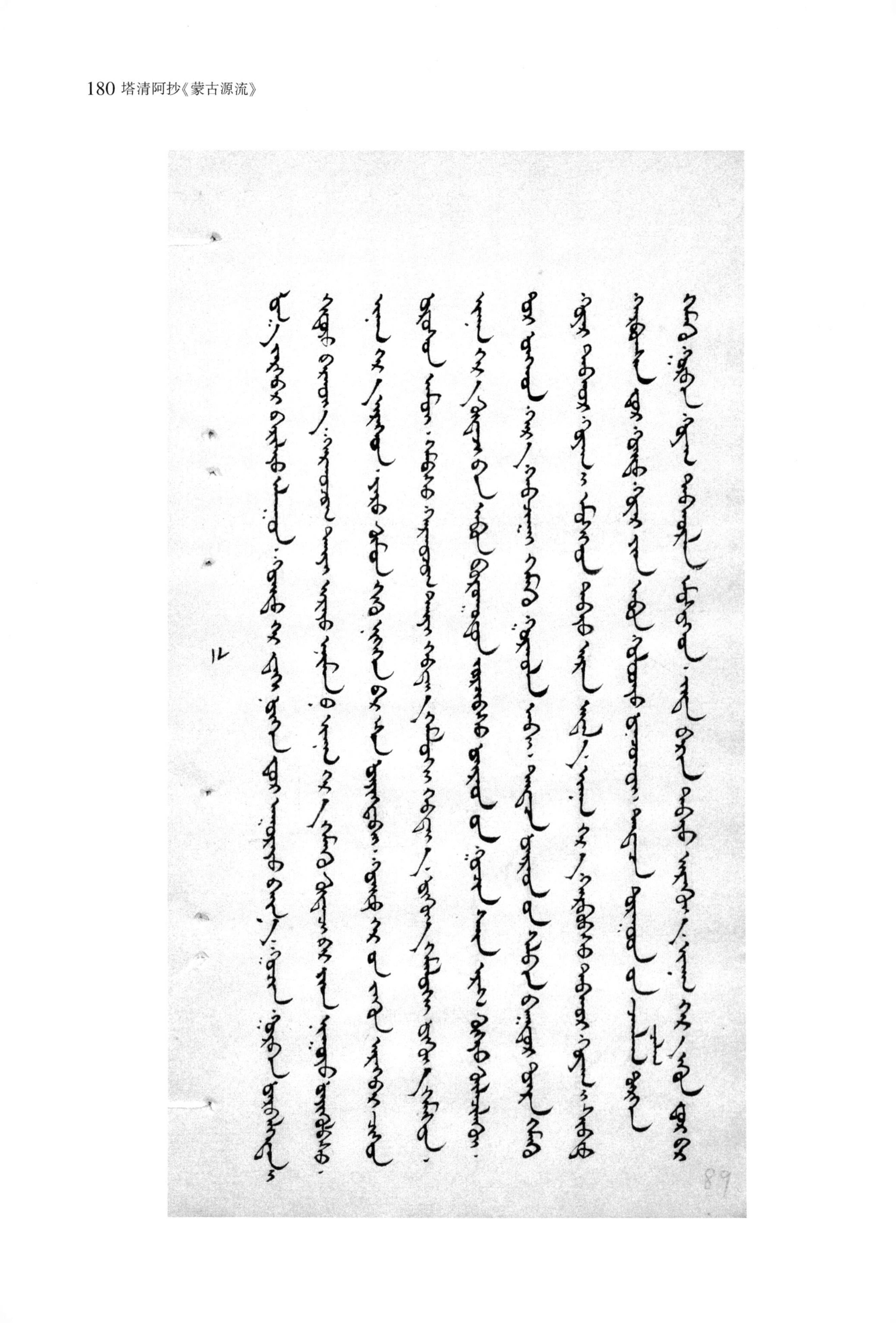

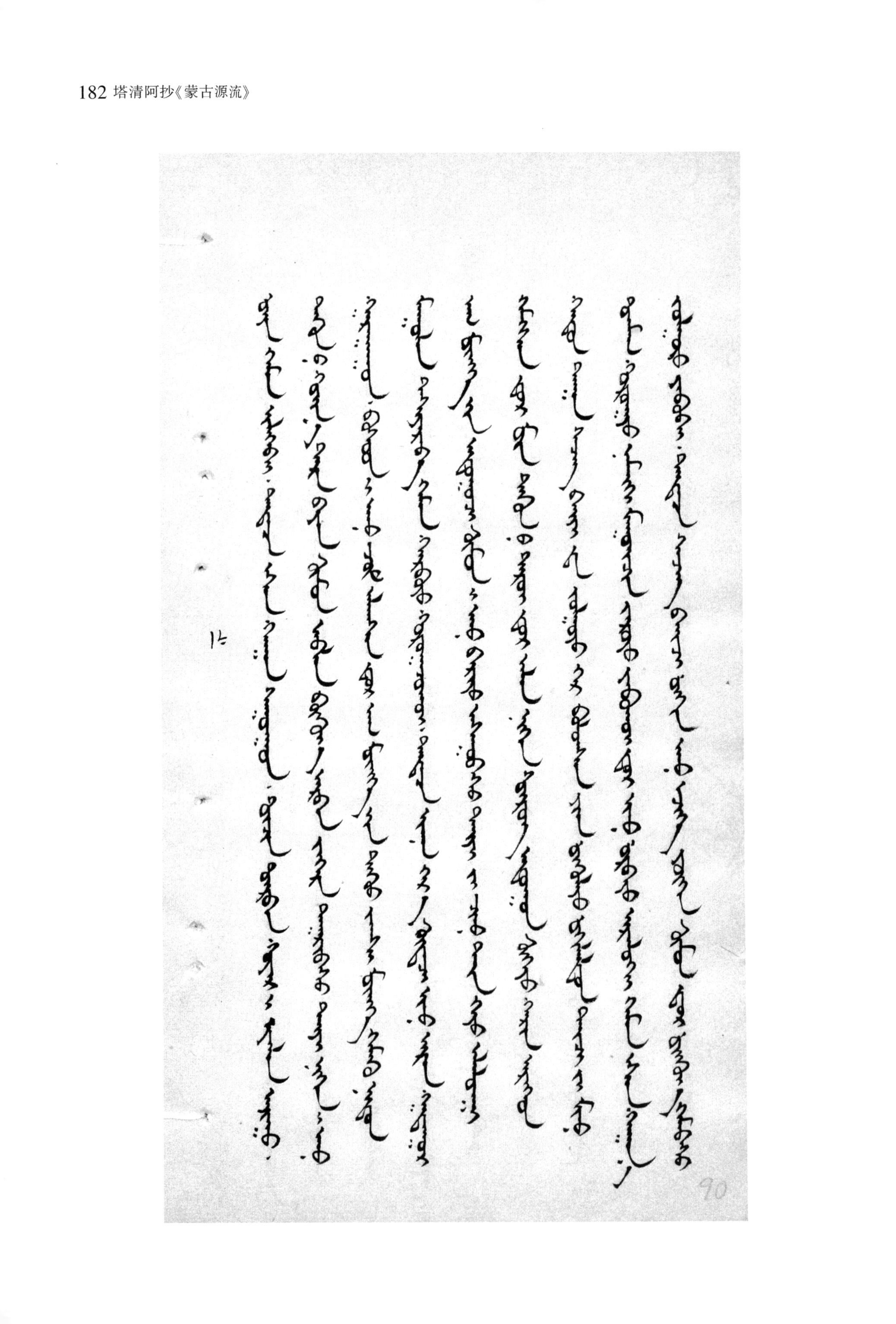

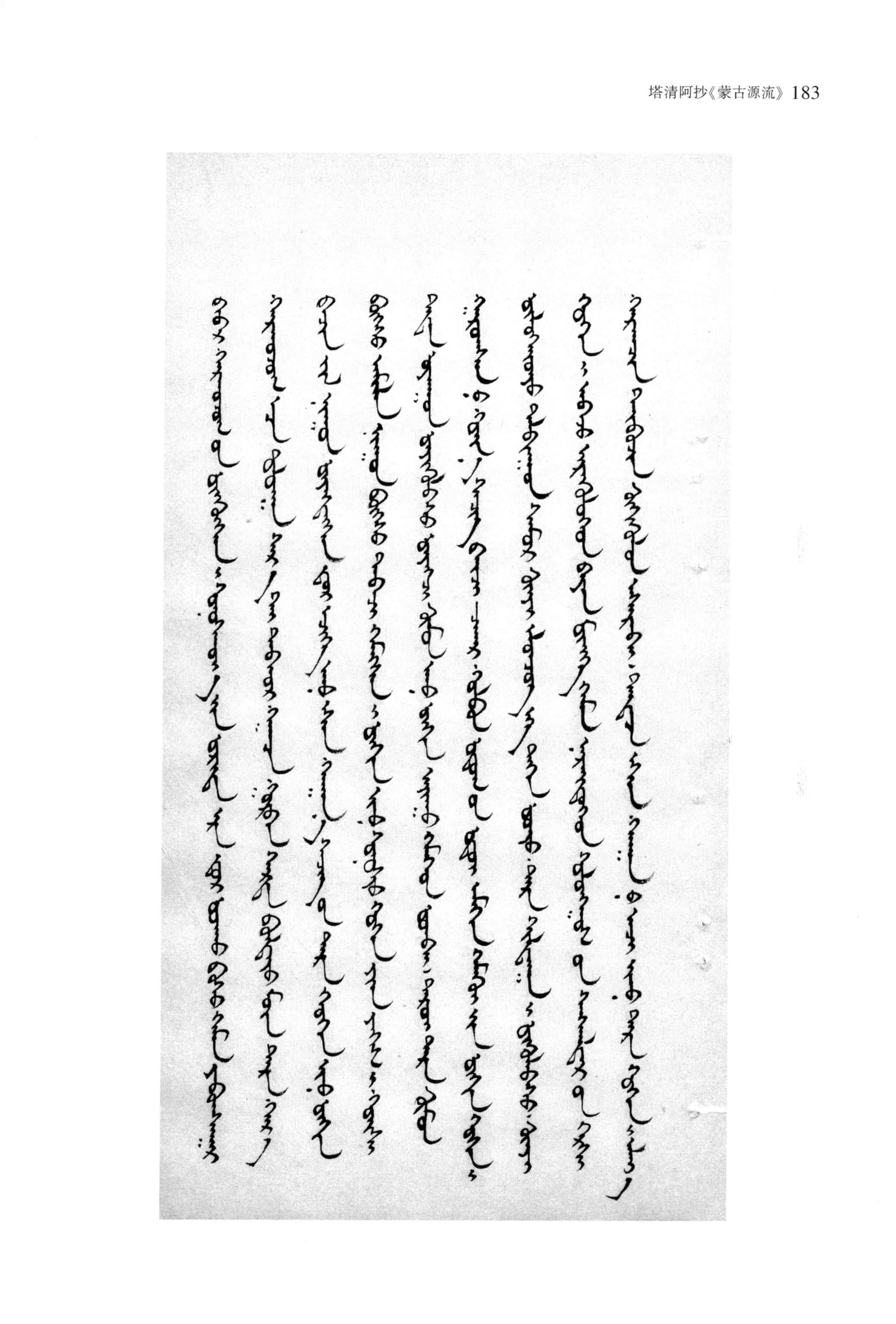

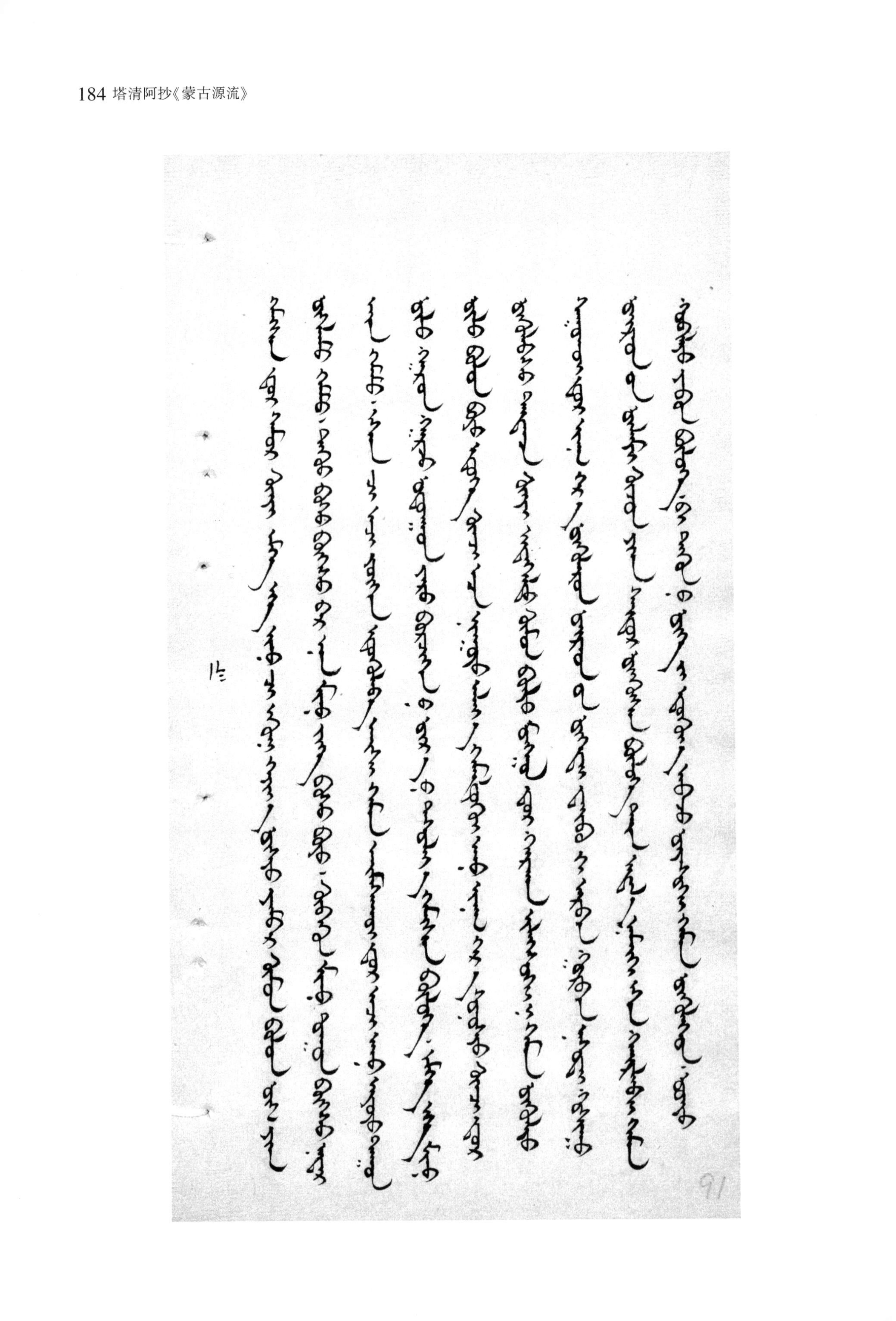

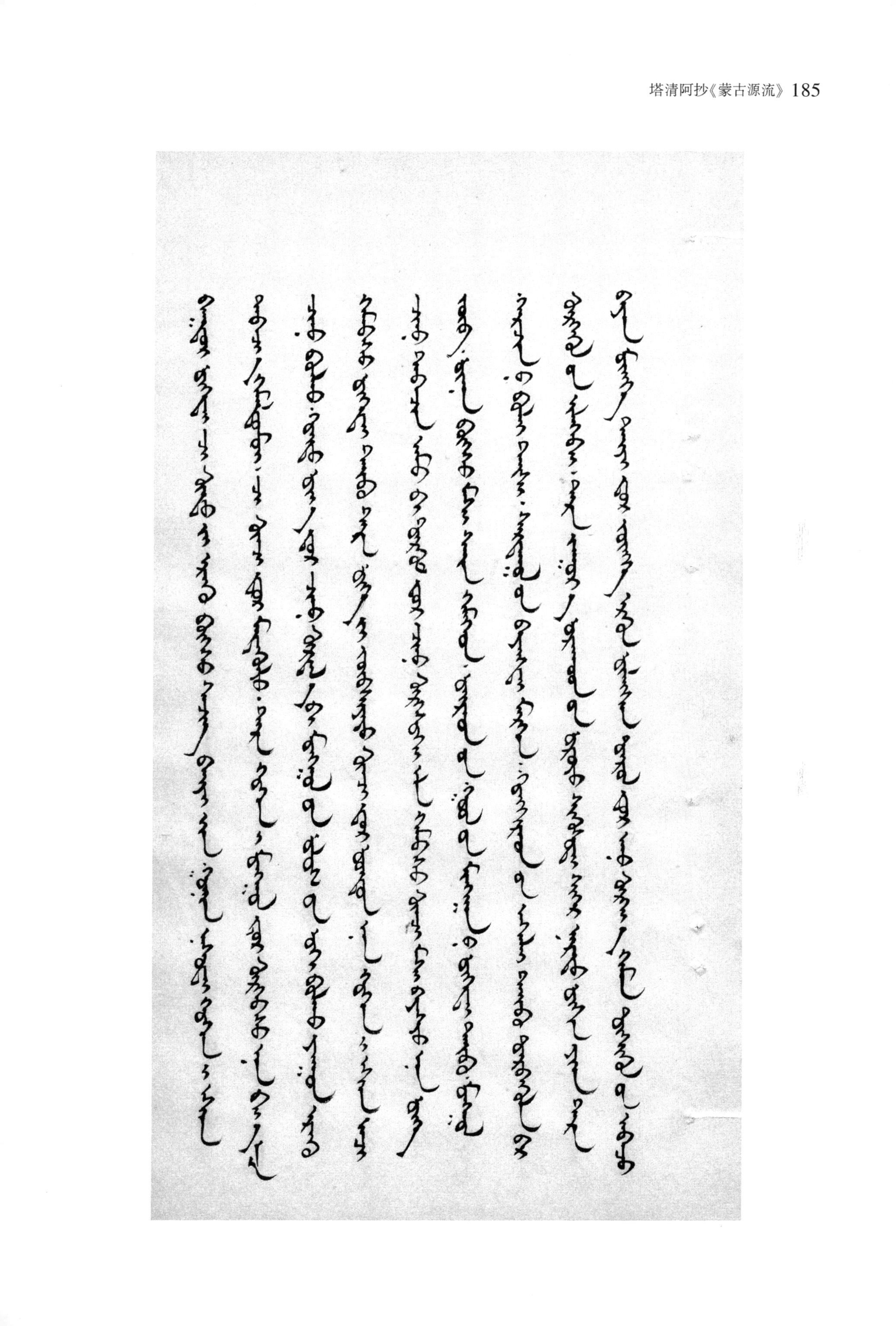

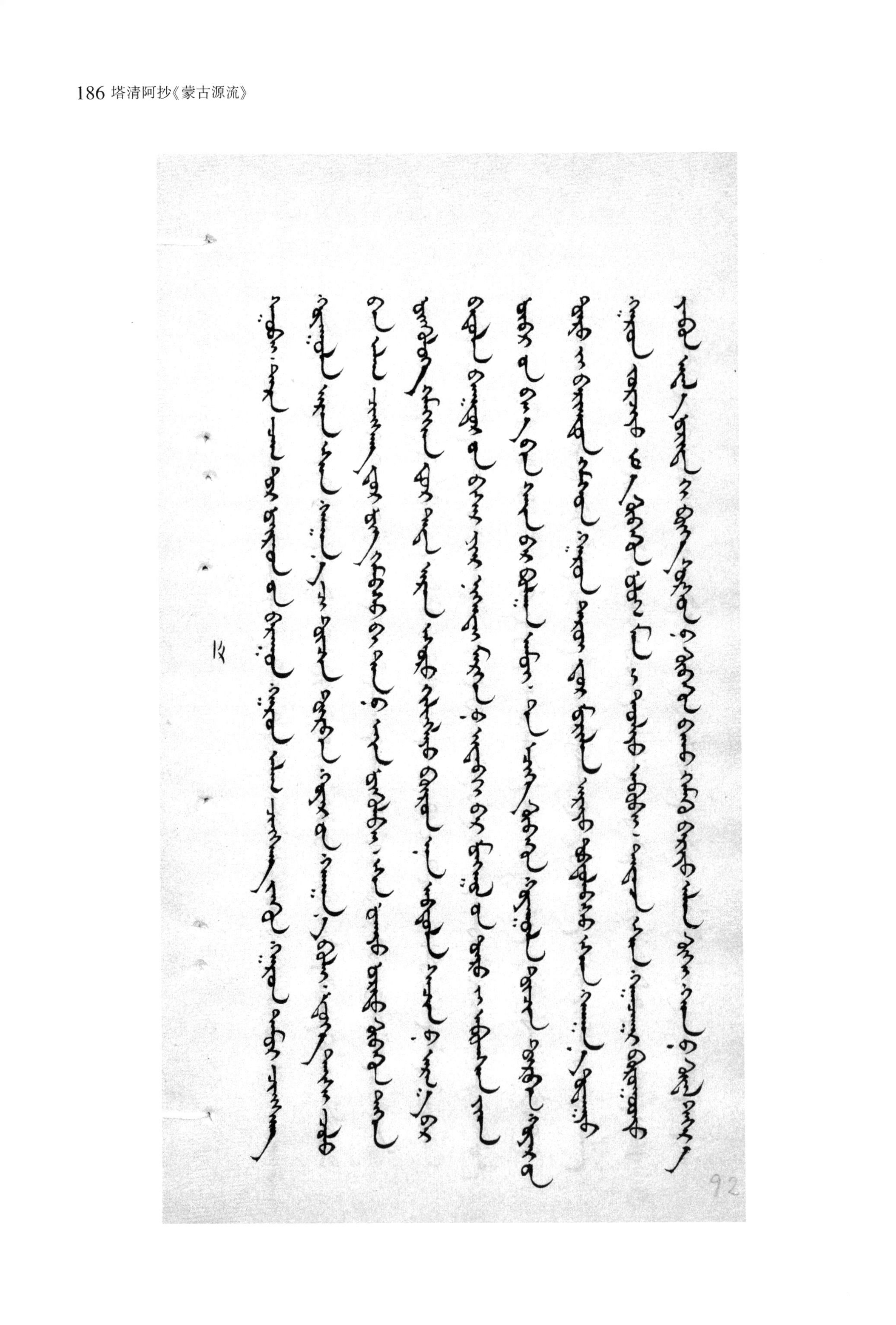

92

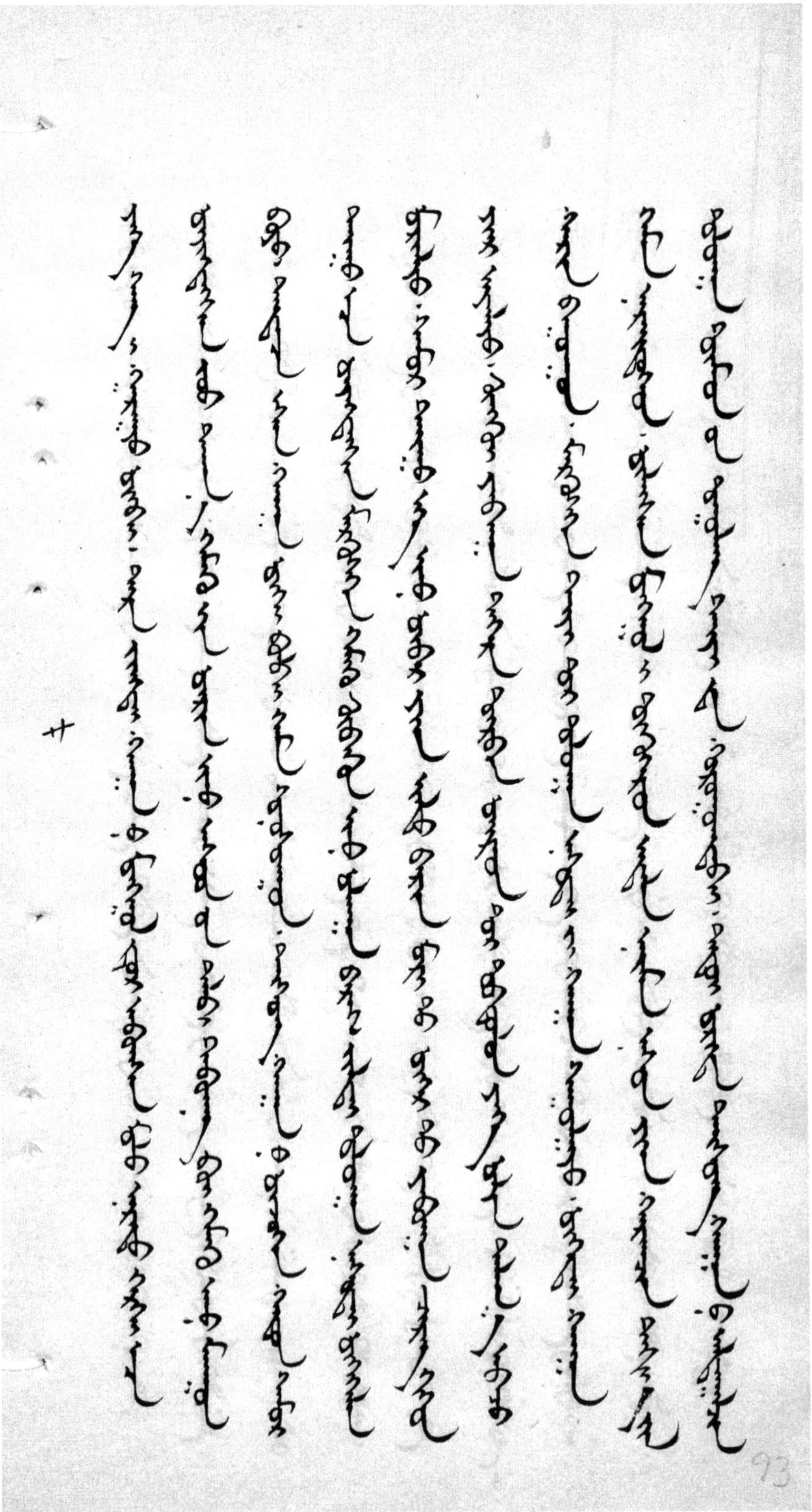
廿
93

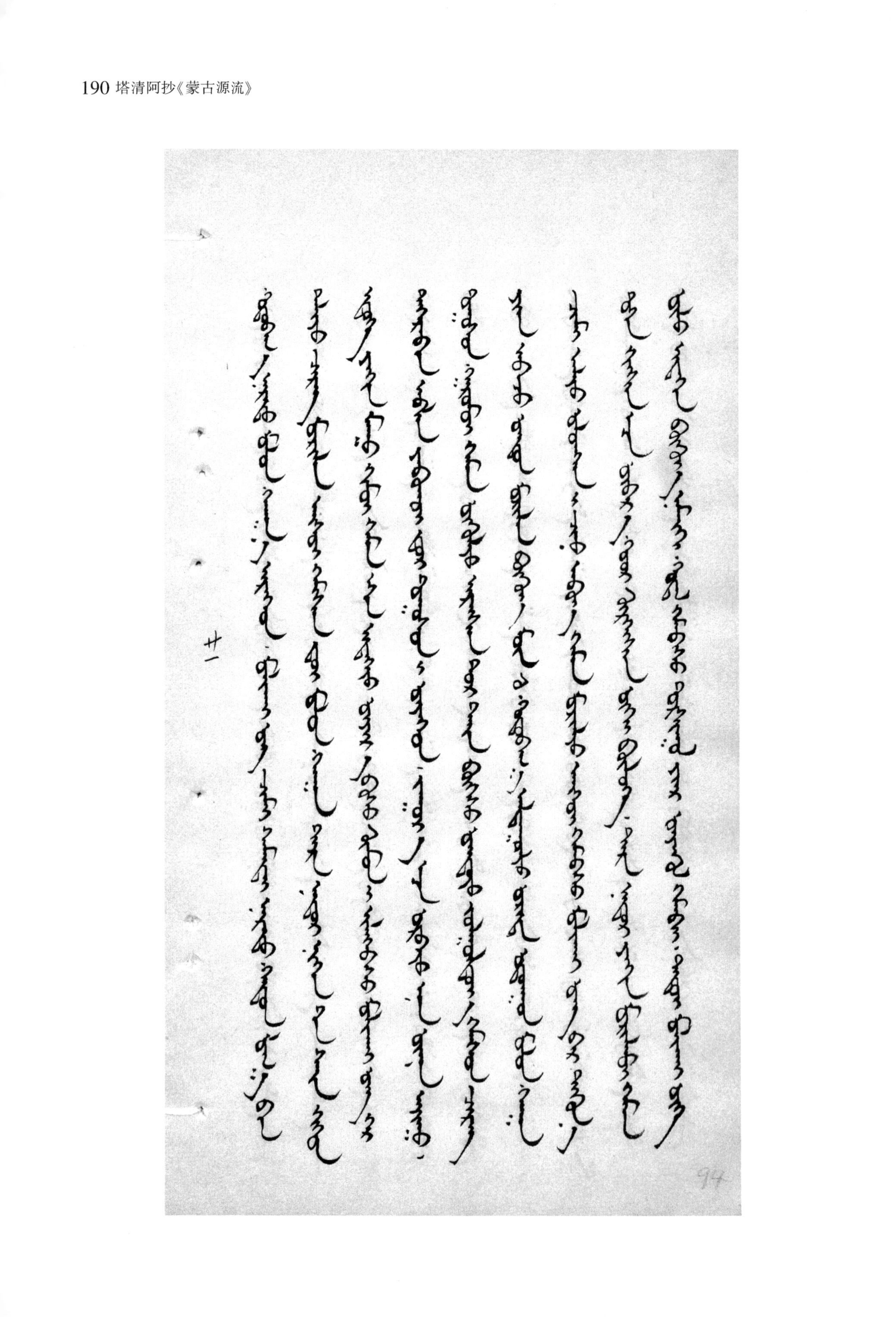

廿一

94

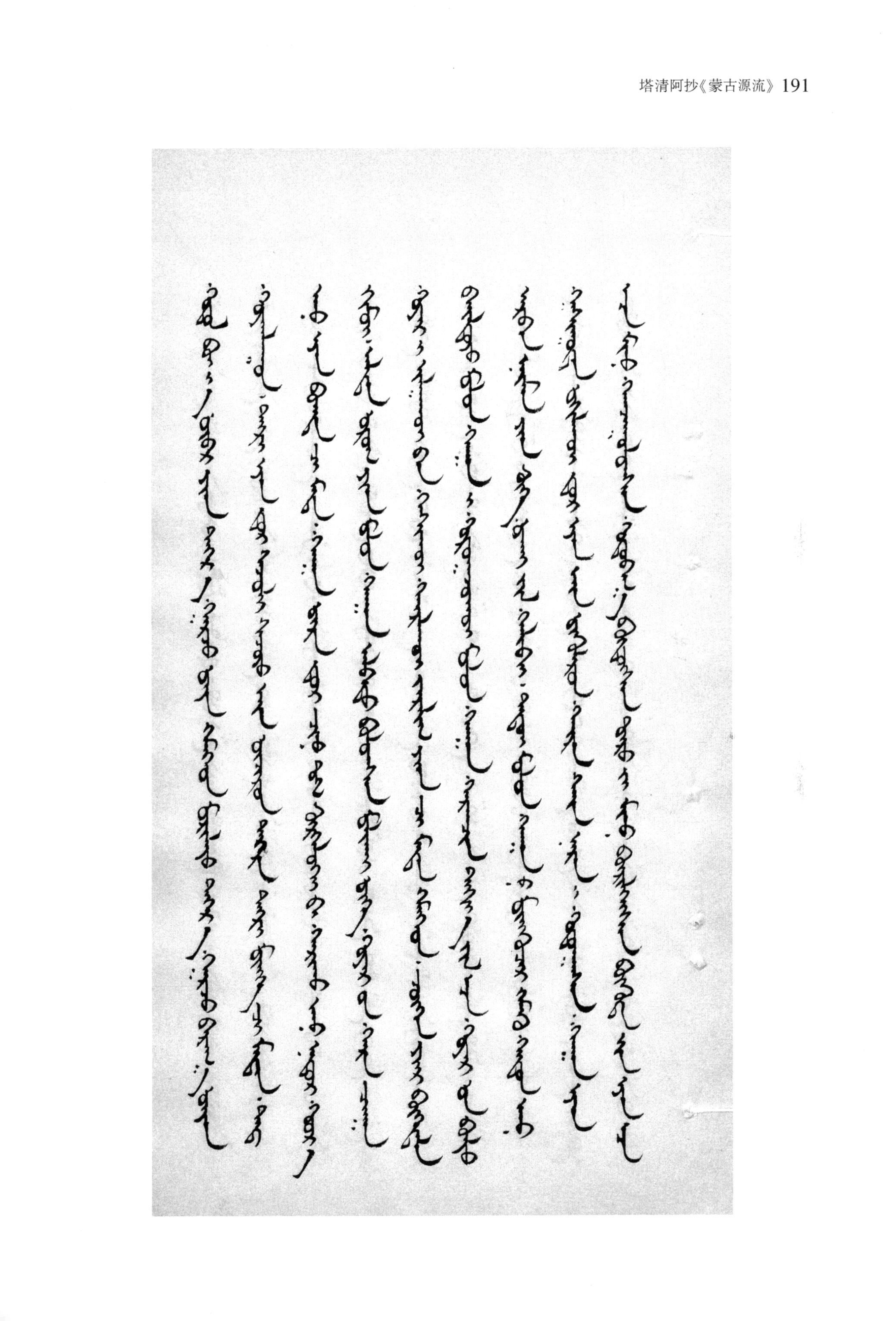

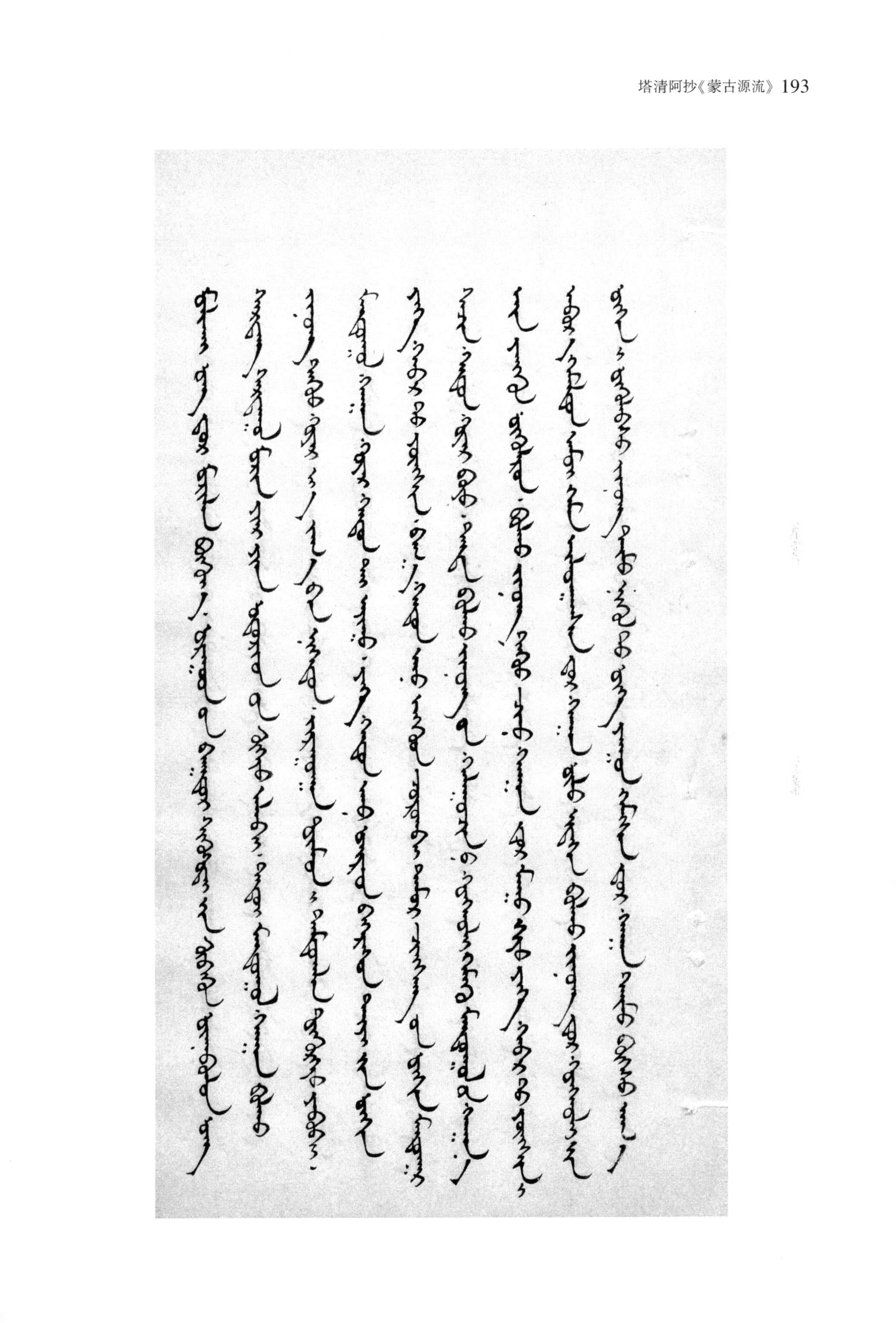

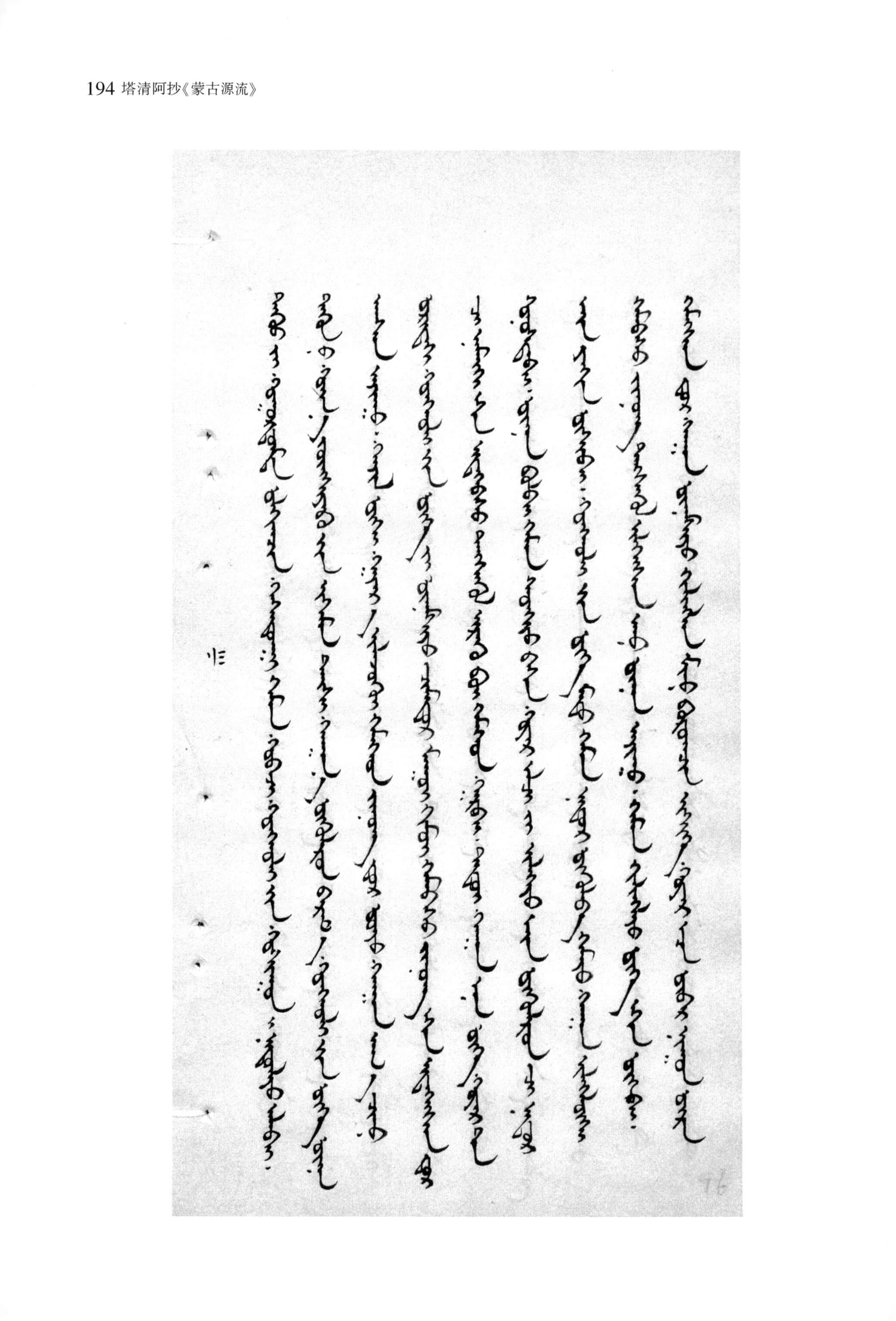

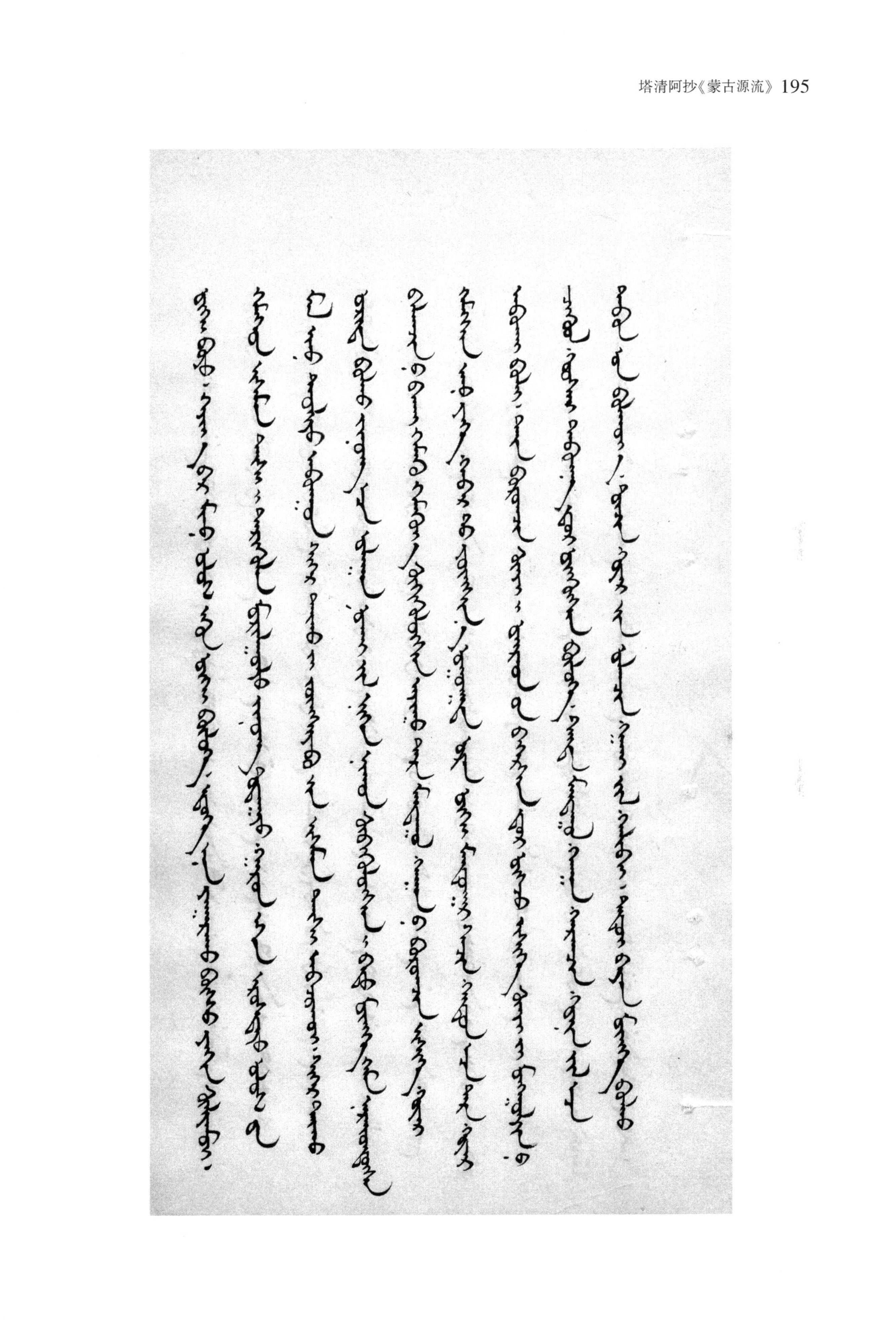

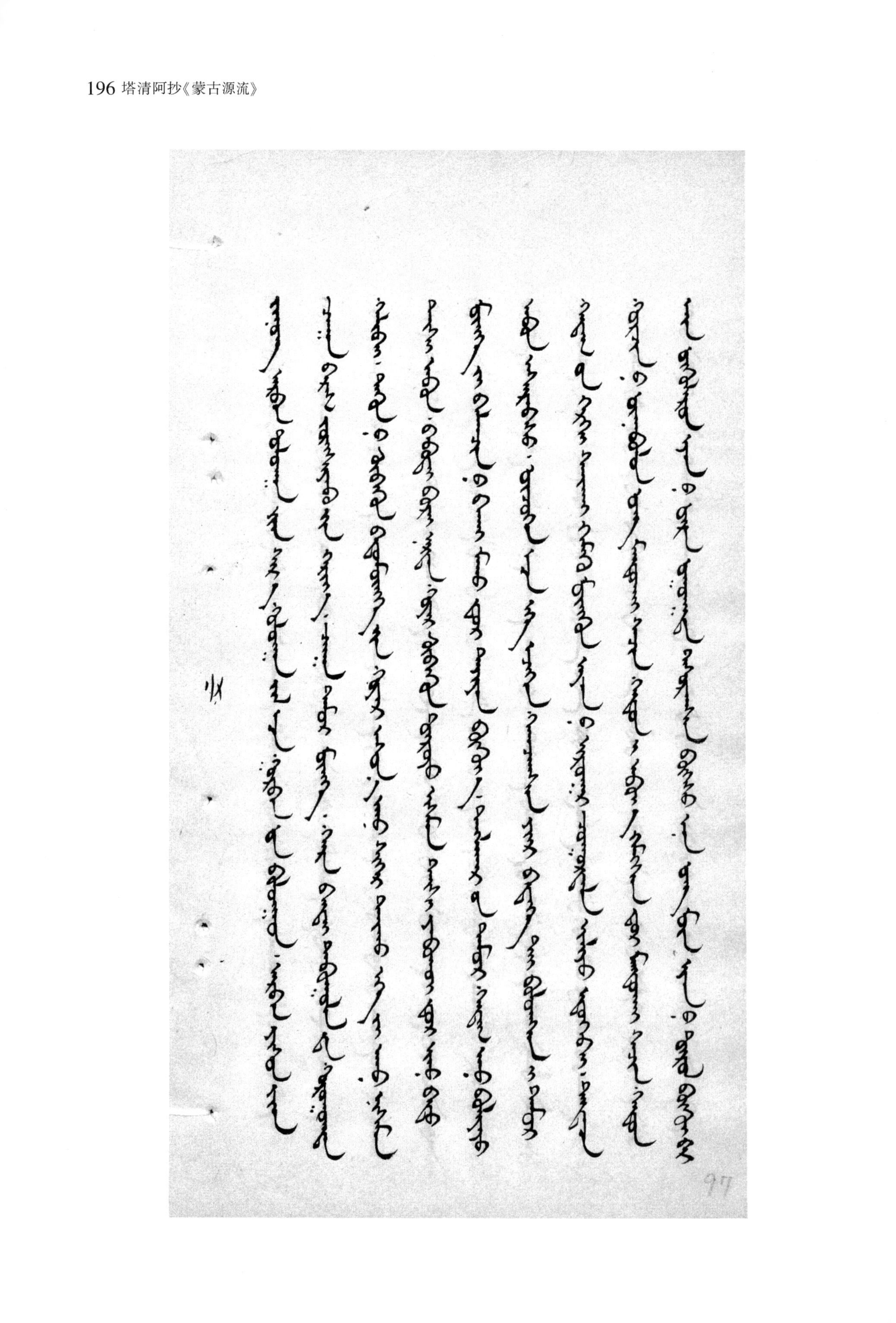

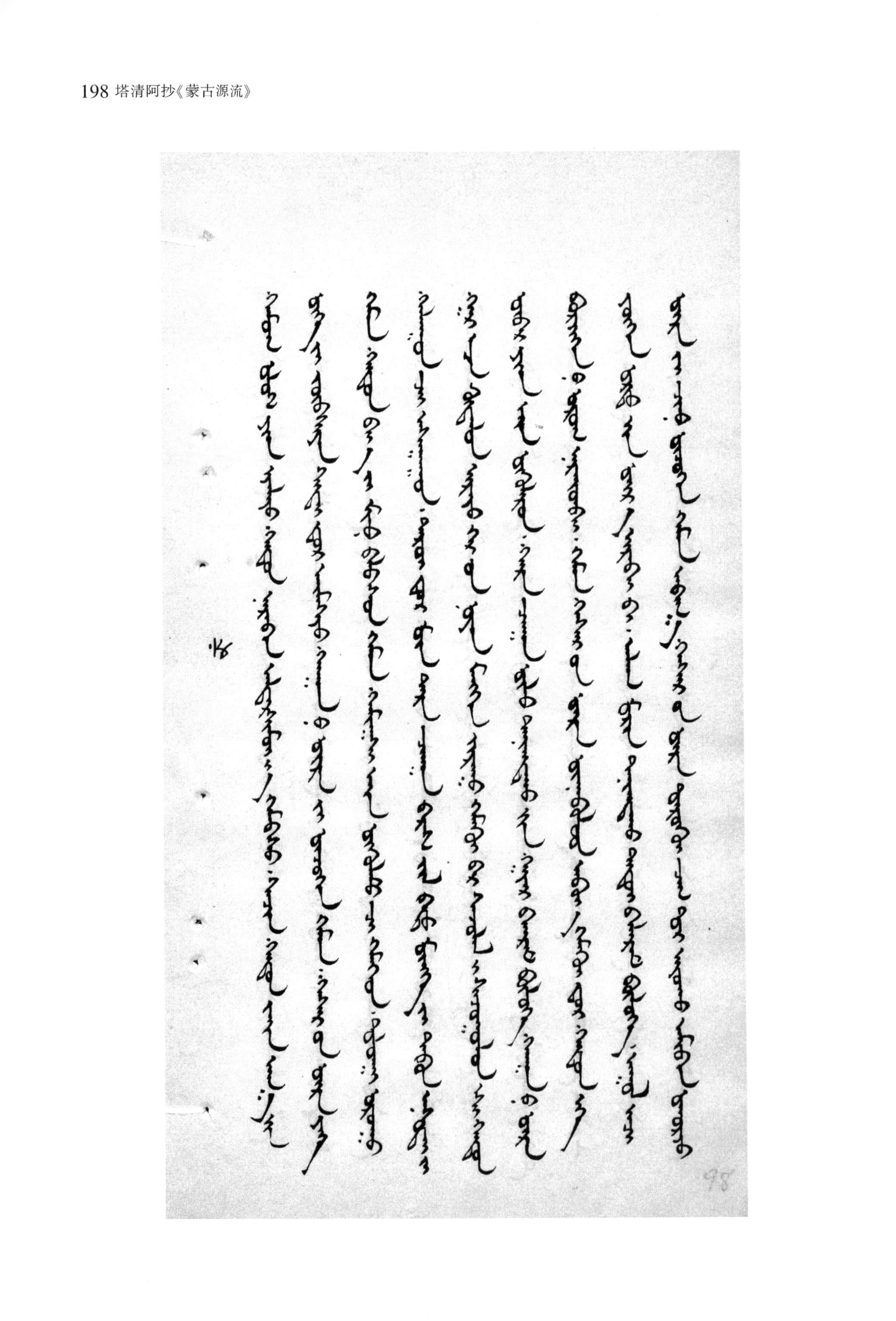

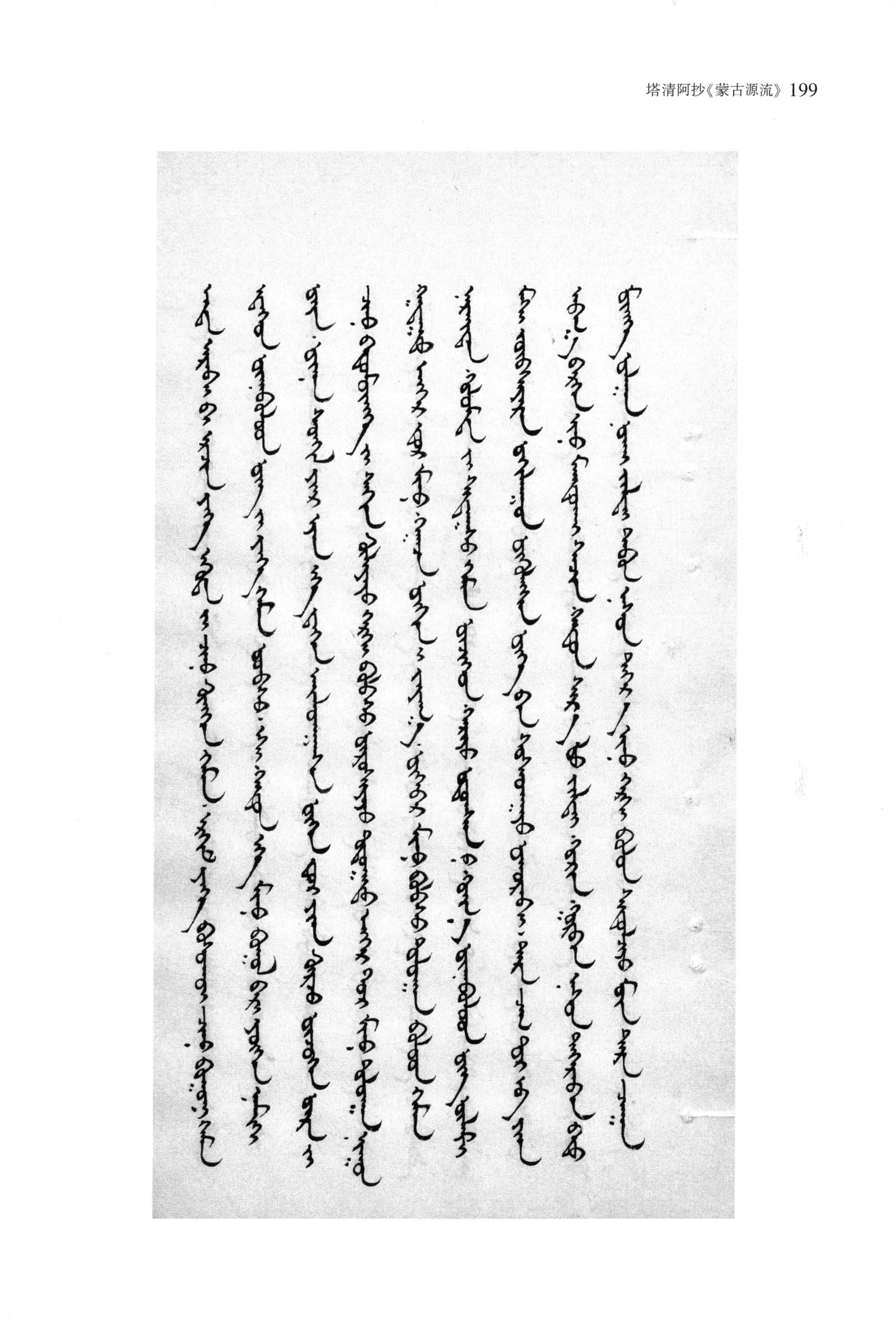

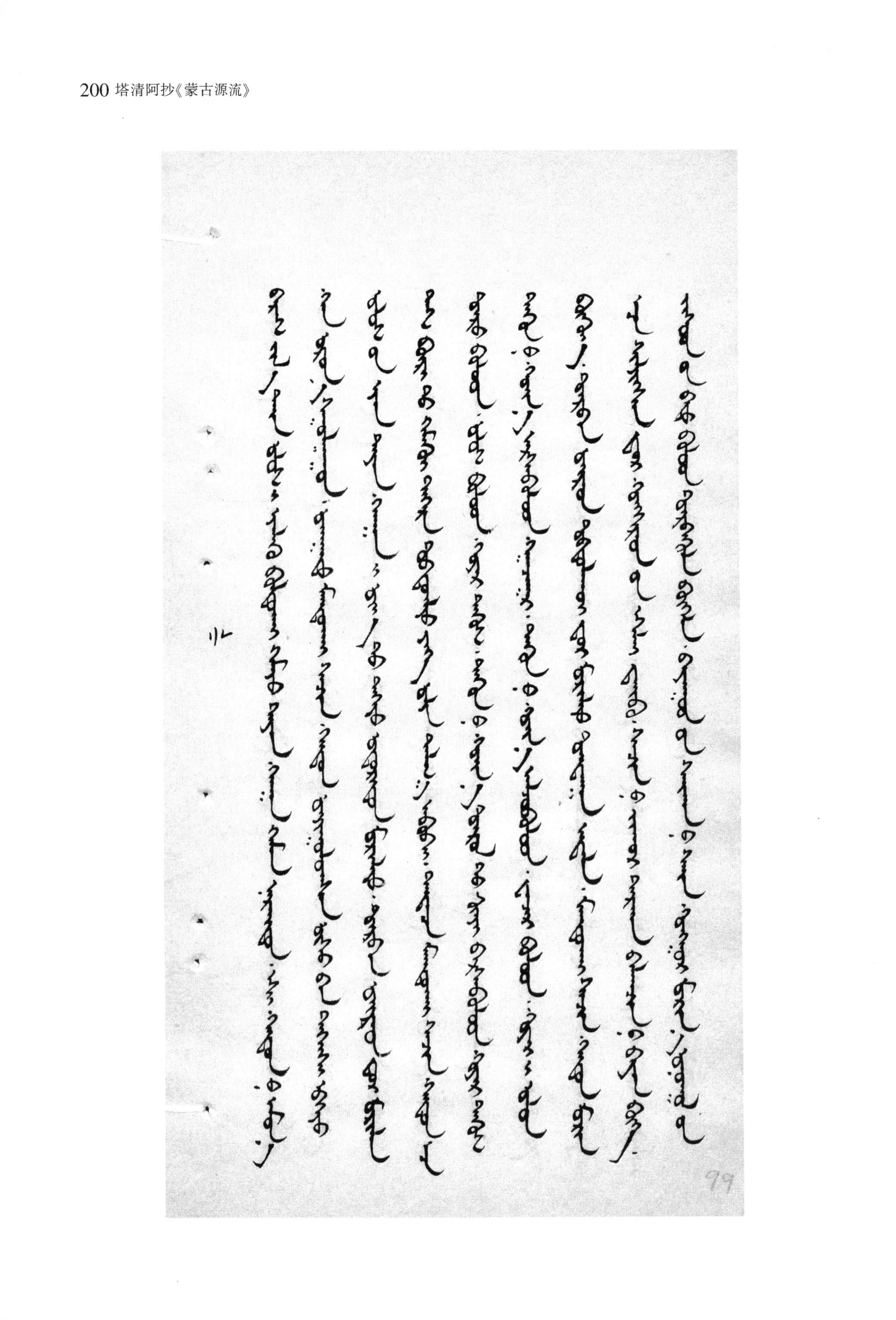

卌

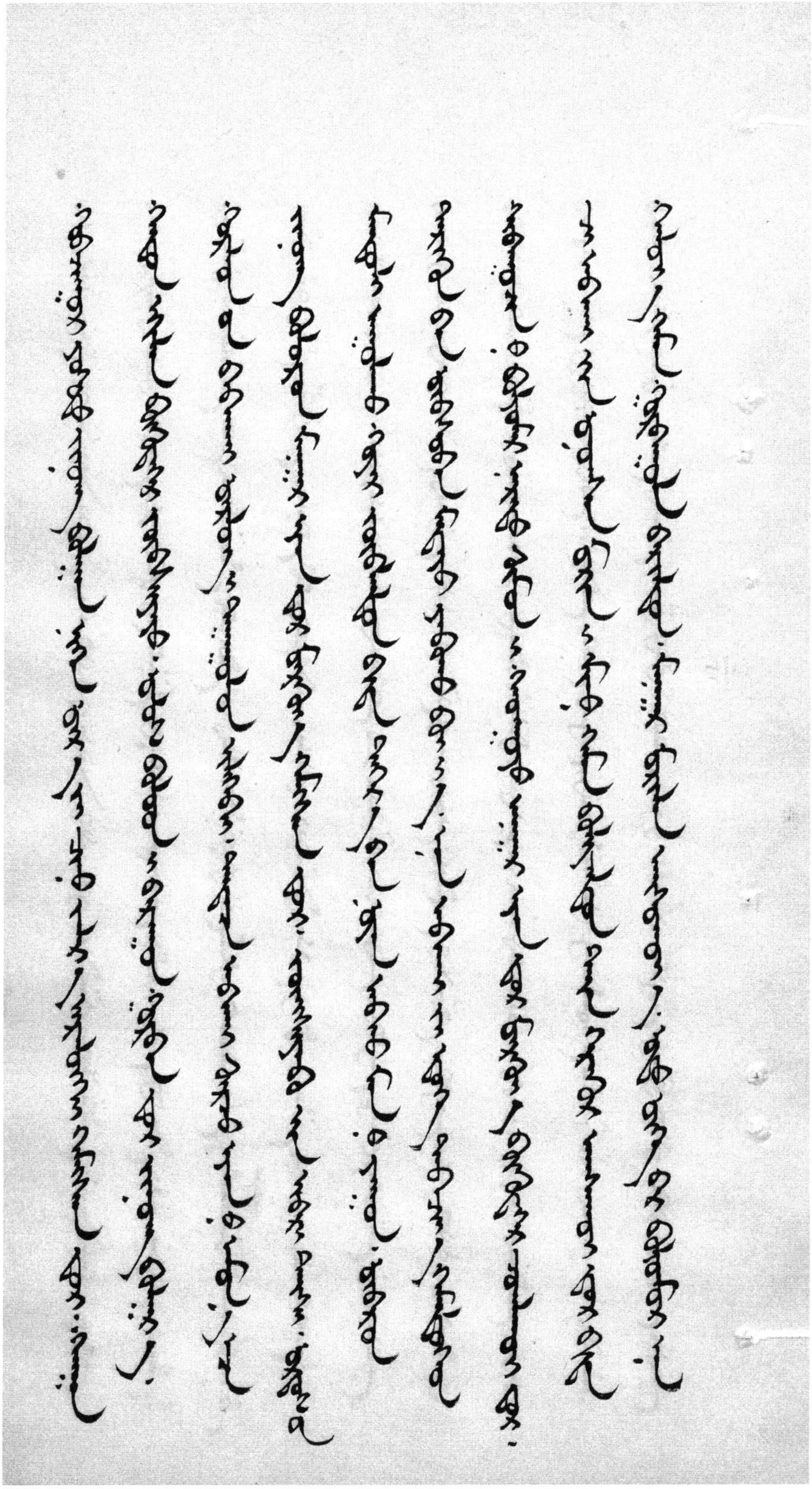

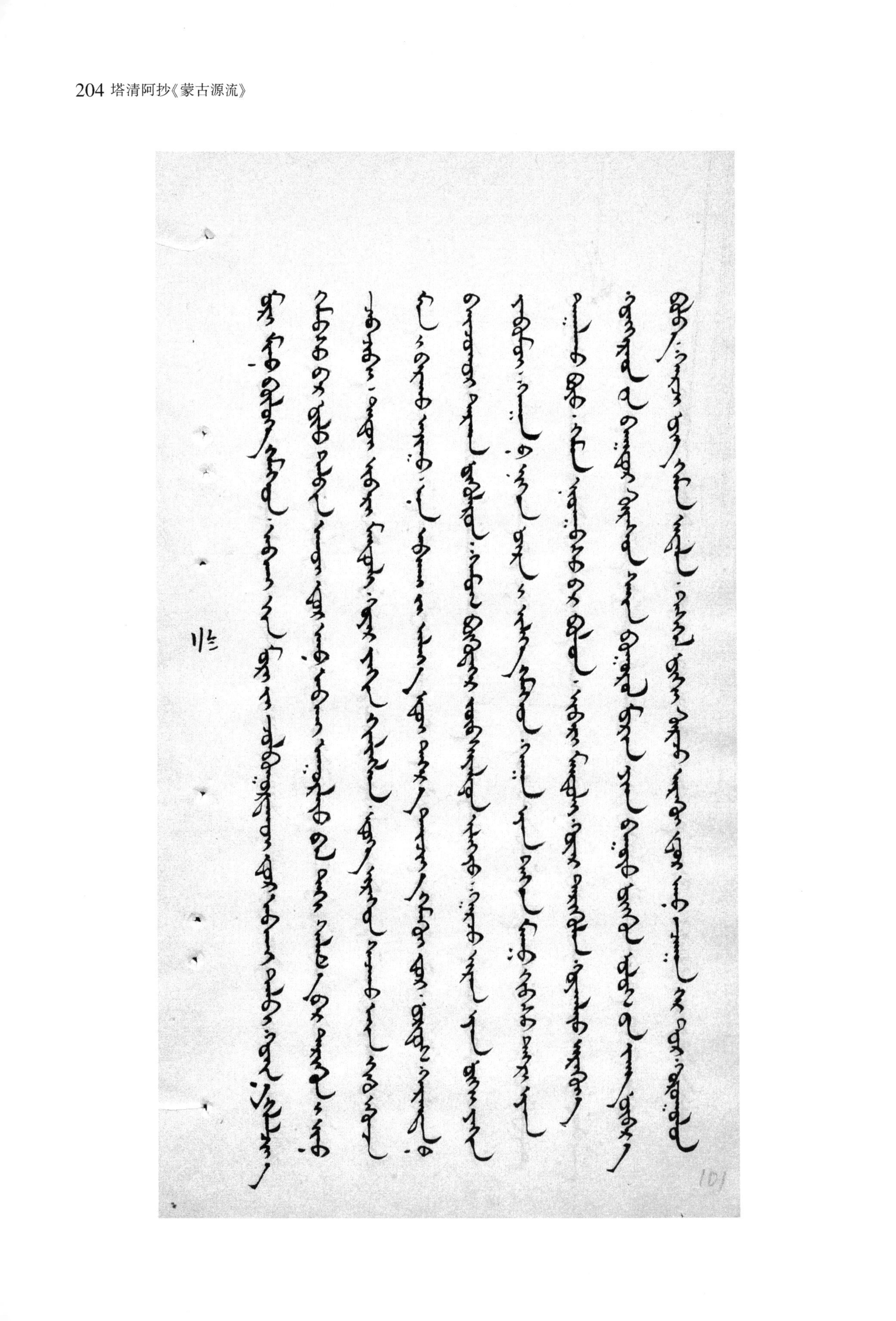

101

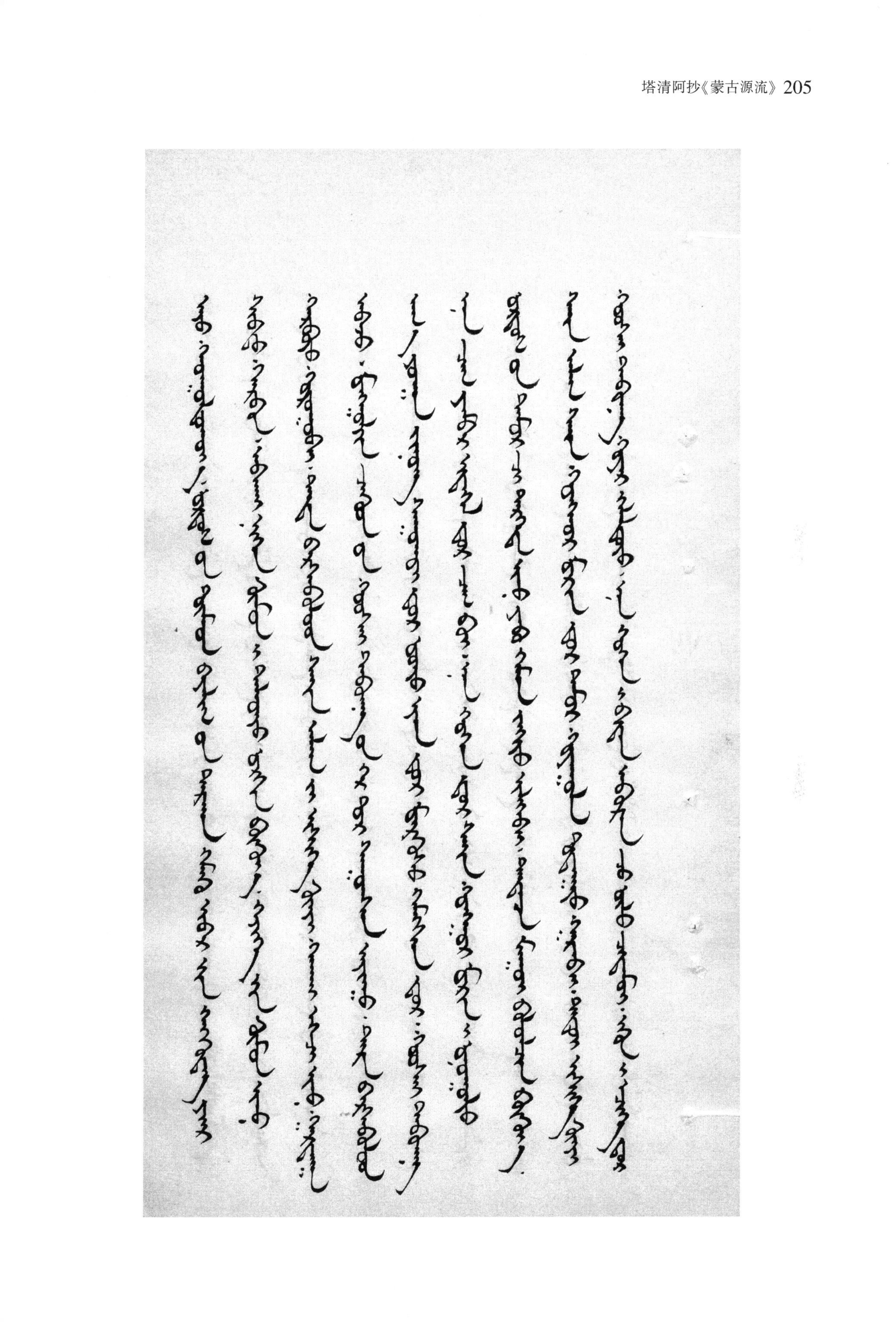

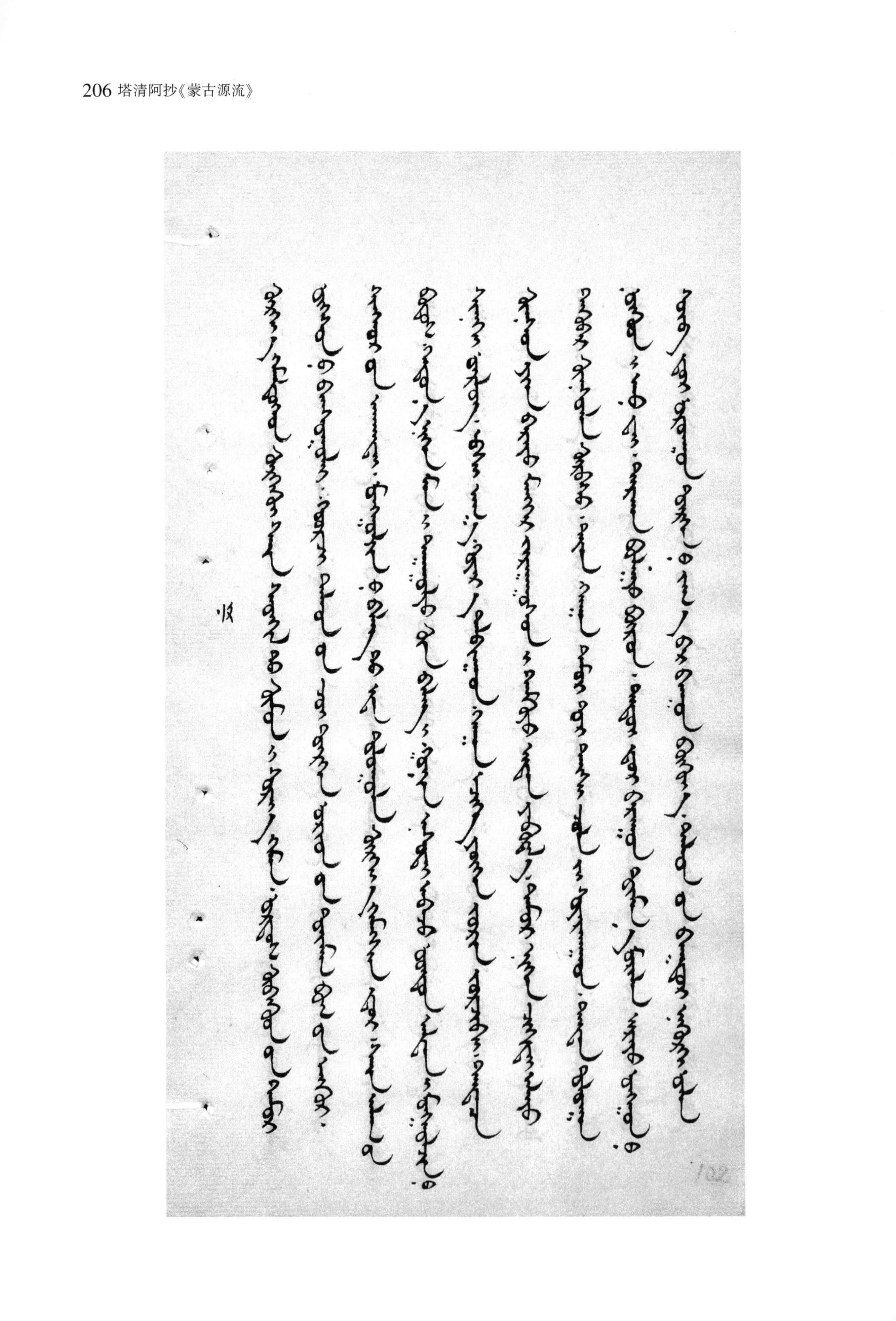

收

102

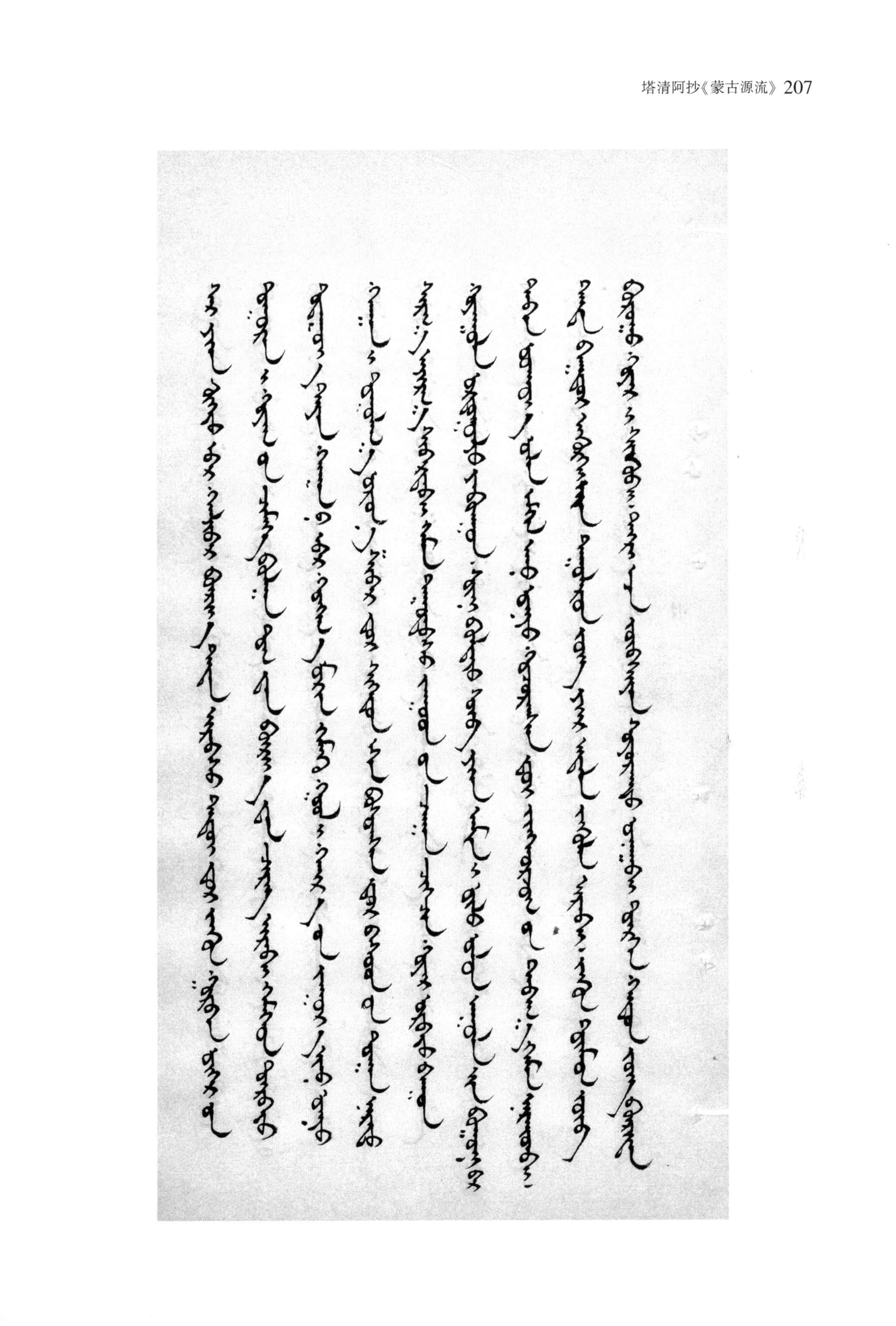

卅

103

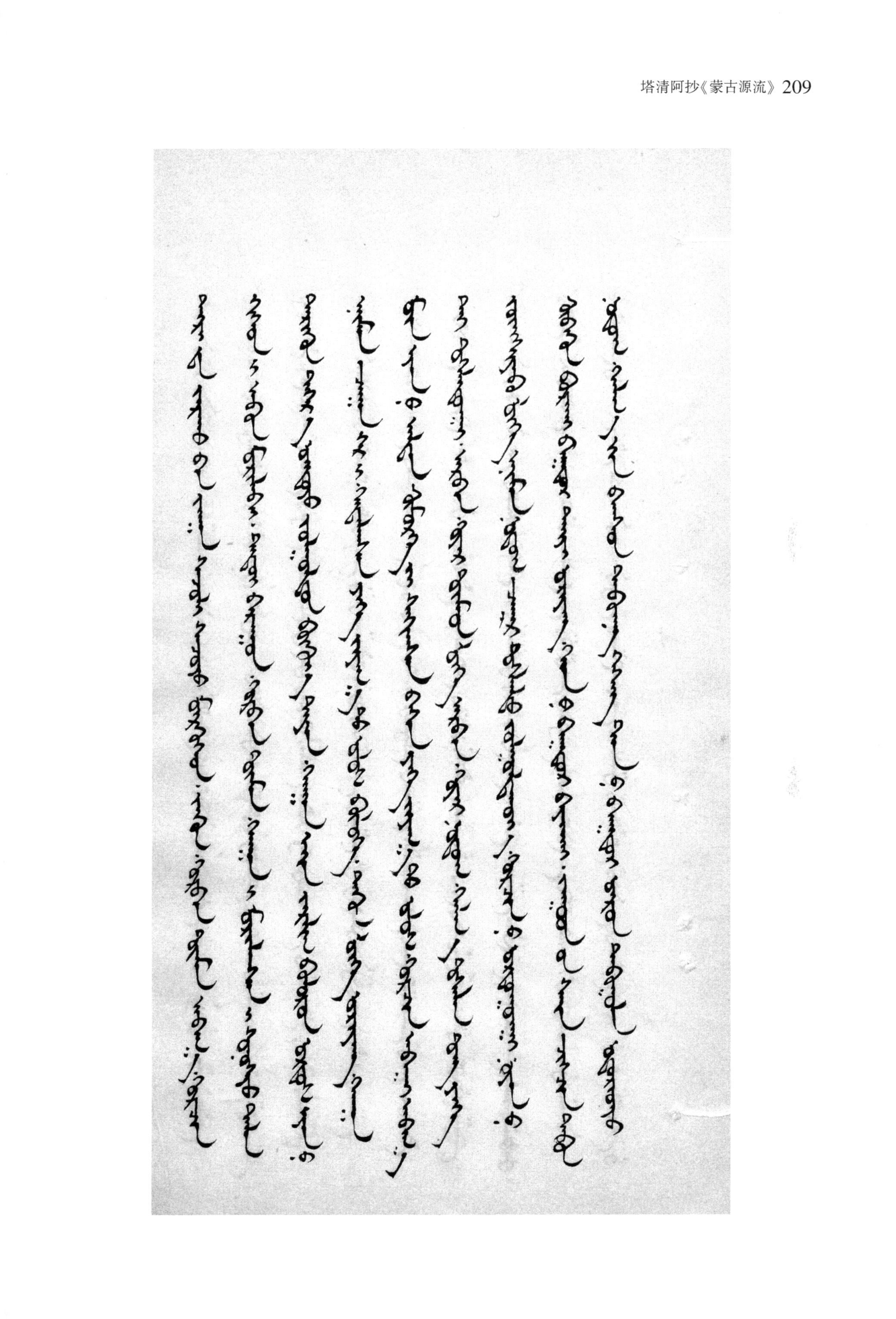

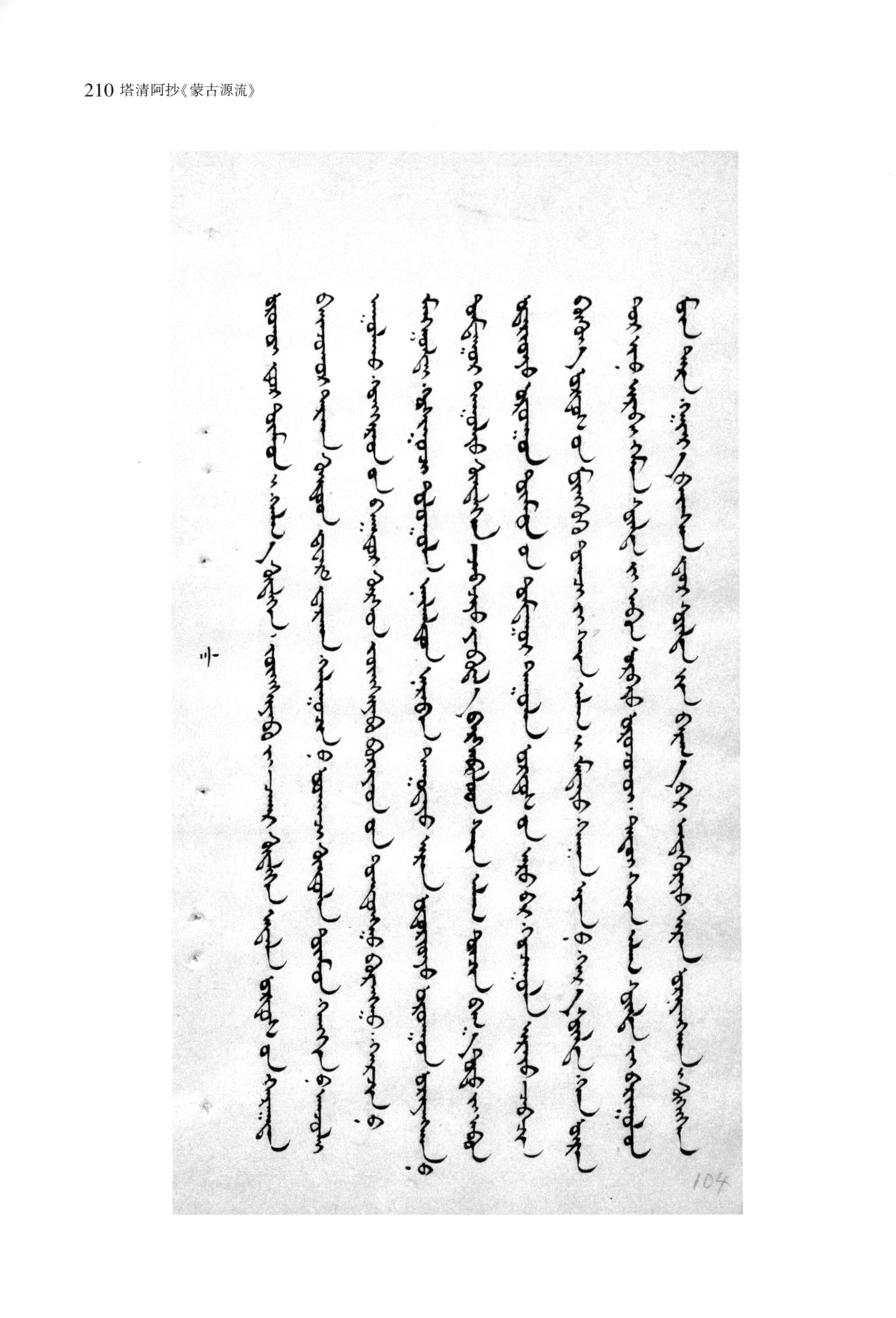

104

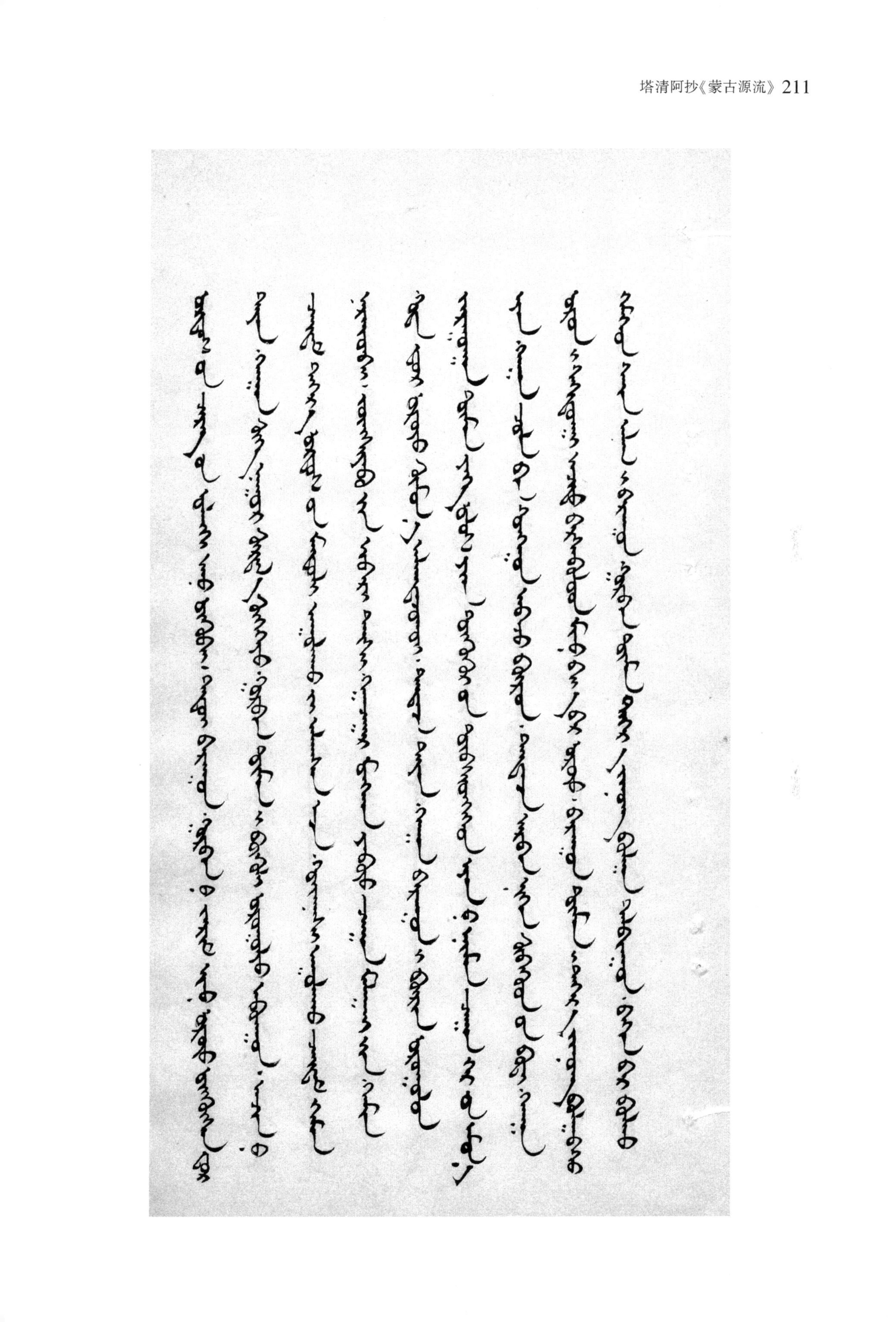

105

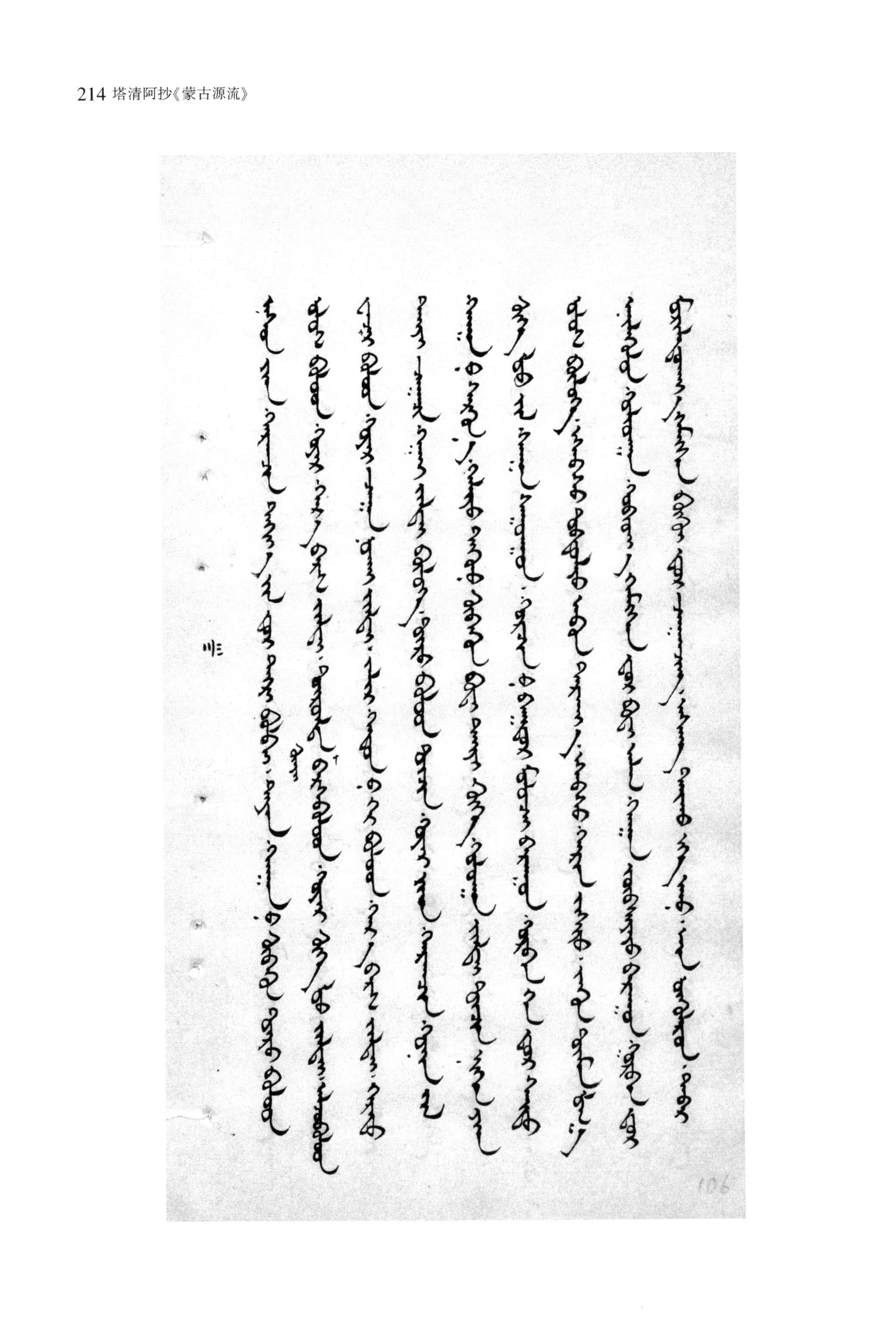

107

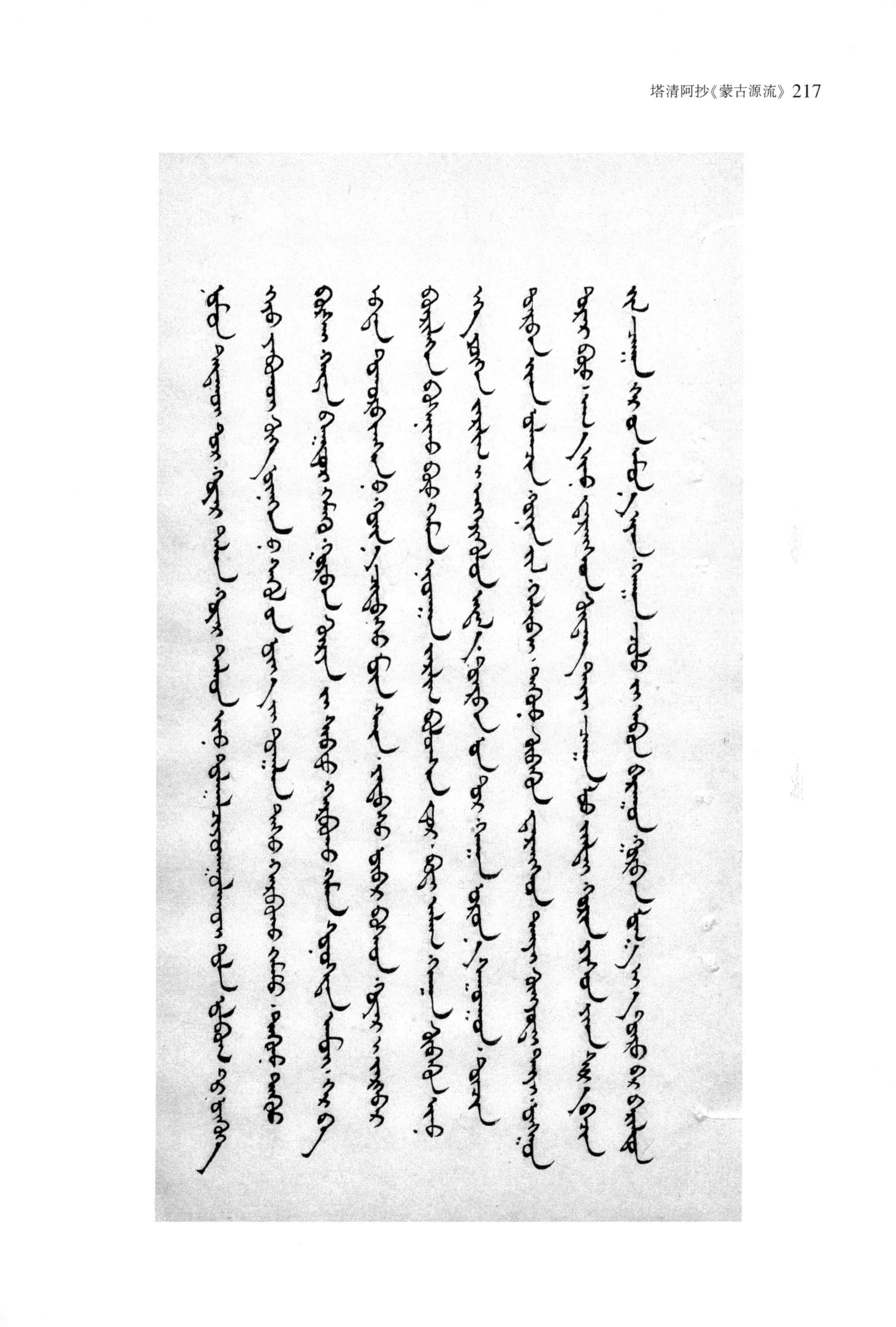

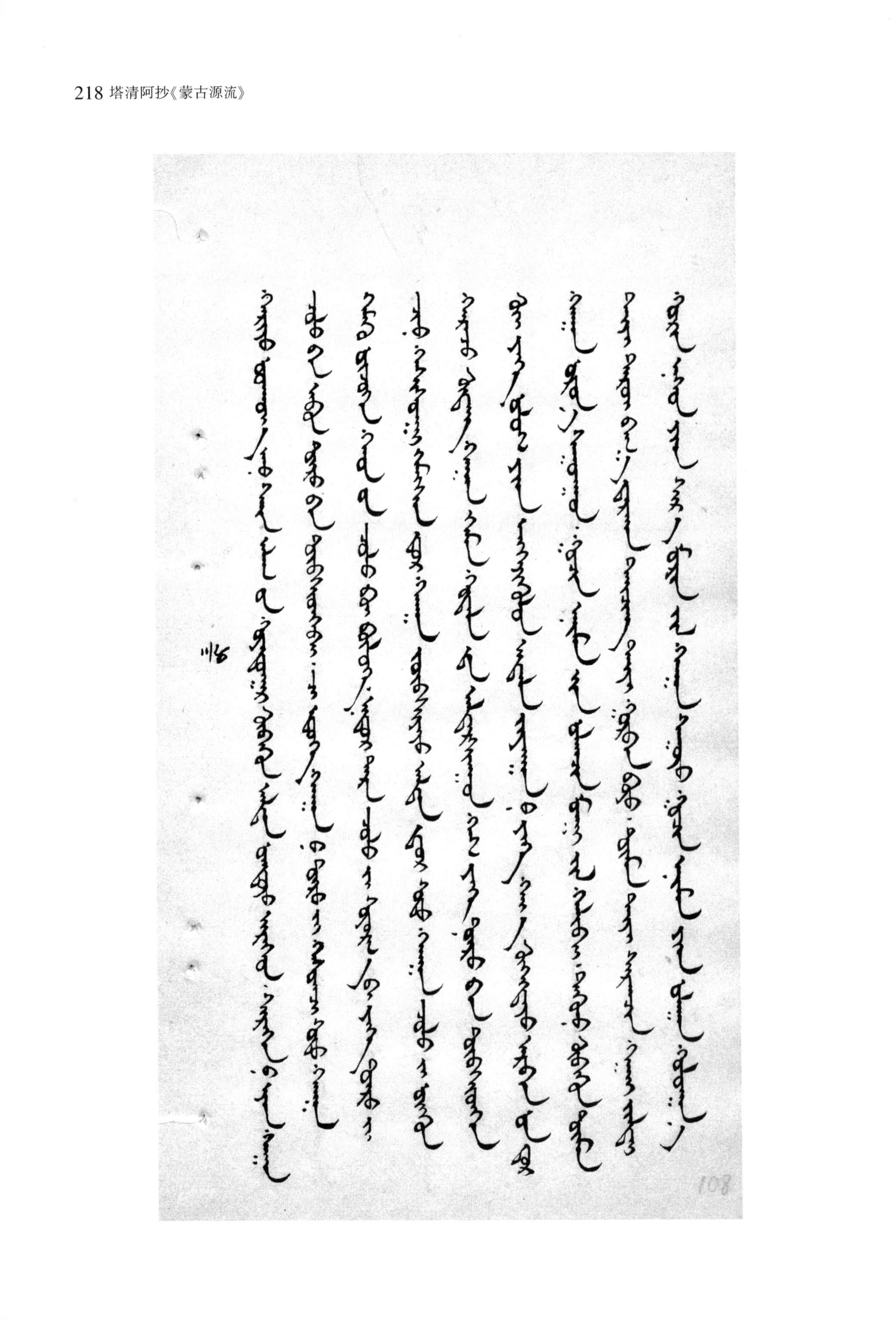

108

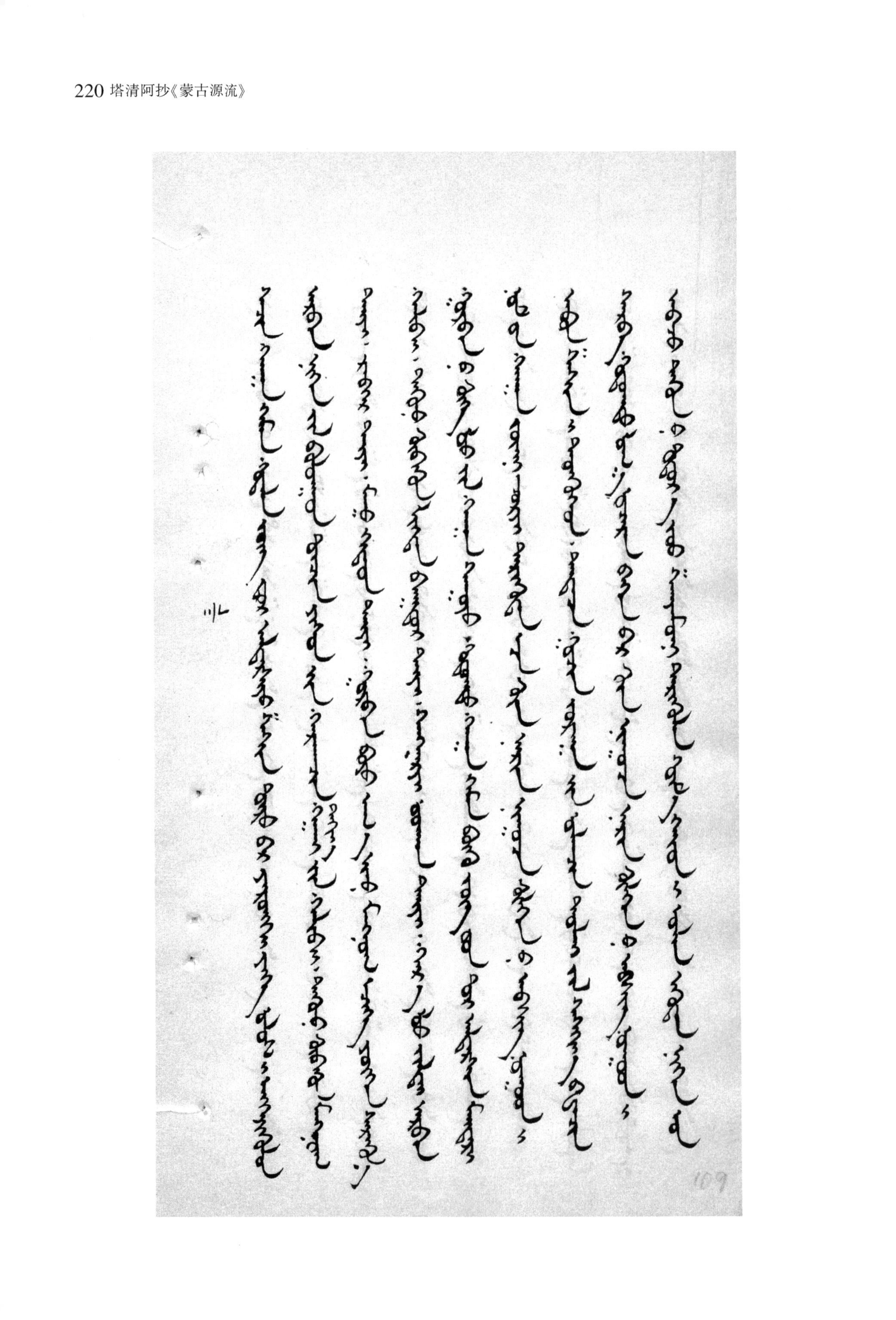

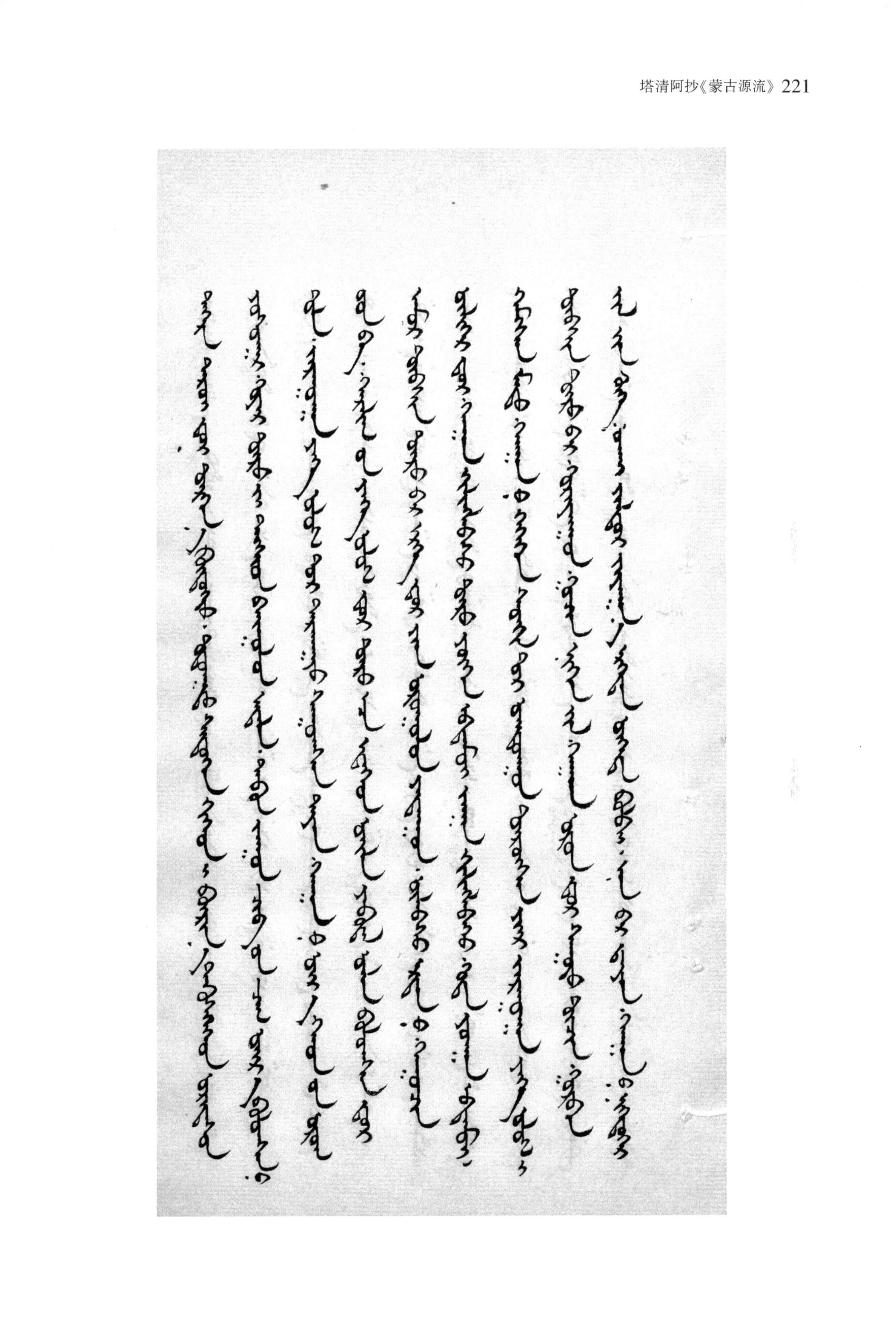

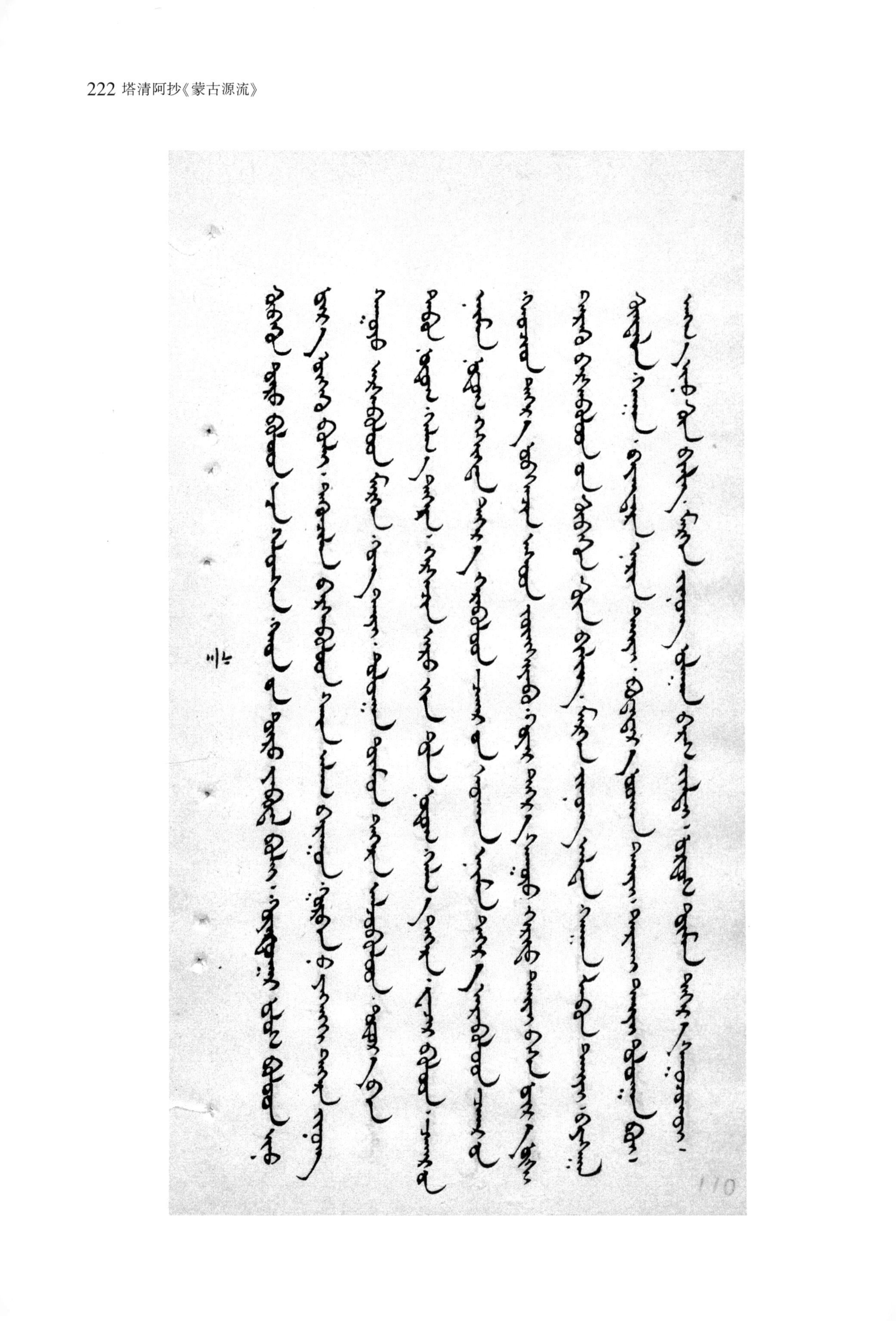

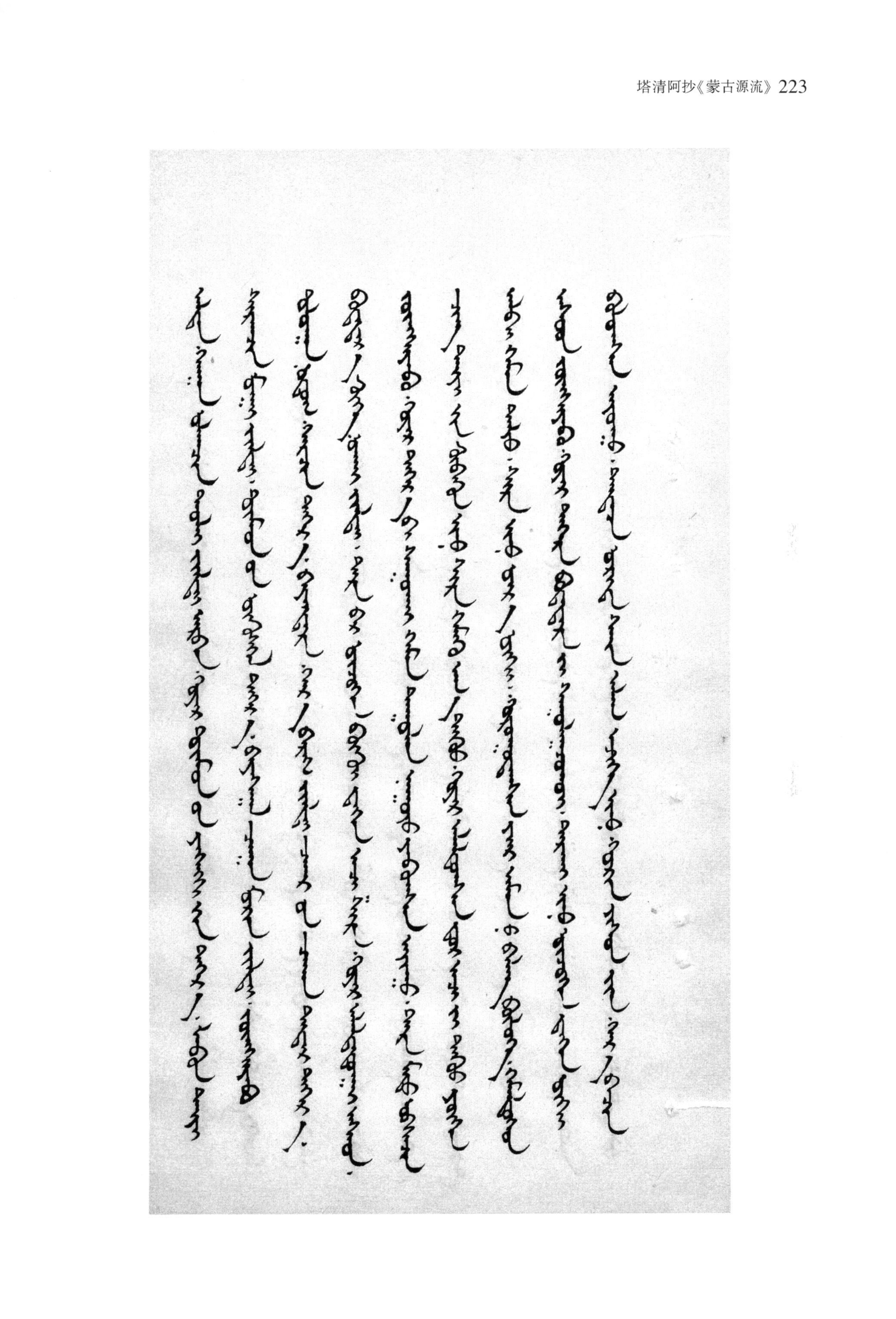

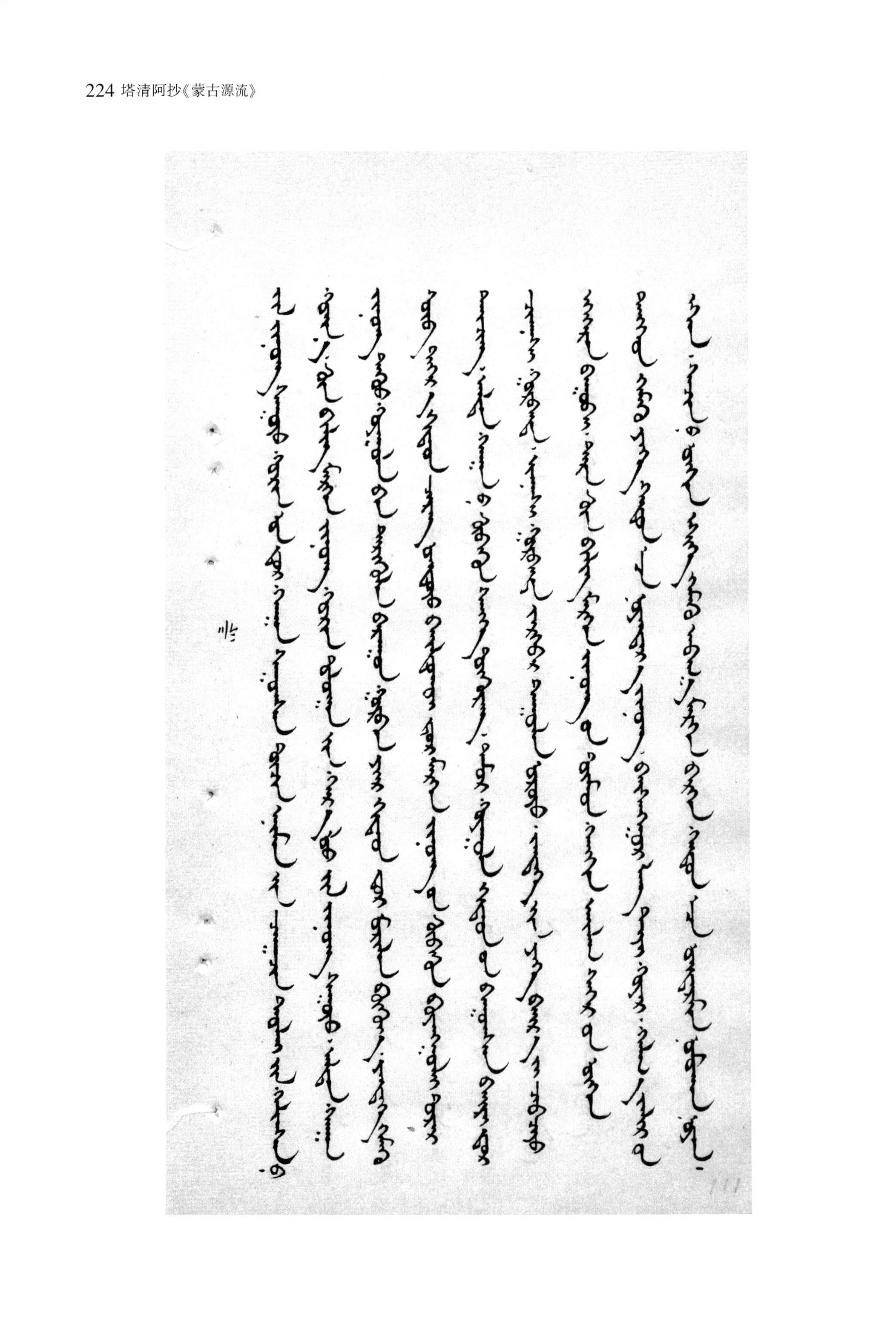

卌

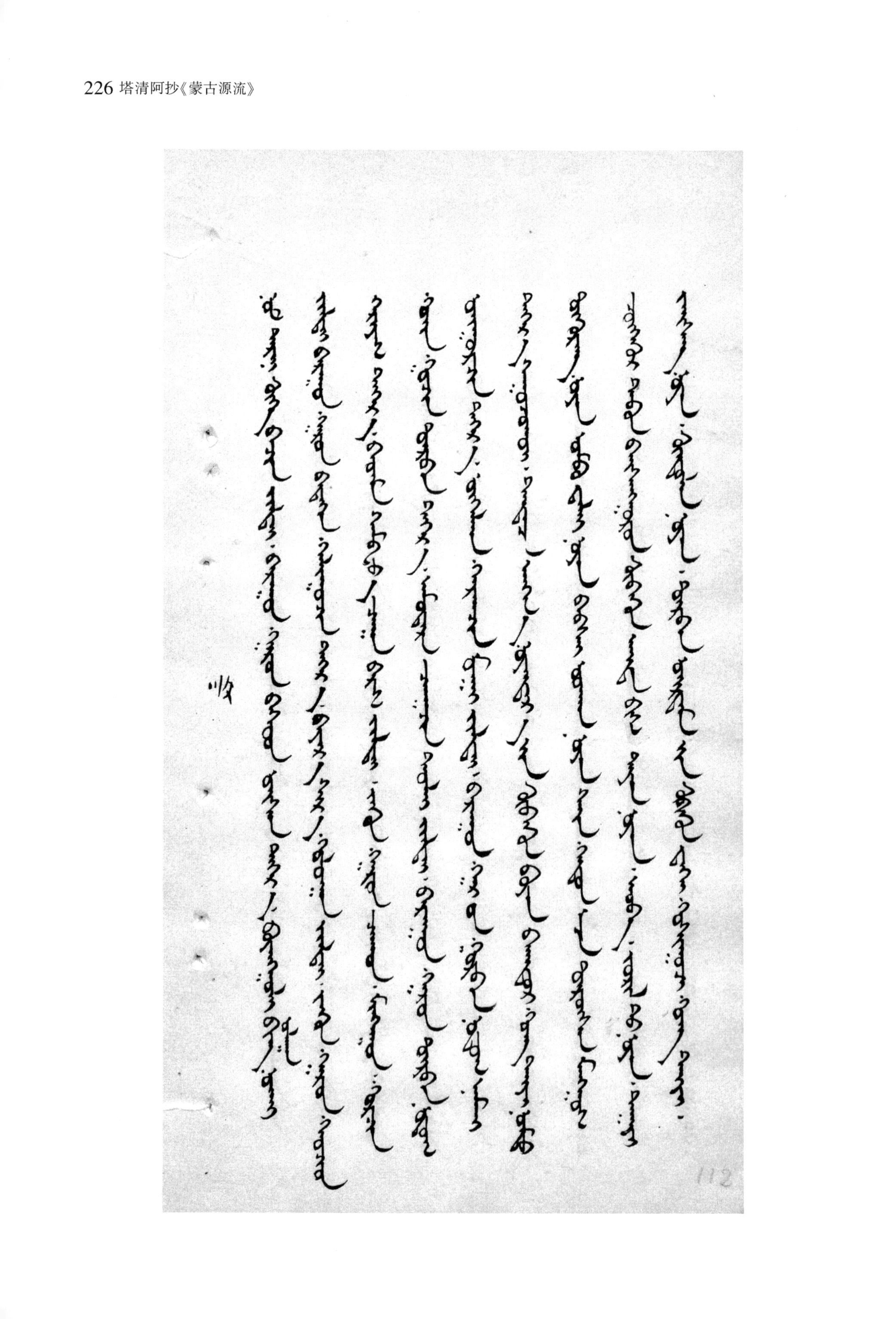

收

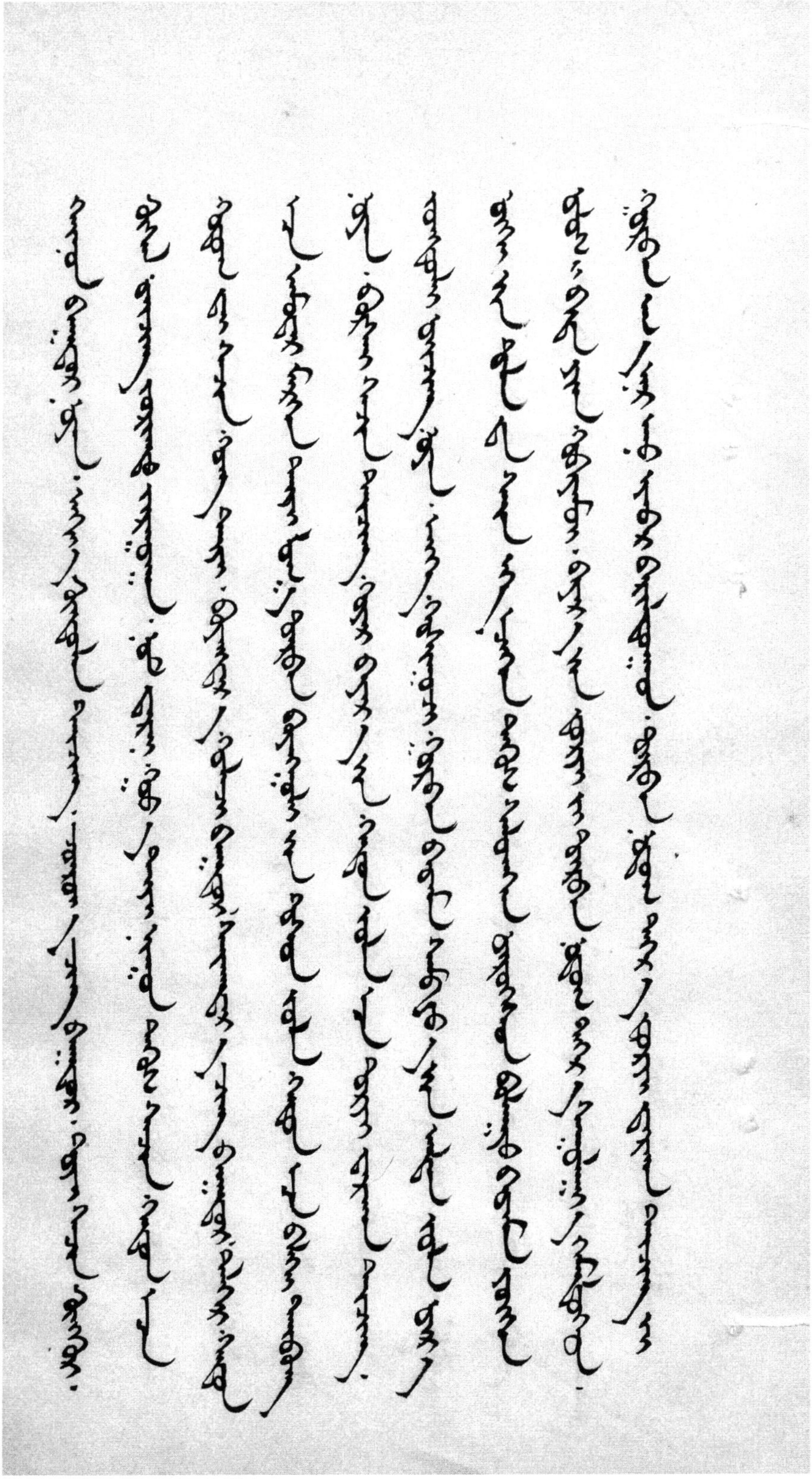

卄

113

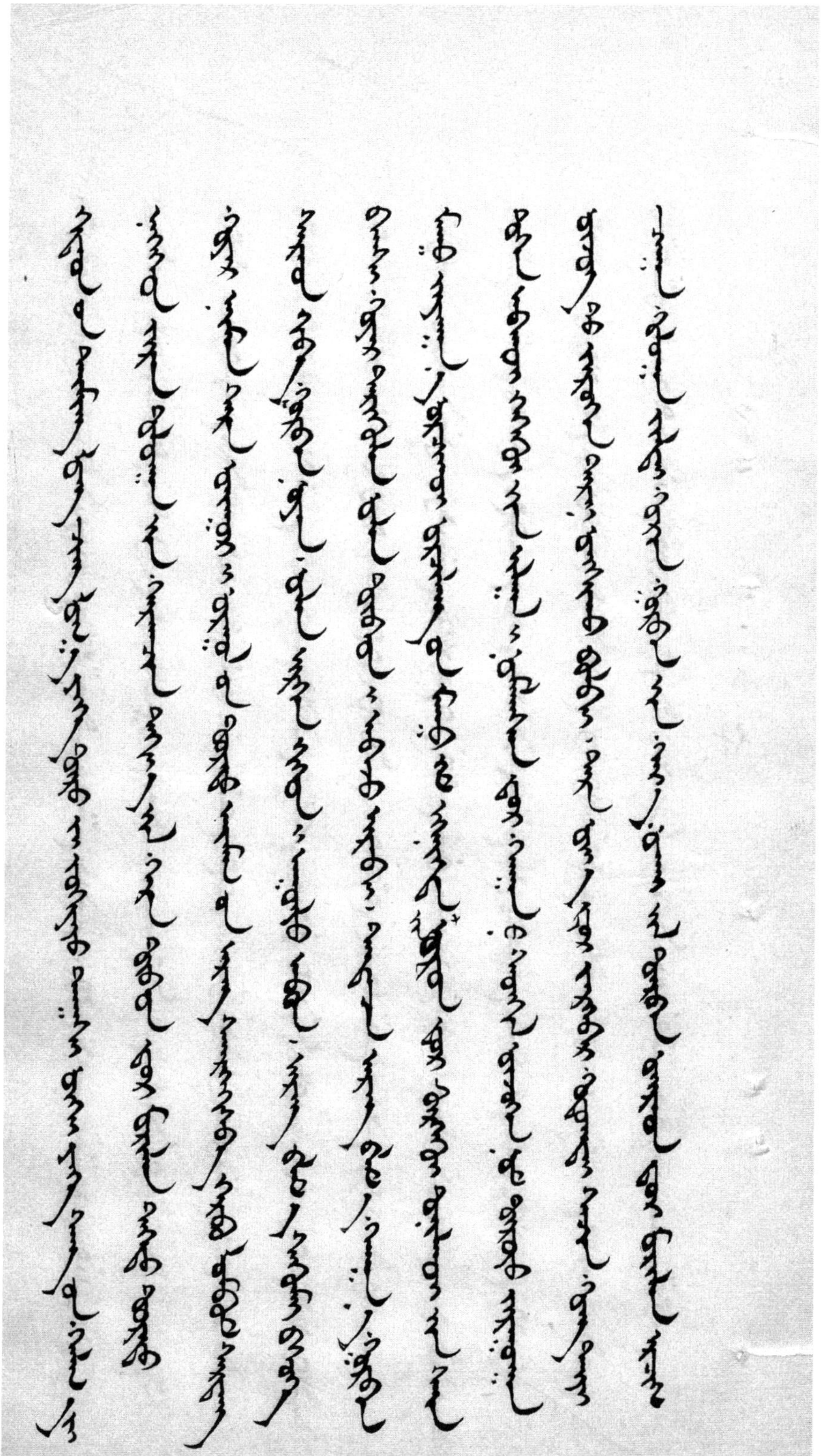

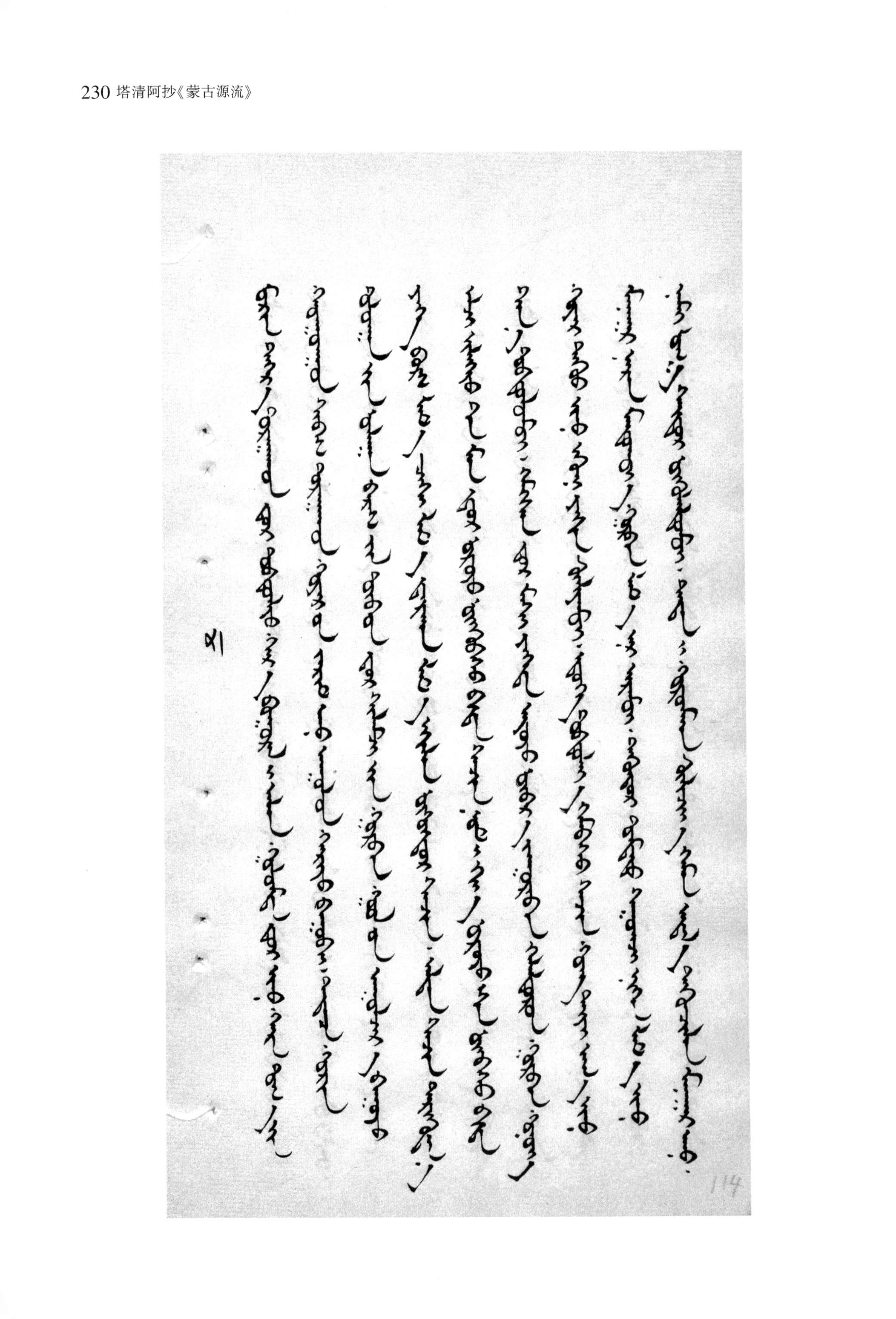

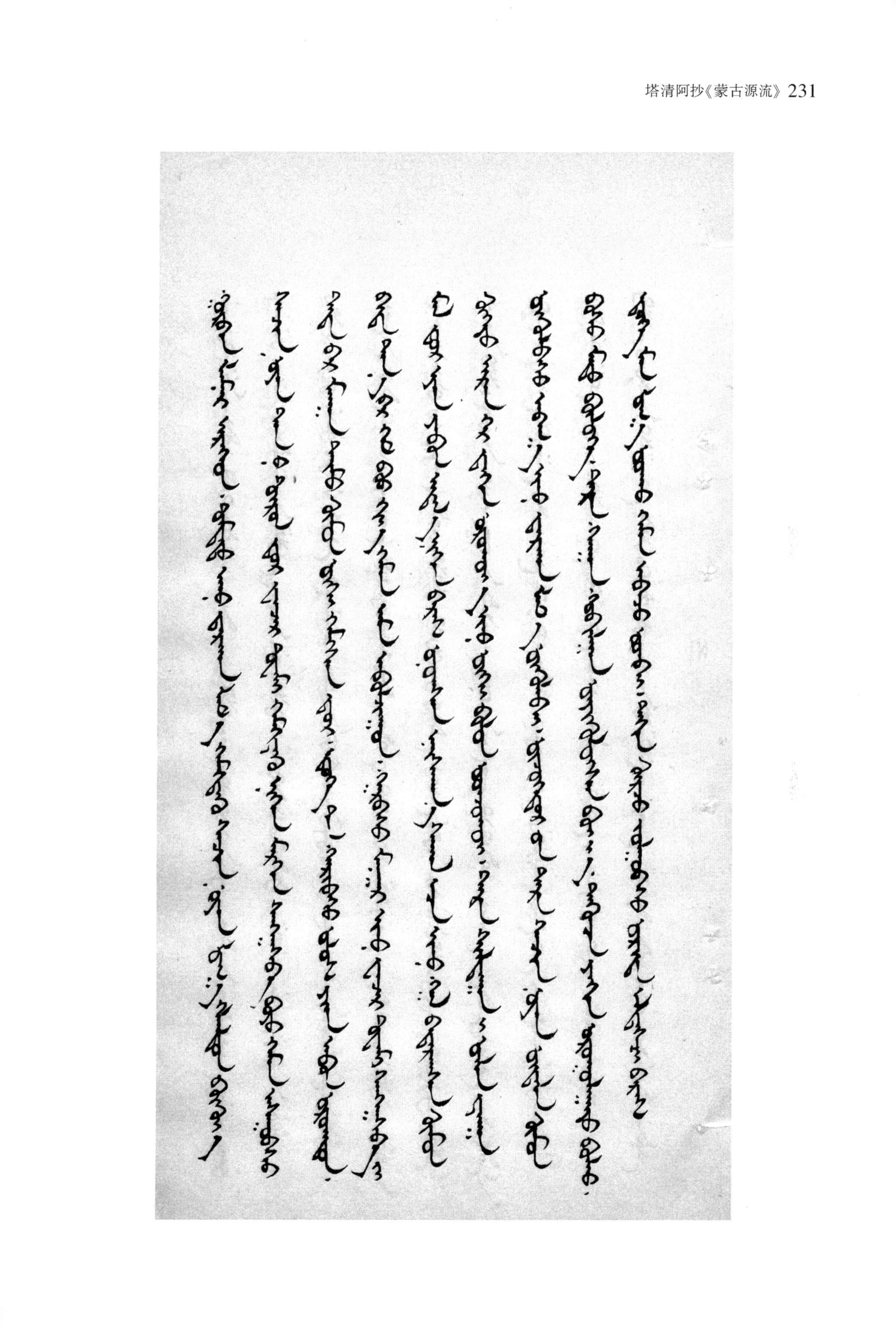

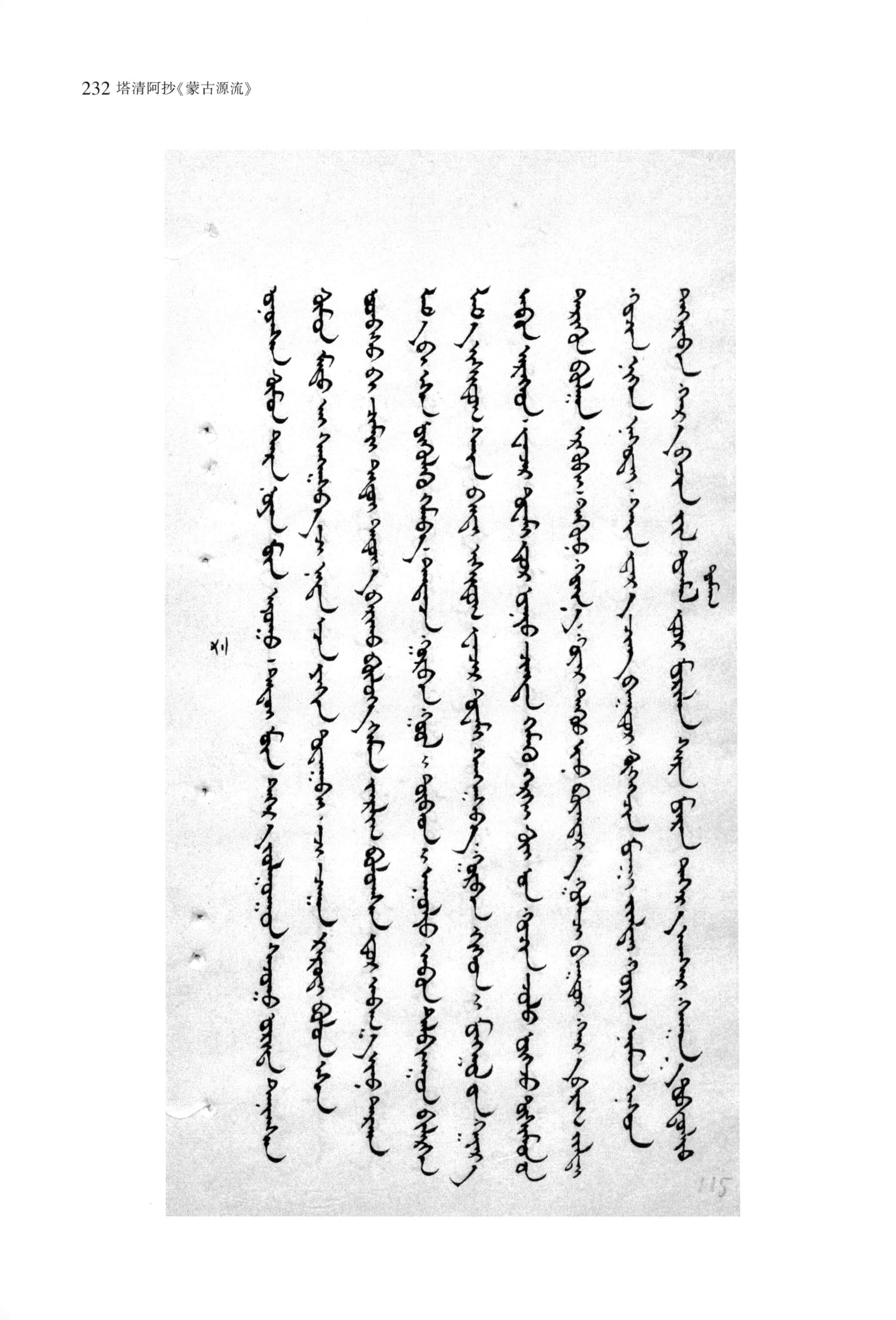

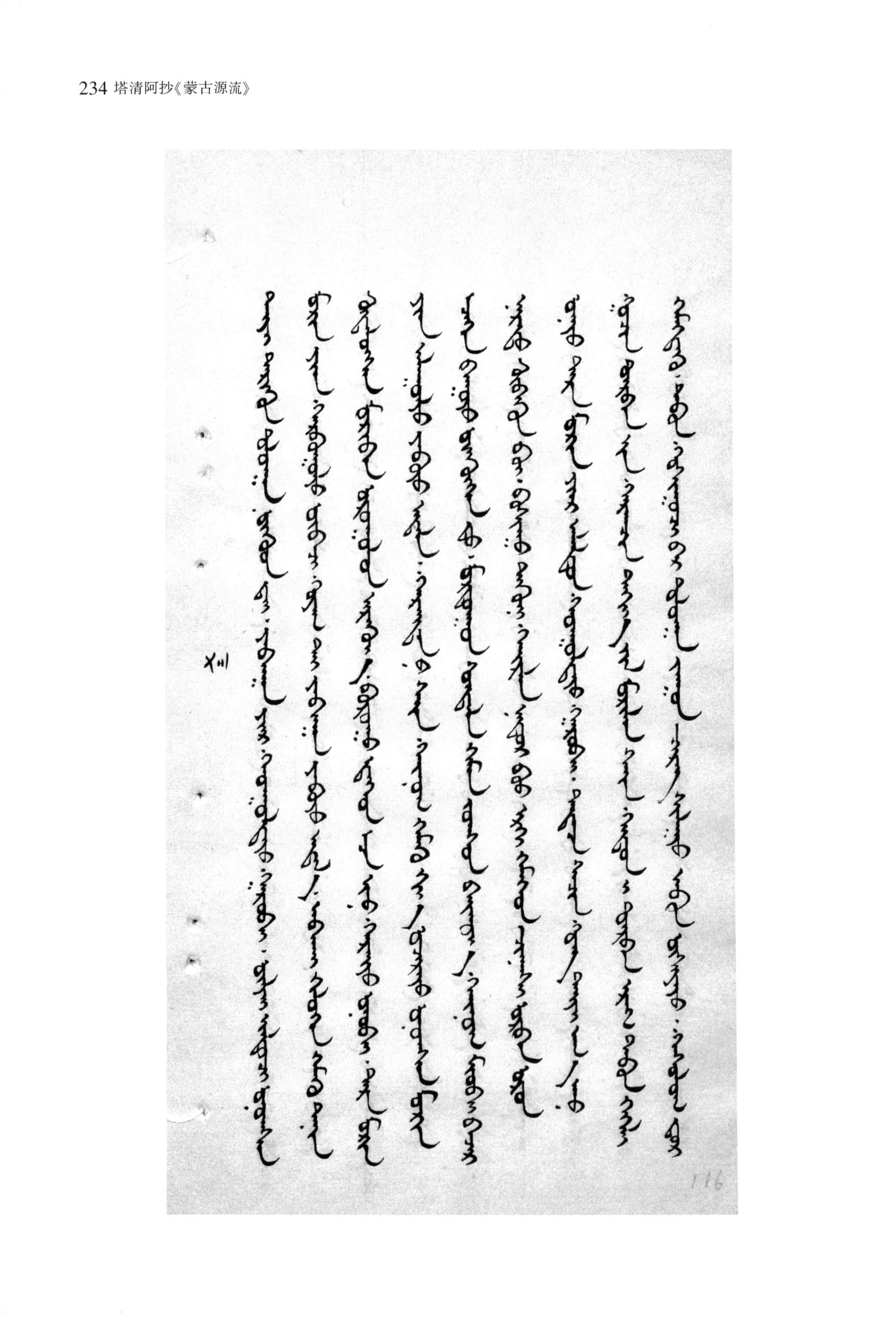

116

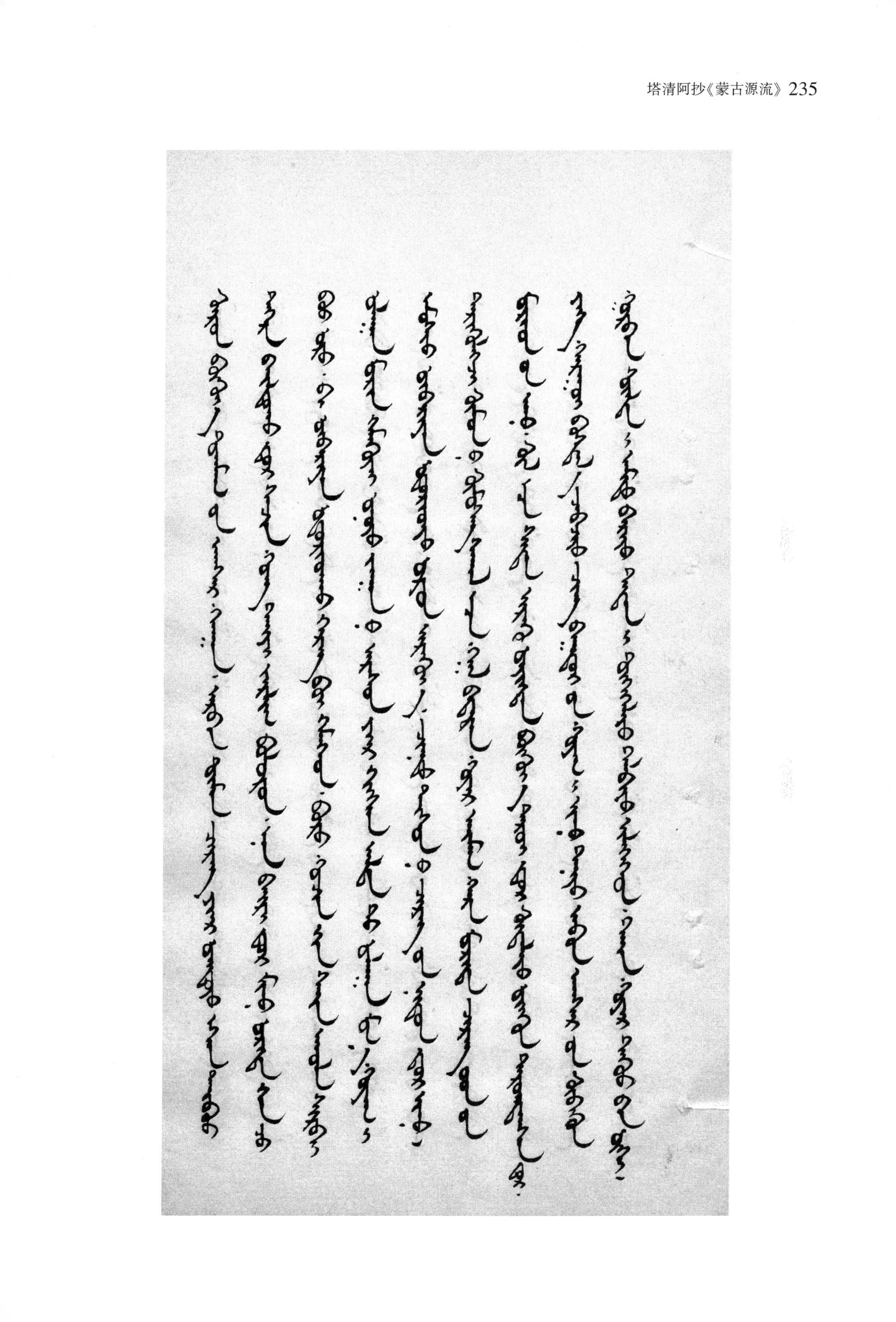

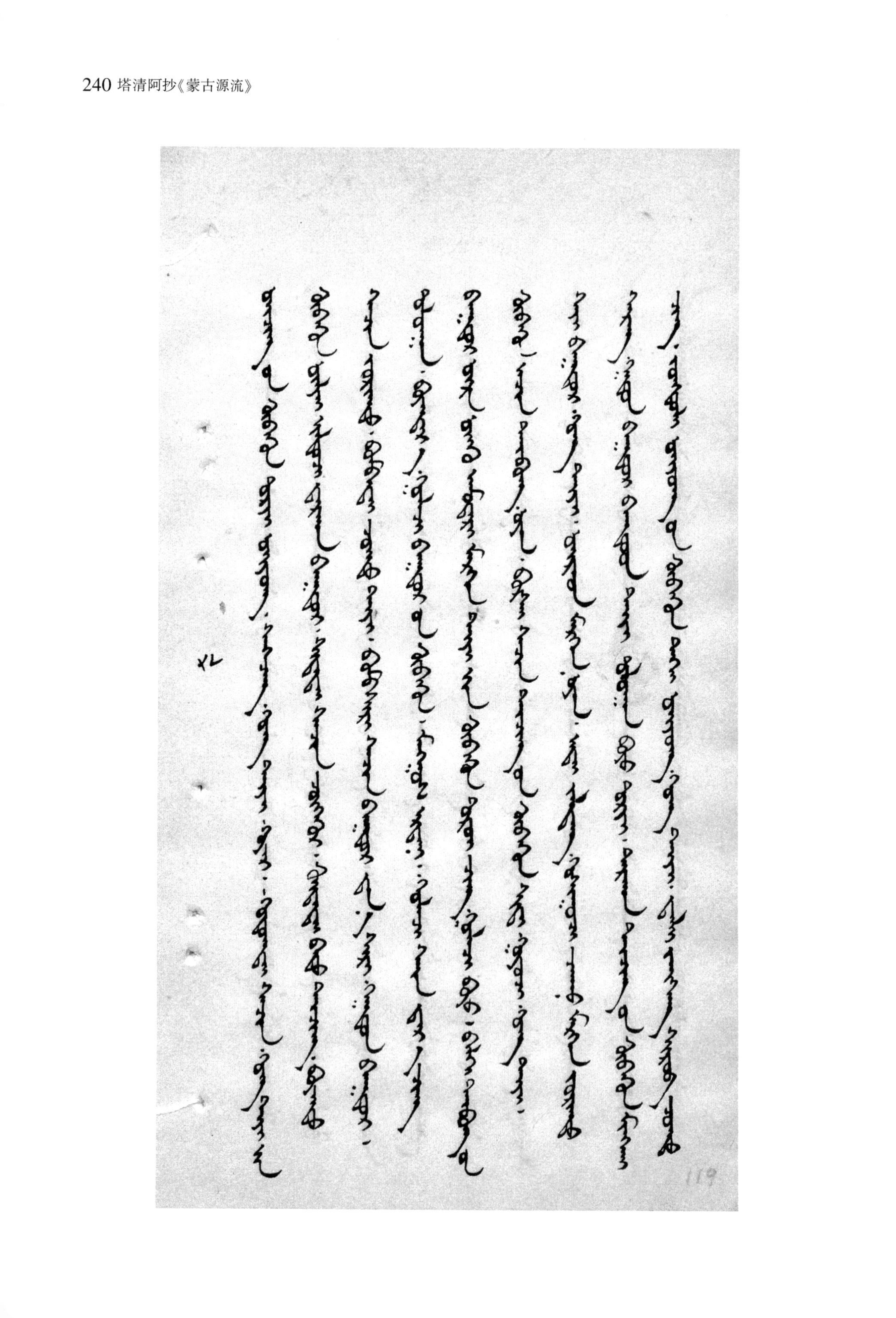

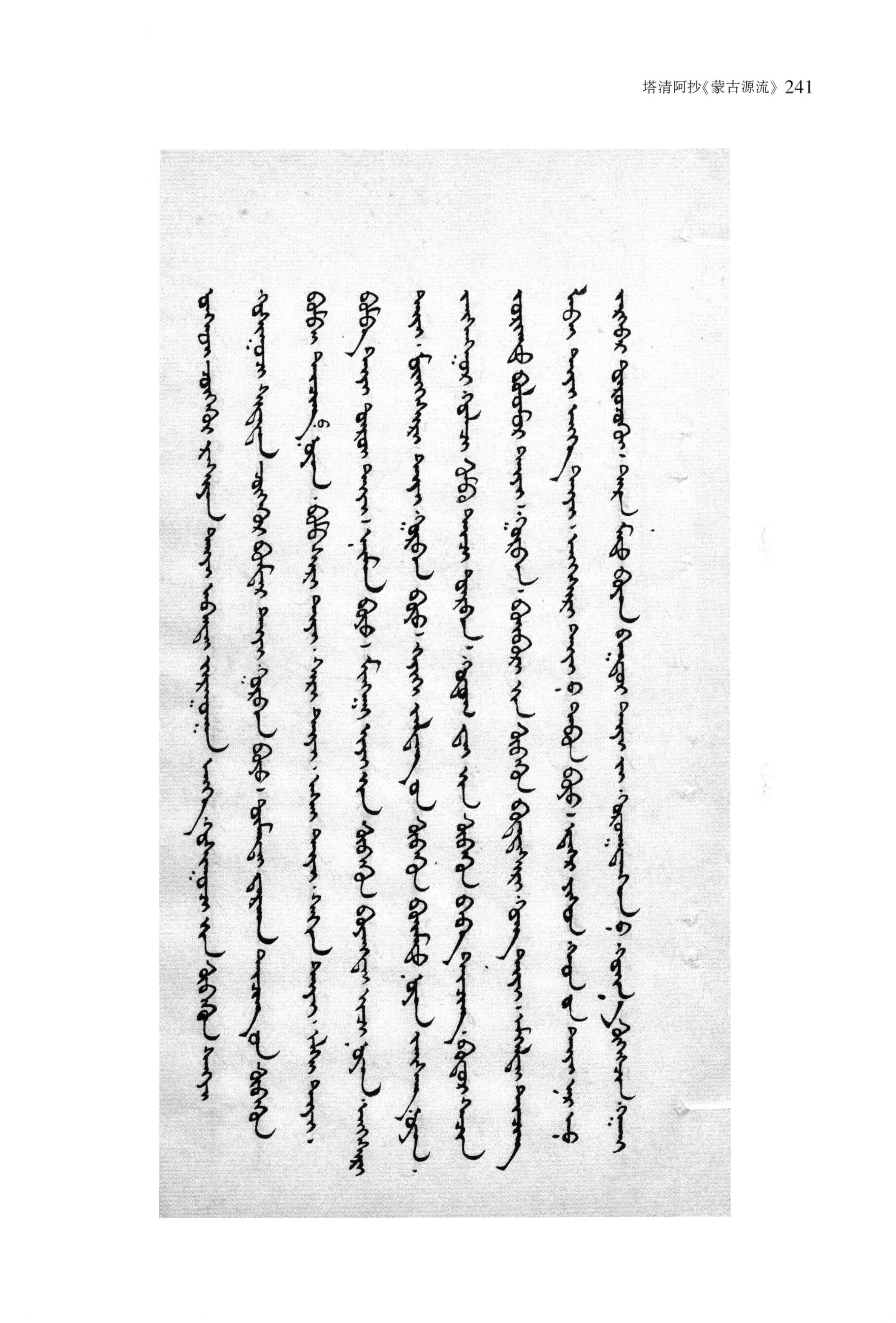

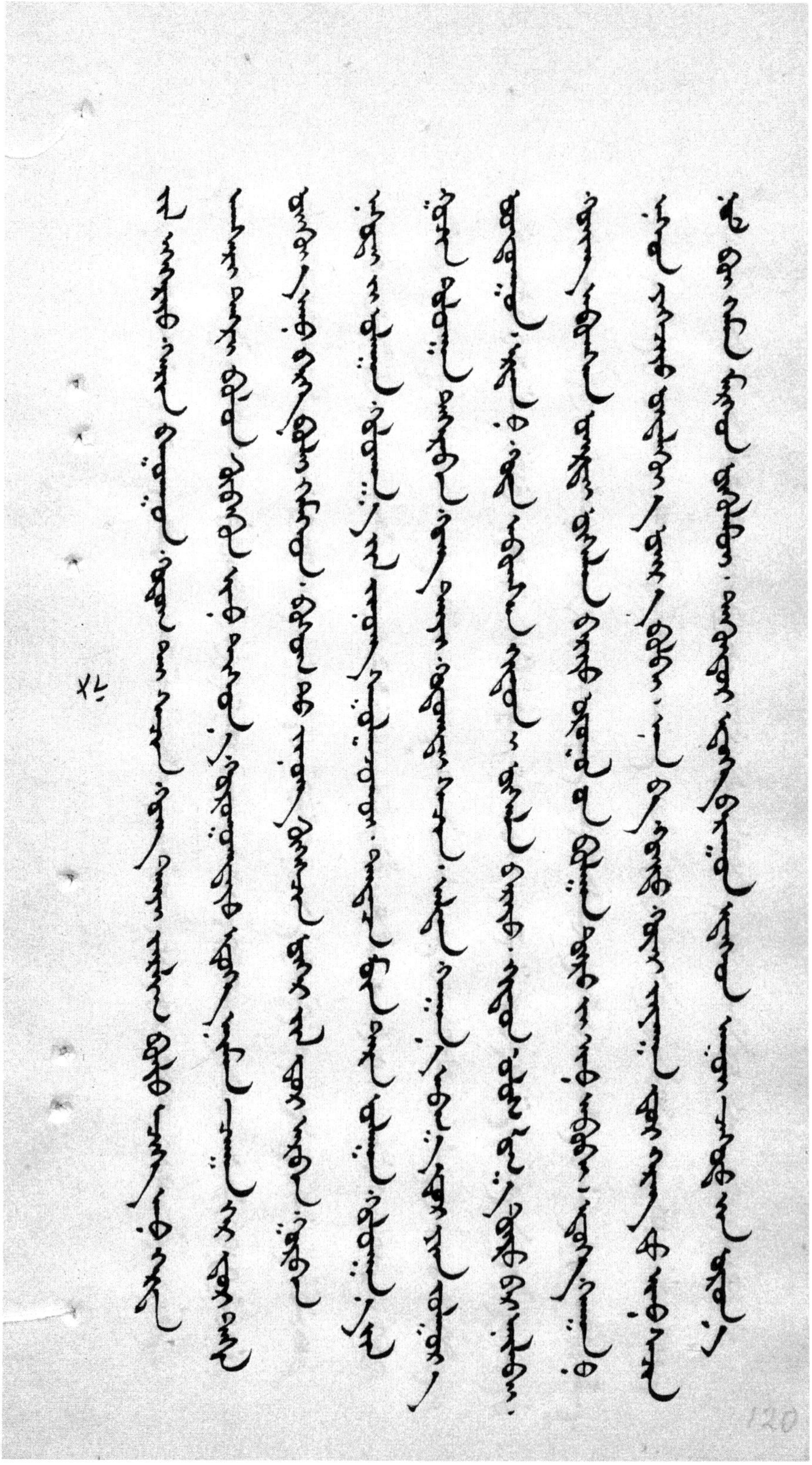

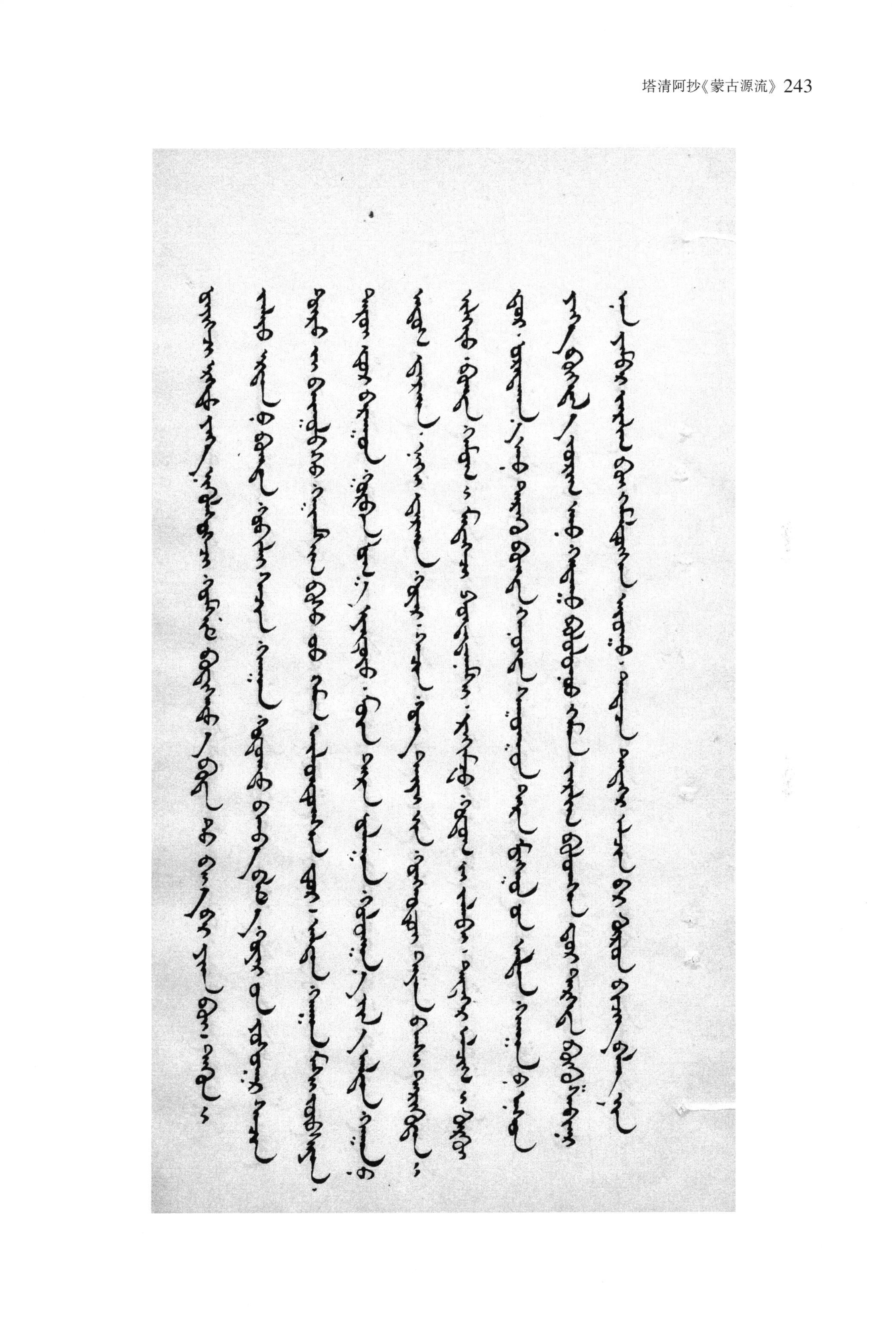

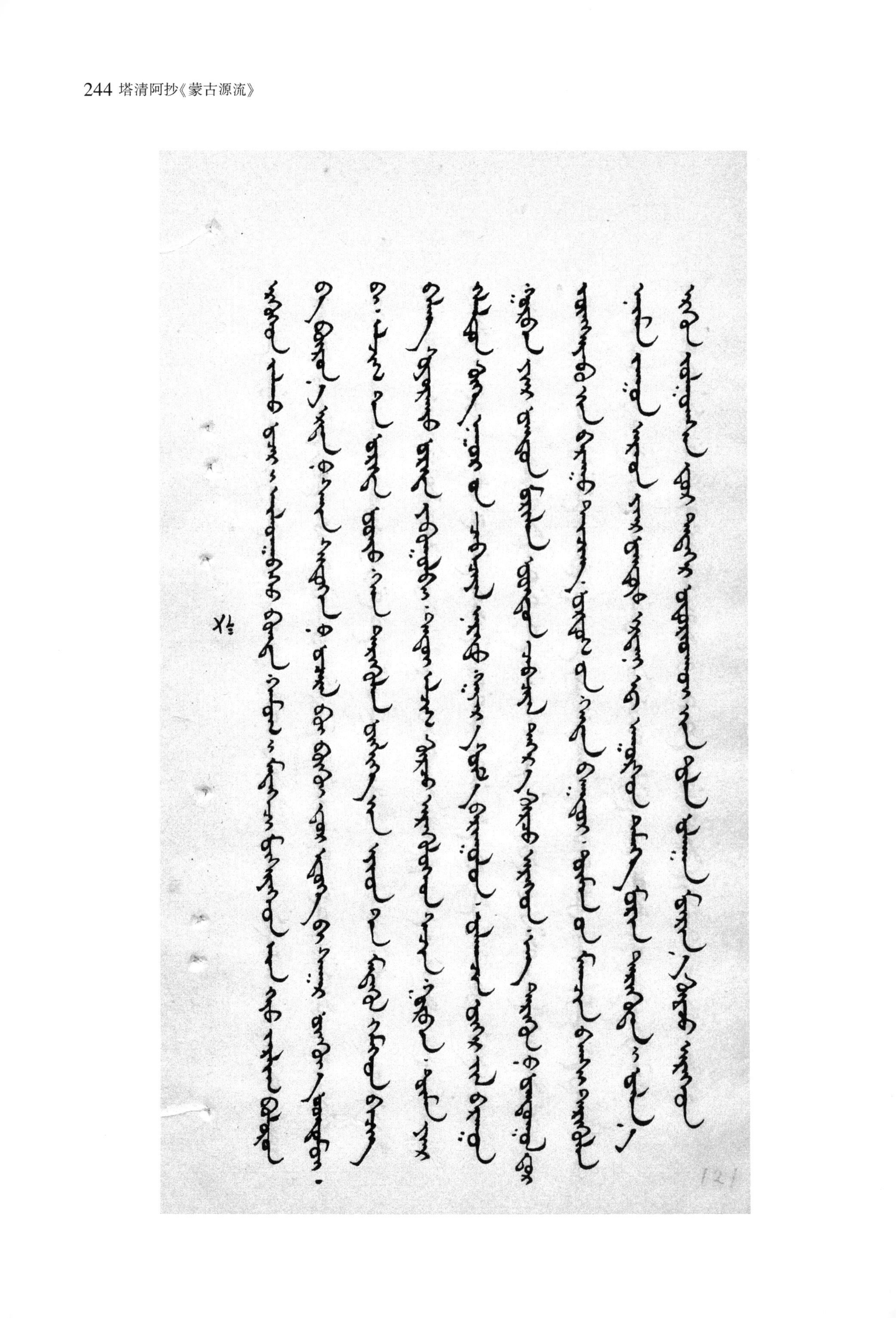

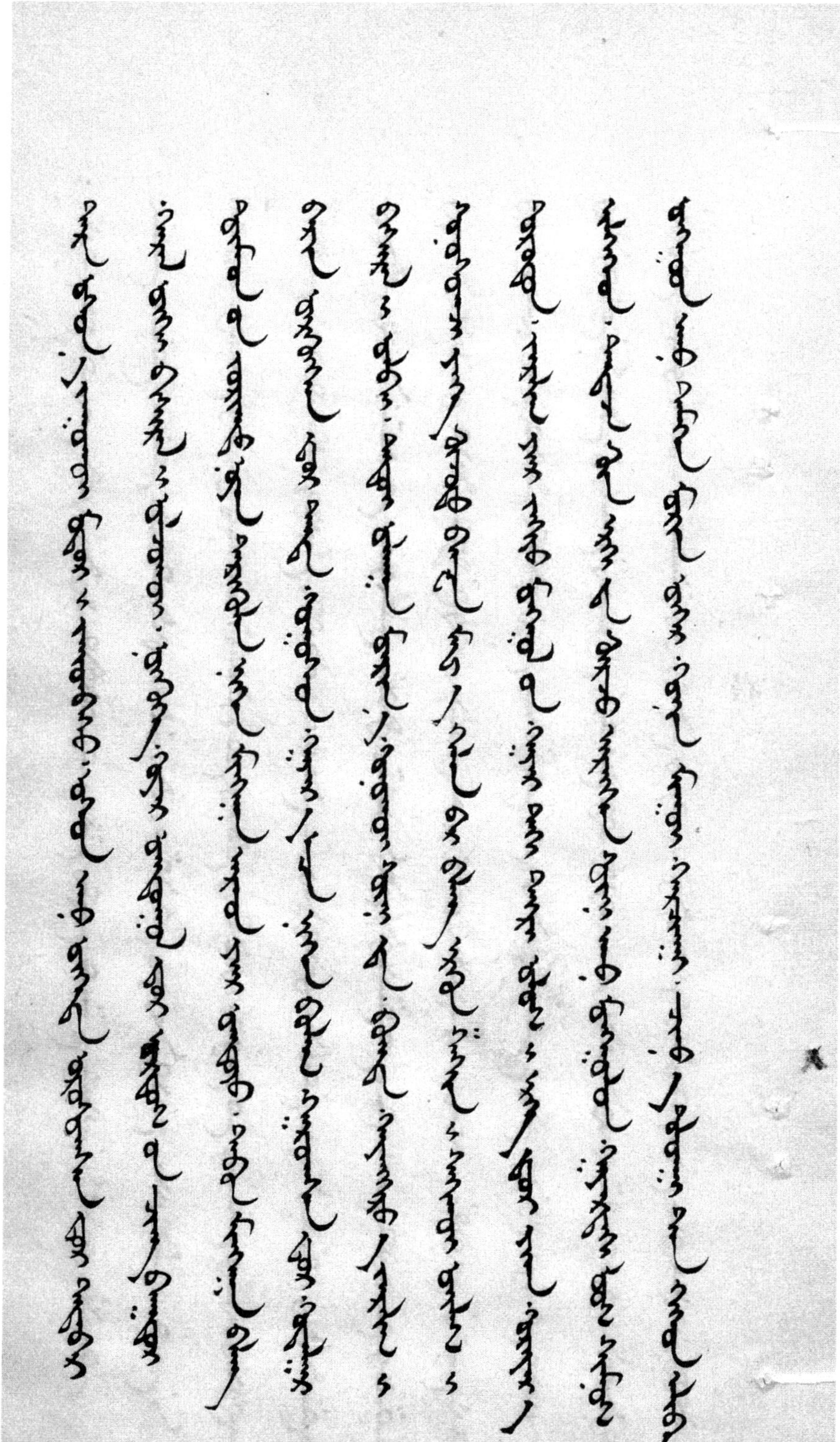

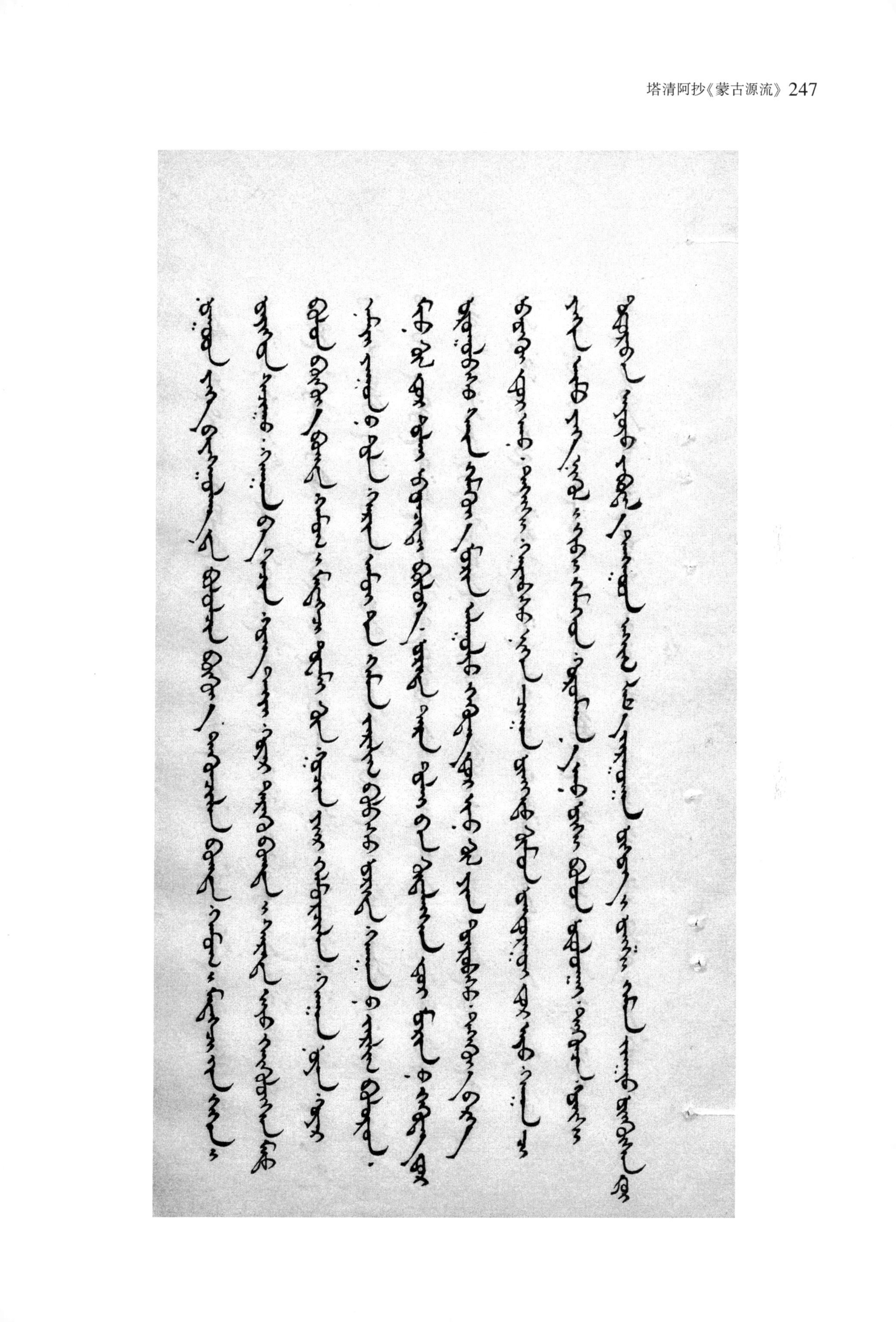

49

123

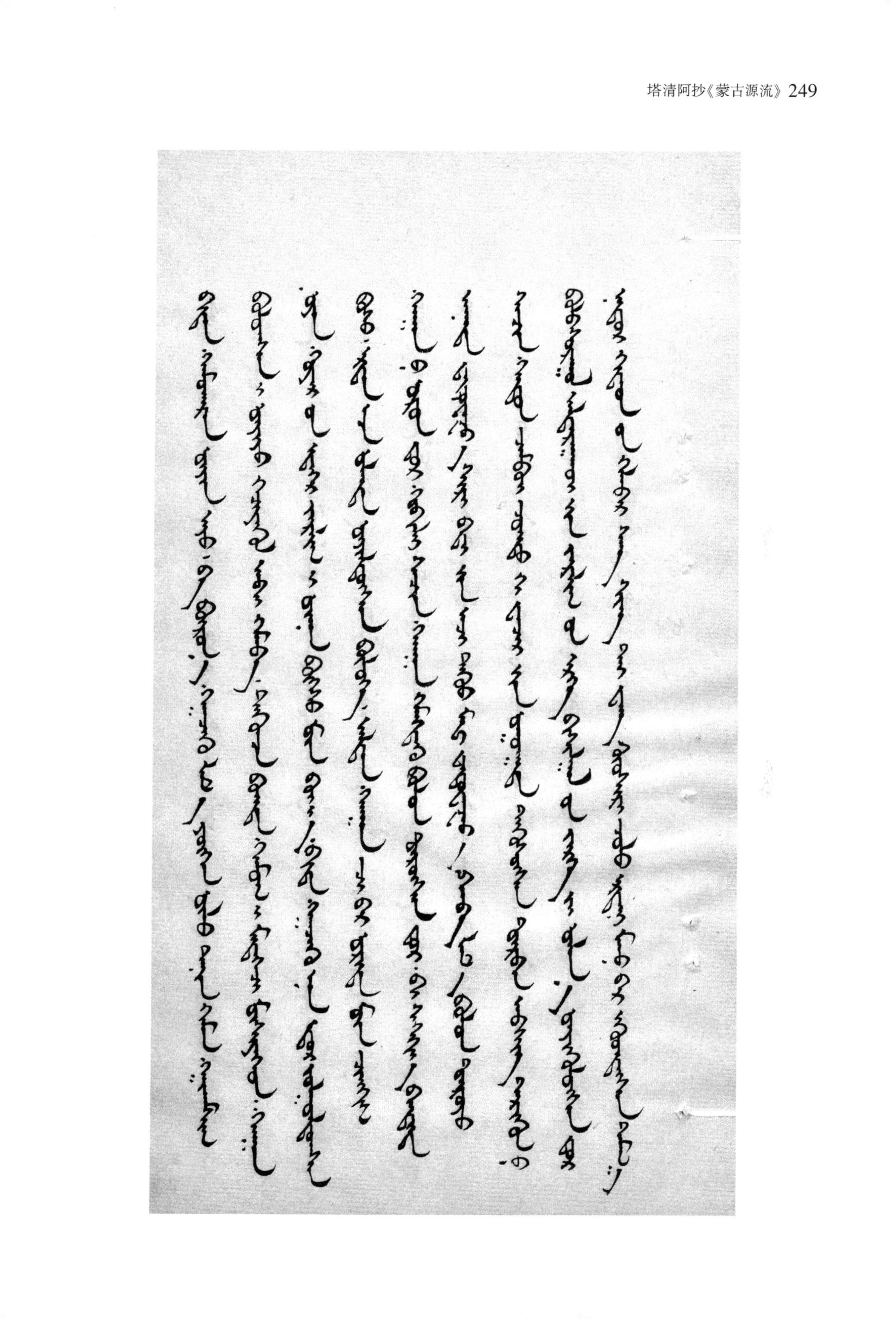

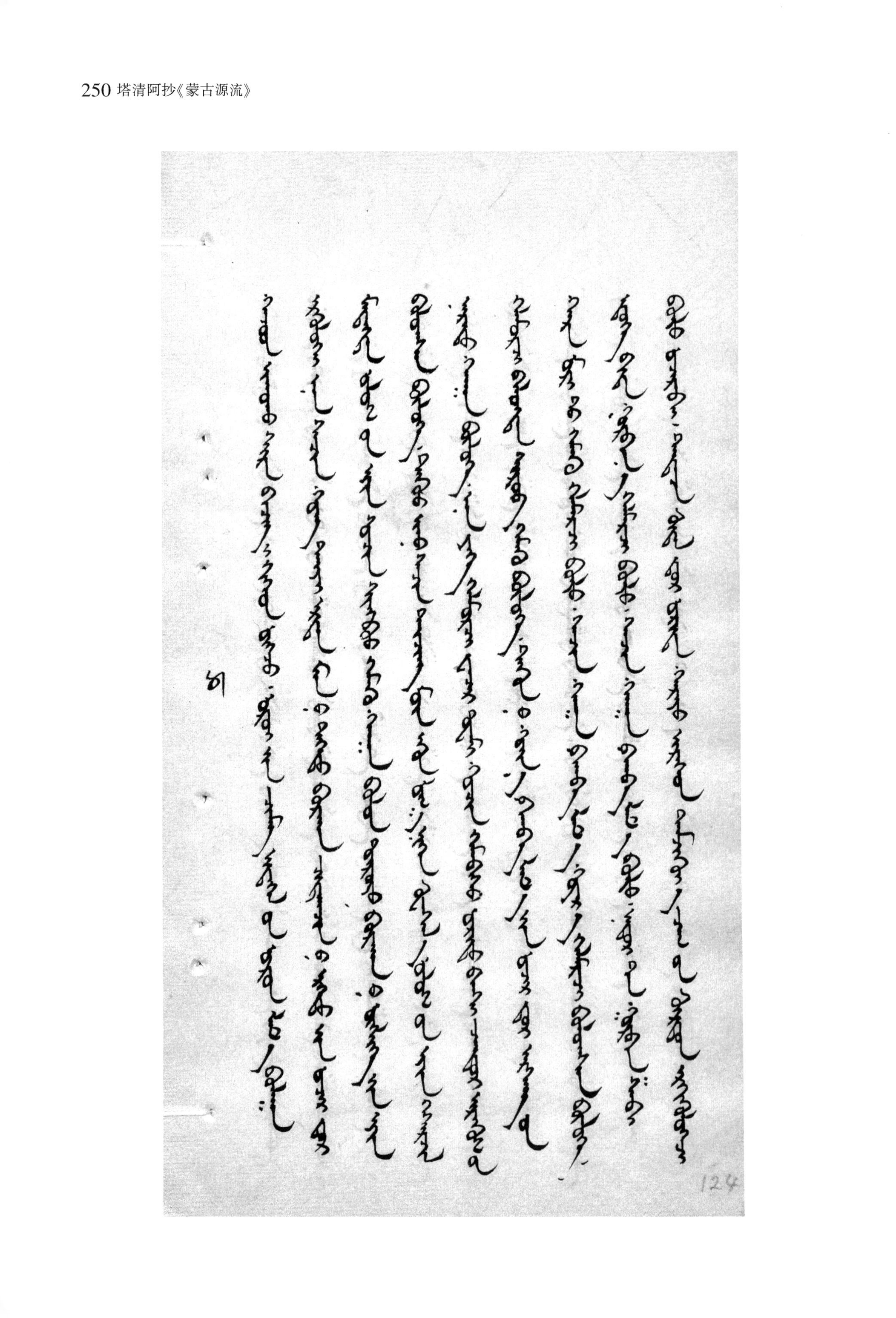

124

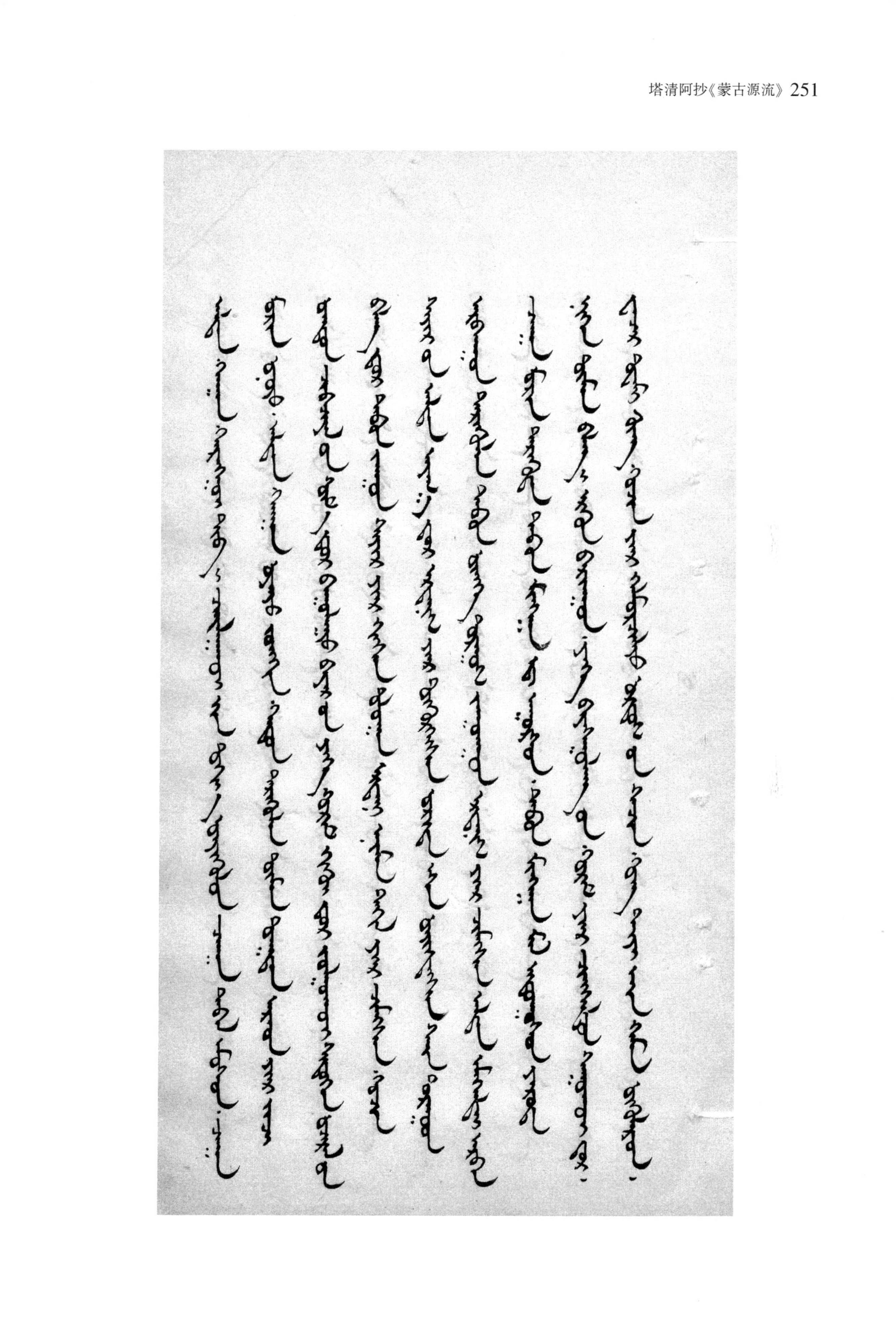

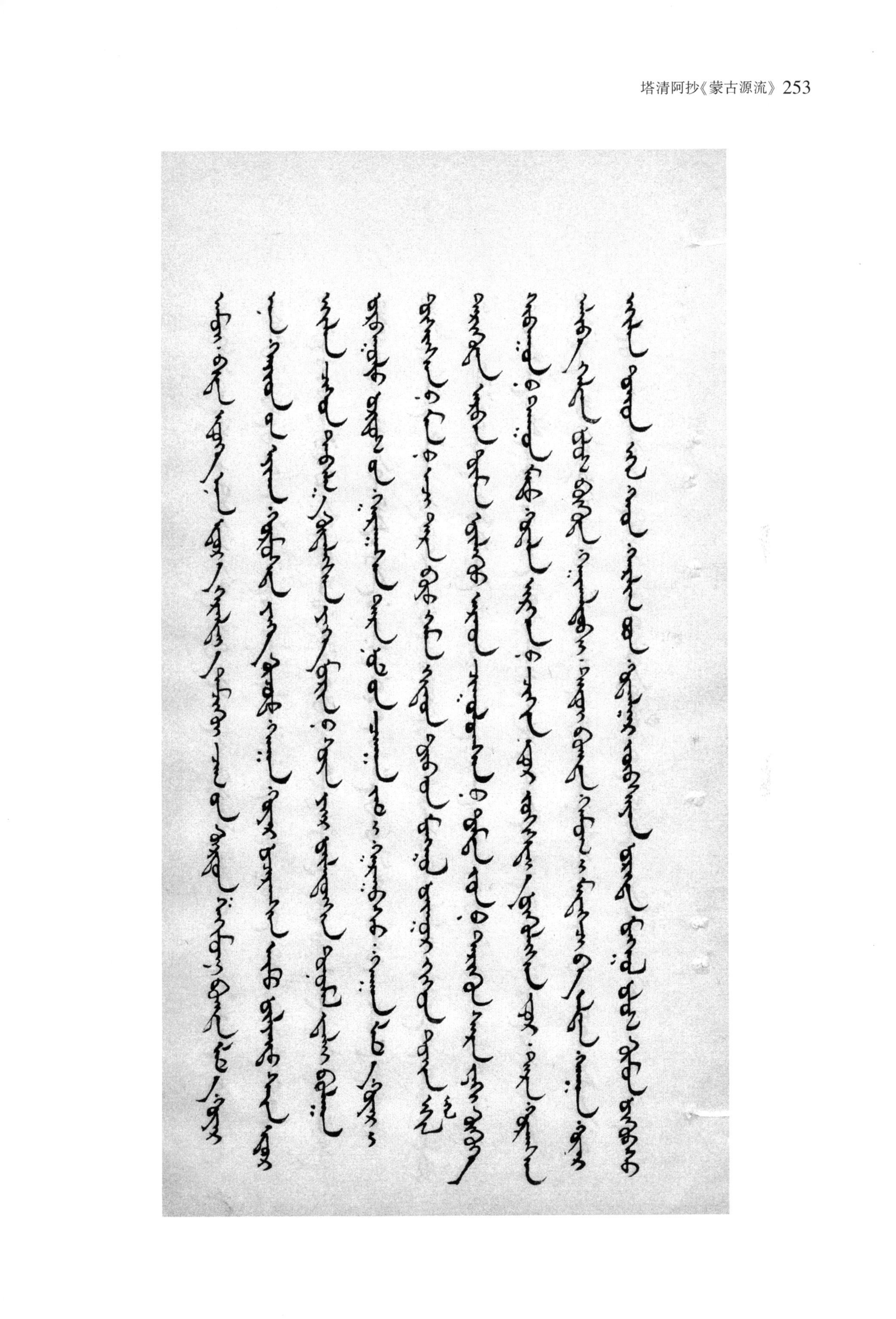

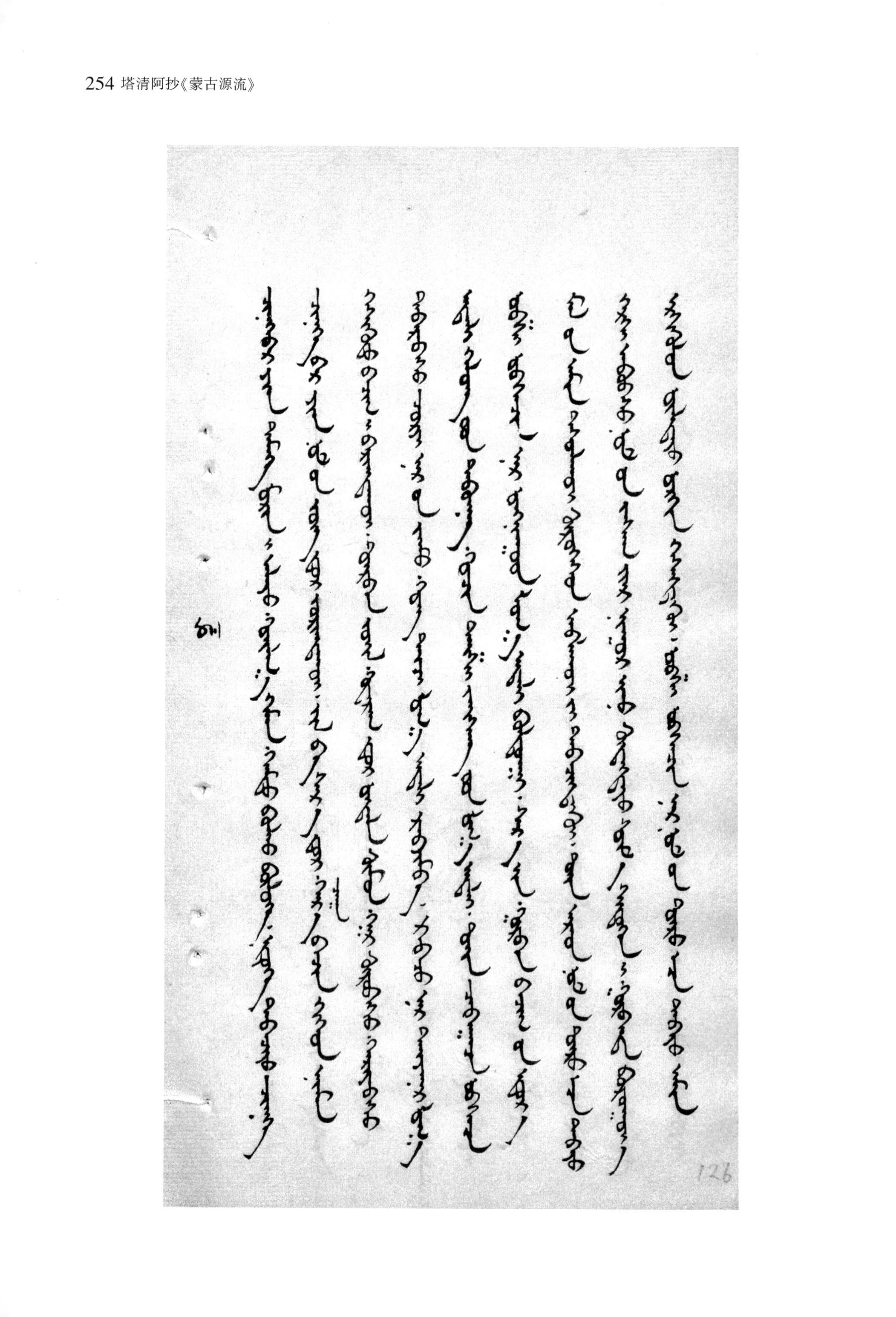

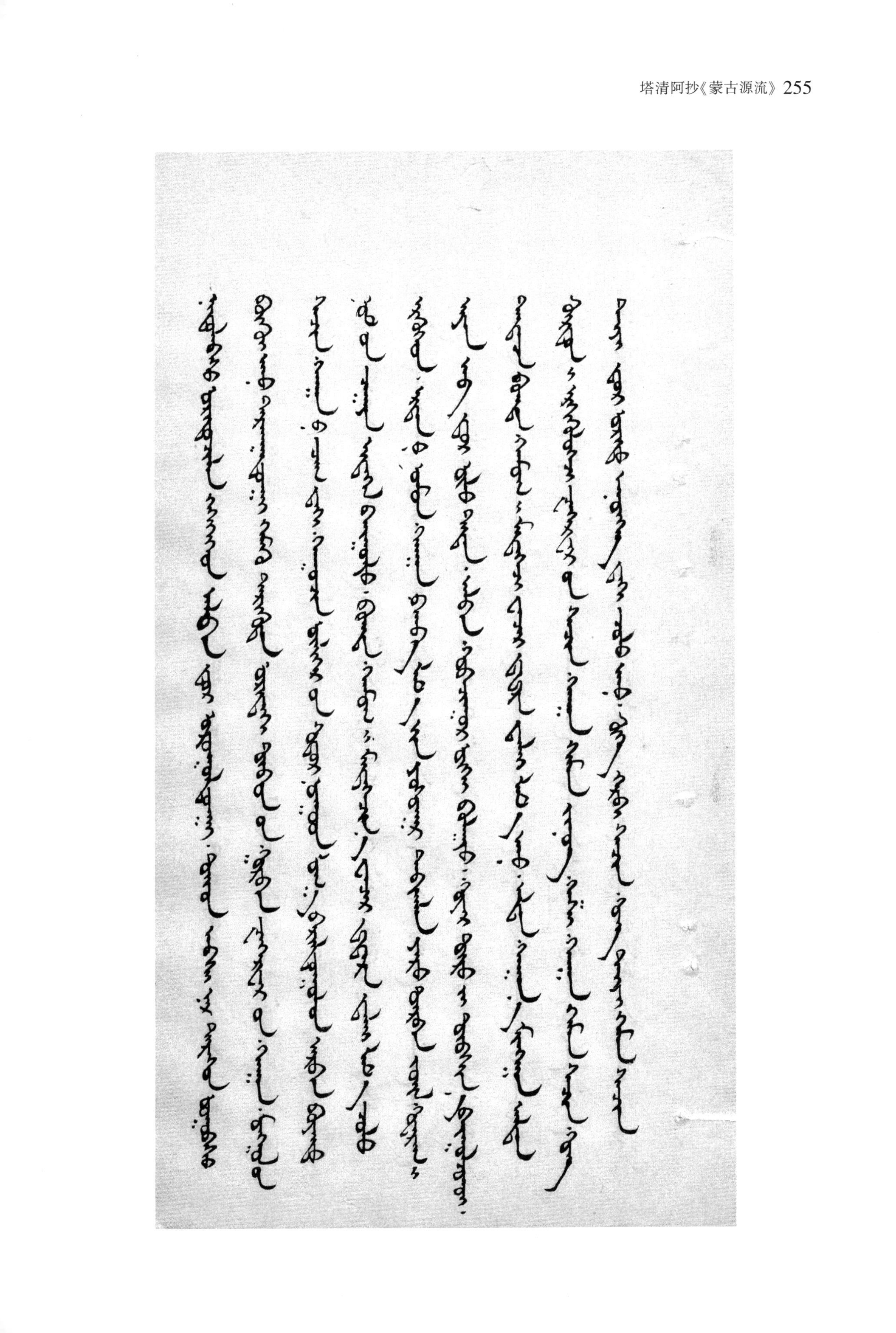

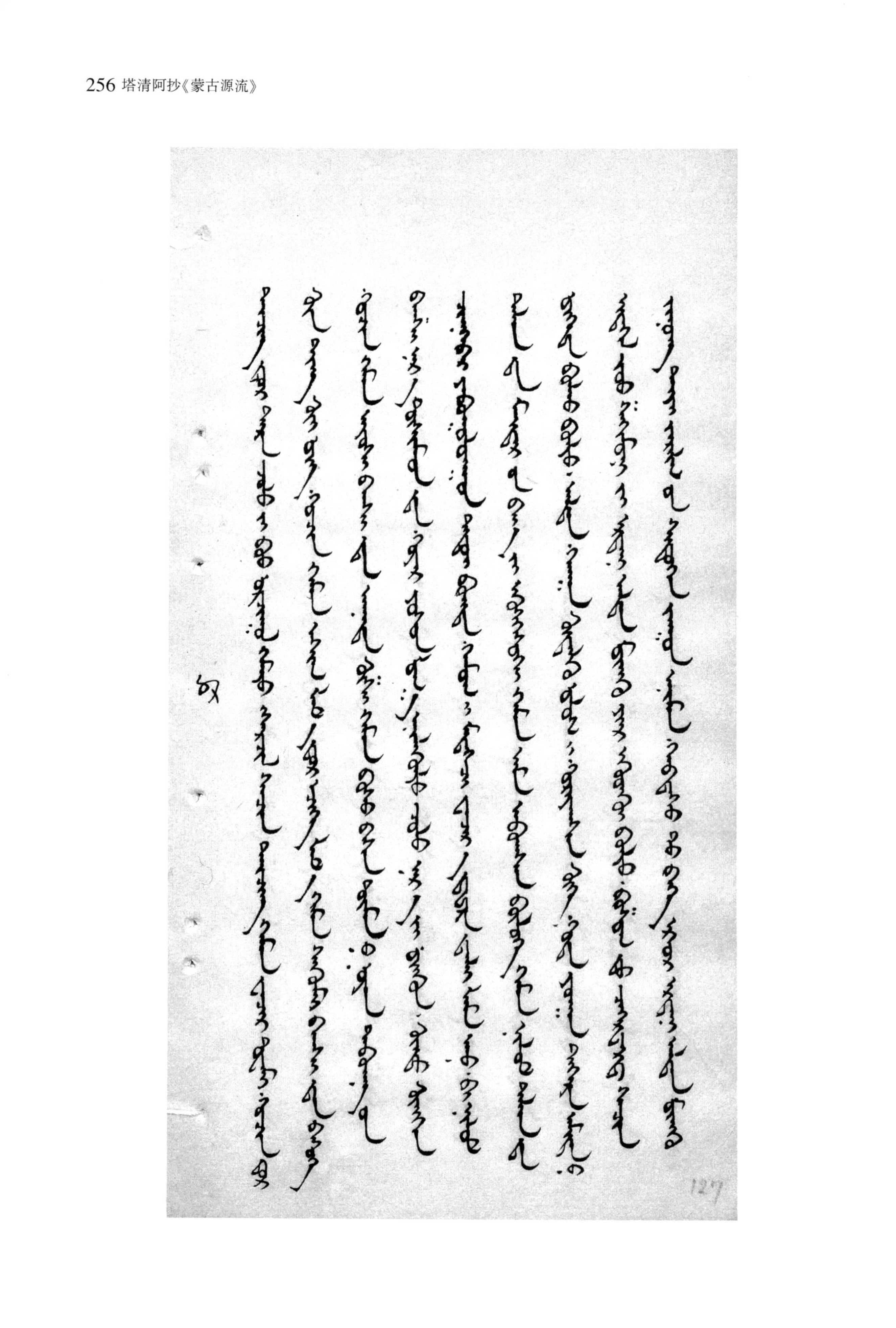

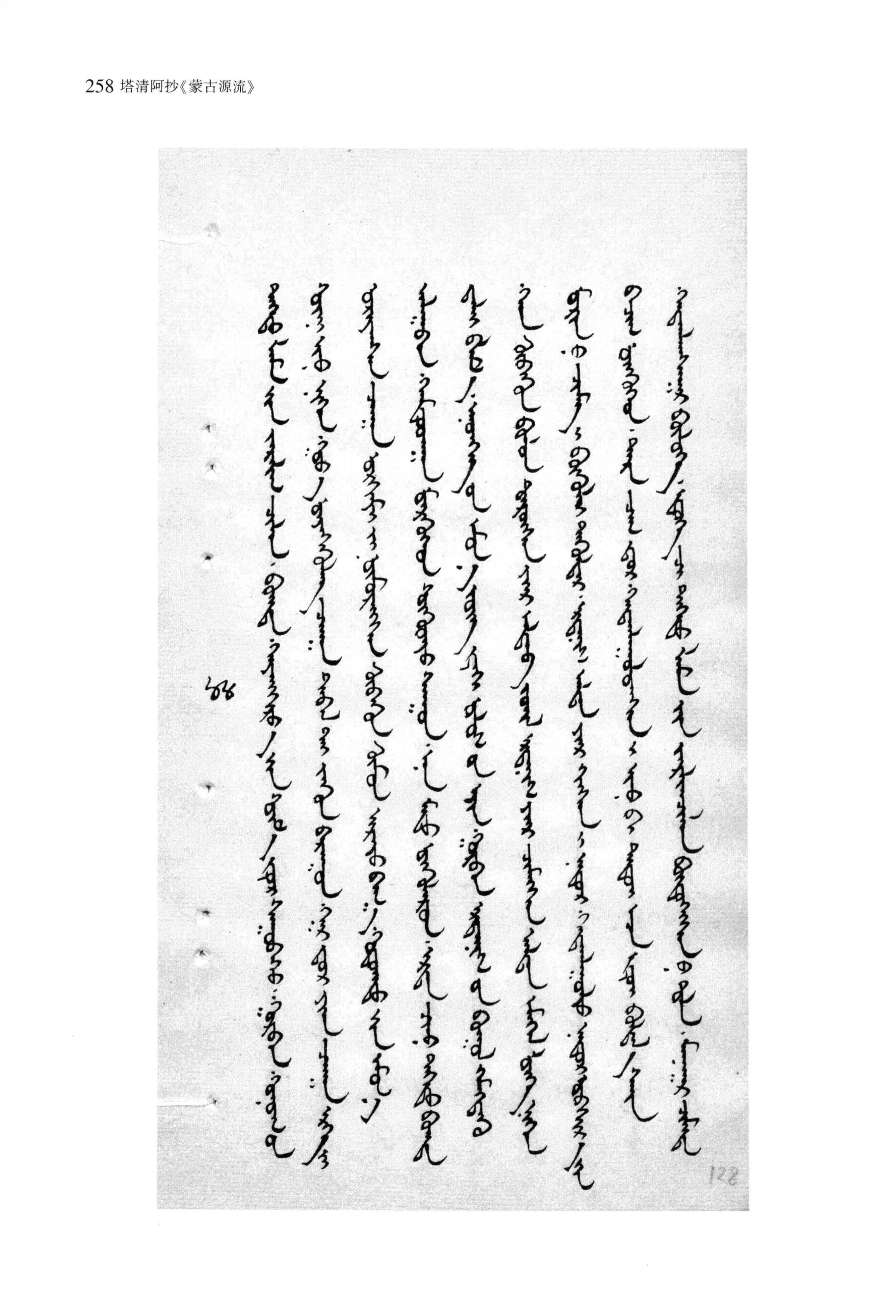

128

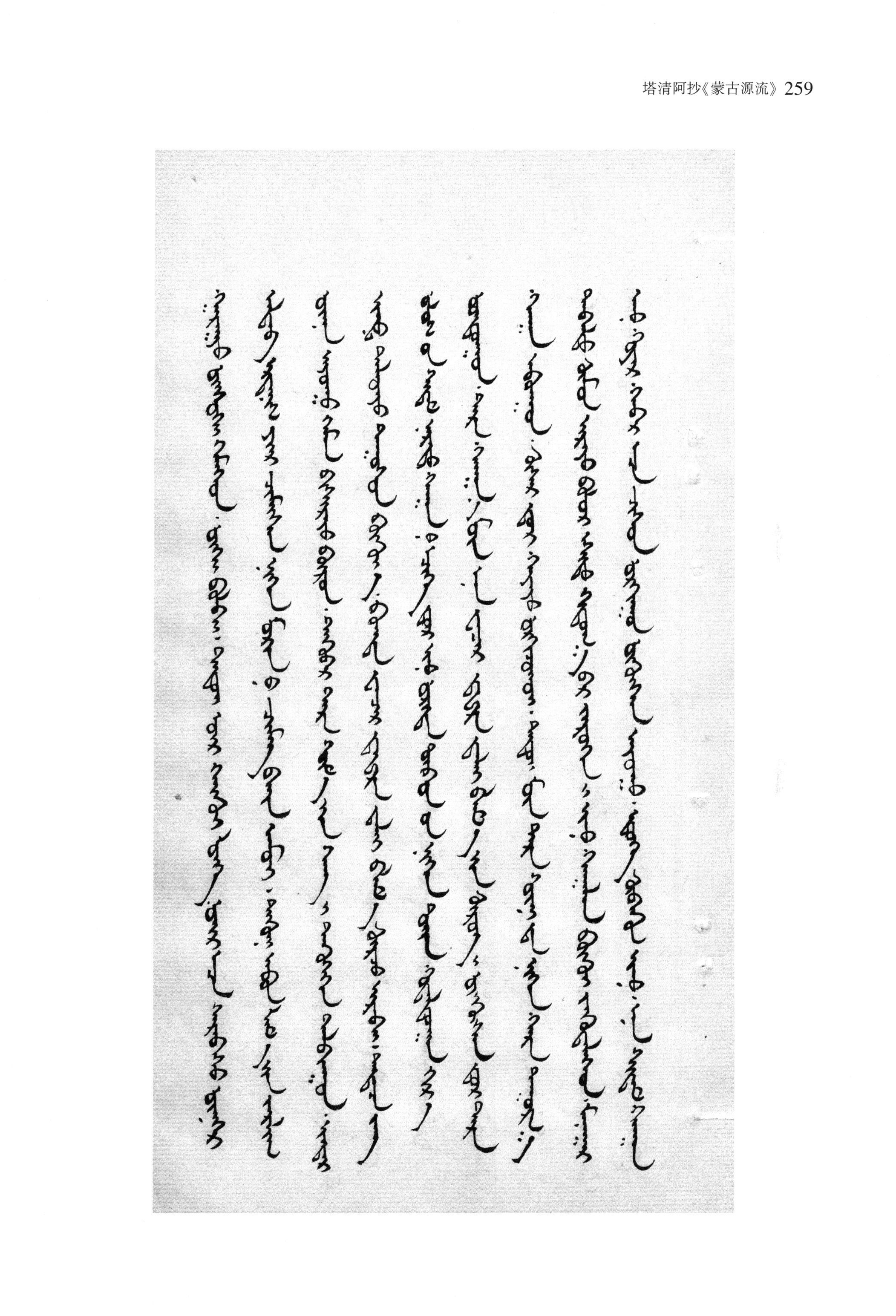

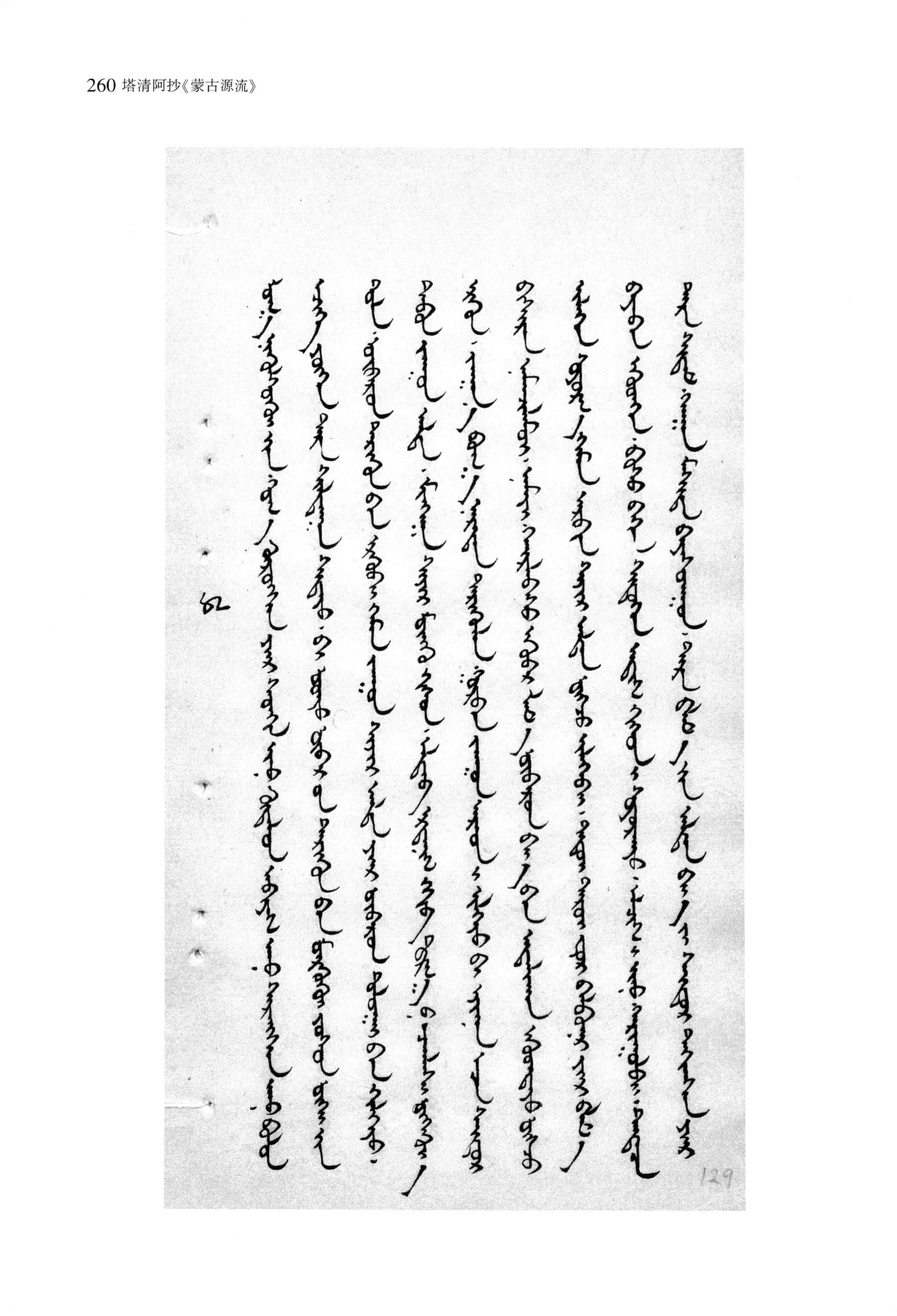

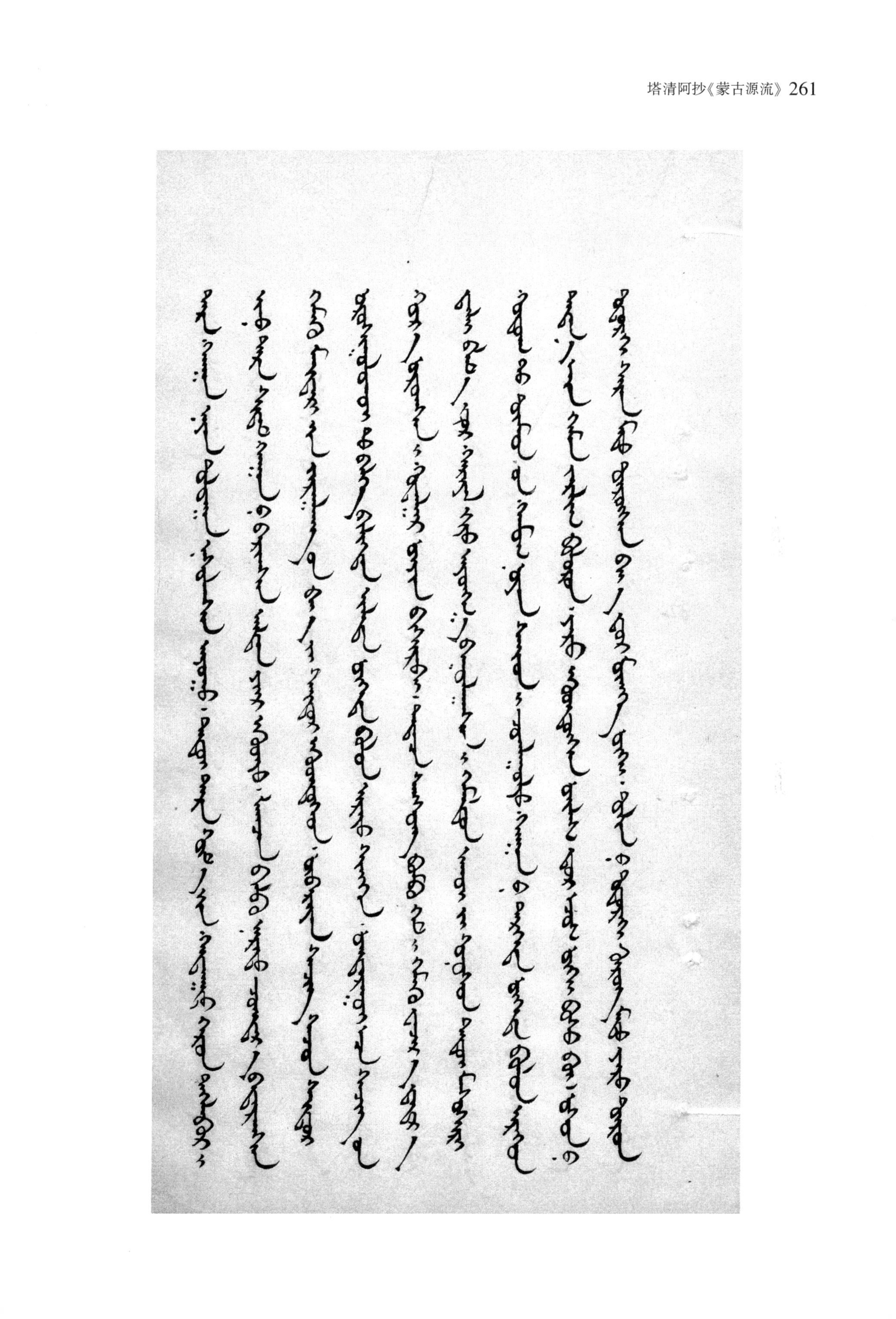

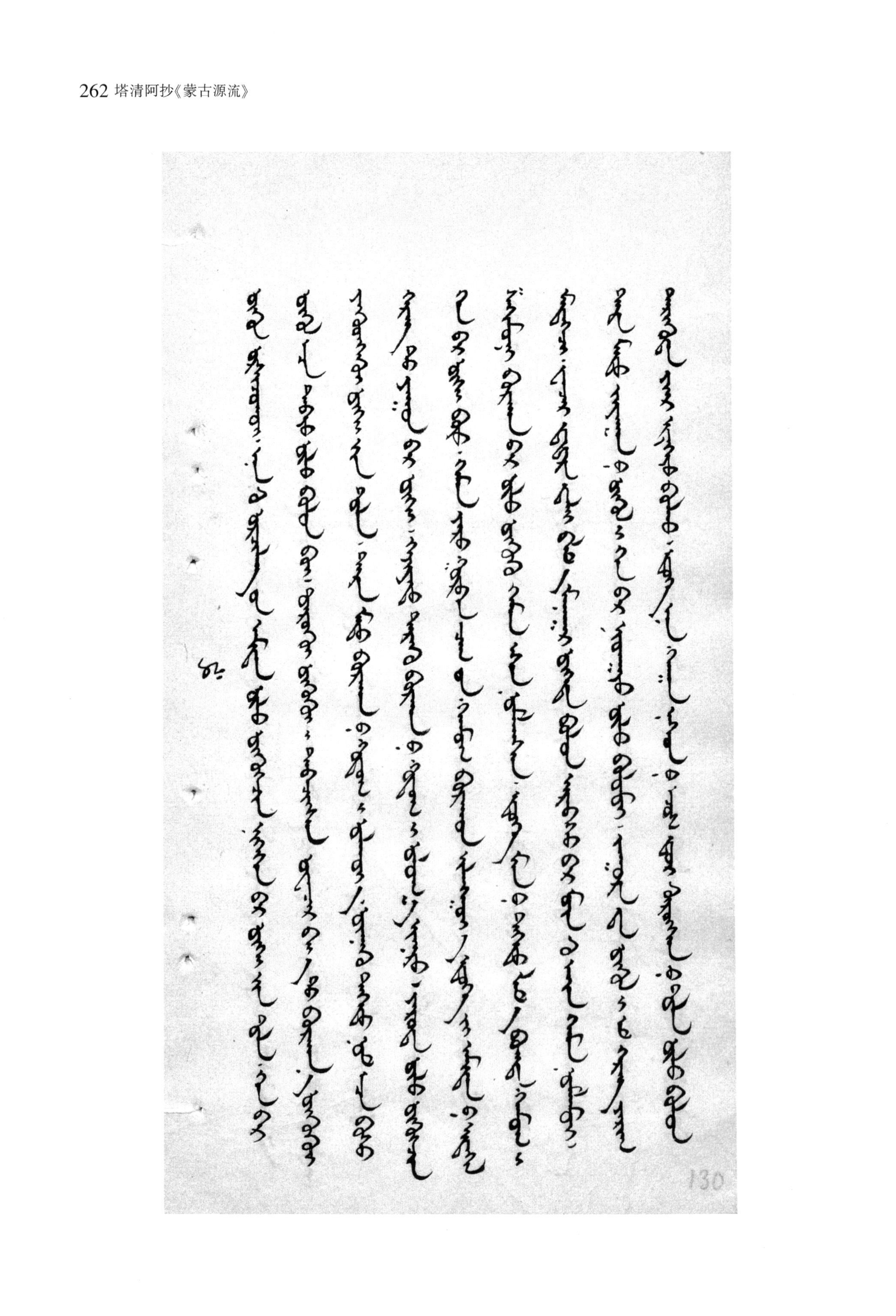

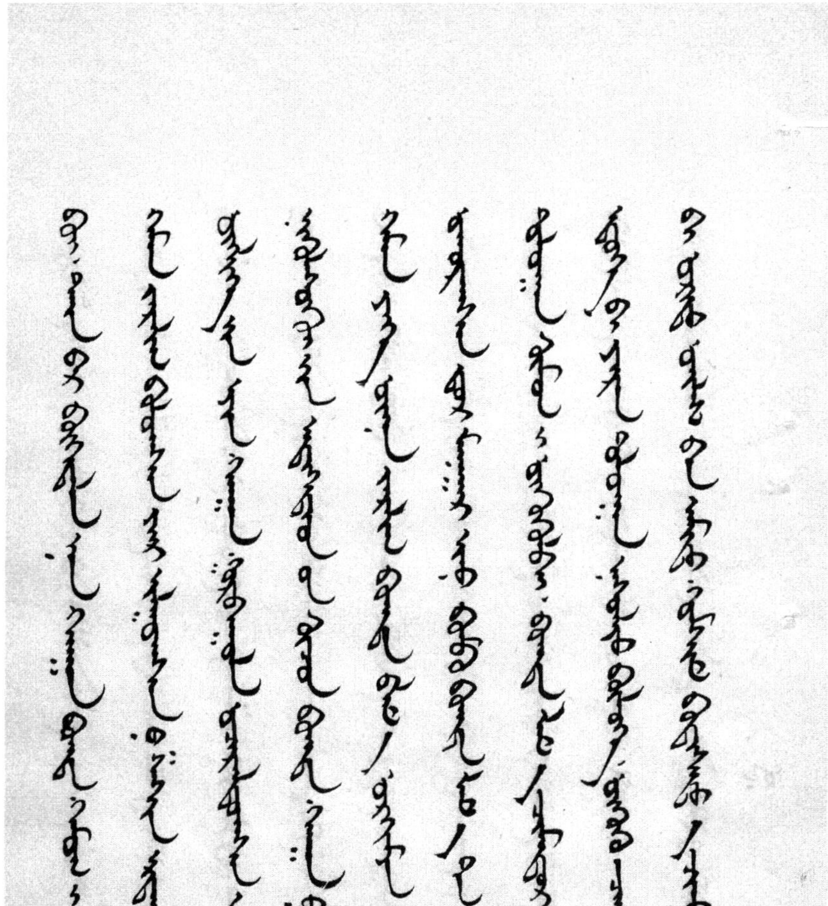

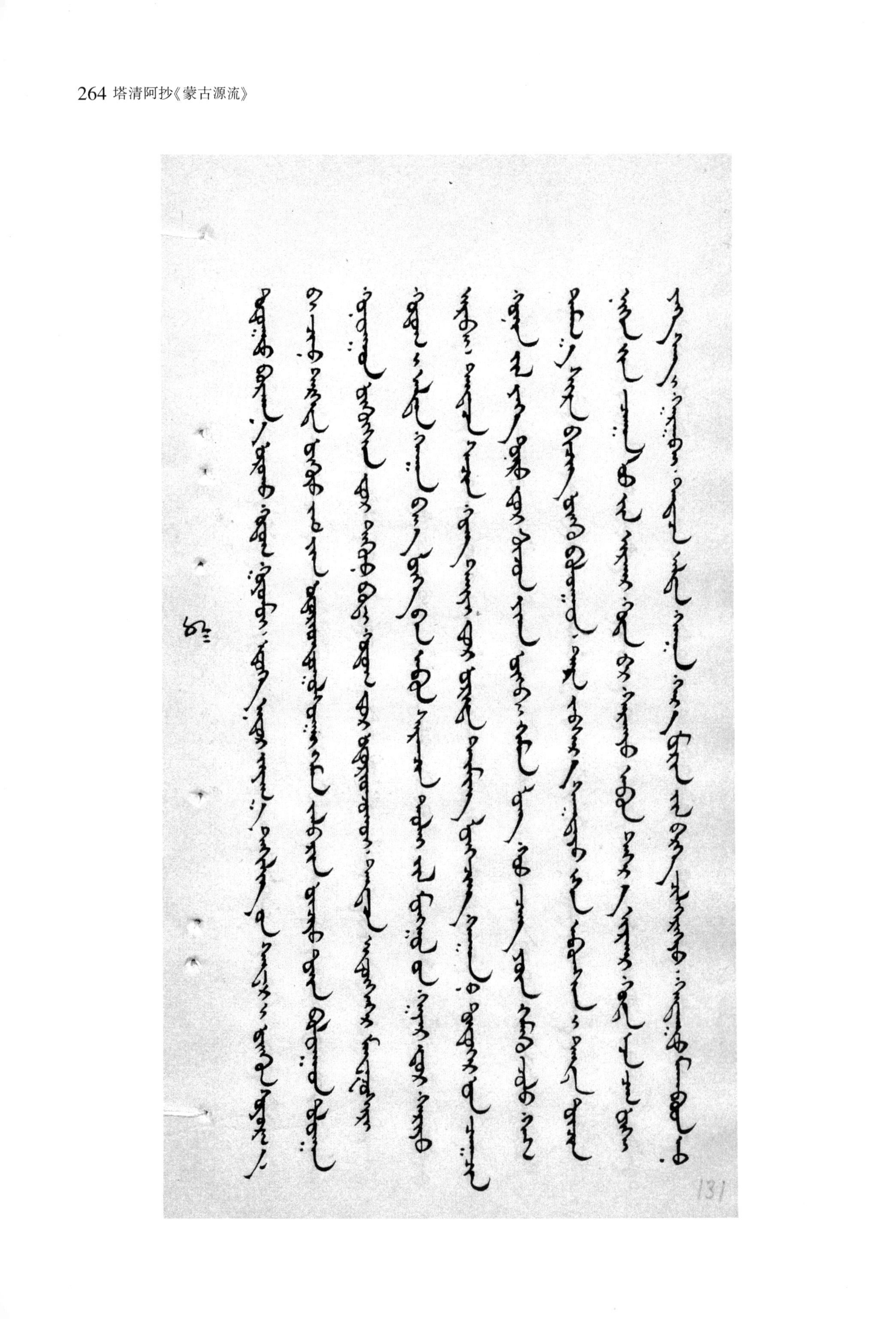

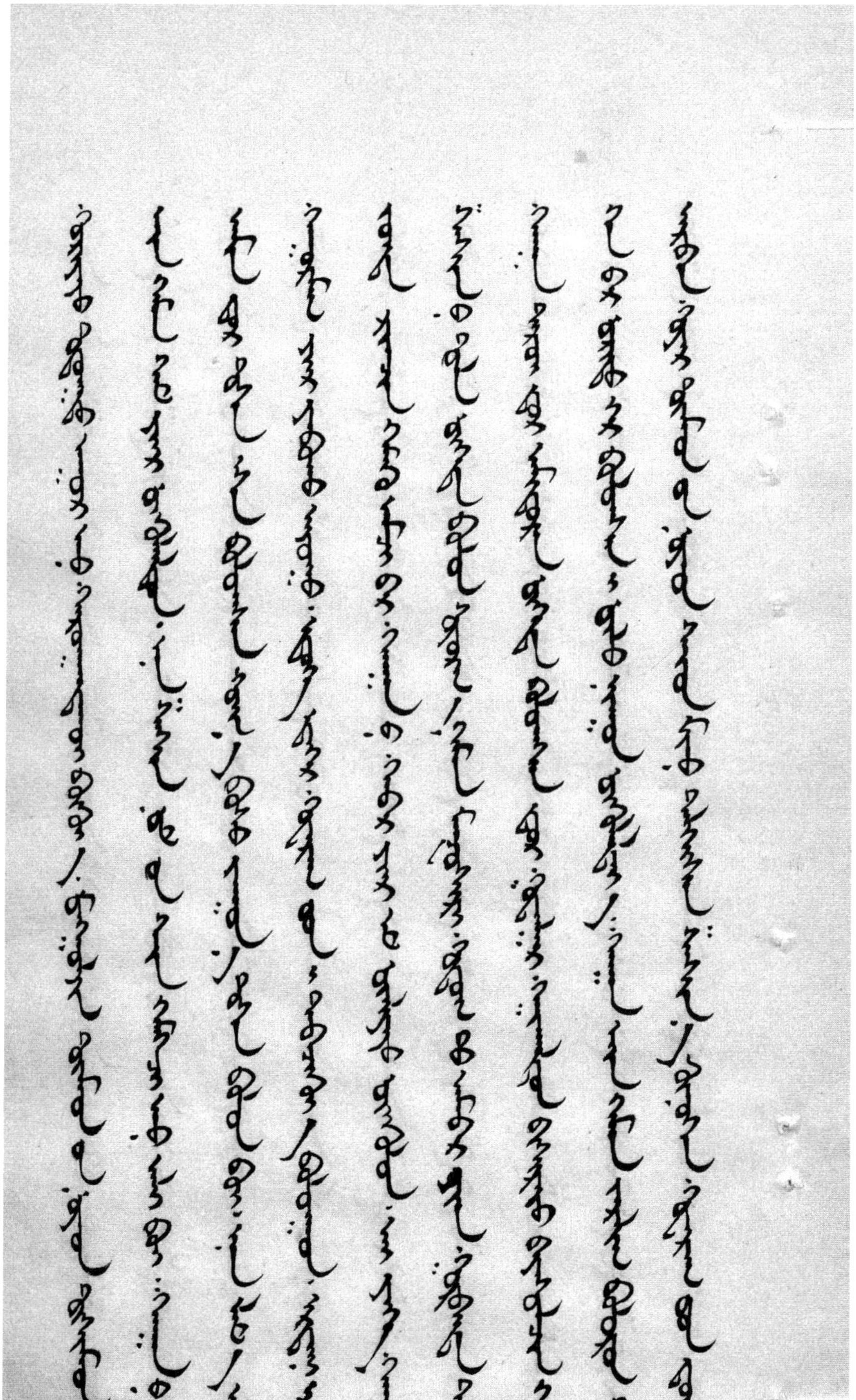

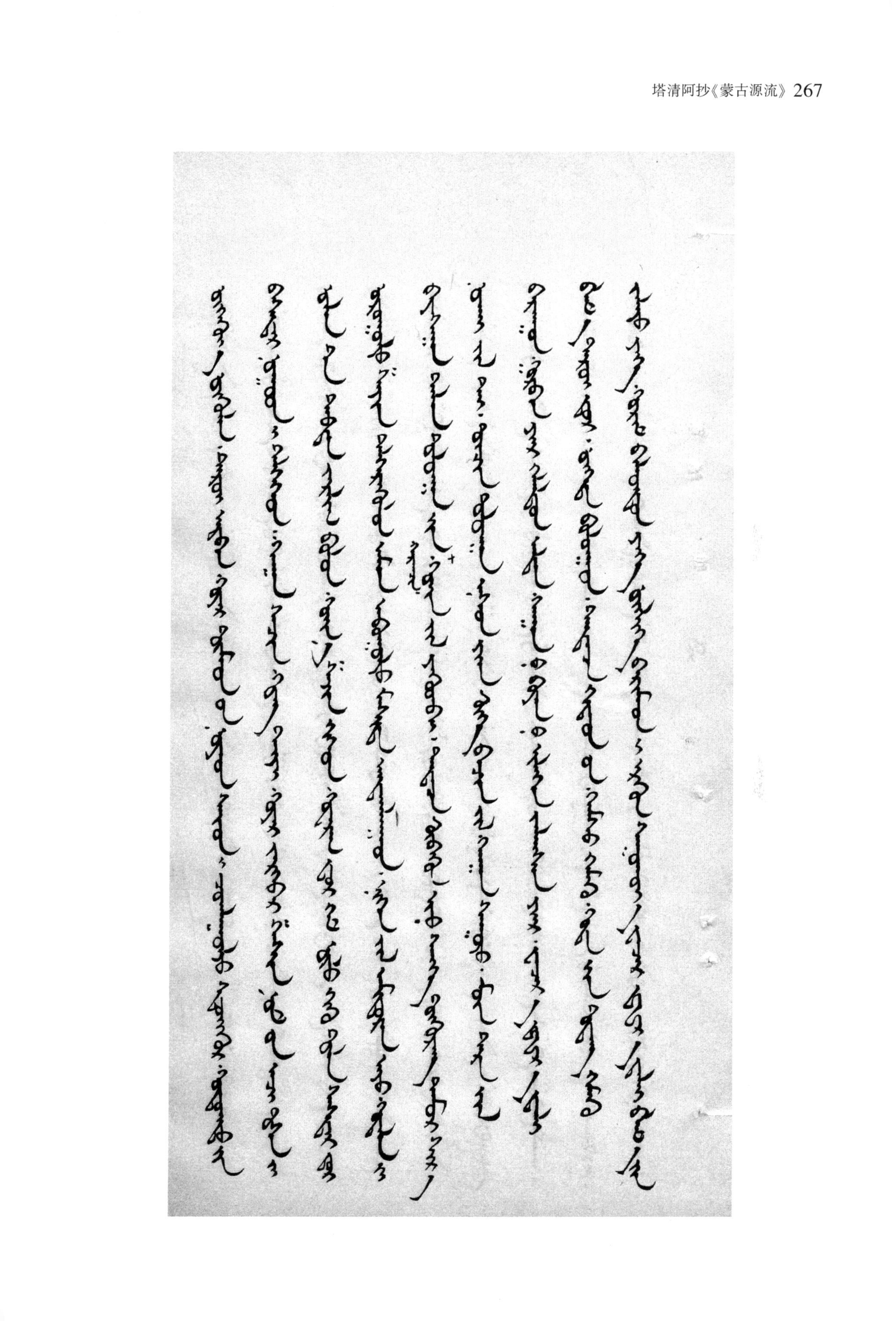

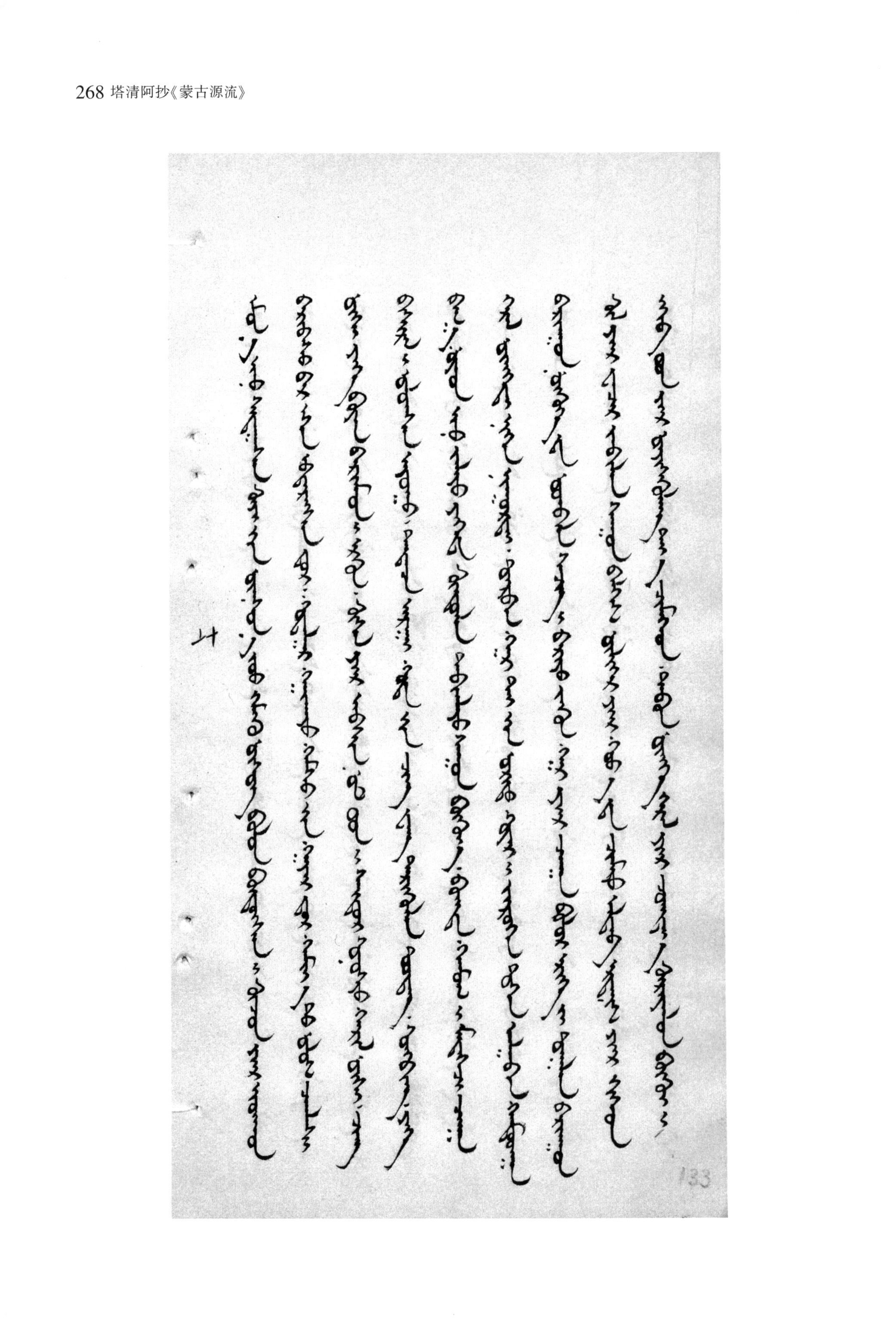

卄

133

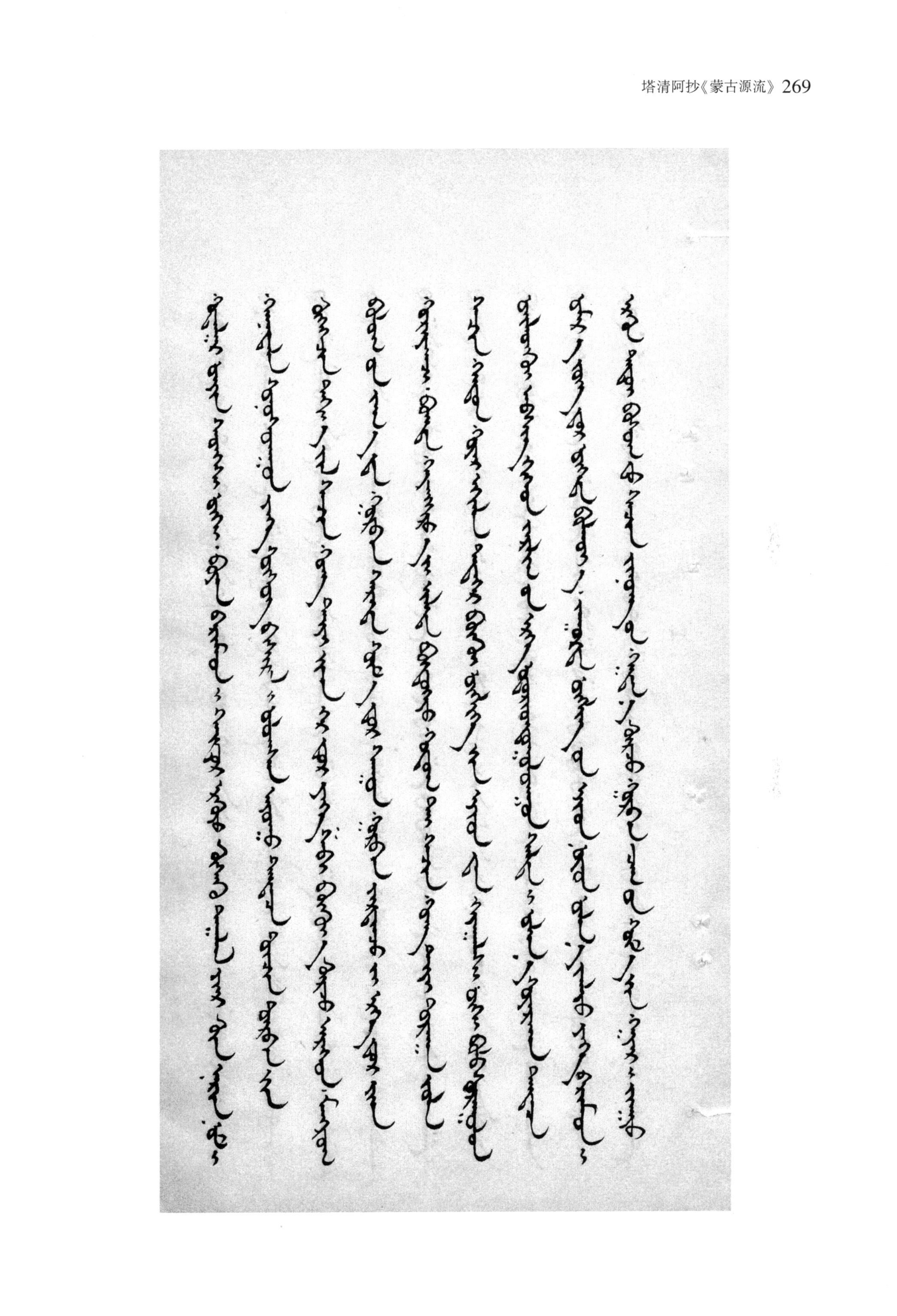

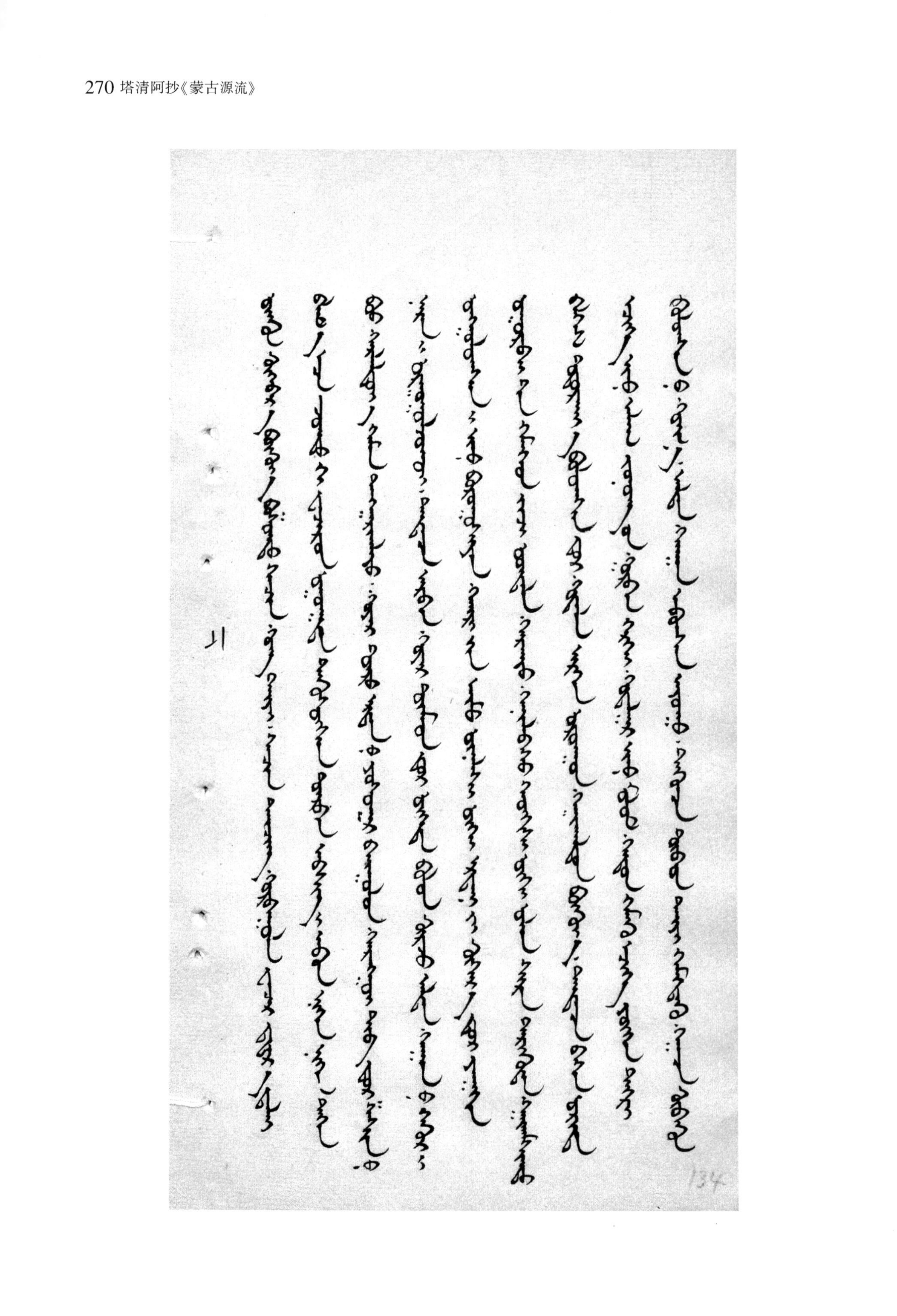

134

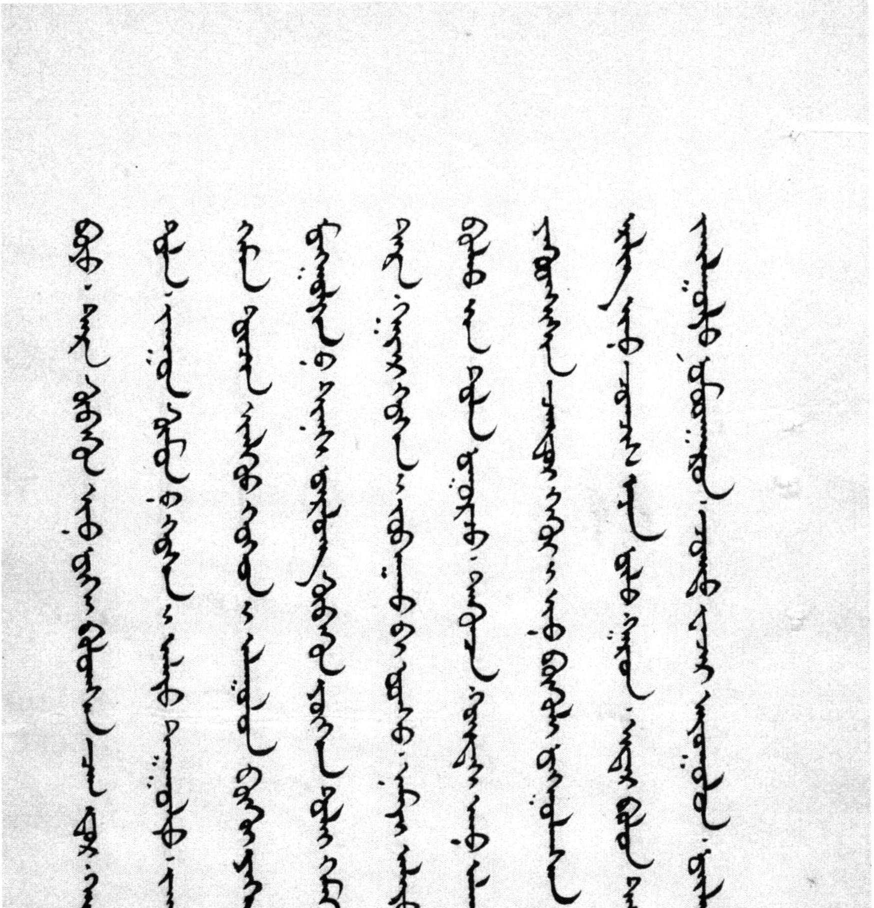

135

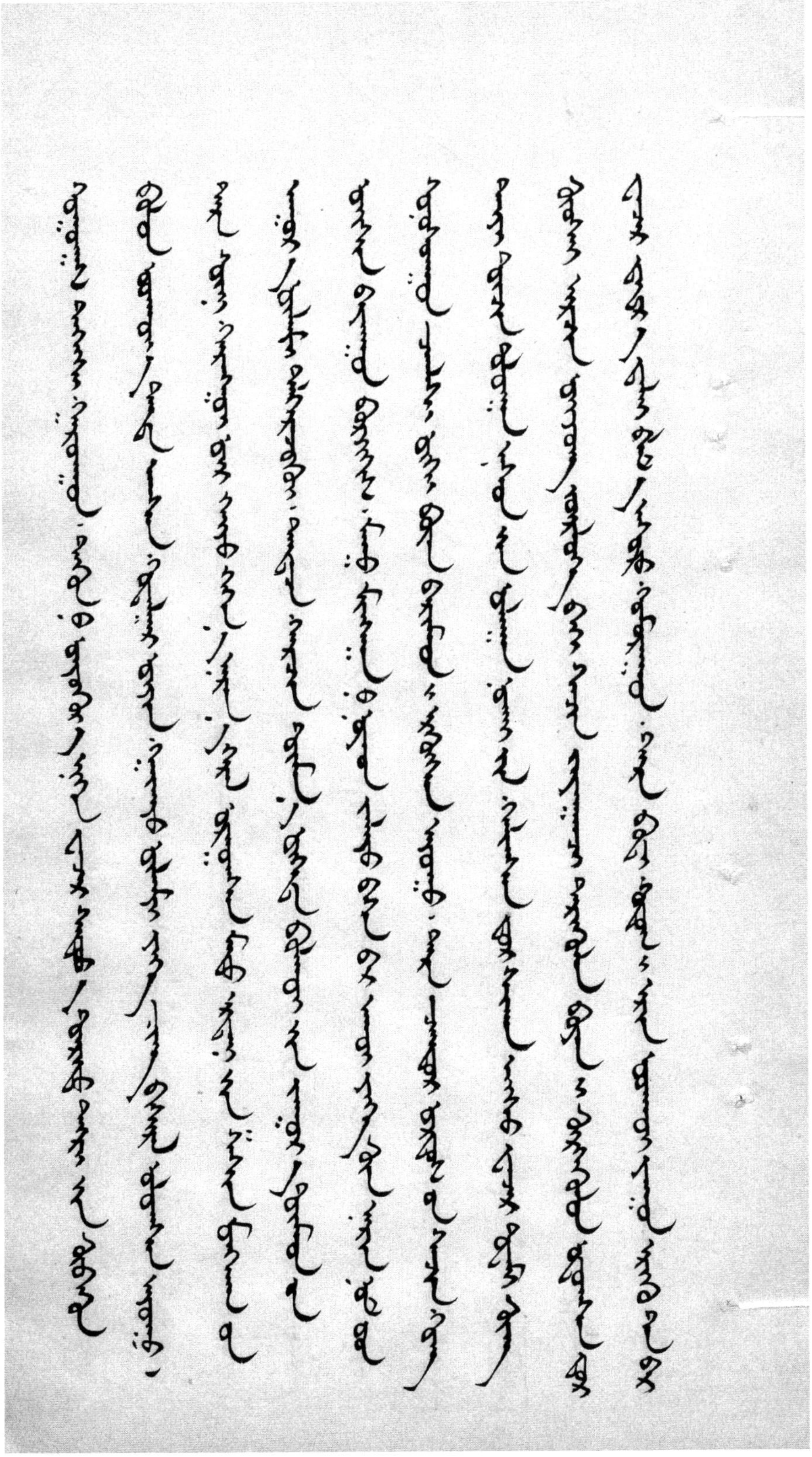

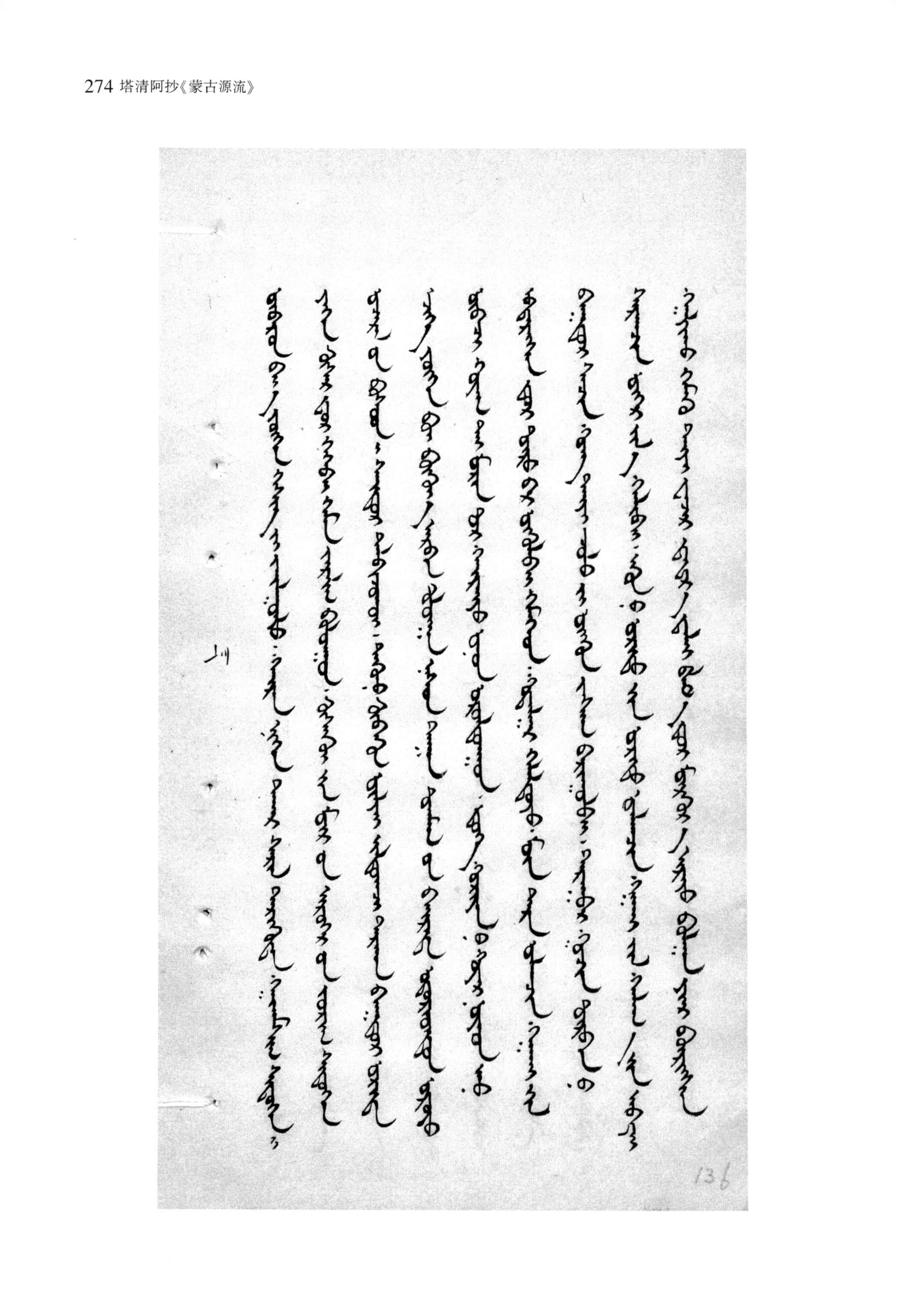

136

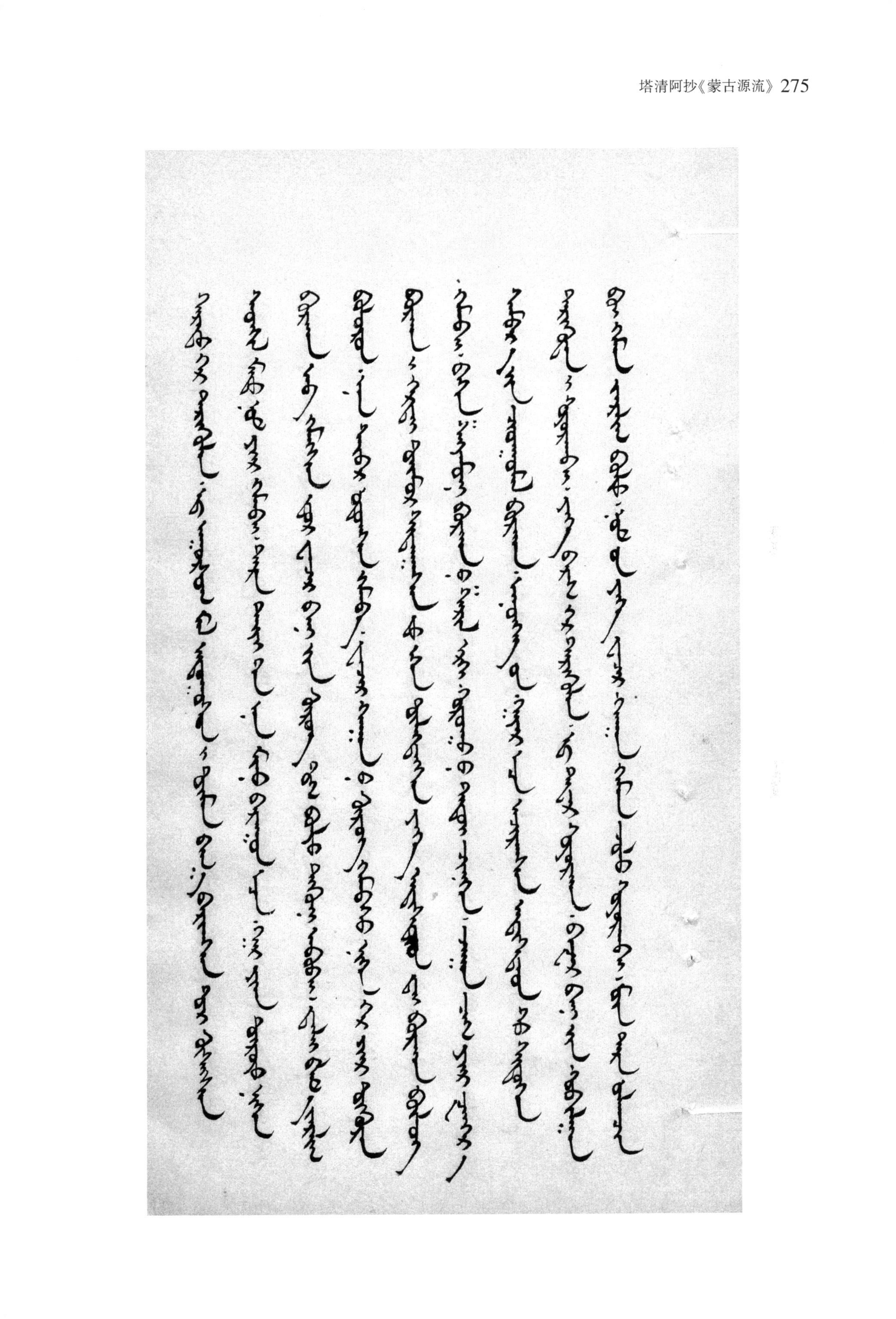

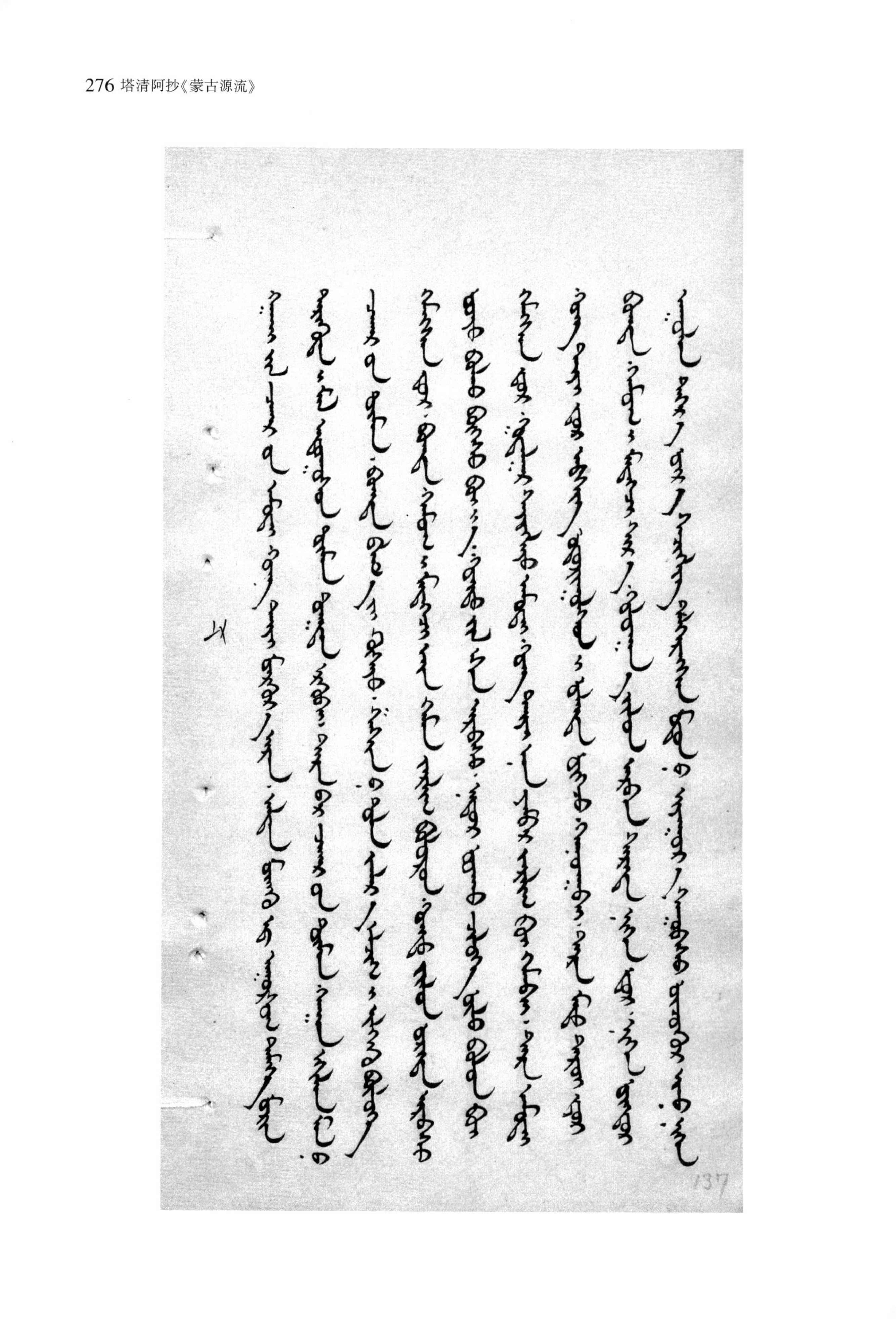

137

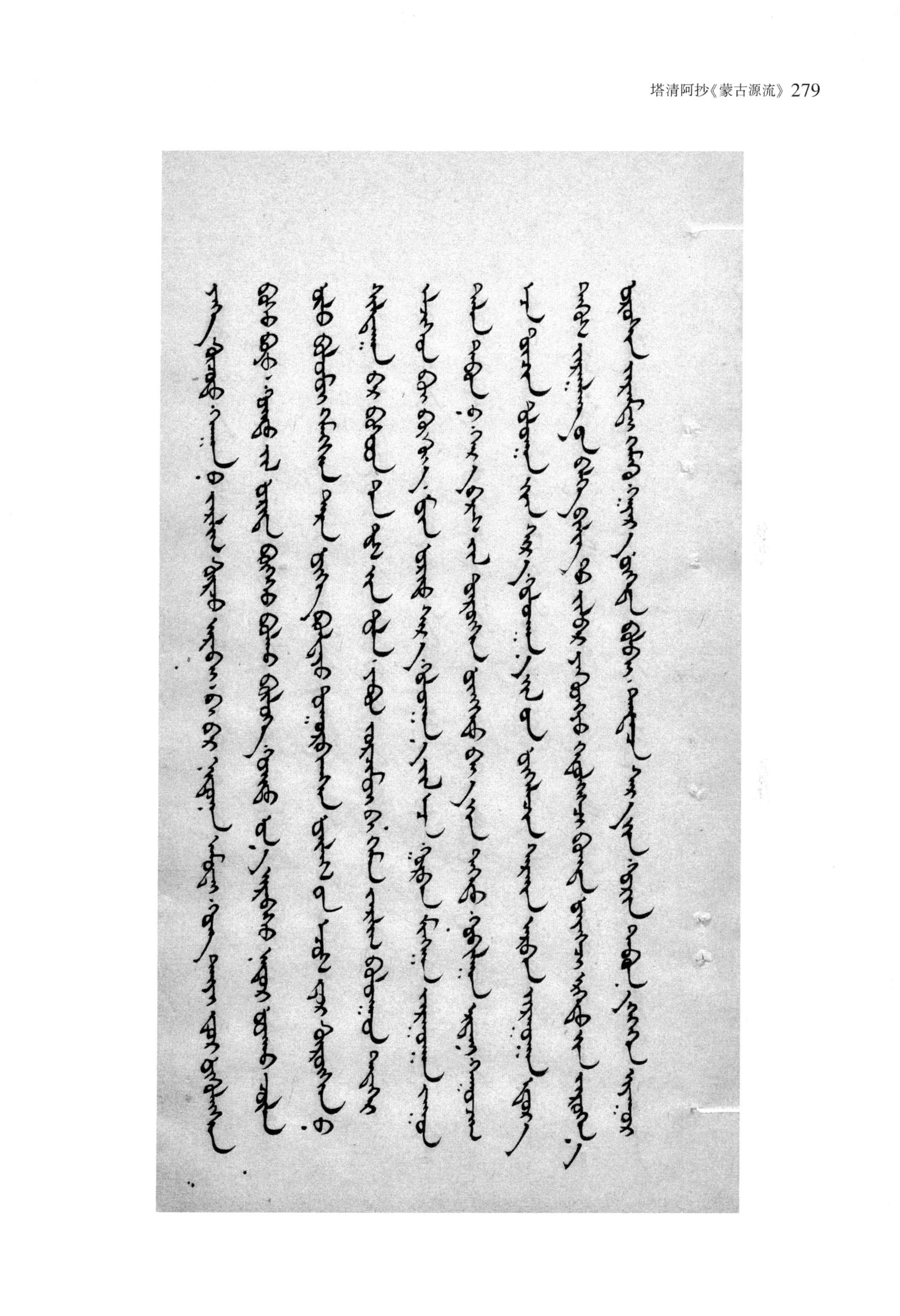

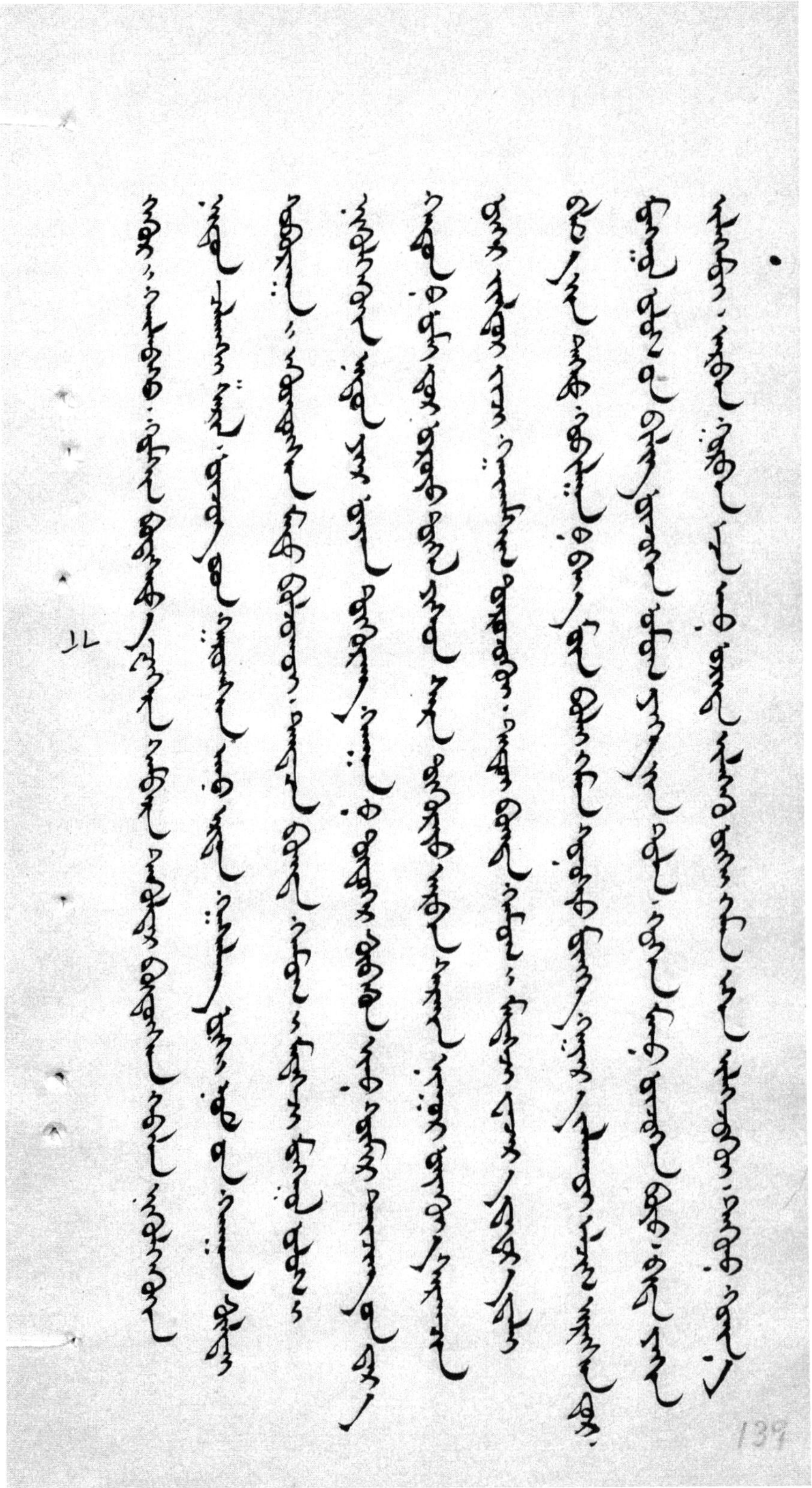

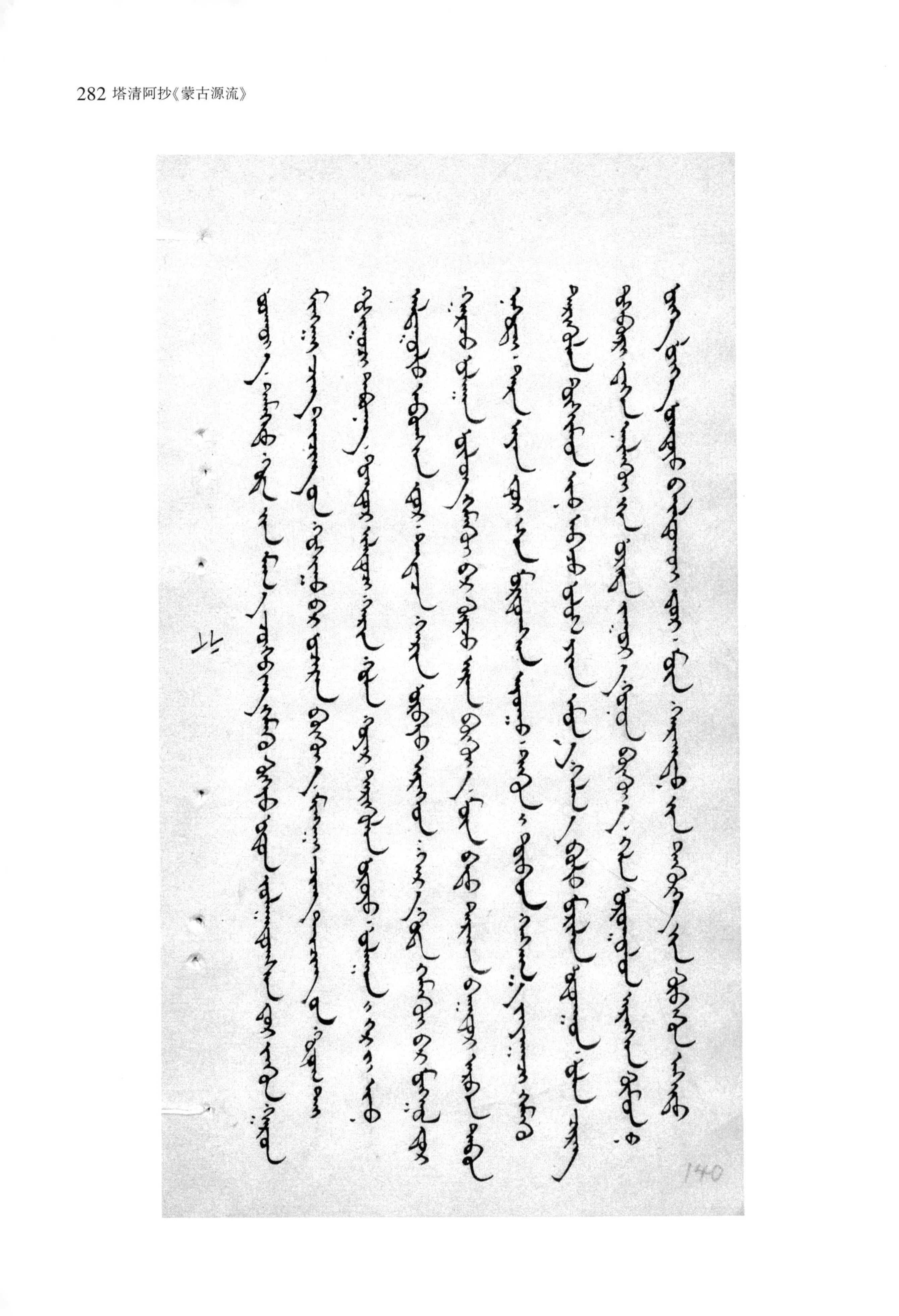

七十

140

141

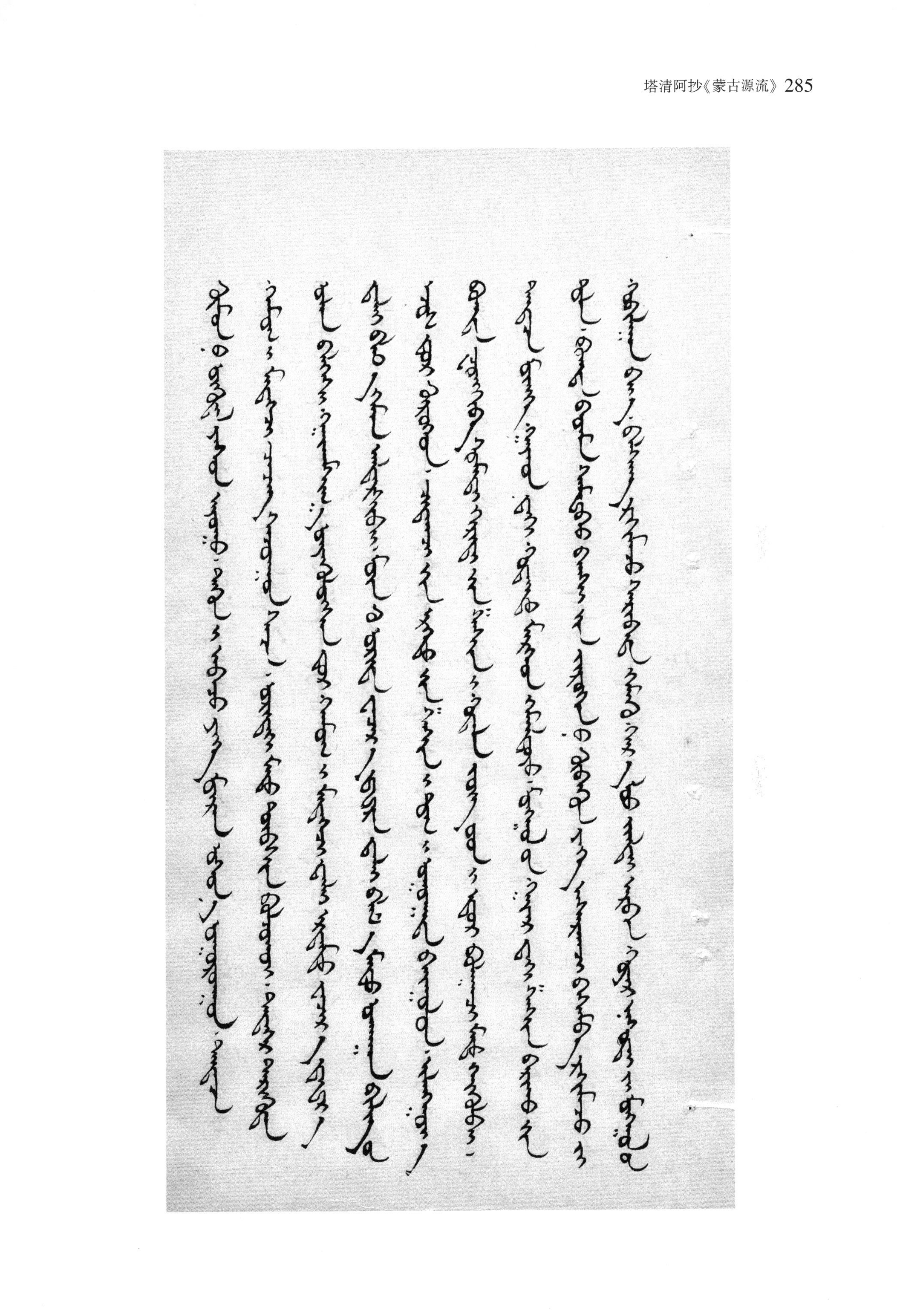

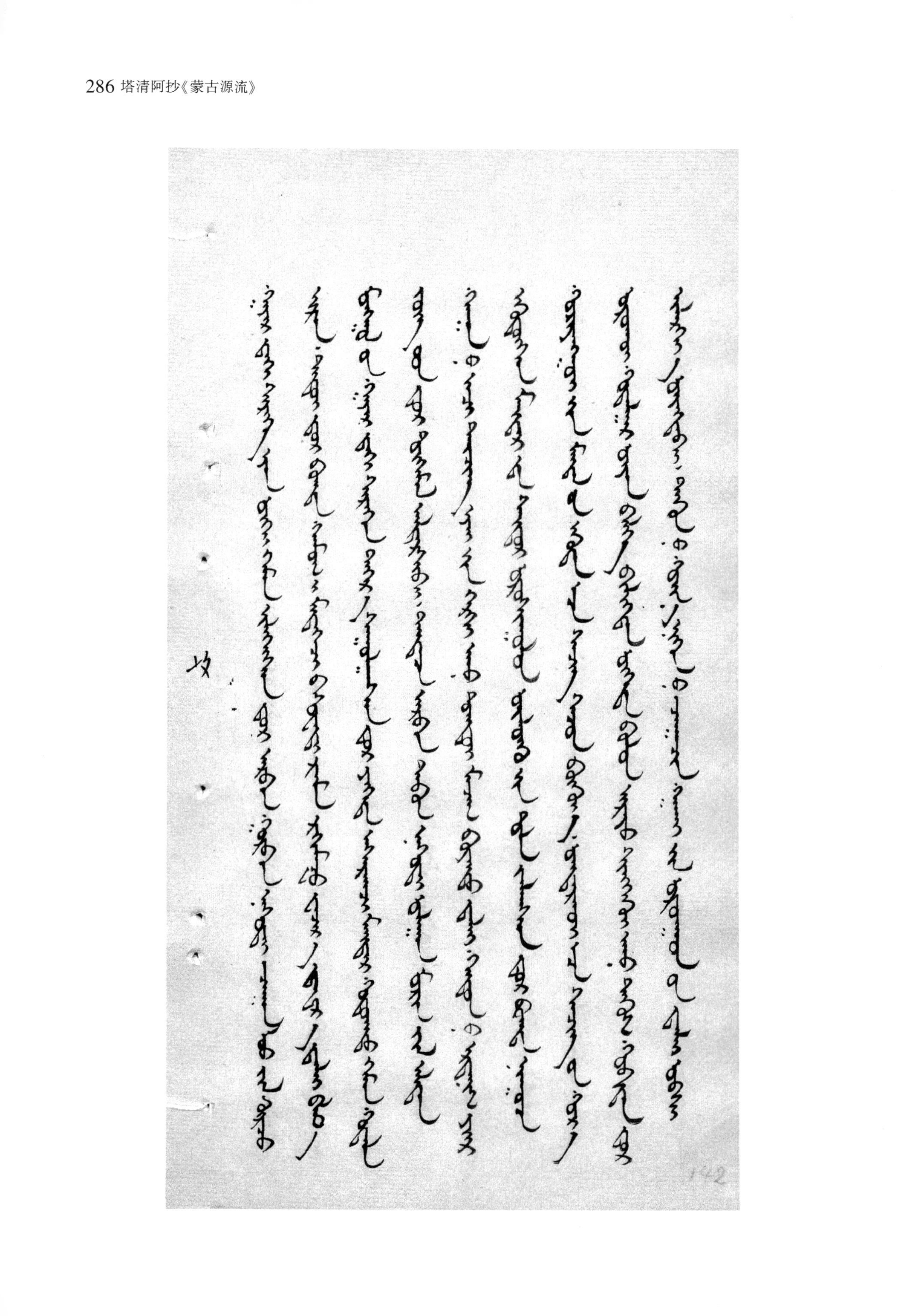

142

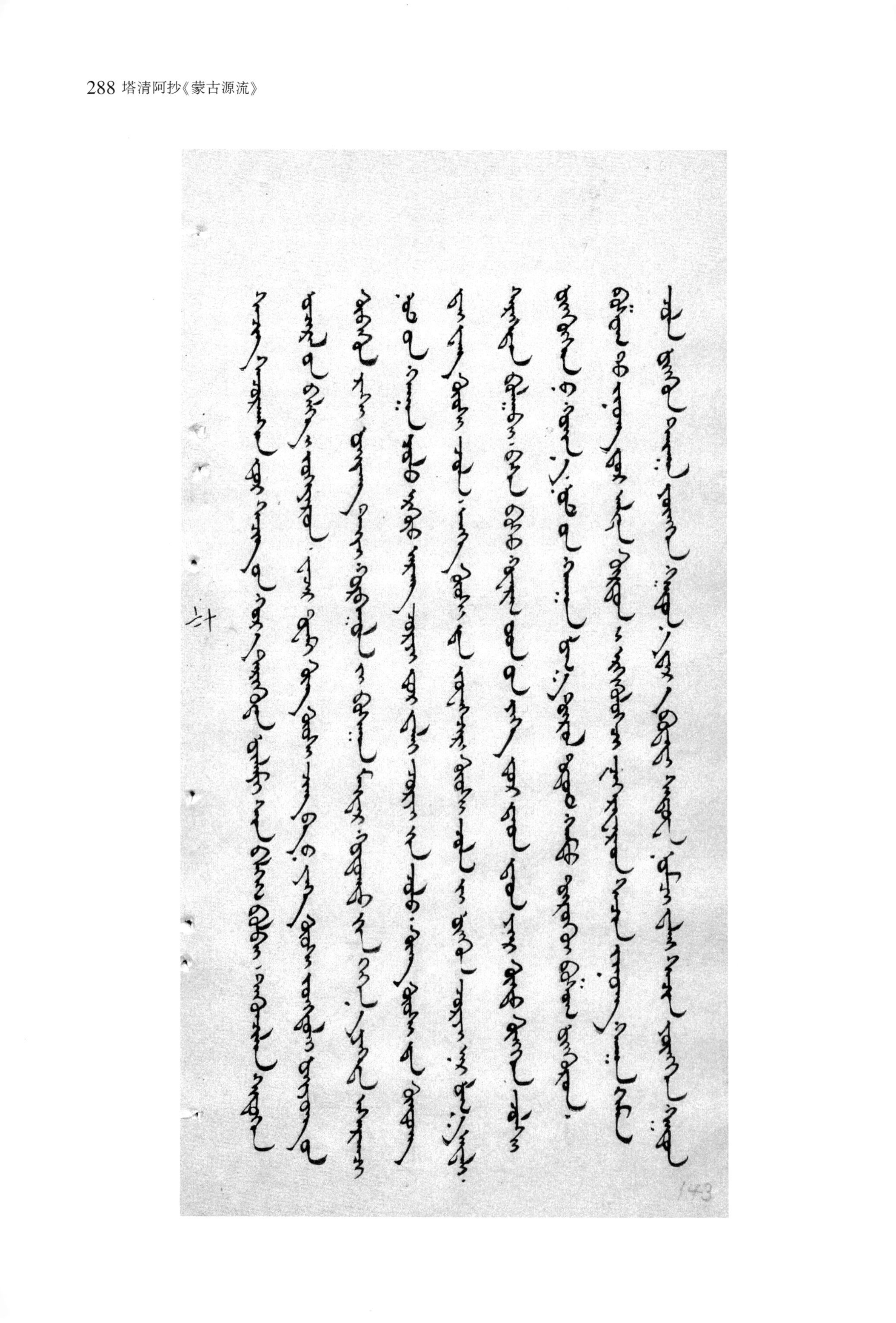

廿

143

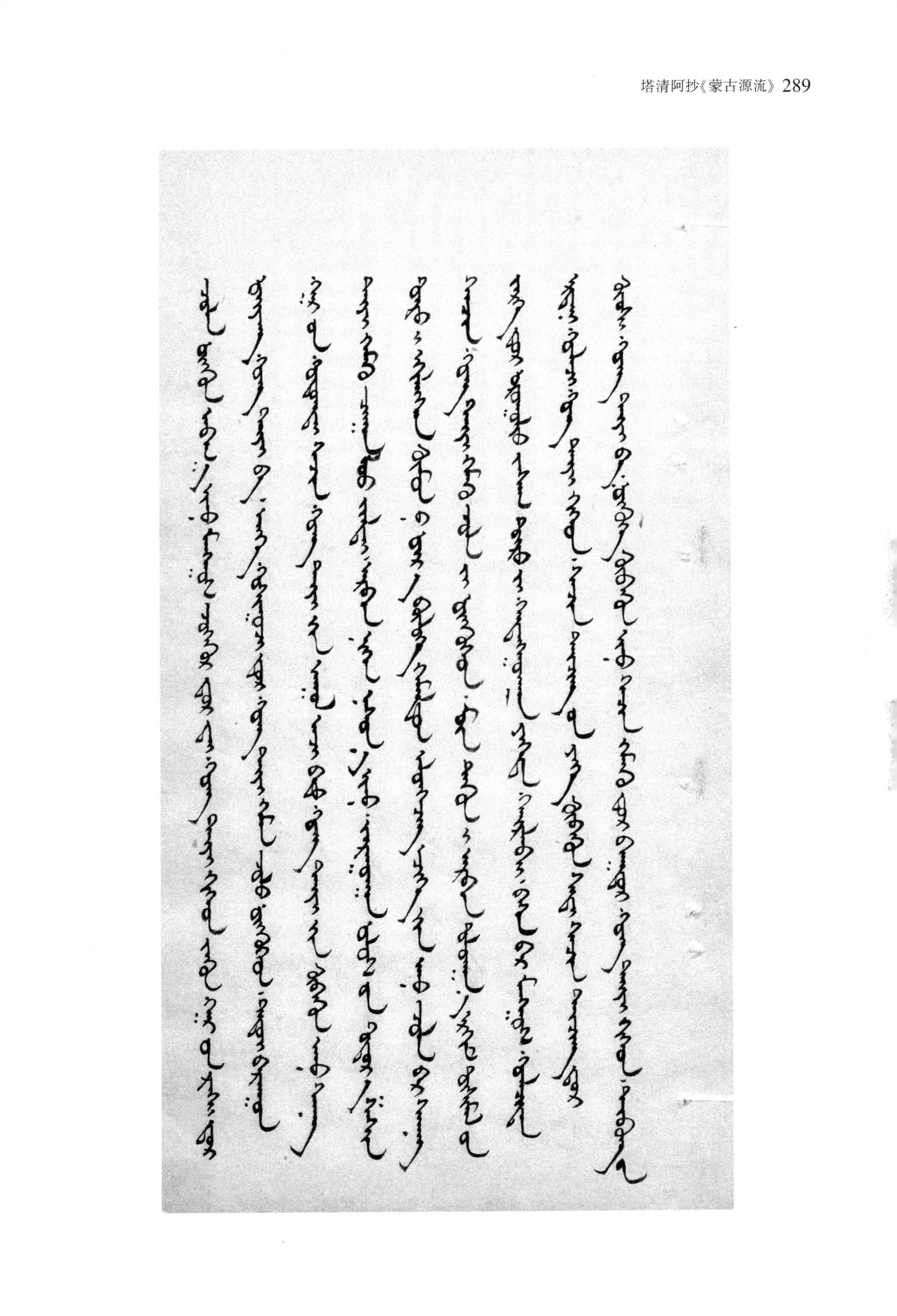

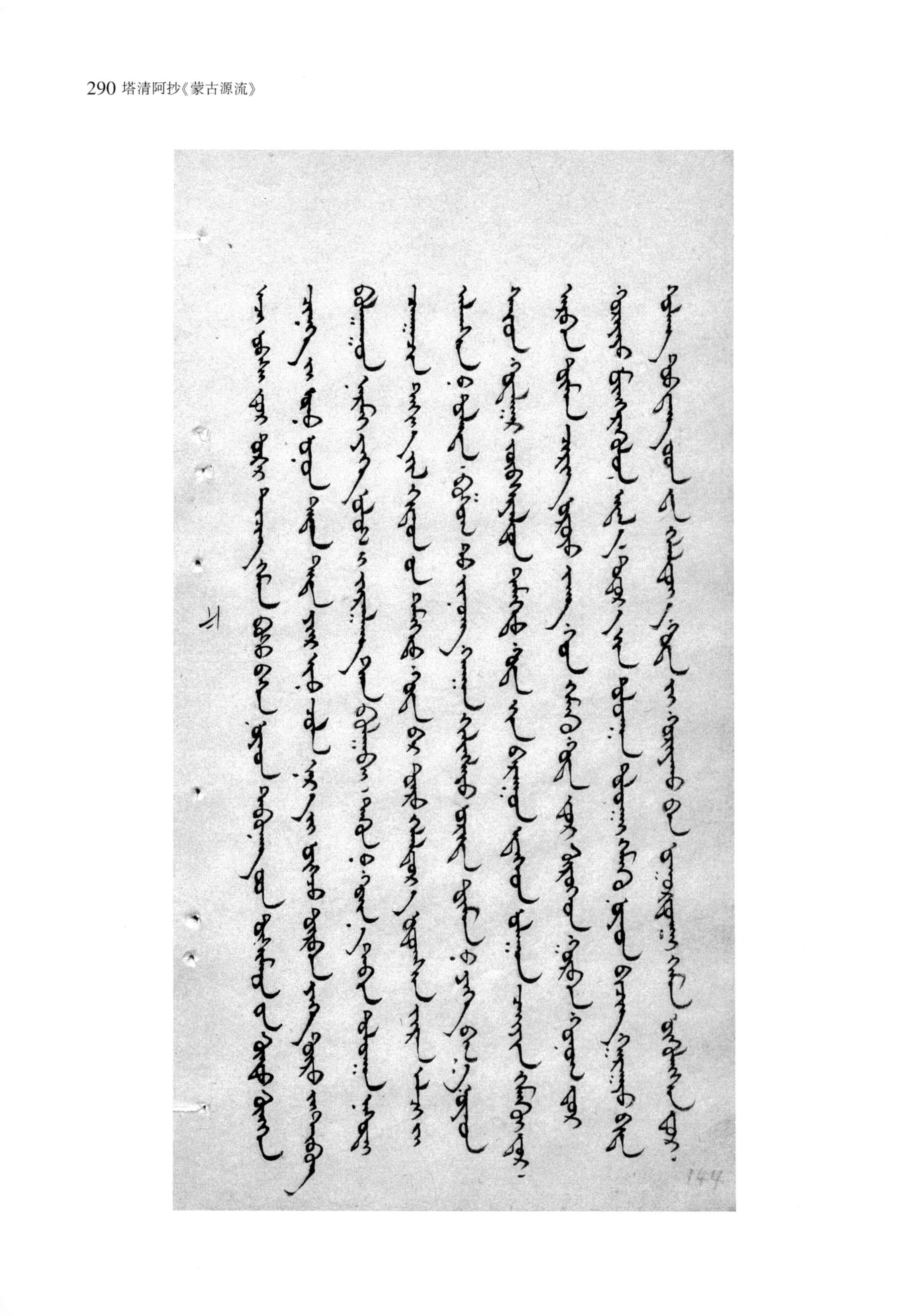

144

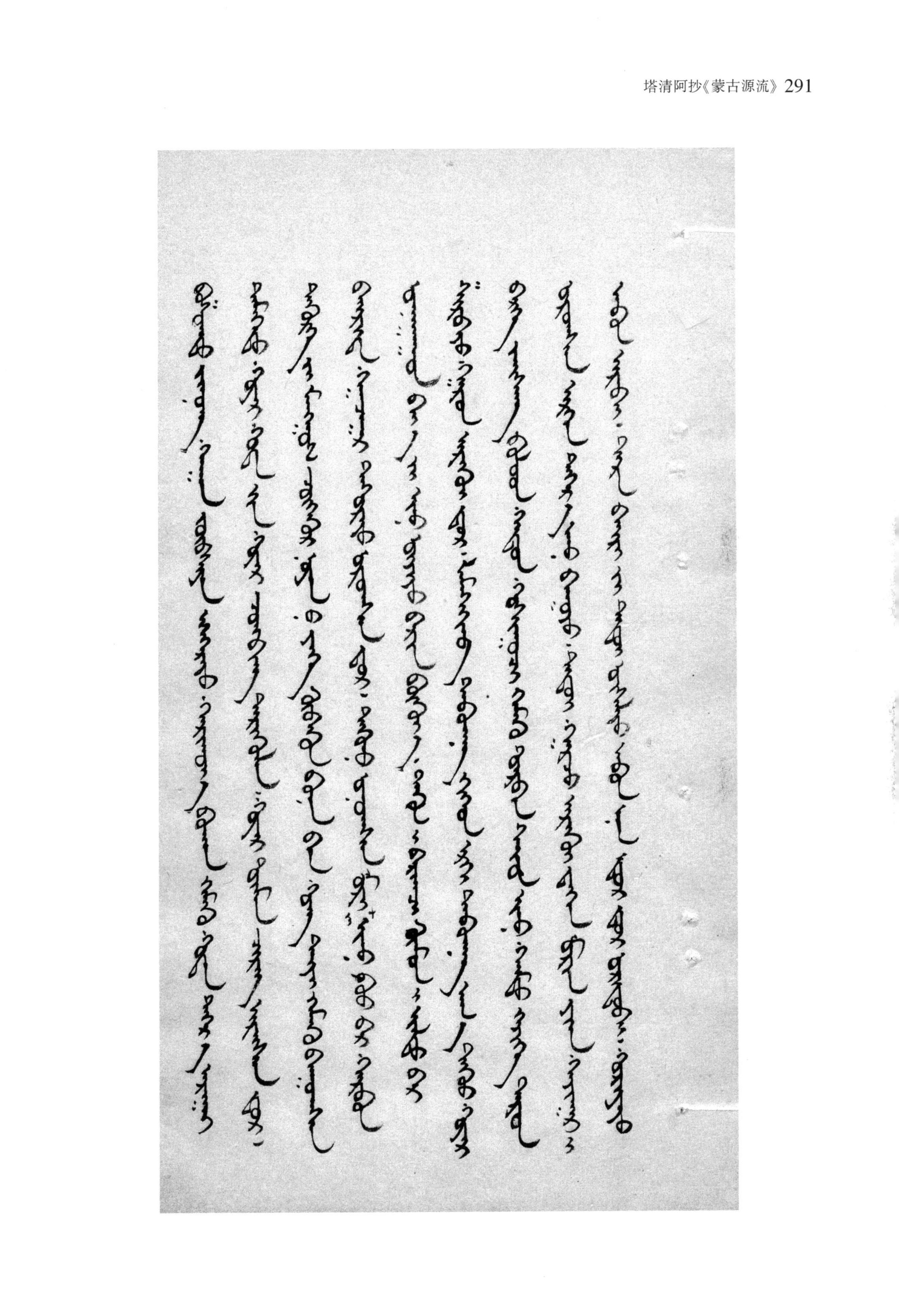

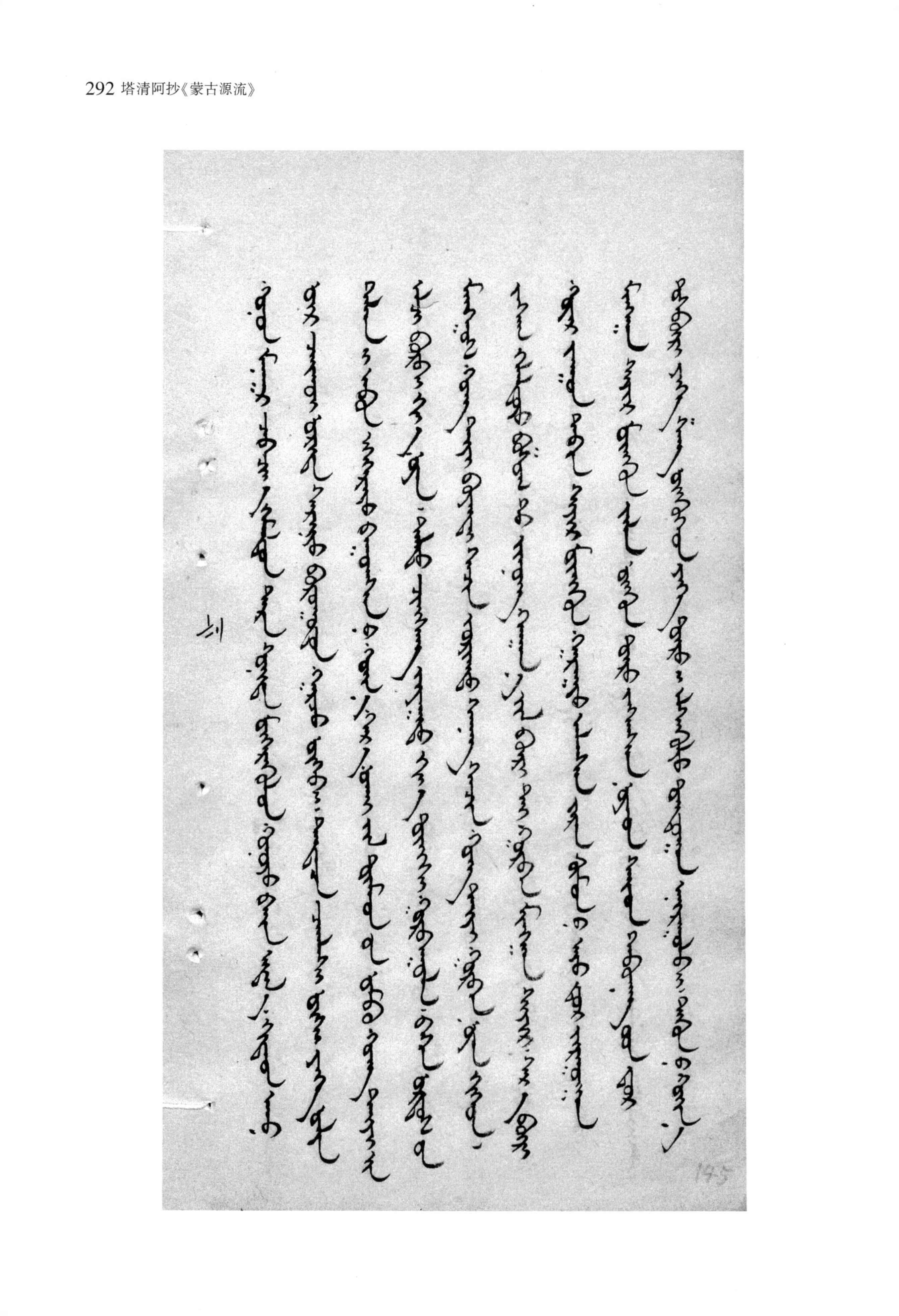

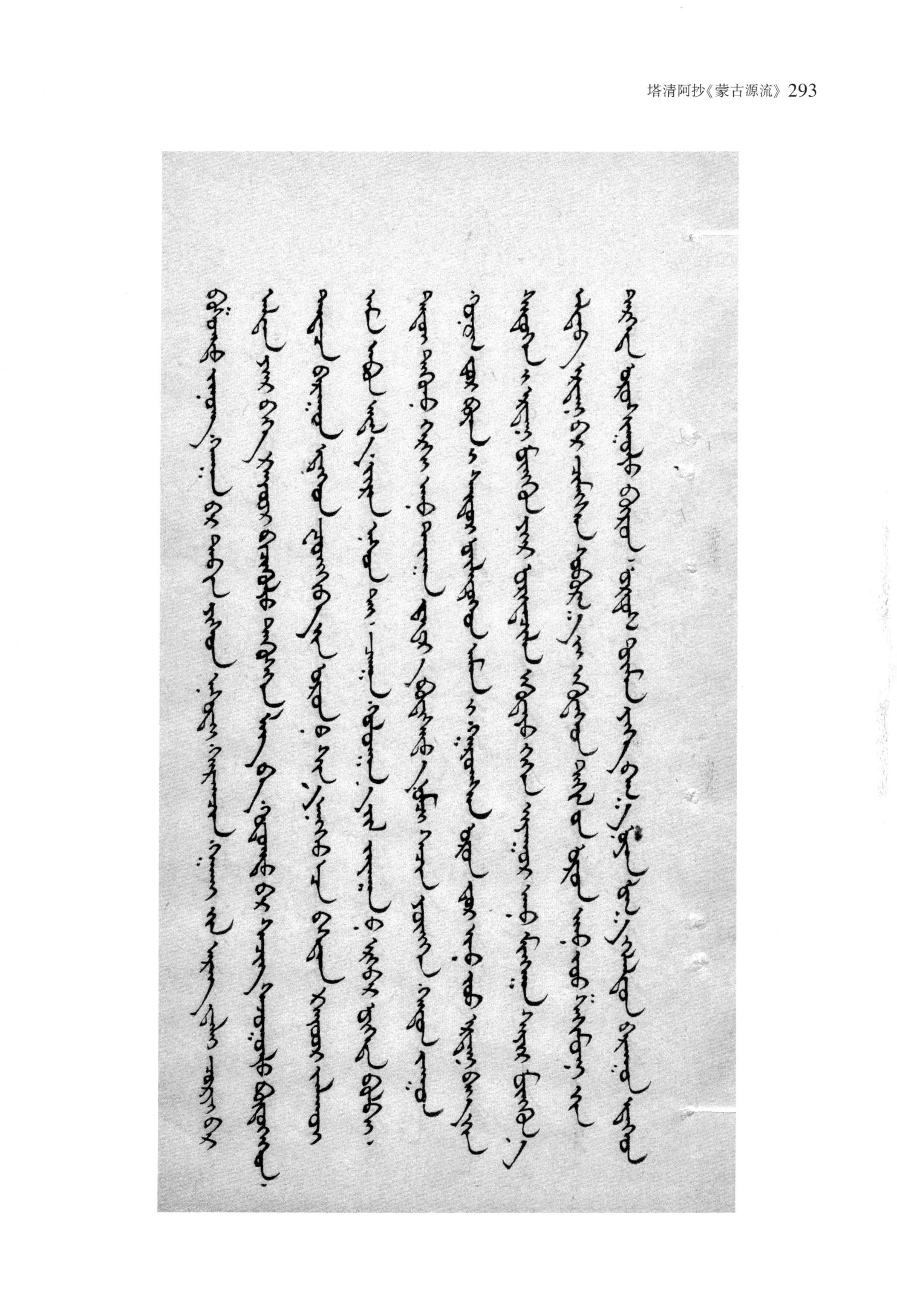

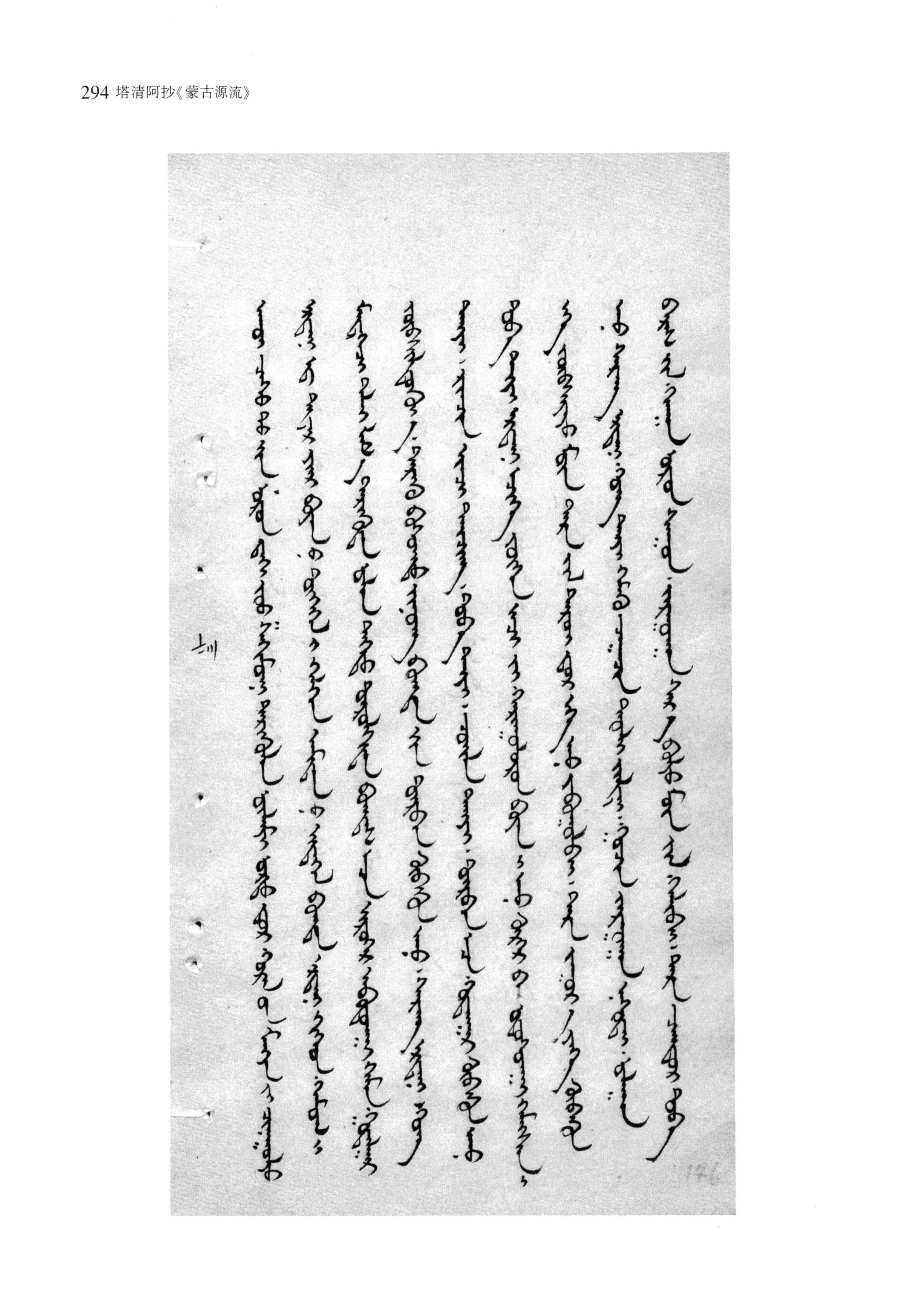

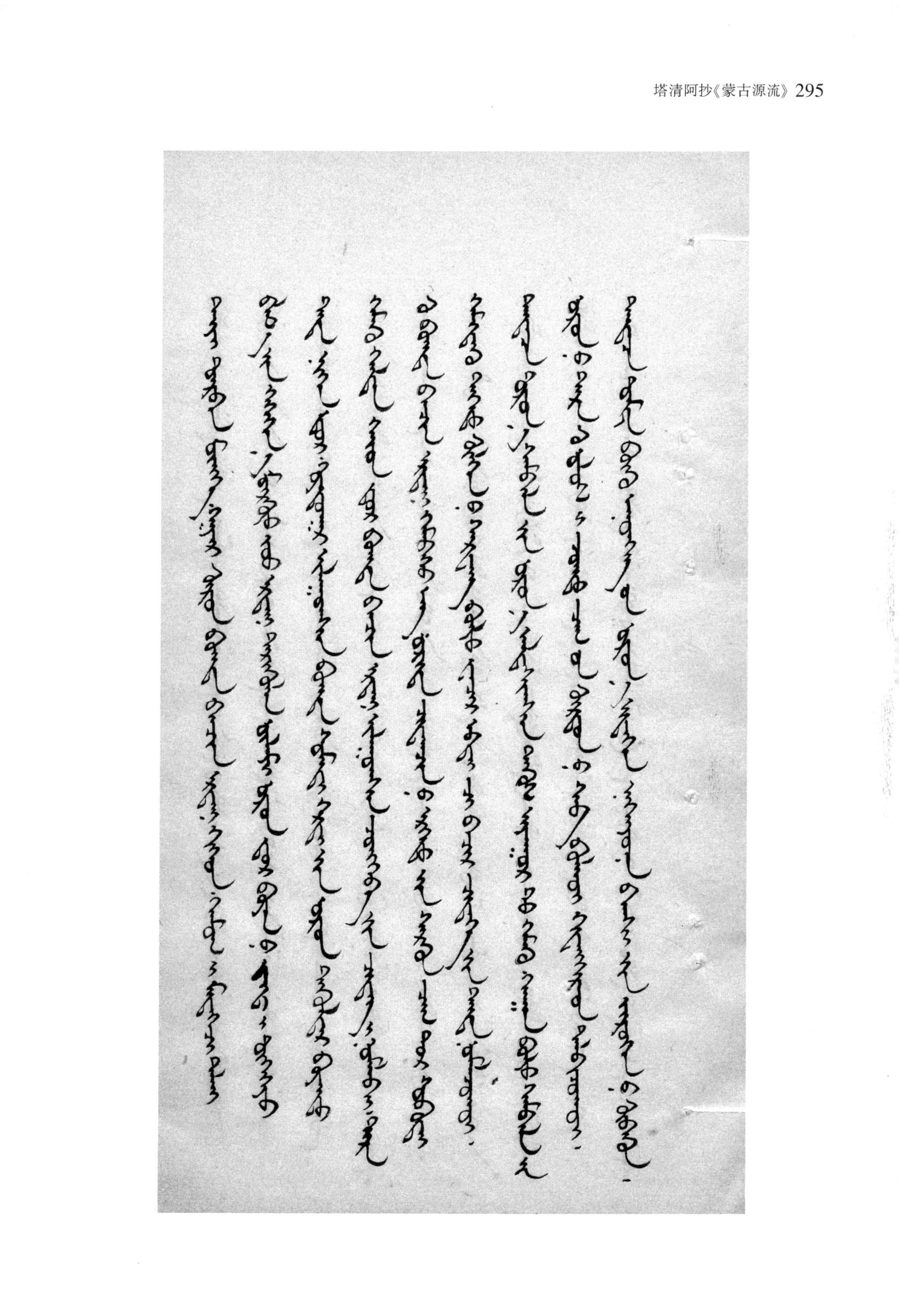

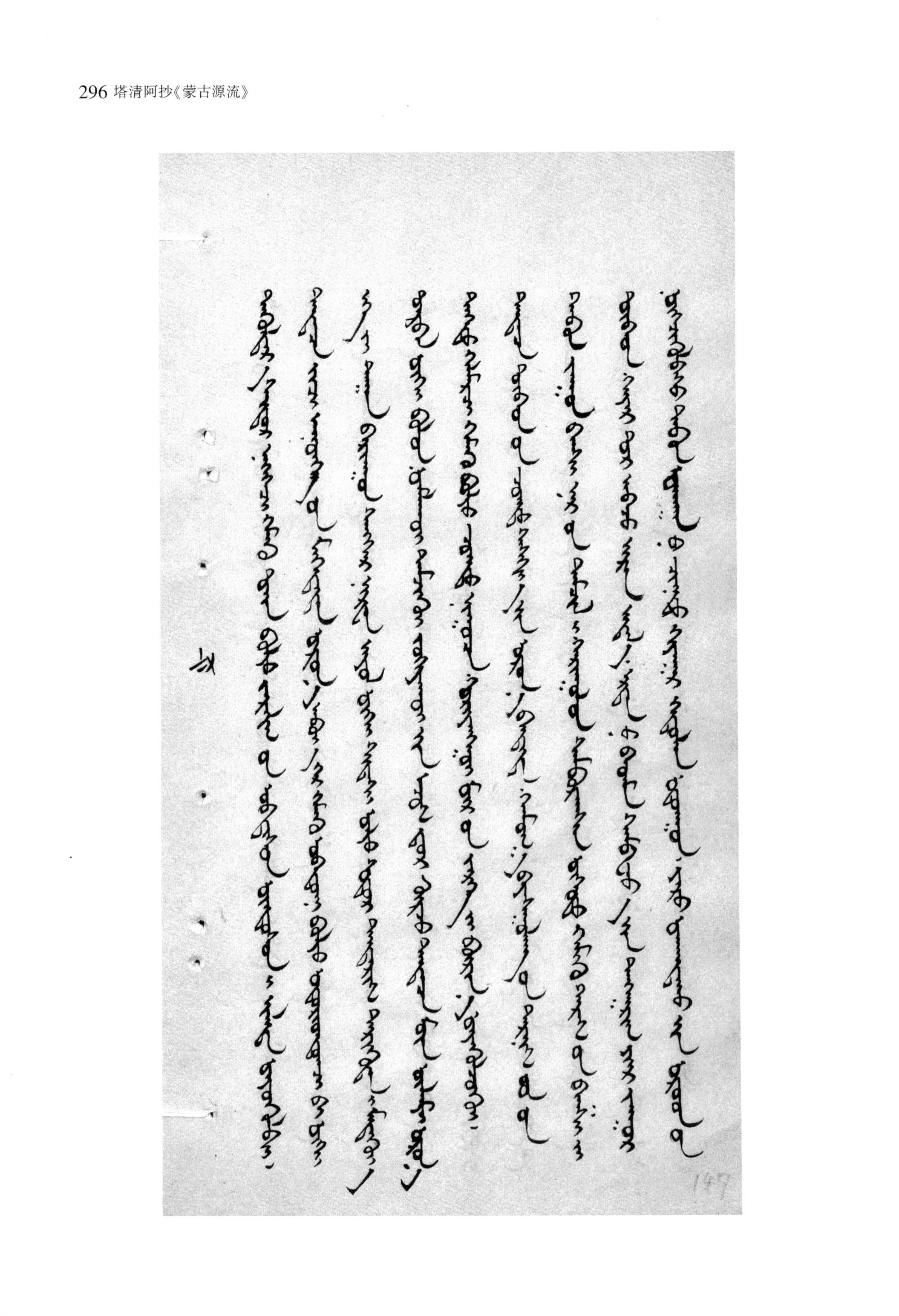

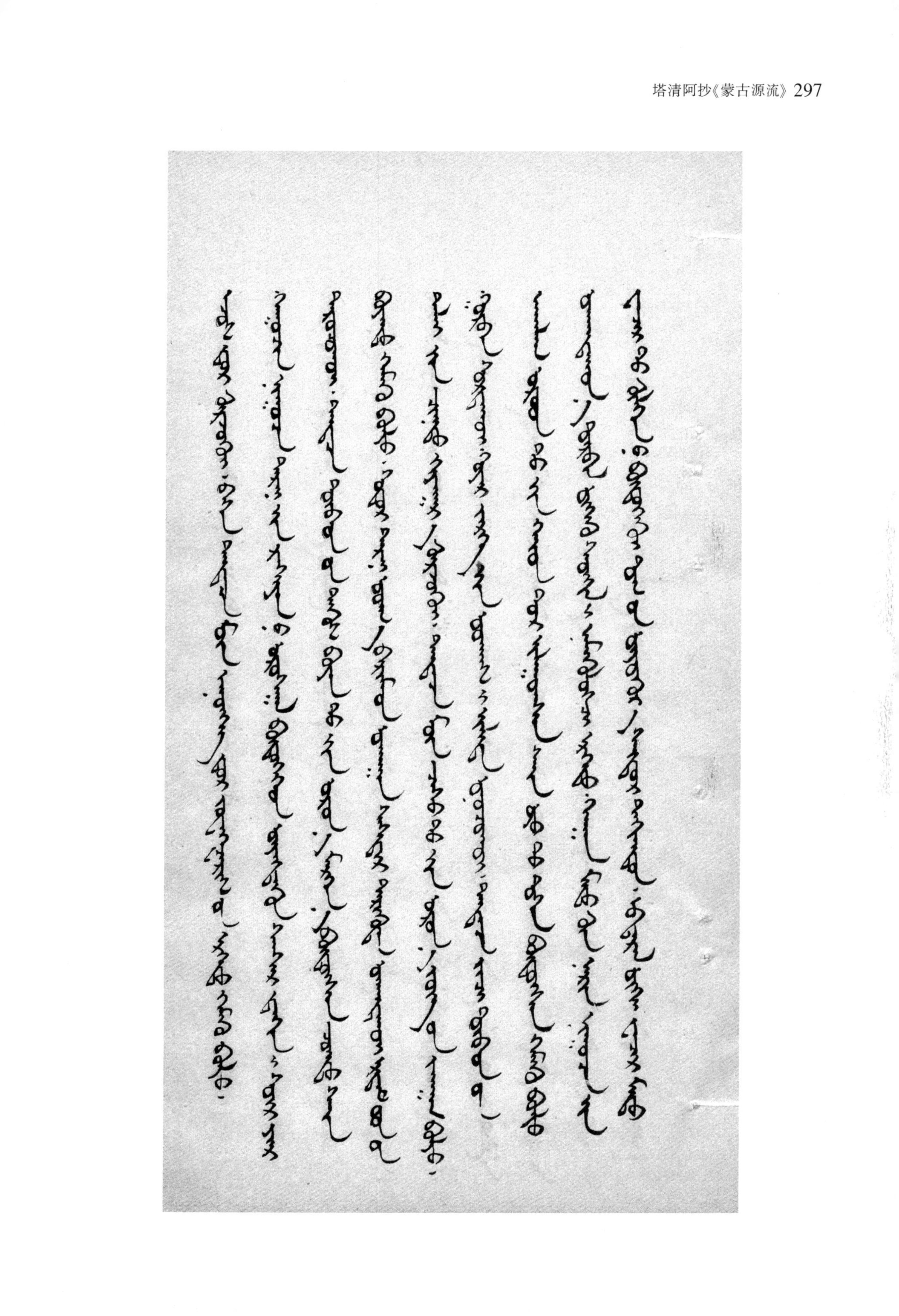

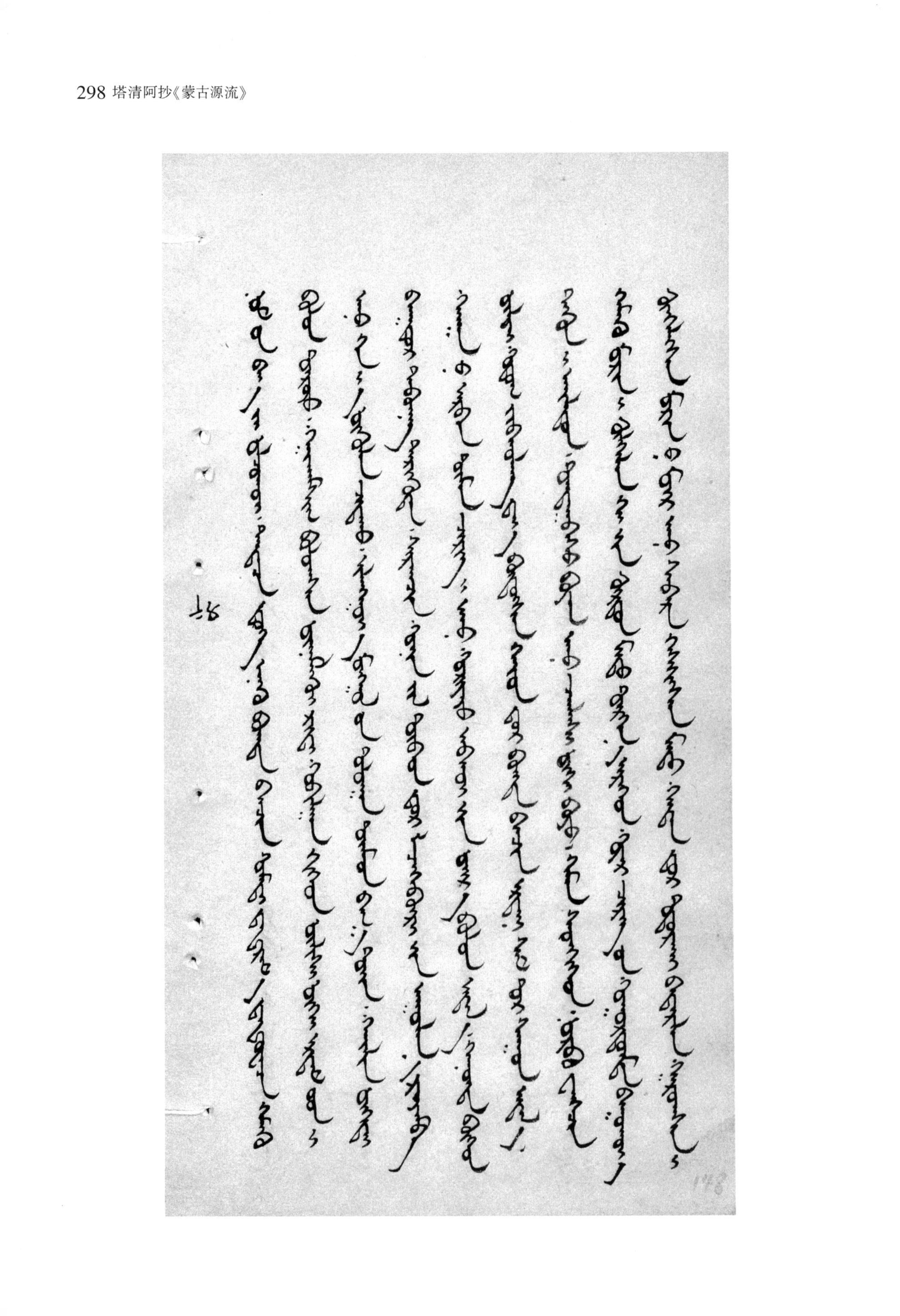

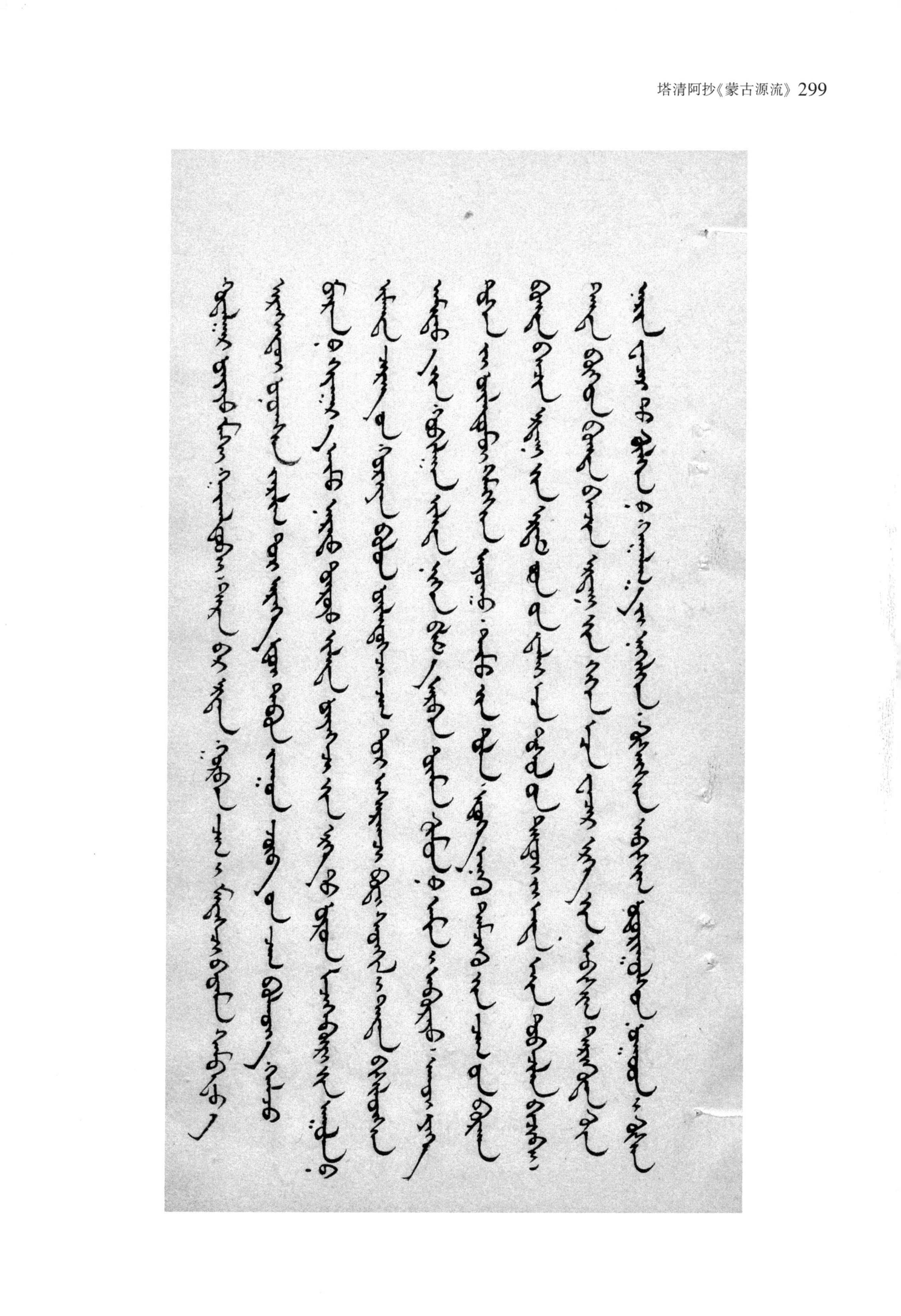

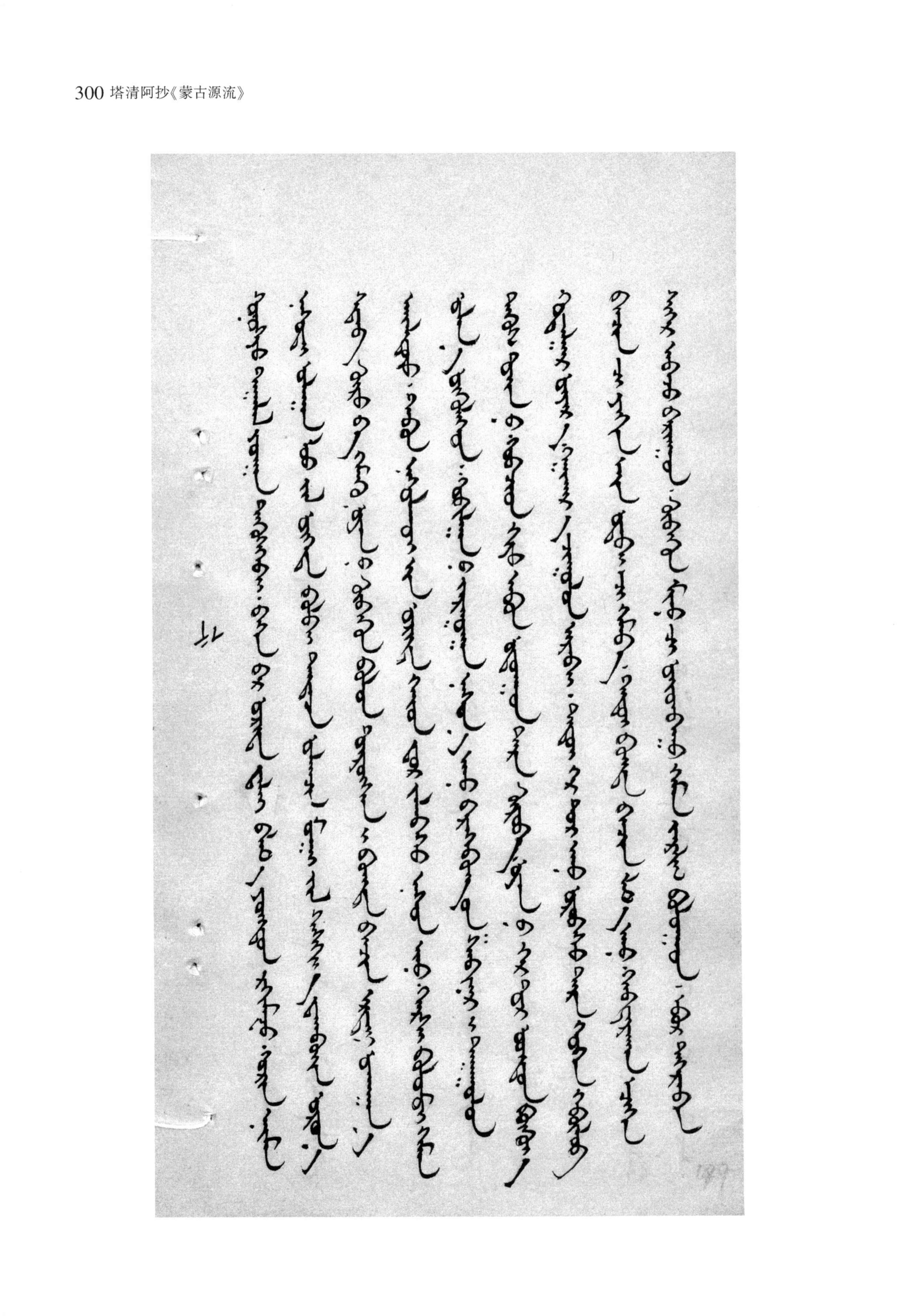

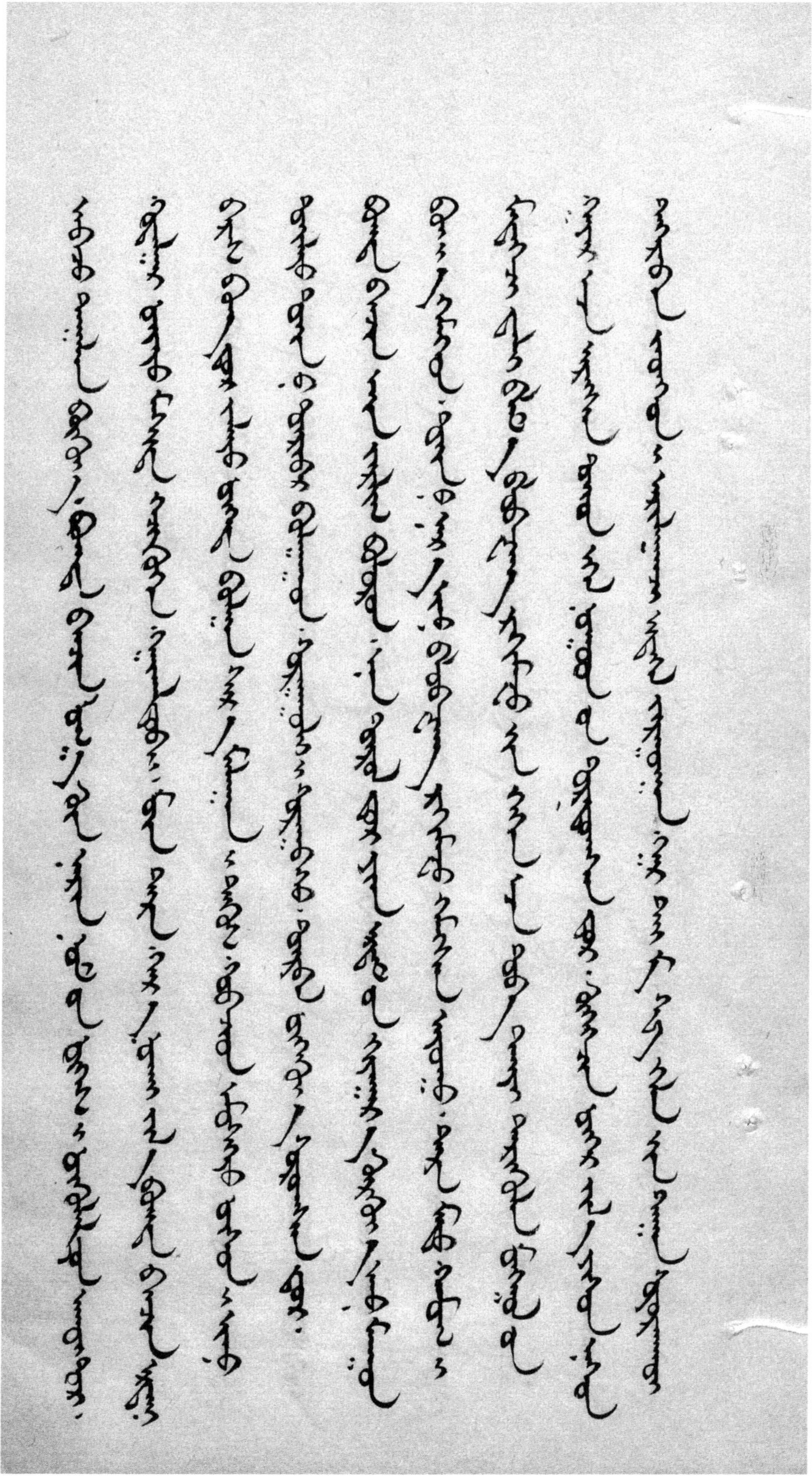

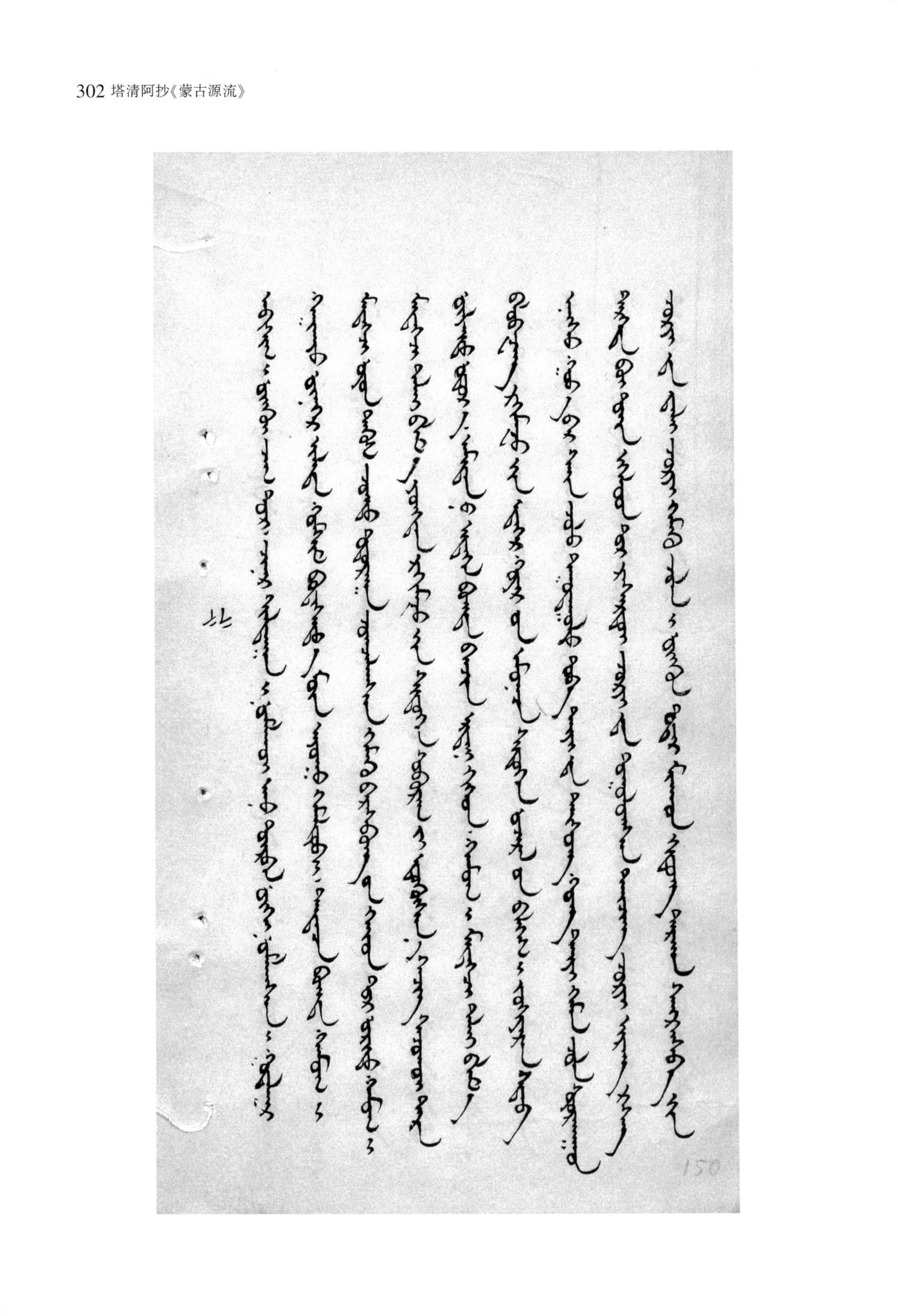

廿

150

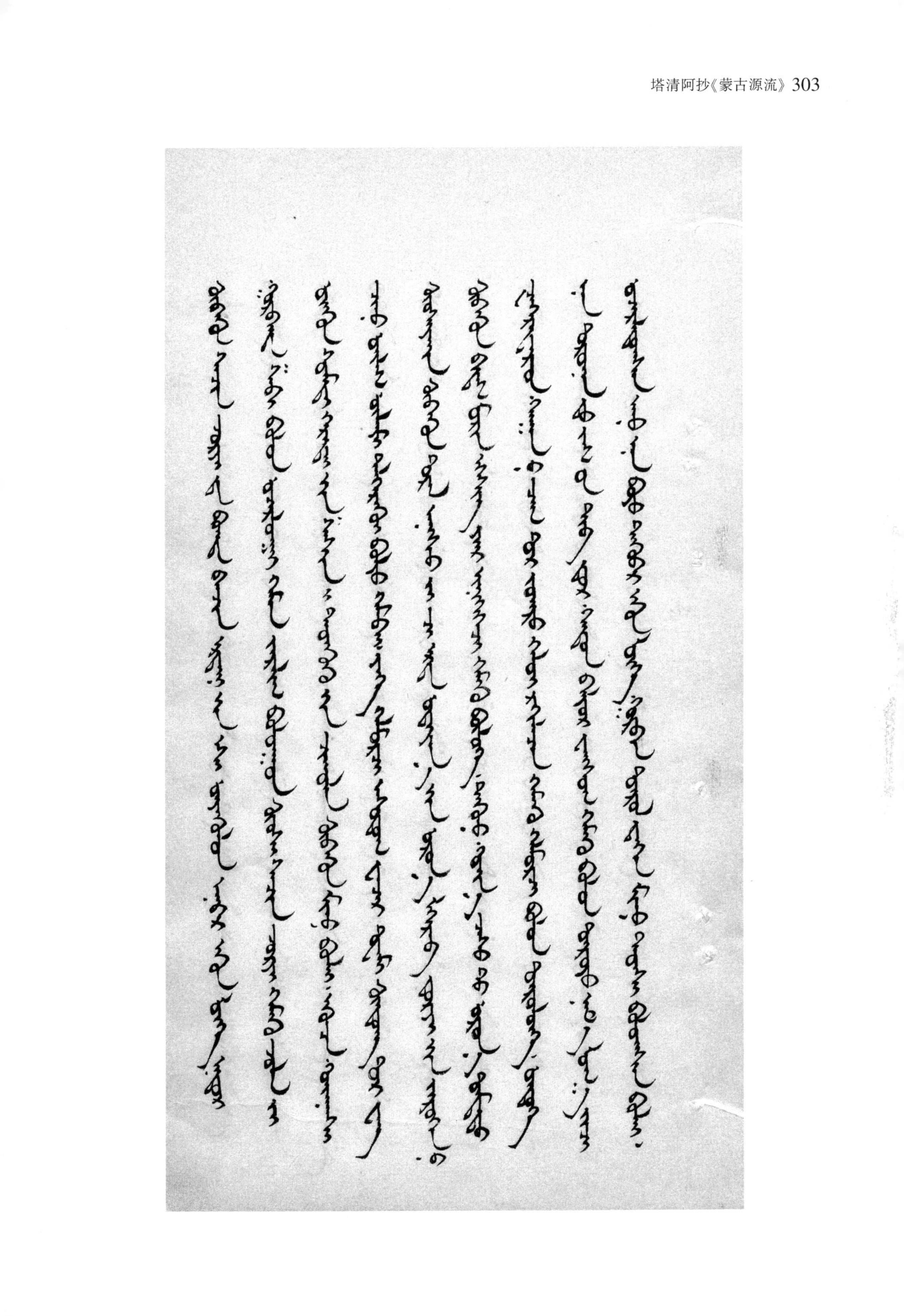

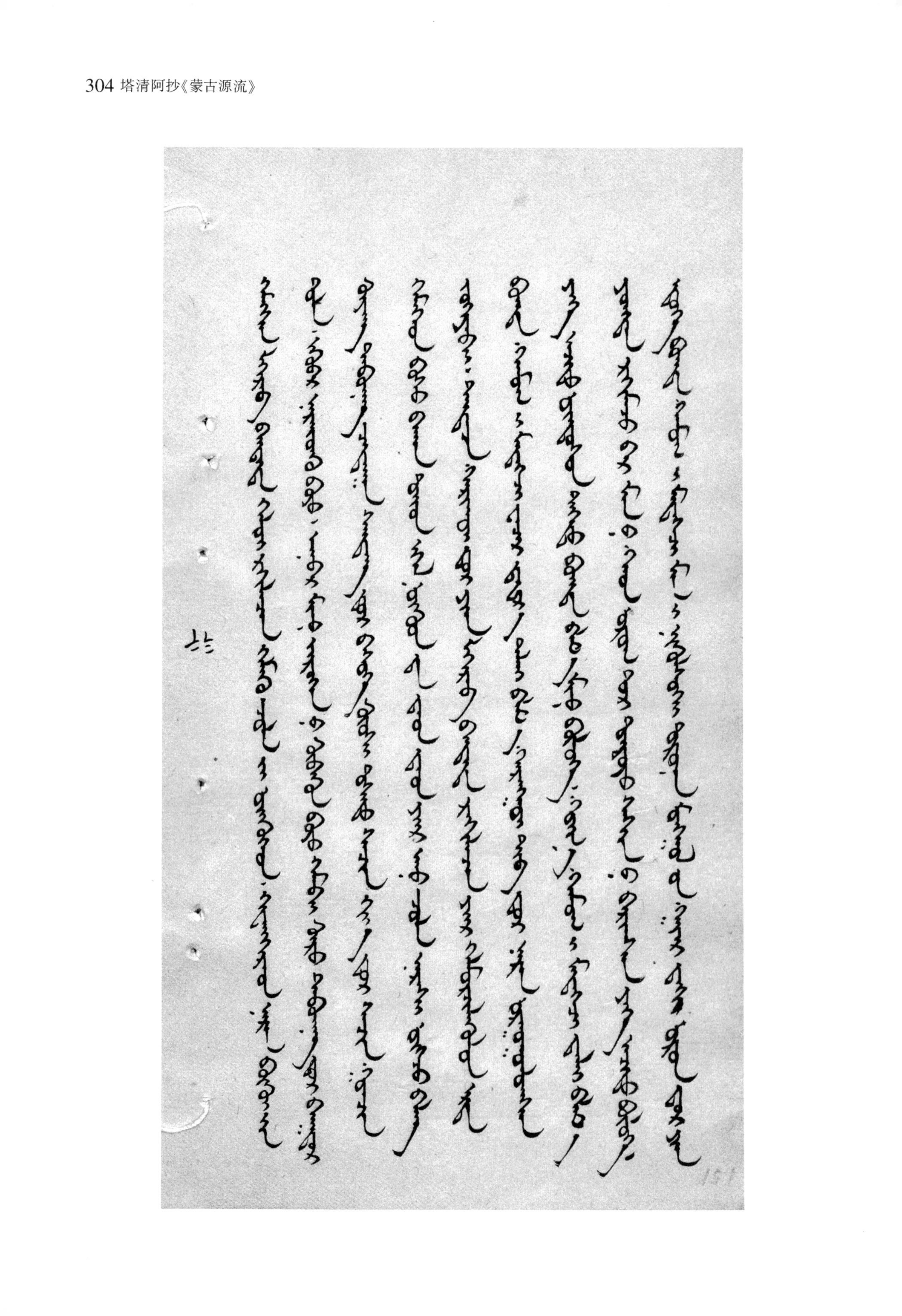

廿

151

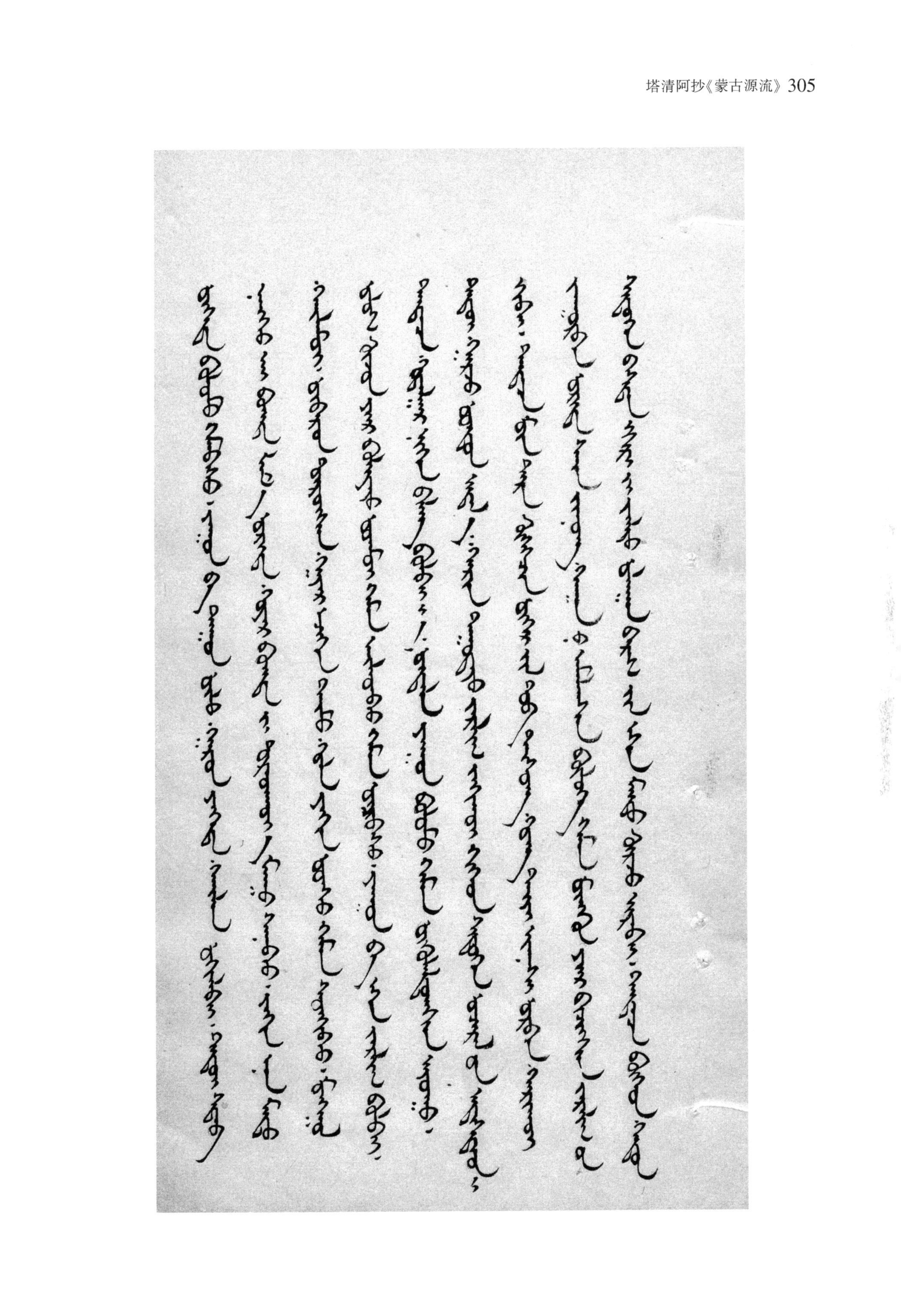

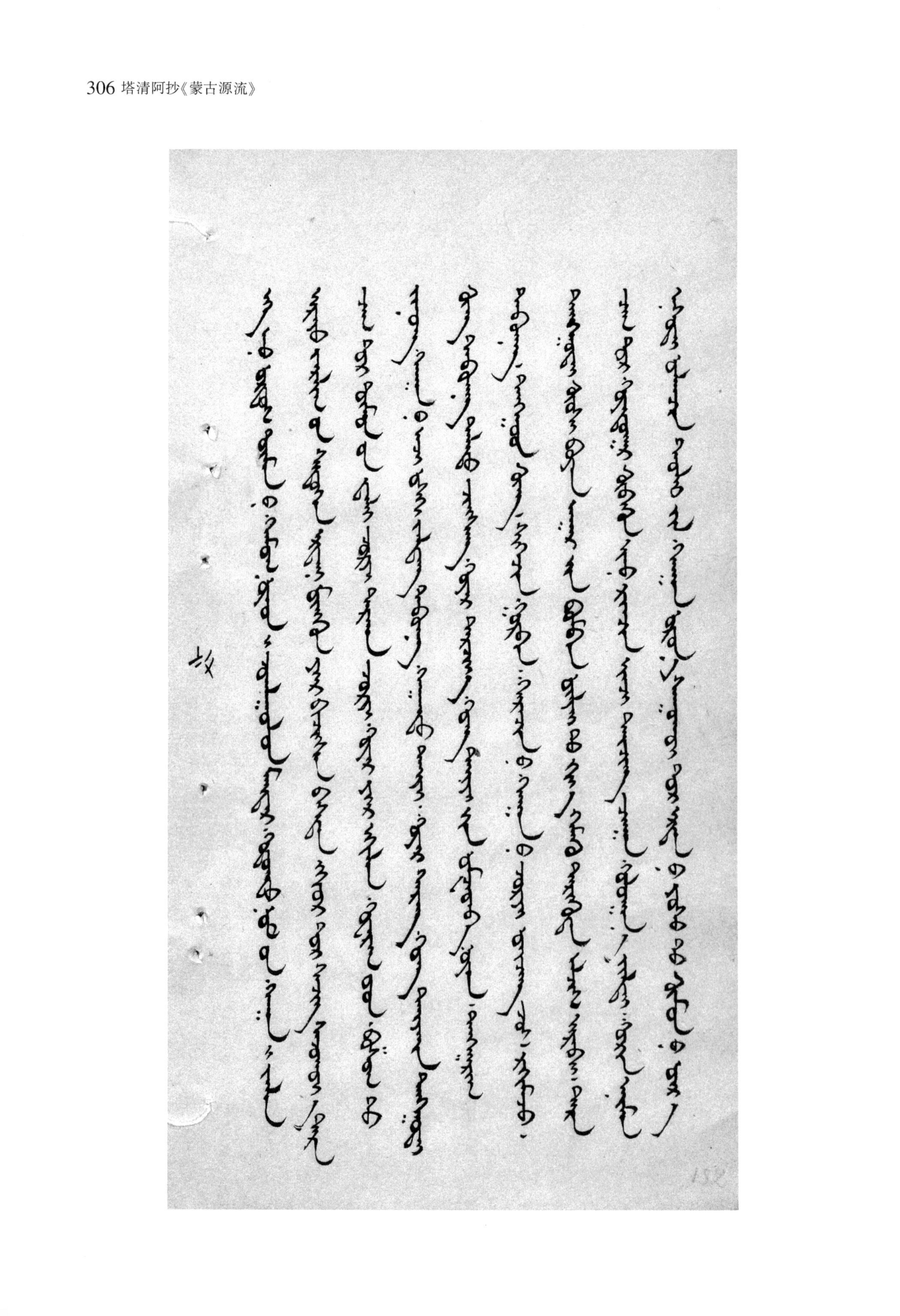

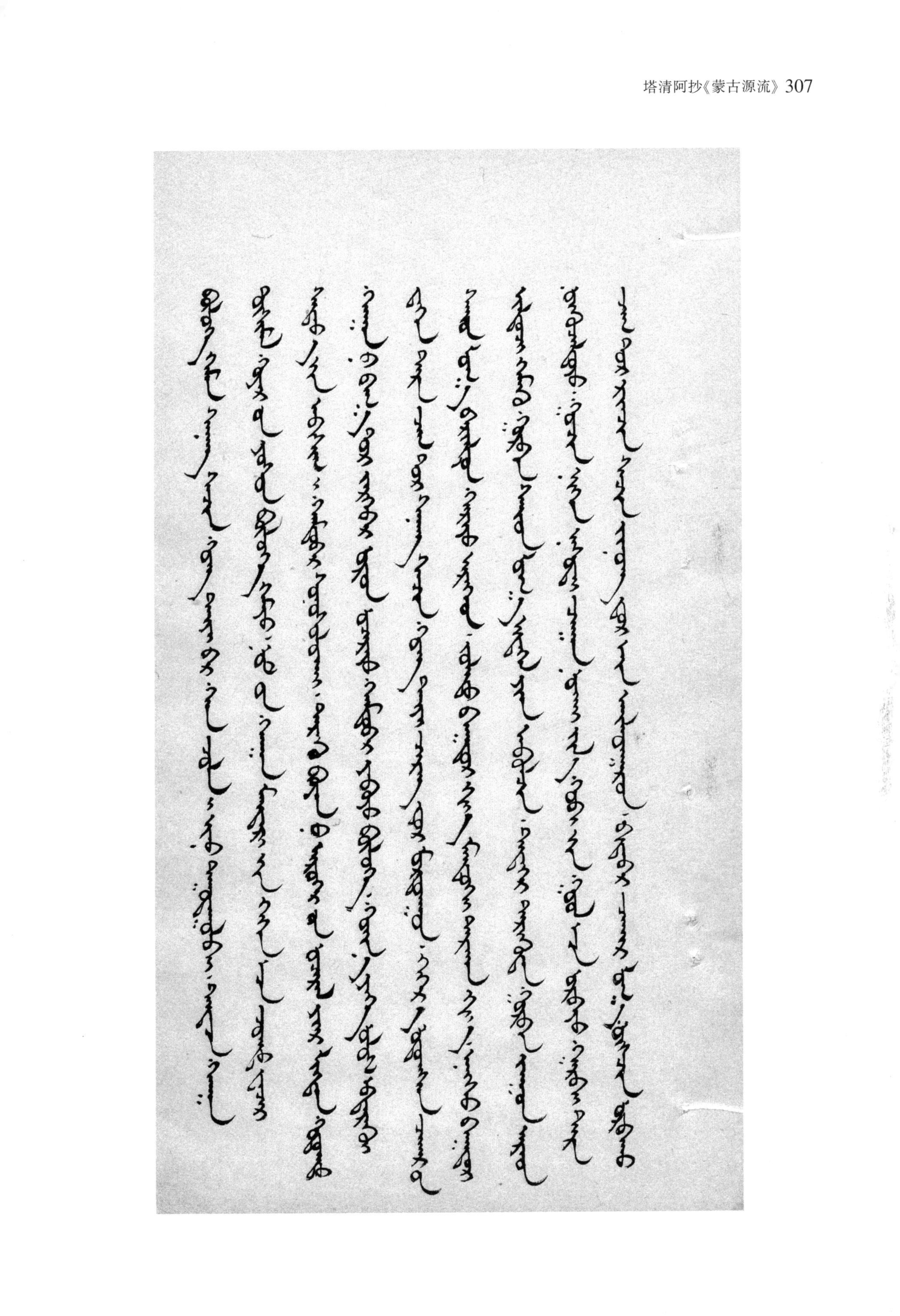

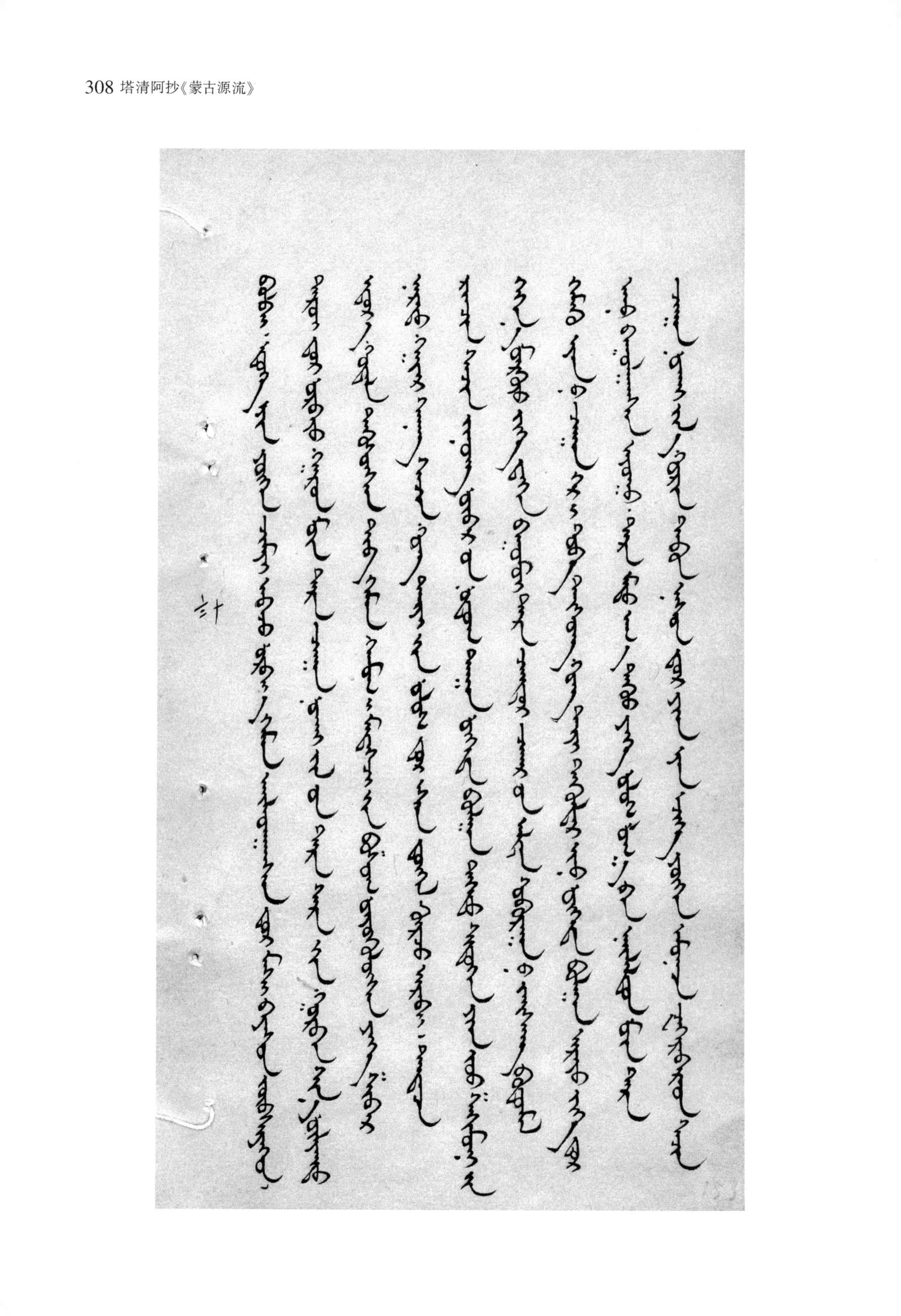

三十

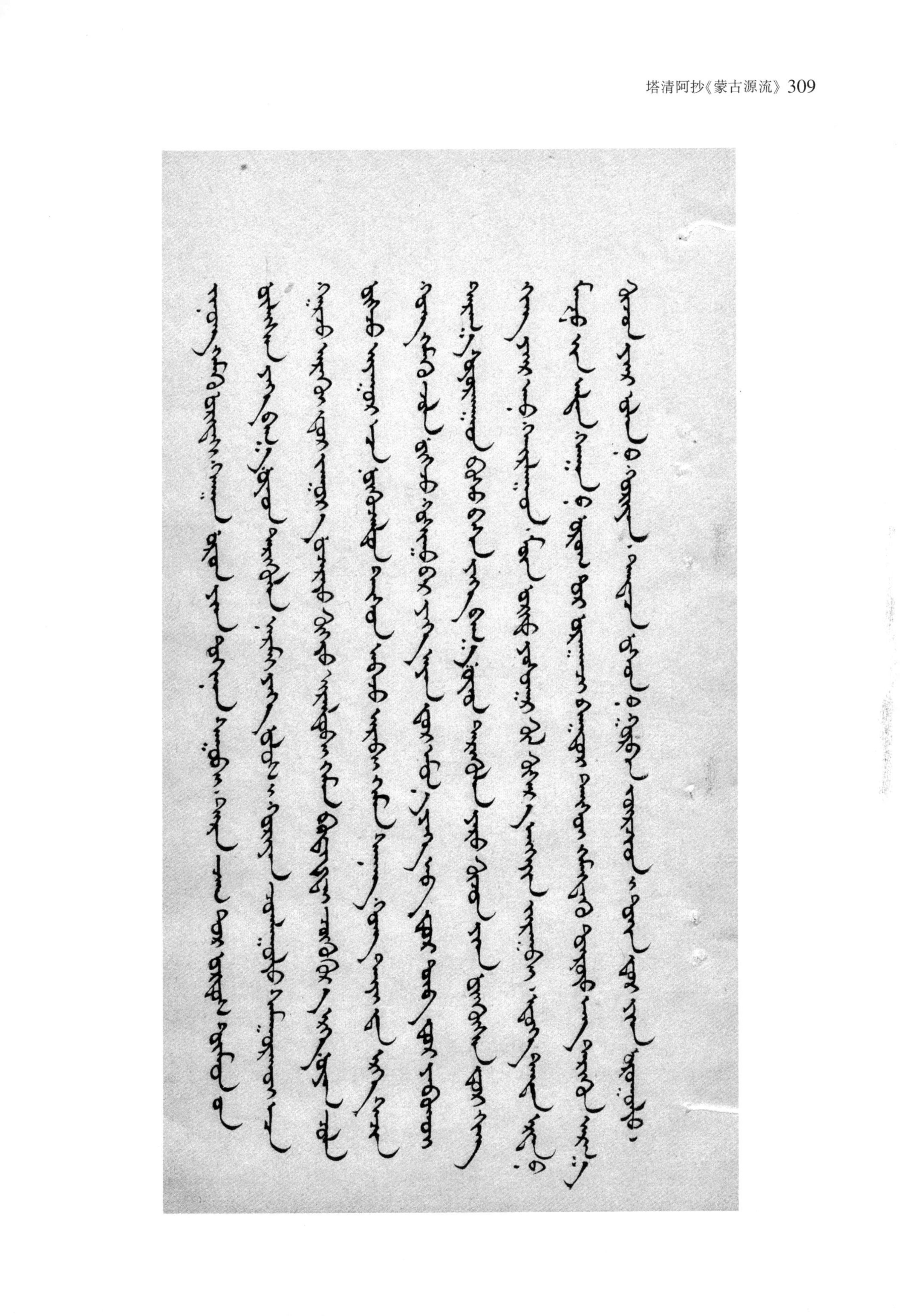

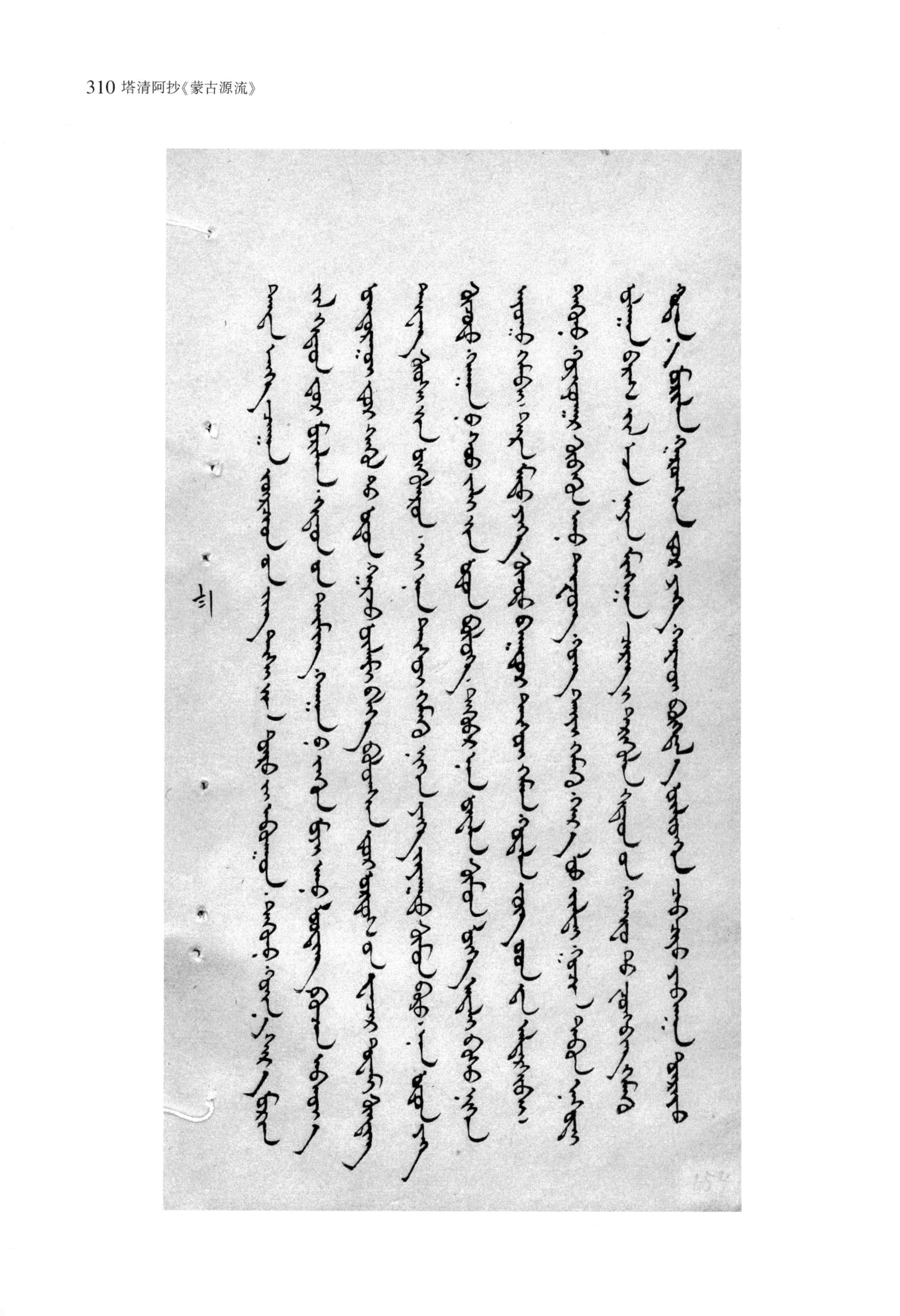

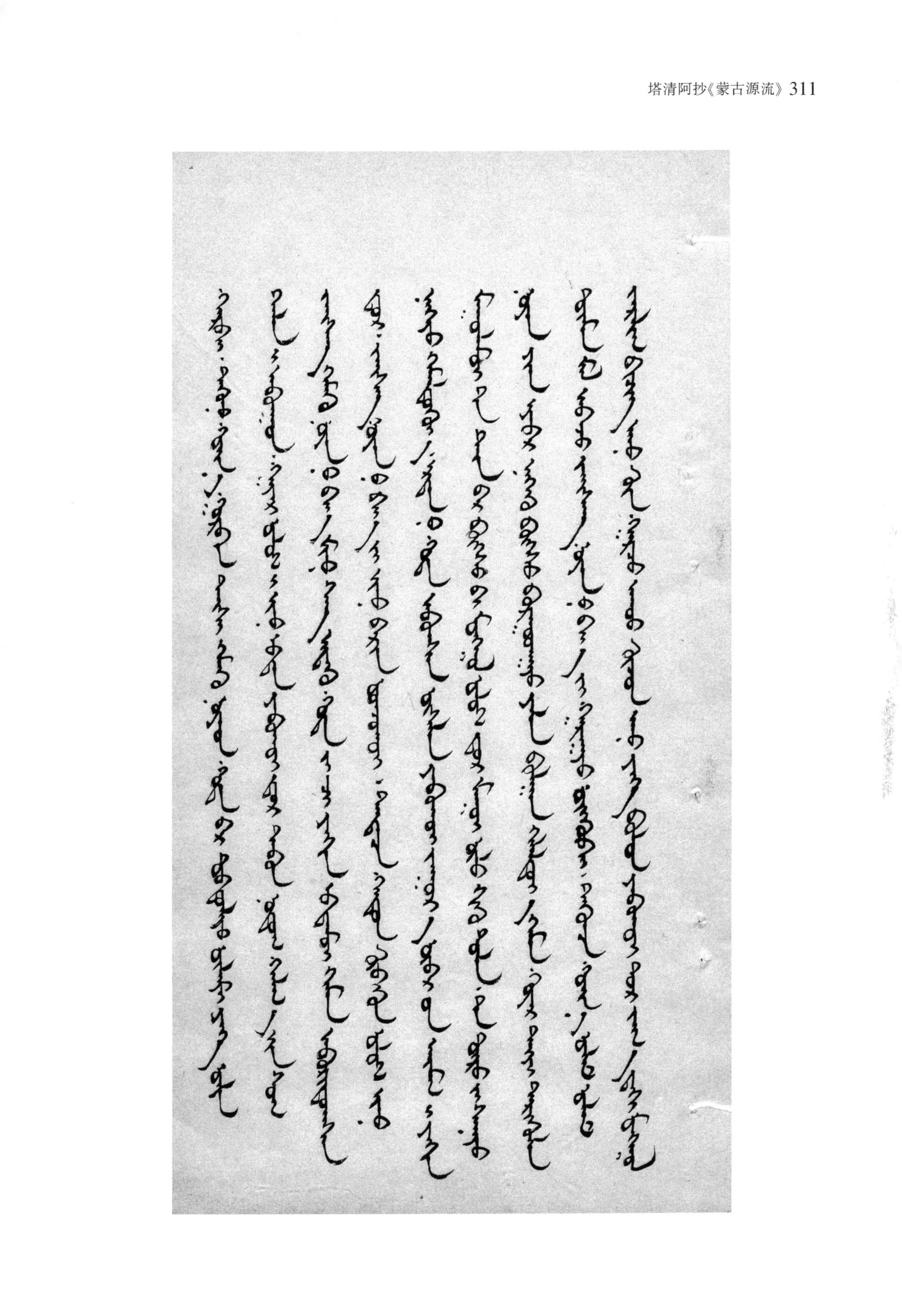

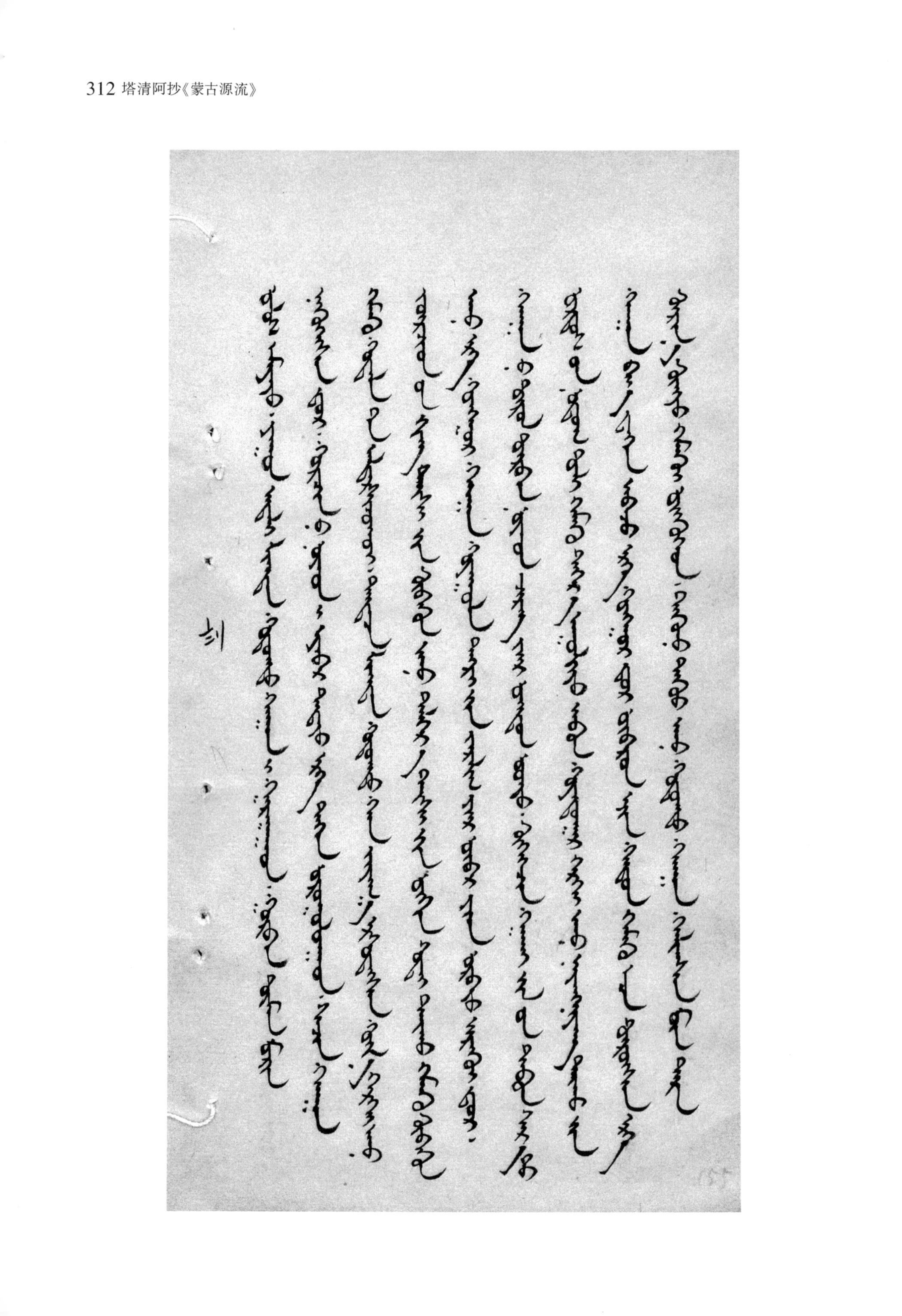

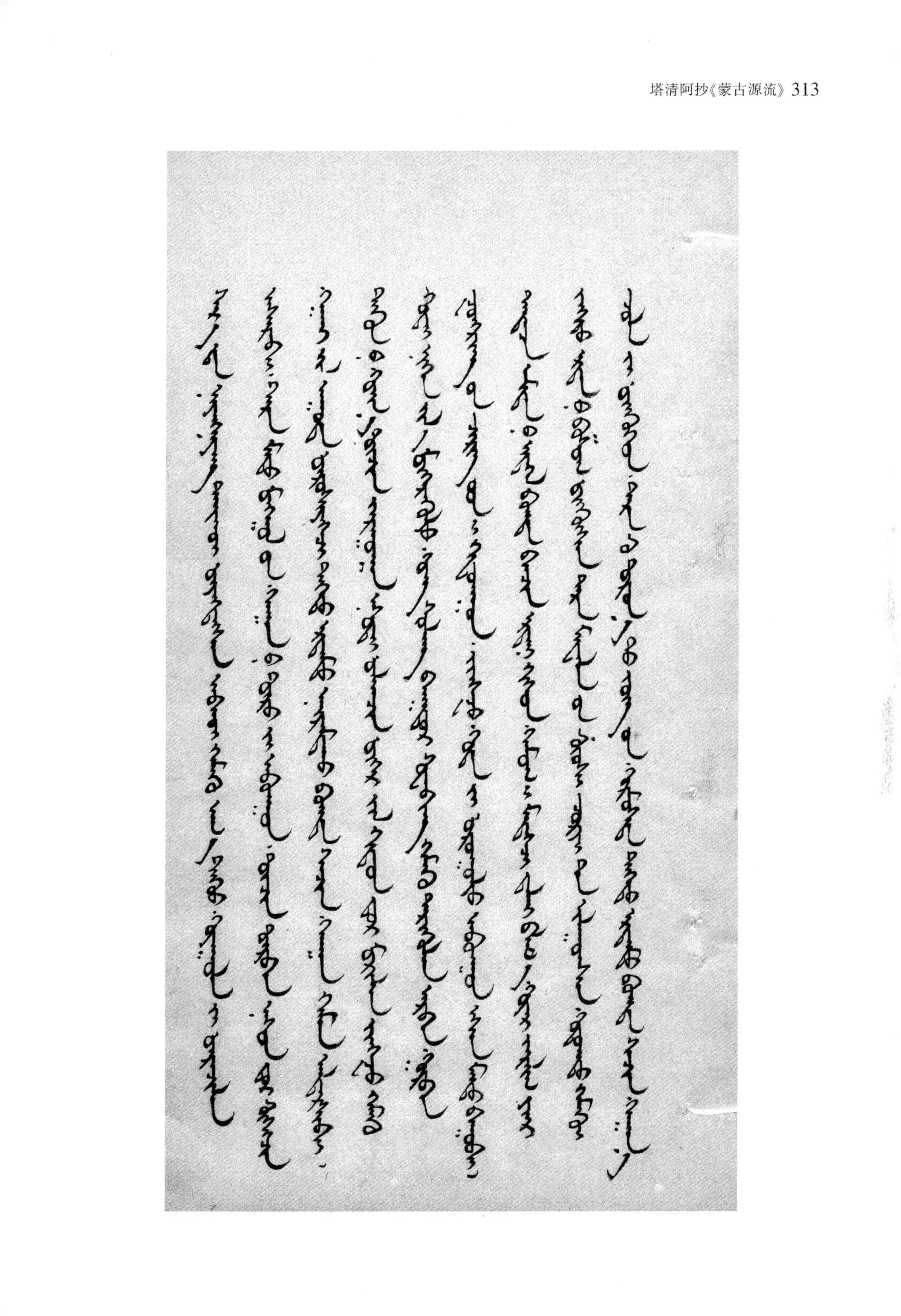

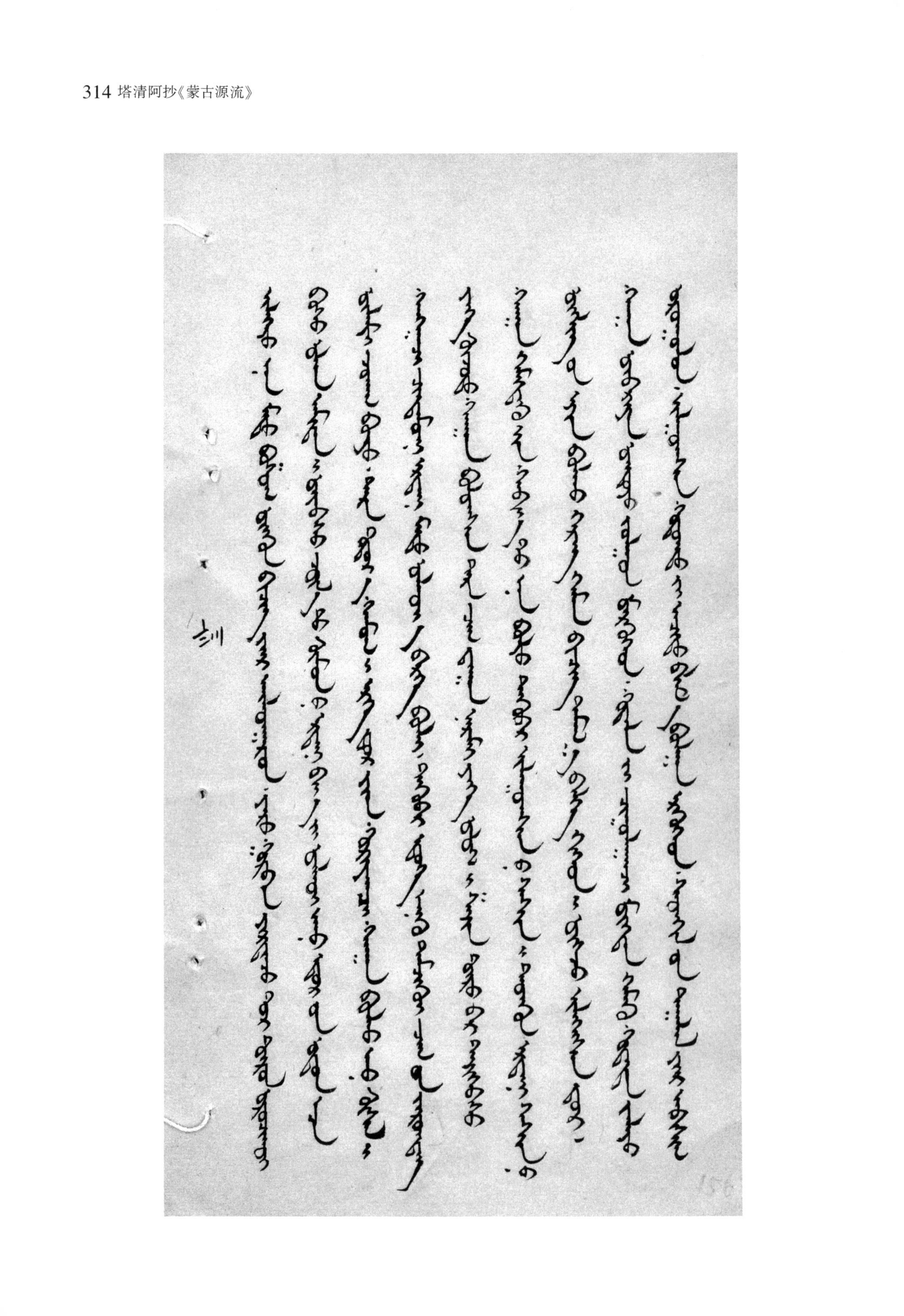

訓

156

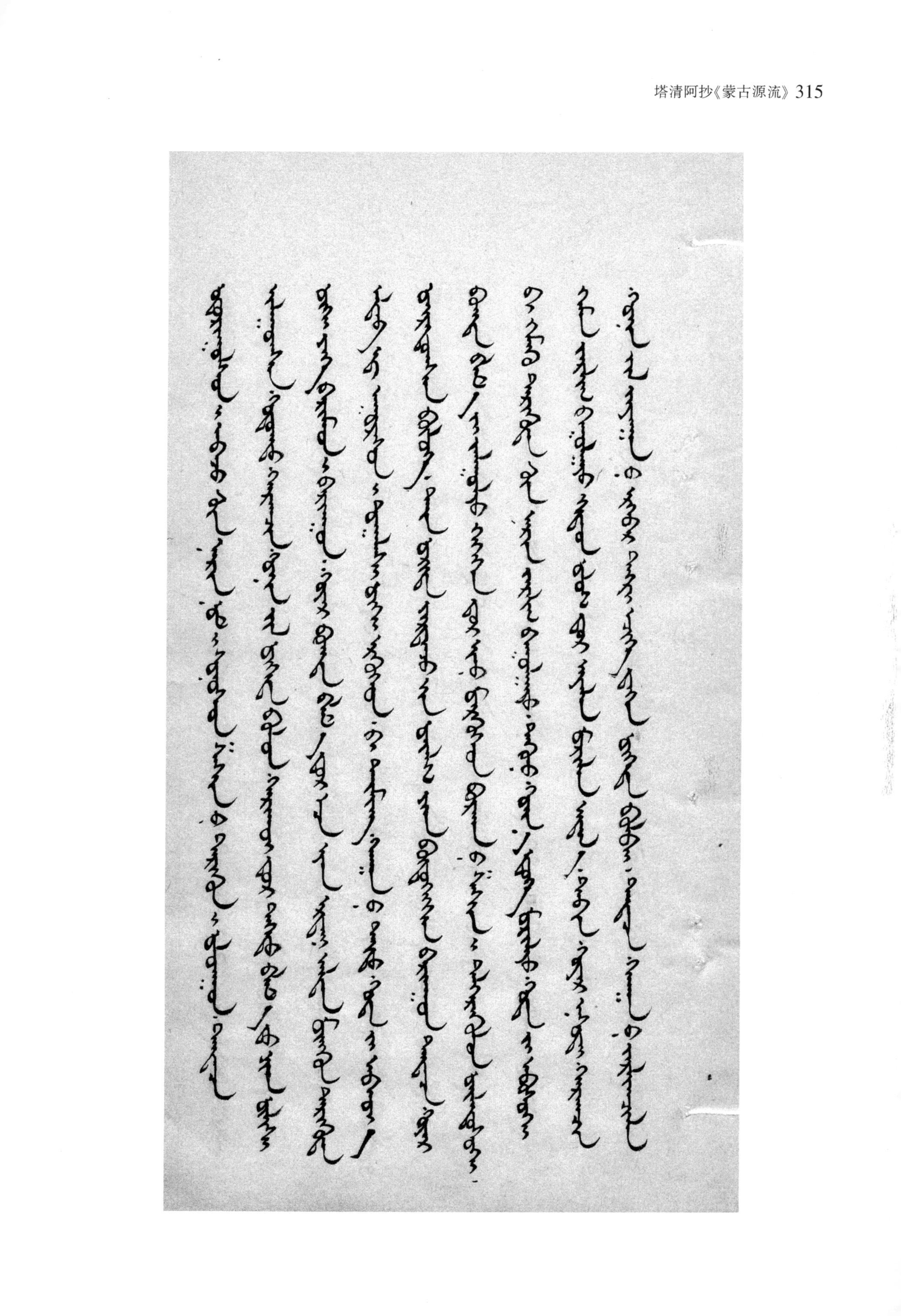

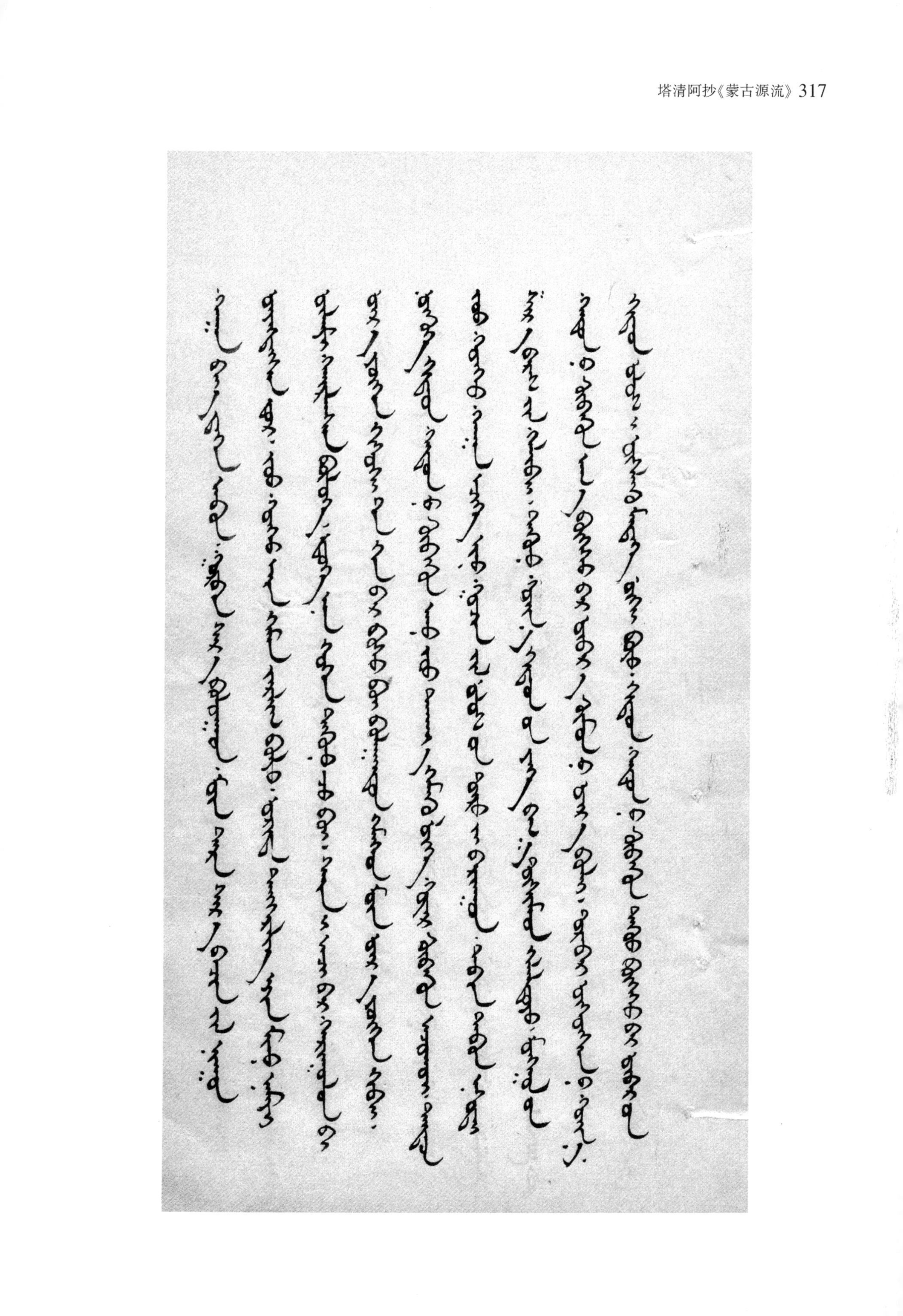

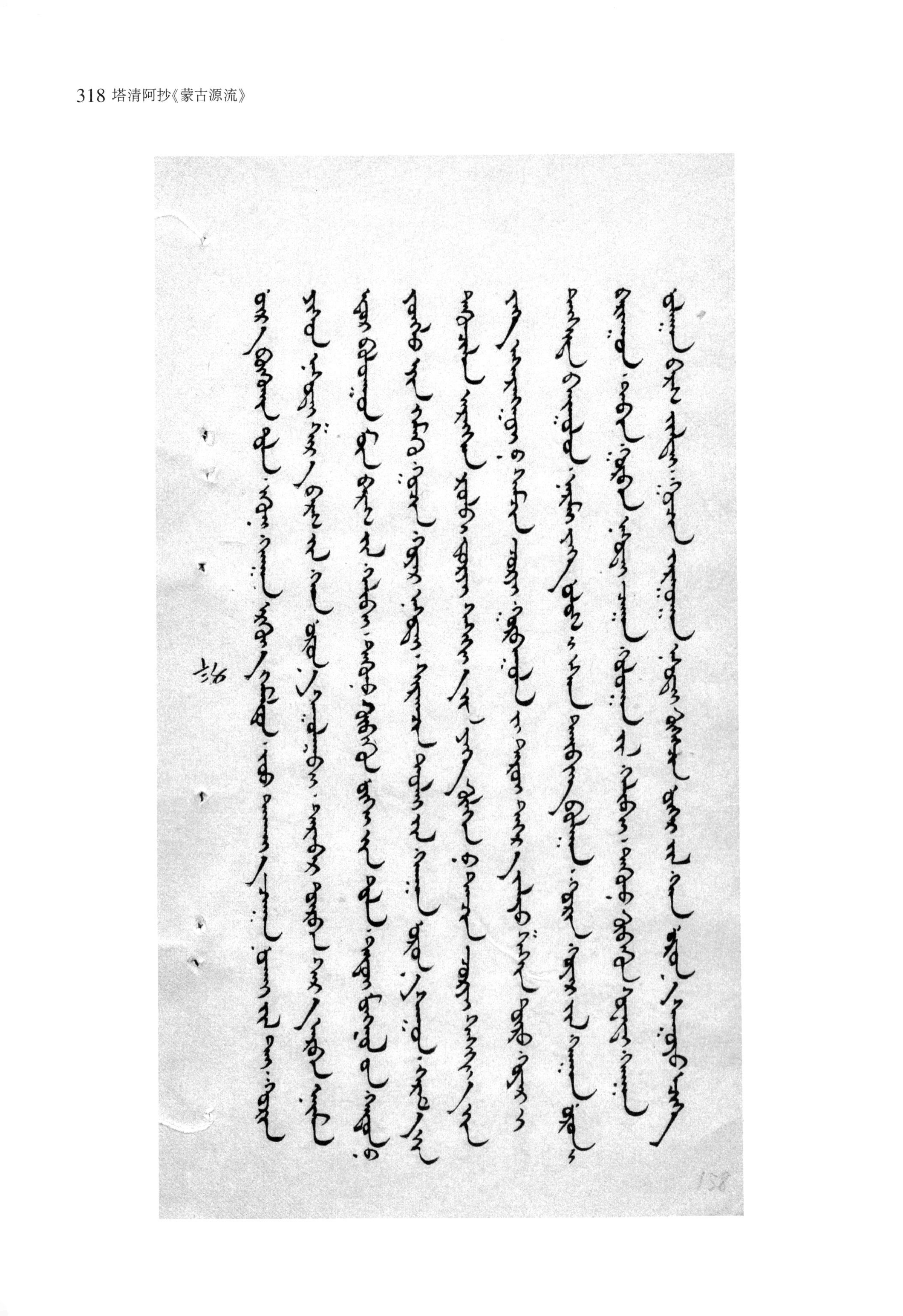

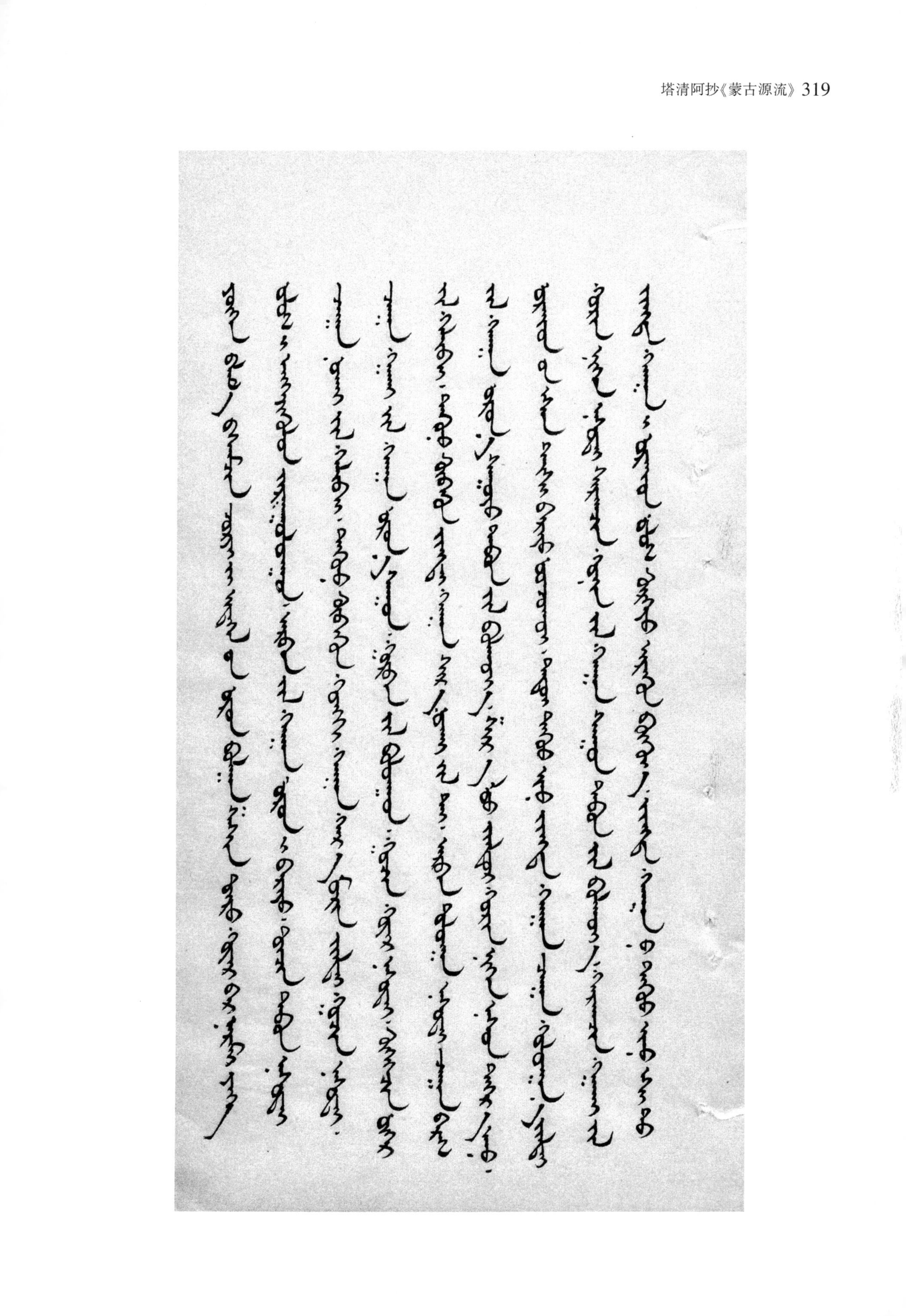

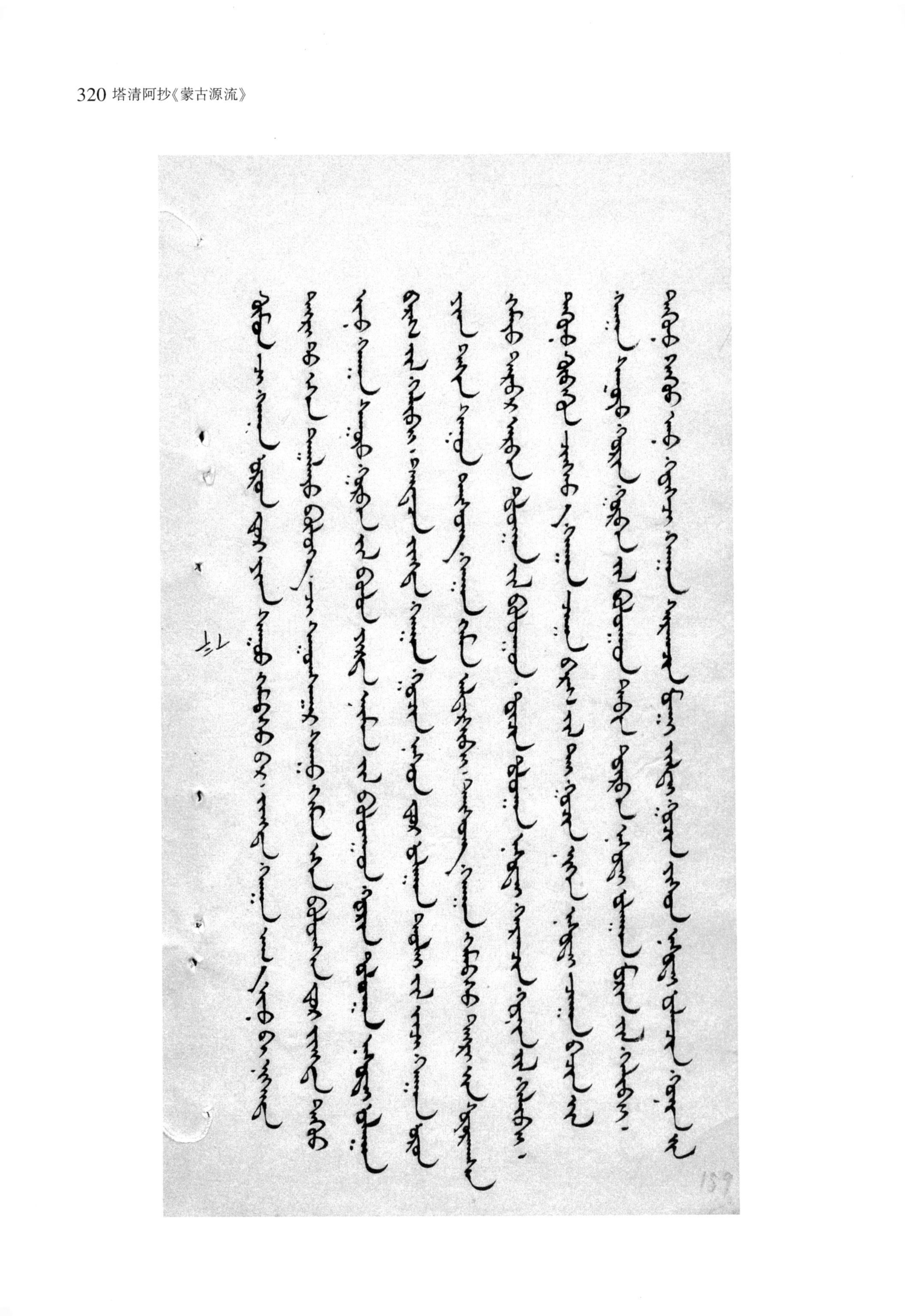

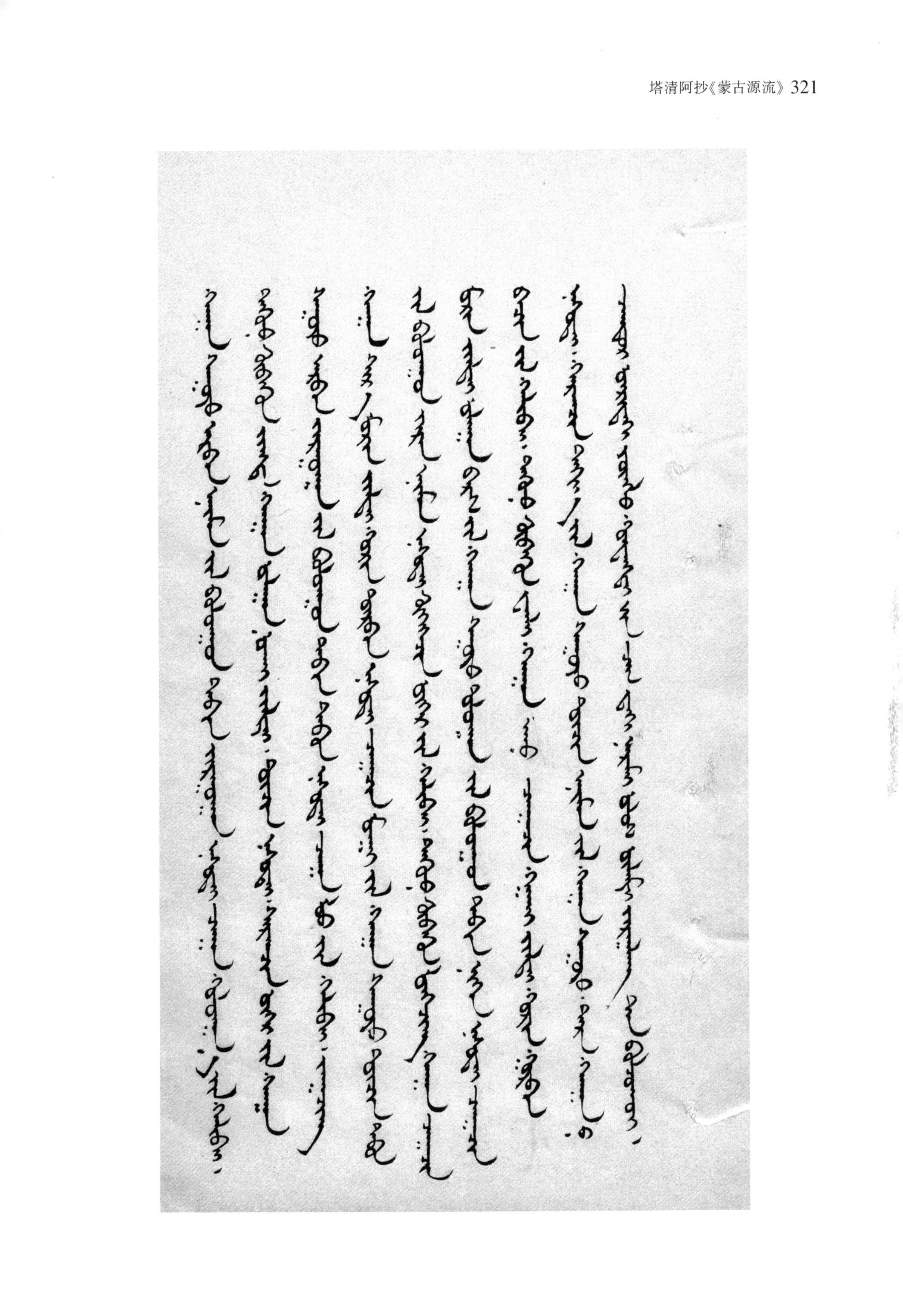

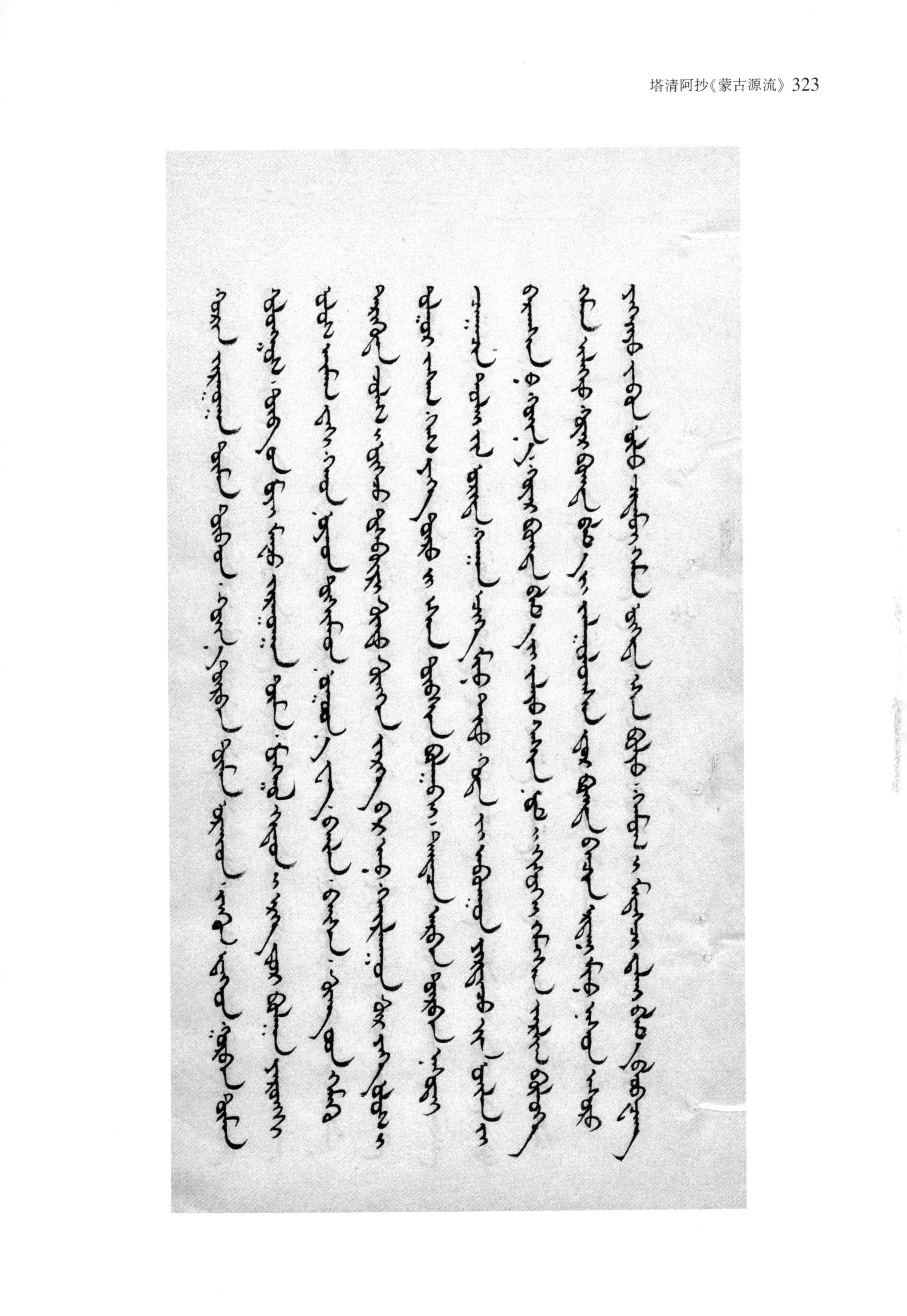

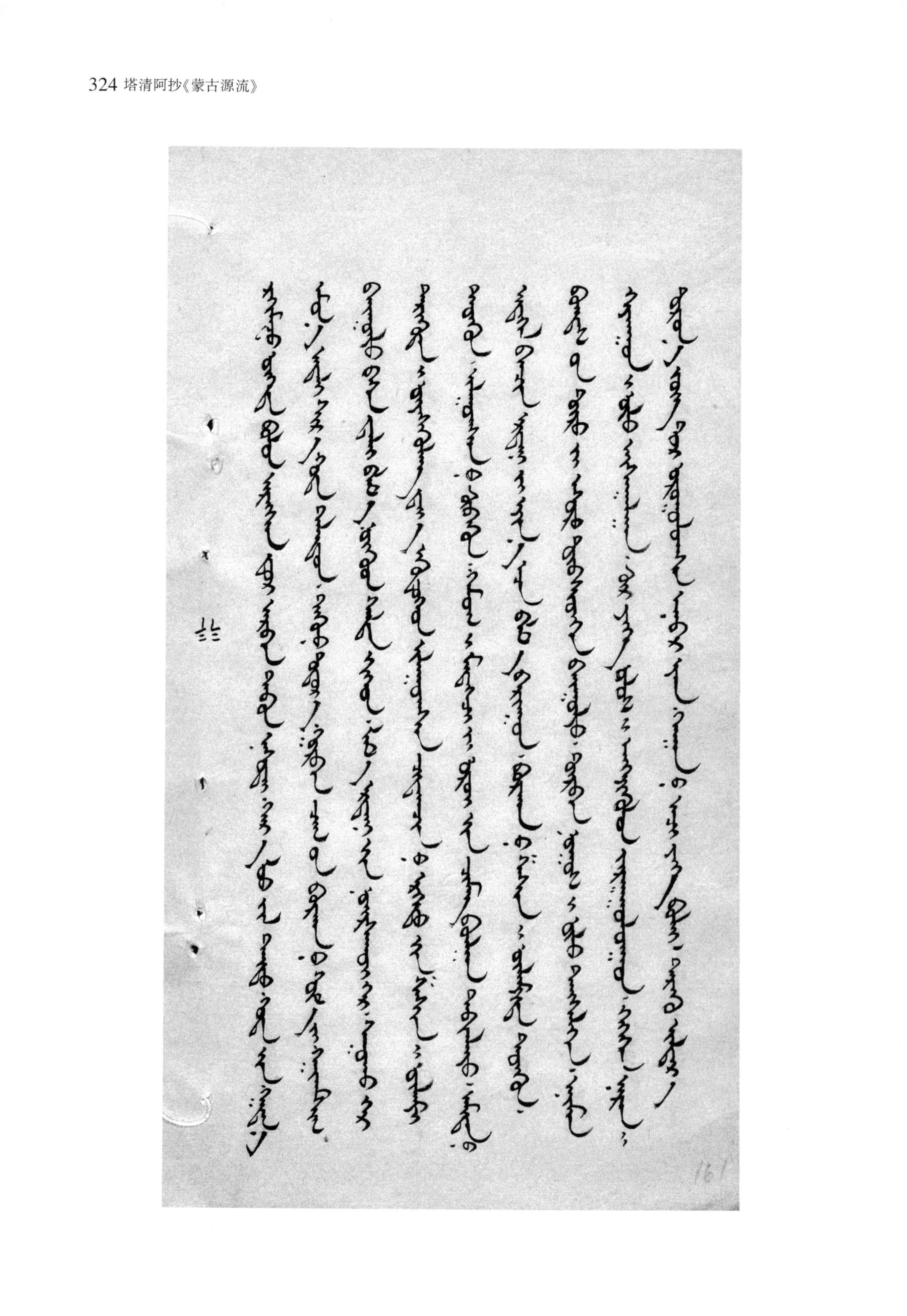

161

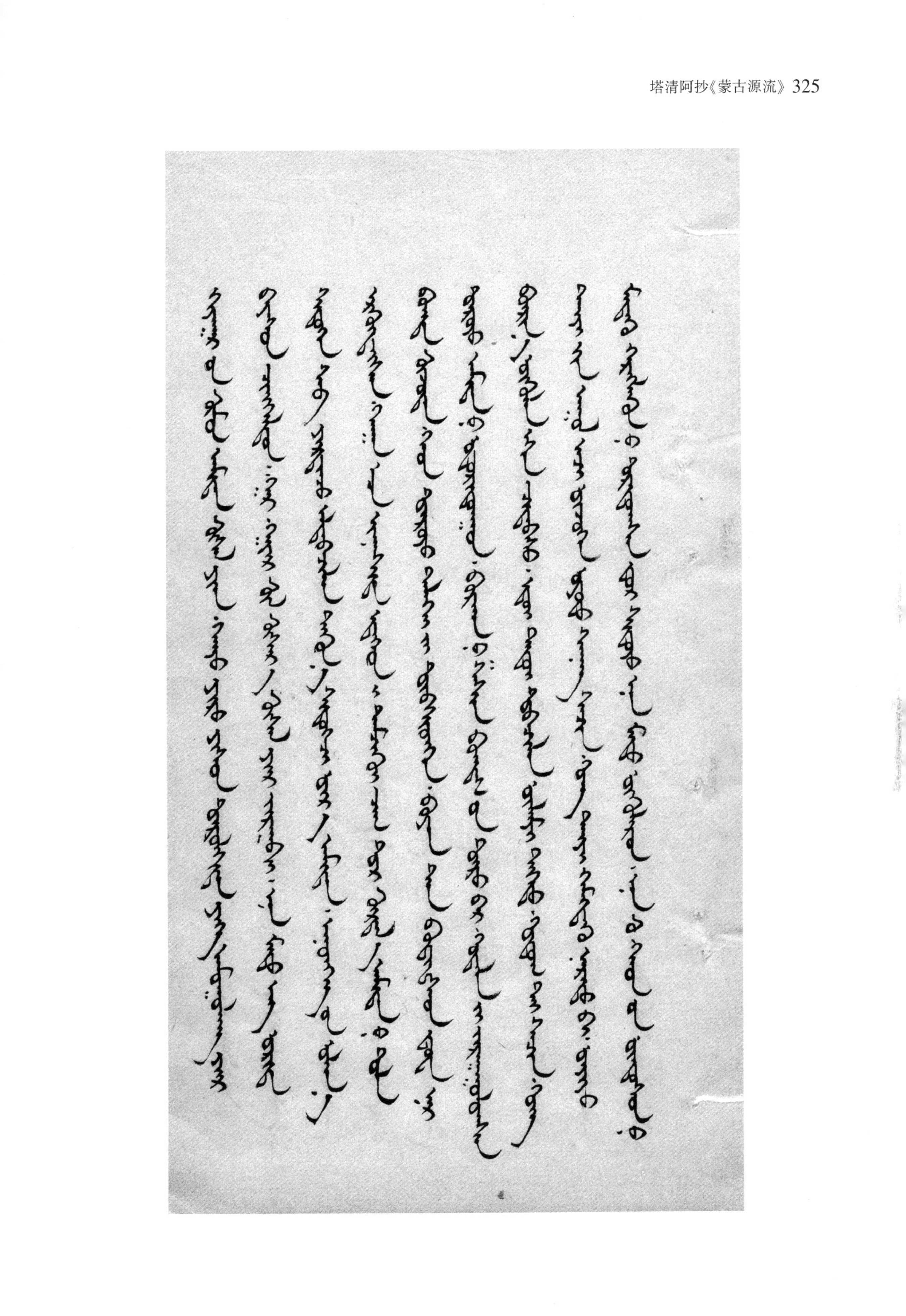

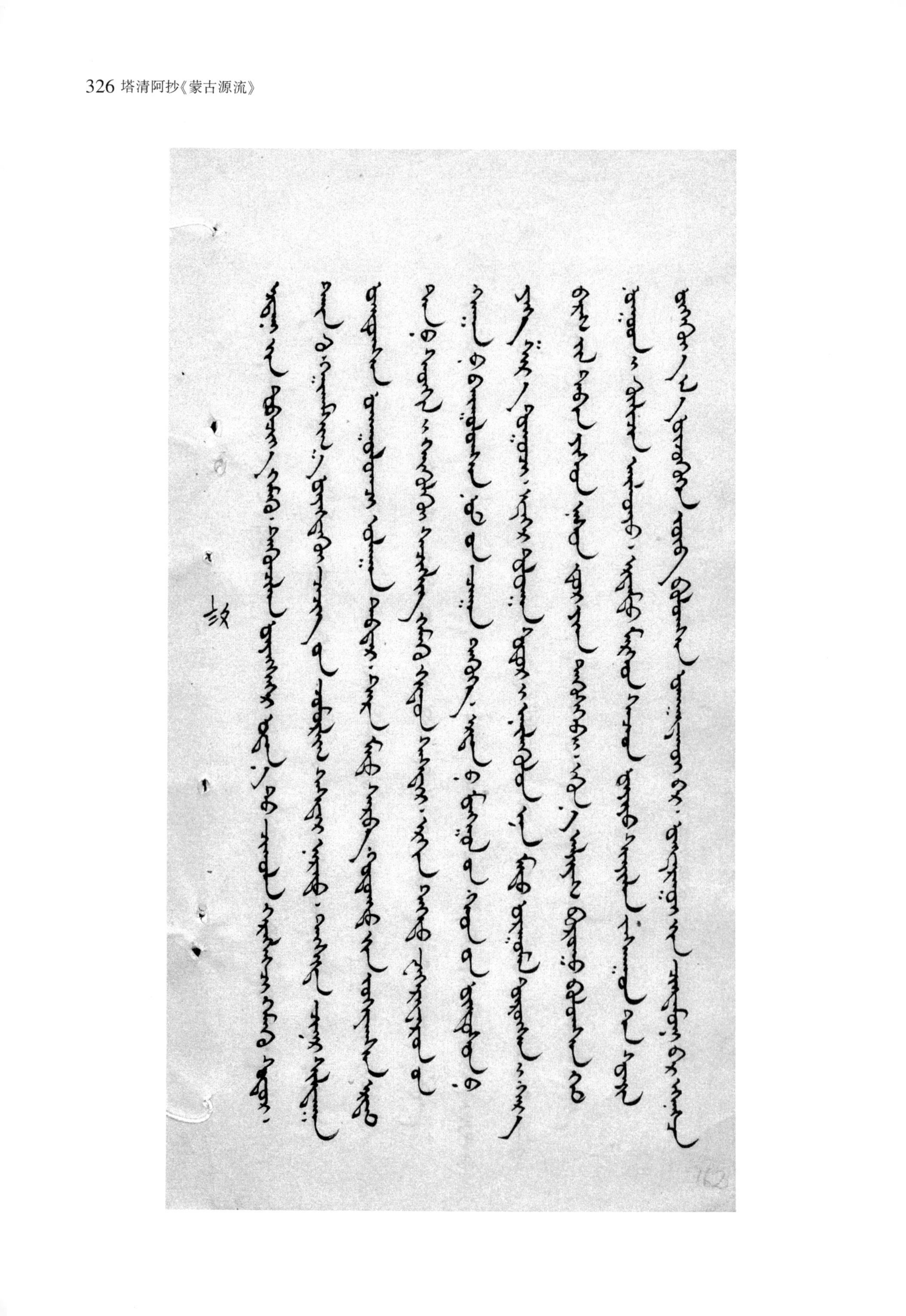

訖